大学章程

第一卷
UNIVERSITY STATUTES

主编　张国有
副主编　李强　冯支越
执行副主编　胡少诚　陈丹

图书在版编目(CIP)数据

大学章程.第一卷/张国有主编.—北京:北京大学出版社,2011.10
ISBN 978-7-301-16767-0

Ⅰ.①大…　Ⅱ.①张…　Ⅲ.①高等学校—章程—汇编　Ⅳ.①G649.2

中国版本图书馆 CIP 数据核字(2011)第 055978 号

书　　　名：大学章程(第一卷)
著作责任者：张国有　主编
套 书 主 持：周志刚
责 任 编 辑：韩文君　郭 莉　于 娜
标 准 书 号：ISBN 978-7-301-16767-0/G·3093
出 版 发 行：北京大学出版社
地　　　址：北京市海淀区成府路 205 号　100871
网　　　址：http://www.jycb.org　http://www.pup.cn
电 子 信 箱：zyl@pup.pku.edu.cn
电　　　话：邮购部 62752015　发行部 62750672　编辑部 62767346
　　　　　　出版部 62754962
印　刷　者：北京中科印刷有限公司
经　销　者：新华书店
　　　　　　730 毫米×1020 毫米　16 开本　28.5 印张　511 千字
　　　　　　2011 年 10 月第 1 版　2011 年 10 月第 1 次印刷
定　　　价：680.00 元(精装,全五卷共七册)

未经许可,不得以任何方式复制或抄袭本书之部分或全部内容。
版权所有,侵权必究
举报电话：(010)62752024　　电子信箱：fd@pup.pku.edu.cn

序

　　大学章程规定了大学的组织及运转程序，成为大学治理的基础。大学章程大多是根据国家法律、政府法规，按照一定的程序，以条文形式对大学设立及运行的重大事项及行为准则作出基本规定，进而形成的规范性文件。大学章程对大学内部而言是大学的基本法，是规范大学内部各种行为的基本依据，因而具有组织维系、行为导向、权力配置、关系协调、利益整合、意愿表达和历史记载的功能。大学章程对大学外部而言是国家法制的组成部分，是大学成立的要件，也是使社会理解、支持和监督大学的基本框架。

　　建设世界水准、中国特色的北京大学，需要世界眼光、中国体验和卓越管理，需要有一个好的章程。近年来，北京大学在修编本校章程的过程中，既认真总结自己的经验，也充分调研了国内外大学的章程。这些章程中对大学治理的独到见解和行之有效的办法，颇有借鉴意义。为此，与相关大学协商后，我们将这些章程结集为《大学章程》多卷本丛书。

　　第一卷主要展现的是中国大学章程建设的发展历程和当前中国两岸四地大学章程的不同形态。仅以京师大学堂、北京大学的章程为例，其组织大纲、治理结构以及管理体制的变化，就显示出了中国现代大学制度在其形成过程中对中国传统的继承、对国外大学模式的参照，以及对国家体制的适应等脉络。当今中国两岸四地的大学，就现代大学而言，虽然仅有百余年的历史，但是其章程却浓缩了古今中外大学治理的思想和机制，反映了世界大学章程领域发展的历史成就。

从《奏拟京师大学堂章程》到《国立北京大学组织大纲》

　　1898年，清政府创立京师大学堂，继而停办国子监，使京师大学堂"上承太学正统，下立新学祖庭"，转而成为具有现代意义的中国第一所国立综合性大学。为此，自戊戌到癸卯，清政府相继颁布了三个京师大学堂章程，即1898年梁启超起草的《奏拟京师大学堂章程》（下称"奏拟"）、1902年张百熙主持编订的《钦定京师大学堂章程》(下称"钦定")和1903年张之洞主导重订的《奏定京师大学堂章程》(下称"奏定")。三个章程相互承继。三个章程均有总纲(或全学纲领、立学总义)、功课(科目)、学生入学、学生出身、设官、聘用教习(或教习管理员)等章节。所不同者,"奏拟"有经费、暂章;"钦定"有堂规、建置;"奏定"有屋场、图书器具、通儒院及京师大学堂现在办法等章节。总体上看,京师大学堂章程是在我国高等教育机构历来章程的基础上,参酌日本大学规制而成,体现了中体西用的思想。相对于略早的京师同文馆、天津中西学堂、南洋公学等的章程,不失"首善体制",具备现代大学章程的基本要素,达到了新的高度。由于三个章程都由最高学务当局主持制定,因而具有高等教育法规的意义。同时,这些章程既是京师大学堂的办学纲领,又是全国大学堂的基本规范,在近代中国高等学府制度体系中居于引领地位。

1912年,时任教育总长的蔡元培主持制定《大学令》,这是中国近代高等教育的第一个法令,具有重要的时代意义。[①]《大学令》面向国内各大学,由于蔡元培从1916年起出任北京大学校长,《大学令》实际上就成了规范北大的教育方针和组织原则。1917年《修正大学令》出台,为中国专门化高等教育的发展创造了条件。

1919年,北京大学依据《修正大学令》开始修订组织章程。1920年,《国立北京大学现行章程》获教育部批准,开始实施。《国立北京大学现行章程》从动议到颁布,经历了一个完备的"立法"过程。1919年11月5日,北京大学评议会议决设立组织委员会,"从事修改大学内部组织章程,并推定[蒋]梦麟为起草员[②],先后开会讨论了四次,于12月1日通过试行章程"[③]。经评议会修正,在全校试行。1920年5月以后,马叙伦领衔组织委员会对章程进行了多次修订[④],经评议会确认,于10月5日报教育部备案。10月26日,教育部指令,准予备案。

《国立北京大学现行章程》包括学制和组织两个方面的规定,本着教授治校之宗旨,明确北大内部组织分四大部分:评议会司立法;行政会议司行政;教务会议司学术;总务处司事务等。章程起草者希望章程能够"内察事势之转移,外觇各国大学现行制度之短长,量为变通,以图尽善"。评论者也认为"北大合欧美两洲大学之组织,使效能与德模克拉西(Democracy)并存,

---

[①] 蔡元培(1868—1940)时任中华民国首任教育总长。
[②] 蒋梦麟(1886—1964)时任北京大学总务长,1928年任国民政府首任教育部长,1930年至1945年任北京大学校长。
[③] 《评议会议事录》第一册(档案号BD1919002),北京大学档案馆。
[④] 马叙伦(1885—1970)时任北京大学教授,组织委员会委员长,1949年任政务院教育部部长。

诚为世界大学中之最新组织"①。《国立北京大学现行章程》不仅是蔡元培改革北大的成果结晶,而且是中国现代大学制度基本建立的标志,是民国时期第一部由大学自行起草,经评议会通过、教育部备案等一系列合法程序后颁行的国立大学章程。这在民国时期大学章程建设中具有示范意义。

1924年,北洋政府颁行《国立大学校条例》,从条例编制的内容看,依据中国国情,继续参考日本、德国的经验,同时开始借鉴美国的经验。因条例规定国立大学实行董事会制度,与《国立北京大学现行章程》确立的教授治校原则相抵触,遭到北京大学等高校的质疑。

1929年7月,国民政府的《大学组织法》颁行实施,这部法规主要由蒋梦麟牵头主持制定。包括《大学组织法》在内的相关法规条例对民国高等教育体制的完善起到了积极的推动作用。这一时期的立法程序是以德、日等国的法律制度为依据,以成文法为法律的主要形式;在立法内容上,则主要以美国的高等教育制度为依据,呈现出立法基础多元化、立法层次体系化和立法内容稳定性的特点。《大学组织法》及《大学规程》承袭了《京师大学堂章程》到民初《大学令》、《大学规程》的框架体系,并充分吸纳了之前大学章程建设的经验。1930年12月,蒋梦麟出任北大校长,根据《大学组织法》提出了"校长治校,教授治学,职员治事,学生求学"的主张。1932年12月,北大颁行《国立北京大学组织大纲》,进一步使大学内部的学术权力和行政权力在校务会议体制下实现相对平衡,学院制和研究院制度在这一时期得以确立。

1947年4月18日,北京大学教授会通过了新的《国立北京大学组织大纲》。当时的北大拥有文、理、法、医、工、农六个学院,抗战胜利后各学院急需恢复发展,组织大纲就成了推进建设的制度依据。该组织大纲特别规定,"本大学教授、副教授全体组成教授会,由校长召集,审议校长或校务会议交议事项。每学期至少开会一次"。这一条款为教师参与学校管理提供了有效机制。在北大颁行组织大纲的第二年,1948年,国民政府出台《大学法》。北大的组织大纲为《大学法》的制定提供了参考。

从《高等学校暂行规程》到《北京大学章程》起草

1949年10月1日,中华人民共和国成立。1950年8月,根据中国人民政治协商会议《共同纲领》,教育部颁布《高等学校暂行规程》。该暂行规程

---

① 《北京大学新组织》按语,《申报》1920年2月23日。

包括总纲、入学、课程、考试、毕业、教学组织、行政组织、社团、附则等七章32条，规定高校实行校长负责制。教研组为教学的基本组织，在校长领导下设校务委员会，研究和议决学校重大事项。在《高等学校暂行规程》的指导下，各大学可以根据学校情况制定本校章程。

1950年以后，北京大学根据教育部《高等学校暂行规程》修订和制定本校的各种管理办法。1952年，国家进行了大规模的高等学校院系调整，北大系科结构发生很大变化，逐步实行二级制的行政领导体制，各种管理办法亟待改进。但基本体制仍是校长负责制，重大事项仍由校长领导下的校务委员会议决。1956年，校务委员会的职权扩大，进一步体现集体领导的作用。在1958年5月4日北大校史编纂委员会非正式印行的《北京大学六十年》中，编制了当时的北京大学组织机构图，显示了当时的校系关系。1958年9月，中共中央、国务院在《关于教育工作的指示》中规定高等学校实行党委领导下的校务委员会负责制。由于社会处于不断变动之中，难以将修订北京大学章程提上日程。

1961年9月，中共中央批准试行《中华人民共和国教育部直属高等学校暂行工作条例（草案）》（简称"高教六十条"），明确高等学校必须以教学为主，努力提高教育质量；正确执行党的知识分子政策；实行党委领导下的以校长为首的校务委员会负责制；改进党的领导，加强思想政治教育；学校中党的领导权力集中在学校党委一级，系总支对行政工作起保障和监督作用。1966年，"文化大革命"开始，对教育造成了极大的冲击。

1976年，"文化大革命"结束，开始拨乱反正，1977年恢复高考。1978年1月26日，北京大学召开了教育工作会议，讨论新的《北京大学工作条例（暂行草案讨论稿）》。当时，北大拟设文学院、社会科学院、自然科学院等三院。同年2月5日，校党委将条例讨论稿上报时任教育部长的刘西尧并转呈邓小平，提请中央批示同意未果。1978年10月4日，教育部颁行《全国重点高等学校暂行工作条例（试行草案）》，将高校领导制度改为党委领导下校长分工负责制，取消校务委员会，设立学术委员会，要求把高校建设成为既是教育中心，又是学术中心。

1985年，原国家教委分别委托北京大学和上海高教局开展《高等教育法》的调研、起草工作。1998年5月，借北京大学庆祝成立100周年之机，国家启动建设世界一流大学的计划（简称"985工程"），北大开始踏上建设世界一流大学的征程。同年8月29日，全国人大常委会通过《中华人民共和国高等教育法》（以下简称《高等教育法》），明确了高等学校的法人地位，规定了大学章程必须明确的事项，并对高校的组织和活动以及教师、学生、经费来源等都作了相应的法律规定，为高校提供了新的依法治校、自主办学的法律依据,也为大学章程的制定赋予了实质性的内容。

2006年12月,北京大学第五届教代会暨第十七次工会代表大会提出动议:启动编制《北京大学章程》。学校领导很快批复并由党政联席会议决,责成专人负责。此后就着手进行多方面的筹备工作。2007年4月,正式启动章程起草的调查研究。同年10月31日,成立以党委书记、校长为主任的章程起草委员会,下设章程起草工作组,负责具体的起草及协调工作。工作组内设秘书组,负责资料和文字工作。2008年6月,《北京大学章程(草案)》第六稿完成,开始在小范围内征求意见。2010年底,形成《北京大学章程(草案)》第十稿。进一步修订后,于2011年5月报章程起草委员会主任审阅,同时在一定范围内征求意见。

2011年提交的《北京大学章程(草案)》第十稿,与1978年的《北京大学工作条例(暂行草案讨论稿)》时隔33年,与1947年的《国立北京大学组织大纲》时隔64年。1950年的《高等学校暂行规程》、1961年的《中华人民共和国教育部直属高等学校暂行工作条例(草案)》、1978年的《全国重点高等学校暂行工作条例(试行草案)》和1998年的《高等教育法》等四个法律法规,尽管是国家法规,但可以看做是国家制定、各高等学校所遵循的"共同章程"。半个多世纪以来,北京大学以上述法规为指导,制定和修订学校内部的管理规则细则,以一系列法规条例与大学内部管理规则相结合的方式,代行了大学章程的作用。而新的《北京大学章程》的制定,则是对以往经验的总结及对新时代历史使命的回应。上面的综述,基本上是围绕北京大学章程的制定而展开的历史回顾。如果从更广泛的视角加以探讨,则会得到更多的启示。

从宋代的中国书院规程到20世纪前半叶的现代中国大学章程

有权威学者认为,北京大学的渊源可追溯到汉代的太学。但就国立高等学府的章程而言,在京师大学堂之前,可考的规范当属国子监监规。国子监是中国古代隋朝以后的中央官学。明代朱元璋在吸取宋代学规制度的基础上,连续四次颁布《国子监监规》:洪武十五年定国子监仪注、官制和监历;十五年又定日常管理制度;十六年定学规和学程;二十年定监生守则和违纪处罚条例等。这四个监规既相对独立,又共同形成一个完整的体系,从而规范了明代官学的教育管理体制。清代国子监的典章制度,较之明代结构更加严谨,采取了以官统事、以事隶官的体例和以典为纲、以则例为用的原则,具体规定国子监的机关执掌、职官设置、处理事务的程序方法,正文之下又附有相关的细则,作为正文的补充,使体系化与程序化得以较好地结合。监规内容主要包括国子监(内分祭祀礼仪、建筑规制、学生类别、教育制度)、绳愆厅(师生管理)、博士厅(教学程序)、典薄厅(钤印、学籍、礼器管理)、典籍厅(图书管理)、六堂(分班管理)、八旗(附设八旗官学)、档子房(公文)、钱粮处(奖助制度)、笔帖式(翻译)、算学(附设算学)。这个国子监的典制被收入1899年修竣的《大清会典》,是古代官学章程的集大成之作。

民办的高等教育机构的章程则有各书院的学规,其中比较成熟的是宋代朱熹所订的《白鹿洞书院揭示》,它明确了书院的教育方针和学生准则,是书院章程的最初形态。明清以降,书院的学规往往由地方官员制定。《白鹿洞书院禁约》即由明万历年间江西提学邵锐订立,具体规定了书院管理中最富有特色的藏书制度和学田制度,体现了书院官学化的趋势。清康熙年间的江西提学道高璜制定了《白鹿洞书院经久规模议》,议中包括洞规、禁约、职事、洞中日用事宜、议注、合用器具、祭器、书籍、每年支给常例、经费、洞租征收等十余项。道光年间,桐乡书院择山长、祀乡贤、课经、藏书等主张,清廷曾谕令全国效法。《桐乡书院章程》不仅强调了章程"定大制,揭大纲"的作用,而且反映了"章程之议,肇始于乡诸生董事诸君"的制定程序。

清代还创办了一批洋务学堂,其中最早的京师同文馆先后出台了一系列章程。《同文馆章程及续增条规》是有关学生管理和学习的规章制度,主要涉及学生监管、作息、考勤、考试、奖惩、功课等方面的规定。天津中西学堂和南洋公学均是由盛宣怀创立并督办的新型高等学堂。中西学堂以美国学制为蓝本,设头等学堂及二等学堂;南洋公学则首立四院,分层设学。中西学堂和南洋公学的章程更像是一份筹备办法和建设规划,尚未达到规制宏远、条理详密的层次。洋务—戊戌时期是近代中国高等教育的发轫阶段,学堂章程因陋就简,格式单一,内容单薄,风格各异,其意义主要在于"创制"而非"规范"。京师大学堂创办后,将京师同文馆并入,随后,国子监停办。

民国时期是中国大学章程建设相对活跃的一个阶段。辛亥革命前,已有日本、德国等先进国家的大学规制及大学治理方式引进,国立大学及一些民间大学有所改革。辛亥革命后,日本及西方大学的教授会、评议会、各种委员会等建制纳入中国大学及其章程,对大学和专门学校的自律、自治和科学发展起到了重要作用。

1920年《国立北京大学现行章程》出台后,各校相继制定章程。同年的《国立北京高等师范学校组织大纲》就是第一部以"组织大纲"命名的高校章程。该大纲包括名称、宗旨、学制、行政组织、会议、附属学校和附则,对校内组织进行了合理的分类,体例有所创新。1921年7月13日,教育部核准《国立东南大学大纲》,规定了校长领导下的三会制,即设立教授会、行政委员会和评议会,并申明"设校董会其章程另订之"。这是中国公立大学史上的第一个校董会。1923年3月26日,《北京大学日刊》登载了蒋梦麟参与起草的《杭州大学章程》,全文十七章共93条,这在当时是篇幅较长、内容较为完善的一部大学章程,尽管由于政局混乱、经费缺乏等原因,杭州大学筹建未果,但这部章程却凝结了当时较为先进的办学理念和成功的治校经验。1926年4月颁布的《清华学校组织大纲》被认为是当时实施教授治校比较好的一个章程,规定了评议会和教授会两个重要的权力机构,以评议会权力为最高,教授会是全校性的教授组织,教授代表对于校务决策有重大影响力。

南京国民政府时期,教育行政部门加强了对大学章程的管理。1928年8月16日,国民政府大学院核准了《国立武汉大学组织大纲》,全文五章18条,包括总则、院系、教授及职员、机关、负责等,简明扼要。1929年6月12日《国立清华大学规程》颁行实施。1930年1月18日,由东南大学、第四中山大学演变而来的中央大学向教育部呈送《国立中央大学组织规程》,这是一部遵照《大学组织法》制定的有典型性的大学章程,该校"规模较大,事类繁多",规程"切实厘定即明专责任,取分工合作主义,以实现整个完全的大学精神为标的"。1948年,国民政府颁行《大学法》,除个别条款有所改动外,主体内容与《大学组织法》相差无几。因时局动荡,大学亦处于不定之中,章程也无从根据新法修订了。

从宋代的中国书院规程到20世纪前半叶的现代中国大学章程,时间跨度九百余年。京师大学堂的建立是个分水岭。其前的几百年可以看做是中国传统高等教育机构的章程时期;其后则是中国现代高等学校的章程时期,这一时期,无论是国立大学还是私立大学或教会学校,都受西方大学的影响较多,其理念、规制和章程都有显著的变化。尽管如此,从宋代的中国书院规程到20世纪前半叶的现代中国大学章程的变化,说明:第一,中国高等教育机构及其章程建设源远流长,现代中国大学的章程中仍有传统的精髓,尤其在规制方面,更见文化的传承。第二,学规章程始终都是中国高等教育机构有序发展的前提条件,建学校先立章程已成规矩。第三,中国现代大学的发展,借鉴了先进国家大学的经验,从而以我为主,博采众长,加快了世界水准、中国特色的发展。

20世纪后半叶以来的大学立法和章程建设

中华人民共和国成立后,中央人民政府教育部召开第一次全国教育工作会议,其中一个内容是讨论北京师范大学的改革方案。1950年5月19日,教育部正式颁布了《北京师范大学暂行规程》,这是建国初期以部令形式颁发的为数不多的高校章程之一。这个规程规定了北师大的办学宗旨、教学原则、学生、教学组织、行政组织等问题，明确为人民服务的思想，树立科学唯物主义的世界观，强调学习马列主义、毛泽东思想，明确教学研究组为教学基层组织，要求制订教学计划和教学大纲。行政方面实行校长领导下的校务委员会制度。到1953年，该暂行规程又经历了三次修订，但仅形成草案，未再经教育部颁布。① 这一时期，教育部颁行的相当于大学章程的文件还有《金陵大学行政组织大纲》（1950年11月）和《南京大学暂行组织规程》（1951年10月）。因《高等学校暂行规程》的规定已经比较具体，各学校的章程有所增减，但基本内容大同小异。此后至1998年，再没有正式的大学章程出现。

1998年《高等教育法》颁行后，1999年，教育部即下发了《关于加强教育法制建设的意见》，要求高等学校依据《高等教育法》的要求，尽快制定、完善学校章程。不少地方高校如佳木斯大学、黑龙江大学、扬州大学、吉林师范大学等率先制定了章程。2002年6月，《吉林师范大学章程》试行。该章程包括总则以及学校的组织、教育教学、科研和后勤服务、教师和其他教育工作者、学生、经费、奖惩和处罚、附则等八章98条。行文中除《高等教育法》法定内容外，还有许多教学、科研、后勤和学生管理中的具体规定。

2005年底，《吉林大学章程》公布实施。章程分序言和正文，共八章70条。章程通过规定大学的名称、地位、宗旨，来说明大学的性质和地位；通过规定大学的学科门类、教育形式等，说明大学的功能和任务；通过规定大学的组织架构及其组织成员、财产经费，明确大学为完成其基本使命所依存的组织体制和人、财、物等资源条件。章程进一步明确了大学治理的逻辑关系，并通过章程建设确立了大学的法律地位、工作的基本依据和行为的基本准则，使大学的存在和活动有了合法性基础。根据《高等教育法》，实行党委领导下的校长负责制，赋予党代会制定和通过章程、党委会修改章程的权力。

2006年，教育部法制办公室先后在吉林大学和广东外语外贸大学召开章程建设研讨会。同年4月8日，《上海交通大学章程（试行）》在建校110周年之际公布实施。该章程共分八章60条，仅五千二百余字，是目前高校章程中比较精练的一部。章程确立了党委领导、校长行政、教授治学和民主管理的制度，具体规定了党委会、校长、学术委员会、学位委员会、教学委员会、教

---

① 三次修订分别为：国立北京师范大学规程（草案）及报部文稿（共六章31条）（档案号1952-3）、呈部稿（共十三章125条）（档案号1952-7）、北京师范大学暂行规程（草稿）（共七章）（档案号1954-4），北京师范大学档案馆。

师与专业技术职务聘任委员会、教职工代表大会的主要职责,体现了校内多元权力相对平衡的特色。章程还将社会服务与外部关系作为专章处理。

2007年,教育部法制办公室又发布了《关于报送高等学校章程材料的通知》。同年10月26日,《中国政法大学章程》出台。它把"依法治校"作为办学理念的核心,通过章程制定,积极尝试以"立法"的方式确立学校的"宪法性"文件,致力于在国家法律规定的框架内,按照法律赋予的办学自主权,最大限度地实现自主管理的法治化;力求通过构建并不断完善"党委领导、校长负责、教授治学、职员治事、民主管理、依法治校"的内部治理结构,实现校内公共管理权力的制约与平衡;并在所有的制度设计和实施方面,体现依法治校与人文关怀的统一,切实保障教师和学生的合法权益。《中国政法大学章程》"经校教职工代表大会审议通过后生效"。2010年5月1日,中国政法大学发布了《章程修正案》,对学校的英文名称、办学目标、国际化和教授会等条款加以修改,重新公布章程。其间,《兰州大学章程(草案)》、《华东师范大学章程(试行)》、《合肥工业大学章程》和《东华大学章程(审议稿)》也先后出台。不同类型的章程体现了各类高校的特色。截至2007年,计有563所高校(包括23所直属高校)向教育部报送了章程或草案。

中国科学院是中国自然科学领域规模最大的科研机构,招收研究生,也负有研究生教育的任务。中科院曾经多次研究起草科学院章程。2006年公布的《中国科学院章程》涉及领导体制、组织管理、科技管理、人力资源开发与管理、资产与财务管理等内容,明示了中国科学院的价值理念、制度规范和行为准则,对于高等学校章程建设也具有参考价值。

2010年7月,中央颁布《国家中长期教育改革和发展规划纲要》。规划纲要明确要求"加强章程建设",着重指出"各类高校应依法制定章程,依照章程规定管理学校","学校要建立完善符合法律规定的学校章程和制度,依法办学,从严治校,认真履行教育教学和管理职责","制定、完善学校章程,探索学校理事会或董事会、学术委员会发挥积极作用的机制"。纲要强调现代大学制度的建设关键在于落实章程建设。2011年4月14日,教育部政策法规司在长沙召开了"高等学校章程建设研讨会",北大等相关高校出席。研讨会专门就即将出台的《高等学校章程制定办法(修改稿)》征求意见。《高等学校章程制定办法(修改稿)》进一步明确了大学章程的法定事项,主要包括:学校名称、校址;办学宗旨;办学规模;学科门类的设置;教育形式;内部管理体制;经费来源、财产和财务制度;举办者与学校之间的权利、义务;章程修改程序;其他必须由章程规定的事项等十项。

六十余年来,中国大学章程建设及大学治理的变化,反映了政府和大学在规范大学运行方面的艰辛探索。就现在情况看,中国的大学章程虽各自有侧重和特点,但也有一些不足的地方:一是具备基本的法定内容,但形式上有千校一面的状况;二是将落实党委领导下的校长负责制放在突出位置,但党委和校长分工不够明确,校内其他法定机构或民主决策机制规范不足;三是对内部管理体制表述比较具体的主要侧重在行政管理,而对学术权力的运行与监督机制表述不充分;四是对学校与举办者、师生员工的权利义务虽有所涉及,但内容比较原则化和宽泛,学校自主办学与管理的权限责任少有体现;五是对章程制定、颁布和修改程序虽然作了规定,但尚不统一,各校章程起草、审议和通过的程序存在很大区别;六是各校对章程如何积极推进,尚缺乏特色和操作程序,可能导致章程实施不够顺畅。尽管如此,总体上已经有了很大的进步,大学治理的整体趋势会更加规范有效。

台湾、香港、澳门等地区大学的章程及大学治理

在台湾,1948年版的《大学法》经过13次修正,至今仍为台湾地区大学组织规程的法律依据。现行的《台湾大学组织规程》就是经过近20次修订所成的结果。1994年,在校园民主和教授治校的潮流下,台湾地区高等教育逐步仿照美、德、法等国模式,推动公立大学法人化进程,当局开始对大学松绑,从由政府教育主管部门决定一切教育事务逐步转向大学自主。具体表现为校长遴选程序化,财务管理自主化,校务会议法制化,大学自我管制和多元评鉴制度化。近年来,台湾地区的大学章程版本更新频繁,结构性和实质性变化较为明显。台湾地区高等教育更多地吸收国外大学治理经验,"大学法"修订幅度大,突破了民国时期大学法的框架。

2011年1月26日修正的"大学法"中,教育主管部门取得了公立大学合并的主导权。大学章程不再有统一格式,呈现多元化的特色。如《台湾大学组织规程》包括总则、组织(内分校长、学术单位、行政单位、附设机构等、职员五节)、会议(内分校务会议、其他会议两节)、教职员工申诉、学生之权利与义务、校园安全和附则,共八章64条。《台湾清华大学组织规程》包括总则,组织及会议,各级主管之资格、产生及去职程序,教师、研究人员及职员之分级及聘用,学生自治与校务参与,附则,共六章61条。《台湾政治大学组织规程》包括总则、组织、教师、行政人员、会议、学生、附则,共七章49条。《台湾交通大学组织规程》包括总则、组织与执掌、会议与委员会、各级主管、教师与职员、学生事务、附则,共七章56条。

总体上看,台湾地区大学组织规程有以下共性和特点:一是校长实行任期制,新任校长由校长遴选委员会遴选产生,校长新任、续任、去职和代理程

序，各级主管之资格、产生及去职程序，都有明确规定。二是校务会议议决校务重大事项，各校设立的委员会和校务会议下设的委员会、专案小组则不尽相同。三是大学分设学院、学系（科）、研究所，并设跨系、所、院之学位课程；《台湾大学组织规程》还特别规定了大学院校合并、大学系统或跨校研究中心成立的办法。四是行政单位数目控制在13个以内，主要包括教务处、学生事务处、总务处、研究发展处、国际事务处、财务管理处、图书馆、秘书处、会计室、人事室等。五是教师聘任一般分为初聘、续聘及长期聘任，教师、研究人员及专业技术人员的聘任、升等办法由教师评审委员会拟定，教育主管部门实施控编；教职员工的申诉评议组织及运作办法较为健全。六是大学保障并辅导学生成立自治组织，学生代表参与校务会议等决策机制。七是《台湾大学组织规程》高度重视校园安全，规定设置驻卫警察，军、警未经校长委请或同意，不得进入校园。八是各校组织规程须经校务会议通过，报请教育主管部门核定后实施，修正时亦同。

校务会议是台湾地区大学实现共同治理、议决重大事项的核心机构，校务会议由校长等当然成员和教师、研究人员、助教、职员、工友和学生代表组成。教师代表约占校务会议代表总额的1/2，学生代表约占校务会议代表总额的1/10。台湾大学和台湾清华大学的校务会议审议事项基本相同：一是校务发展计划及预算。二是组织规程及各种重要章则。三是学术单位之设立、变更、合并与停办。四是教务、学生事务、总务、研究及其他校内重要事项。五是有关教学评鉴办法之研议。六是校务会议所设委员会或项目专案决议事项。七是会议提案及校长提议事项。台湾地区大学在组织规程中均载明学校设立的行政单位和各种机构，由于副校长仅有1—2名，学校在三长制的基础上，发展出教务长、学务长、总务长、研发长、国际事务长、财务长、图书馆长、主任秘书和科室、中心主任等行政主管体系，并辅之以相应的会议机制。

香港地区的大学章程包括条例（ordinance）、规程（statute）两部分。其中条例是总纲，规程是从更细的层面上规定学校的各项事务。香港地区的大学继承了英国大学的传统，由政府制定大学条例，并将其纳入香港的法律体系之中，大学董事会根据条例制定更为详细的内部规程。《香港基本法》第36条规定："香港特别行政区在原有教育制度的基础上，自行制定有关教育的发展和改进的政策，包括教育体制和管理、教学语言、经费分配、考试制度、学位制度和承认学历等政策。"因此，香港地区大学的条例制度仍然保持着较强的延续性，反映了英国大学治理的传统和特色。

香港地区大学条例的制定主体是政府，均由香港立法局通过立法会制定。大学条例的法律地位高，不仅是大学内部管理制度，在本质上还是香港正式的法律。每一个大学条例对应着一个法例号，如香港大学条例、香港中文大学条例和香港科技大学条例分别对应香港法例第 1053、1109、1141 章。大学条例用语规范、便于操作，除香港中文大学外，其他大学条例均以英文为母本。

香港大学于 1911 年 3 月在英国殖民统治之下成立。1997 年的《香港大学条例》代替了《1911 年大学条例》。《香港大学条例》共有 16 条（sections），从整体上规定了香港大学的大学名称、释义、法团地位与合约形式，校董会、校务委员会和教务委员会的章程、权力及职责，学院及研究所、主管人员和教师及其聘任、权力、职责及薪酬，以及主考、学位授予等重大方面的内容。条例的第 13 条是规程，由 31 条具体细则构成，从更具体的层面规定了学位种类与颁授典礼，大学成员构成及其主要职责，校董会、校务委员会、教务委员会、学院院务委员会与纪律委员会的权力，名誉学位委员会、毕业生议会的组织，一般程序和财务程序，学系与学术单位的设立，考试的规定等。

1963 年，港英政府为推广中文教育，特意成立了中英双语并重的香港中文大学，因此香港中文大学条例和规程的中文版本颇为雅致。《香港中文大学条例》共有 22 条，条目次序与《香港大学条例》相仿，但在开篇处有详题与弁言，详题载明条例的版本，弁言指出香港中文大学为联邦制大学，明确大学与成员书院的关系，宣布中文大学的使命，特别强调其主要授课语言为中文。条例的第 13 条同样是"规程"，但具体规定了规程应订明的 14 项事宜。《香港中文大学规程》共 28 条：释义、大会、大学成员、监督、副监督、校长、副校长、司库、书院院长、主管人员、校董会、书院章程、财务程序、行政与计划委员会、教务会、学院及研究院、院务委员、学系、校友评议会、教务人员、人员聘任、讲座教授、人员退休、辞职、免任、学生、学位、考试和引称。规程条款与条例并不完全对应，从体系和内容上看，作为条例附表的规程更像是香港中文大学的治理章程。

香港科技大学成立于 1991 年，但条例于 1988 年制定，于 1995 年修订。现在看到的《香港科技大学条例》修订于 1997 年，相关条文于 2009 年核准。《香港科技大学条例》主要内容是大学内部设置的组织与结构，共 24 条，分为 8 部：导言，香港科技大学，监督及顾问委员会，校董会，校长、首席副校长、副校长和其他人员，教务委员会、学院及评议会，财政报表及报告，一般规定等。对校董会和教务委员会的规定都很细致很明确，也很有可操作性。条例第 23 条规定了校董会订立规程的权力。由此可见，香港地区各大学的条例颇为相近，但各校规程则风格不一。

澳门回归后，澳门特别行政区根据《基本法》制定了《澳门大学法律制度》，规定了大学的标的、性质及宗旨、总址及分校、机关、监督实体、章程及内部规章、自主权、法律制度、财政收入、税务豁免、人员制度等。2006年澳门特别行政区核准《澳门大学章程》及相关文件。2006年的《澳门大学章程》有中文和葡文两个版本,就学术、纪律、行政、财政及财产等方面作出规范。《澳门大学章程》分为一般规定,组织,学术单位、学术辅助部门及行政部门,人员,财政及财产的管理,最后规定等六章56条。在"一般规定"里明确了大学的原则、使命及宗旨,享有学术自主权、纪律自主权和行政、财政及财务自主权。在"组织"部分又分七节:一般规定、校监、大学议庭、校董会、校长、教务委员会和财务管理委员会。"校董会"部分又分六节:定义、组成、职权及运作,常设委员会,荣誉学位及荣誉名衔委员会,监察委员会,临时委员会和校董会主席办公室。《澳门大学章程》体系完备,结构严谨,层次分明,其机构设置与香港地区的大学比较接近,但章程的系统性比较明显,又与台湾地区的大学章程相似。

第一卷大致涉及两岸四地从古至今的47个大学规程、高等教育法令以及相关文件,力图呈现历史与当代、内地与港澳台、章程与法令、大学与研究机构之间对照和比较的全景,尽可能多方位地展示中国大学章程建设的不同形态。从历史时期看,可分为京师大学堂以前、京师大学堂到1949年、1949年到现在等三个时期。

中国内地最近六十余年的大学基本领导体制是校长负责制(1950年—1956年)、党委领导下的校务委员会负责制(1956年—1961年)、党委领导下的以校长为首的校务委员会负责制(1961年—1966年)、党的一元化领导(1966年—1976年)、党委领导下的校长分工负责制(1978年—1985年)、党委领导下的校长负责制同时试行校长负责制(1985年—1989年)、党委领导下的校长负责制(1989年至今)。党委在校务决策中发挥统一领导的作用,校长主要负责大学行政系统的工作。学术委员会和教职工代表大会制度,分别实现教授治学和民主管理的职能。从历史发展看,中国的大学章程和大学治理除继承中国文化传统以外,还受到日本、法国、德国、美国、苏联等国大学模式的影响,这种影响充分表现在两岸四地的大学章程中。中国内地的大学治理在1949年以后是以国家的大学法规条例这样的"共同章程"与大学内部管理规则相结合的方式进行的。国家的大学法规条例代行了大学章程的作用。由于有了"共同章程"的约束,各大学的特色相对弱化。由于国家的大学法规没有具体界定政府与大学各自的责任权利,往往造成政府运作大学的倾向,使大学多有"政府"色彩。大学政府化的趋向成为社会关注的重点,一定程度上影响到人才培养和学术研究的品质。这种状况下,大学章程的作用及依据章程进行大学治理的意义就更得到彰显了。

第一卷中各篇规程的序号、格式、文句、标点均基本按照保持文本原貌、力求选取最新版本并附录相关信息的原则进行编辑。如京师大学堂章程等历史文献中出现的"流览"、"溥通学"、"屏出"、"择尤"、"公同"、"右列"、"如左"、"年分"、"保奖",香港地区大学条例文本中出现的"悬空"、"身分"、"委出"、"好的因由"等表述,只要不妨碍理解,不存在错误,就不作修改。明清时期国子监条规和典制的句读则加了标点。台湾地区的大学组织规程在标题和标点上作了必要的技术处理。

中国处于高等教育改革发展的历史机遇期,北京大学正在积极进行大学章程建设,完善大学治理,提升大学素质。《大学章程》丛书就是北京大学章程起草过程中借鉴和研究的产物。从 2006 年底动议起草《北京大学章程》开始,我作为主管北大人文社会科学学科建设的副校长,受学校的委托,担任了《北京大学章程》起草委员会执行副主任,在书记、校长的领导下,全程参与了这项工作。2010 年 5 月不再担任副校长、改任校务委员会副主任后,仍在书记、校长的领导下具体负责《北京大学章程》的研究及起草工作。因对情况比较了解,在《大学章程》多卷本丛书出版的时候,就第一卷的选辑提供一些背景,谈一些见解,以此作为卷序和引言,就教于各位同仁,祈愿此举有益于共同推进各校之间的交流,并共同思考中国大学的治理与进步。

张国有[1]

北京大学校务委员会副主任

2011 年 6 月 26 日

---

[1] 张国有,北京大学光华管理学院教授,北京大学副校长(2005.11—2010.5)、北京大学校务委员会副主任(2010.5—　)。E-mail:zgy@pku.edu.cn。

目录

一编

奏拟京师大学堂章程　/3
钦定京师大学堂章程　/12
奏定京师大学堂章程　/22
国立北京大学现行章程　/30
国立北京大学组织大纲　/36
国立北京大学组织大纲　/40

二编

同文馆章程及续增条规　/47
天津中西学堂章程　/51
南洋公学章程　/54
清华学校组织大纲　/57
国立清华大学规程　/61
国立东南大学大纲　/65
国立中央大学组织规程　/71
国立北京高等师范学校组织大纲　/77
国立武汉大学组织大纲　/83
杭州大学章程　/87

三编

北京师范大学暂行规程　/99

上海交通大学章程　/105

吉林大学章程　/113

中国政法大学章程　/122

兰州大学章程（草案）　/134

华东师范大学章程（试行）　/143

合肥工业大学章程　/150

东华大学章程（审议稿）　/160

吉林师范大学章程（试行）　/167

四编

台湾大学组织规程　/179

台湾清华大学组织规程　/200

台湾政治大学组织规程　/216

台湾交通大学组织规程　/230

香港大学条例　/249

香港中文大学条例　/283

香港科技大学条例　/322

澳门大学法律制度及章程　/331

附编

明国子监监规　/355

清国子监典制　/360

白鹿洞书院学规　/370

桐乡书院章程　/376

大学令　/381

修正大学令　/383

国立大学校条例　/385

大学组织法　/387

大学法　/389

高等学校暂行规程　/392

中华人民共和国教育部直属高等学校暂行工作条例（草案）　/397

中华人民共和国高等教育法　/416

中国科学院章程　/425

后记　/434

第一编

奏拟京师大学堂章程

光绪二十四年五月十四日
(1898年7月2日)

第一章　总纲

　　第一节　京师大学堂,为各省之表率,万国所瞻仰。规模当极宏远,条理当极详密,不可因陋就简,有失首善体制。

　　第二节　各省近多设立学堂,然其章程功课皆未尽善,且体例不能划一,声气不能相通。今京师既设大学堂,则各省学堂皆当归大学堂统辖,一气呵成。一切章程功课,皆当遵依此次所定,务使脉络贯注,纲举目张。

　　第三节　西国大学堂学生,皆由中学堂学成者递升。今各省之中学堂,草创设立,犹未能遍;则京师大学堂之学生,其情形亦与西国之大学堂略有不同。今当于大学堂兼寓小学堂、中学堂之意,就中分列班次,循级而升,庶几兼容并包,两无窒碍。

　　第四节　西国最重师范学堂,盖必教习得人,然后学生易于成就。中国向无此举,故各省学堂不能收效。今当于堂中别立一师范斋,以养教习之才。

　　第五节　西国学堂皆有一定功课书,由浅入深,条理秩然,有小学堂读本,有中学堂读本,有大学堂读本,按日程功,收效自易。今中国既无此等书,故言中学,则四库七略,浩如烟海,穷年莫殚,望洋而叹。言西学则凌乱无章,顾此失彼,皮毛徒袭,成效终虚。加以师范学堂未立,教习不得其人,一切教法皆不讲究,前者学堂不能成就人才,皆由于此。今宜在上海等处开一编译局,取各种普通学尽人所当习者,悉编为功课书,分小学、中学、大学三级,量中人之才所能肄习者,每日定为一课。局中集中西通才,专司纂译。其言中学者,荟萃经子史之精要,及与时务相关者编成之,取其精华,弃其糟粕。其言西学者,译西人学堂所用之书,加以润色。既勒为定本,除学堂学生每人给一分外,仍请旨颁行各省学堂,悉遵教授,庶可以一趋向而广民智。

第六节　学者应读之书甚多,一人之力,必不能尽购。乾隆间,高宗纯皇帝于江浙等省设三阁,尽藏四库所有之书,俾士子借读,嘉惠士林,法良意美！泰西各国于都城省会皆设有藏书楼,亦是此意。近张之洞在广东设广雅书院,陈宝箴在湖南设时务学堂,亦皆有藏书。京师大学堂为各省表率,体制尤当崇闳。今拟设一大藏书楼,广集中西要籍,以供士林流览而广天下风气。

第七节　泰西各种实学,多藉试验始能发明,故仪器为学堂必需之事。各国都会,率皆有博物院,搜集各种有用器物,陈设其中,以备学者观摩,事半功倍。今亦宜仿其意,设一仪器院,集各种天、算、声、光、化、电、农、矿、机器制造、动植物各种学问应用之仪器,咸储院中,以为实力考求之助。

第八节　现时各省会所设之中学堂尚属寥寥,无以备大学堂前茅之用。其各府州县小学堂,尤为绝无仅有。若不克期开办,则虽有大学堂而额数有限,不能逮下,成就无几。今宜一面开办,一面严饬各省督抚学政迅速将中学堂、小学堂开办,务使一年之内,每省每府每州县皆有学堂,庶几风行草偃,立见成效。

第二章　学堂功课例

第一节　近年各省所设学堂,虽名为中西兼习,实则有西而无中,且有西文而无西学。盖由两者之学未能贯通,故偶涉西事之人,辄鄙中学为无用。各省学堂,既以洋务为主义,即以中学为具文。其所聘中文教习,多属学究帖括之流;其所定中文功课,不过循例咿唔之事。故学生之视此学亦同赘疣,义理之学全不讲究,经史掌故未尝厝心。考东西各国,无论何等学校,断未有尽舍本国之学而徒讲他国之学者,亦未有绝不通本国之学而能通他国之学者。中国学人之大弊,治中学者则绝口不言西学,治西学者亦绝口不言中学。此两学所以终不能合,徒互相诟病,若水火不相入也。夫中学,体也,西学,用也。二者相需,缺一不可,体用不备,安能成才。且既不讲义理,绝无根底,则浮慕西学,必无心得,只增习气。前者各学堂之不能成就人才,其弊皆由于此。且前者设立学堂之意,亦与今异。当同文馆、广方言馆初设时,风气尚未大开,不过欲培植译人,以为总署及各使馆之用,故仅教语言文字而于各种学问皆从简略。此次设立学堂之意,乃欲培植非常之才,以备他日特达之用,则其教法亦当不同。夫仅通中国语言文字之人,必不能谓为中学之人才,然则仅通西国语言文字之人,亦不能谓为西学之人才,明矣。西文与西学,二者判然不同,各学堂皆专教西文,而欲成就人才必不可得矣。功课之完善与否,实学生成就所攸关,故定功课为学堂第一要著。今力矫流弊,标举两义:一曰中西并重,观其会通,无得偏废;二曰以西文为学堂之一门,不以西文为学堂之全体,以西文为西学发凡,不以西文为西学究竟。宜昌明此意,颁示各省。

第二节 西国学堂所读之书皆分两类:一曰溥通学,二曰专门学。溥通学者,凡学生皆当通习者也。专门学者,每人各占一门者也。今略依泰西日本通行学校功课之种类,参以中学,列表如下:

经学第一,

理学第二,

中外掌故学第三,

诸子学第四,

初级算学第五,

初级格致学第六,

初级政治学第七,

初级地理学第八,

文学第九,

体操学第十。

以上皆溥通学。其应读之书,皆由上海编译局纂成功课书,按日分课。无论何种学生,三年之内必须将本局所纂之书,全数卒业,始得领学成文凭(惟体操学不在功课书内)。

英国语言文字学第十一,

法国语言文字学第十二,

俄国语言文字学第十三,

德国语言文字学第十四,

日本语言文字学第十五。

以上语言文字学五种。凡学生每人自认一种,与溥通学同时并习。其功课书悉各该本国原本。

高等算学第十六,

高等格致学第十七,

高等政治学第十八(法律学归此门),

高等地理学第十九(测绘学归此门),

农学第二十,

矿学第二十一,

工程学第二十二，
商学第二十三，
兵学第二十四，
卫生学第二十五（医学归此门）。

以上十种专门学，俟溥通学卒业后，每学生各占一门或两门。其已习西文之学生，即读西文各门读本之书；其未习西文之学生，即读编译局译出各门之书。

第三节　凡学生年在二十以下，必须认习一国语言文字。其年在二十一以上，舌本已强，不能学习者，准其免习，即以译出各书为功课；惟其学成得奖，当与兼习西文者稍示区别。

第四节　本学堂以实事求是为主，固不得如各省书院之虚应故事，亦非如前者学堂之仅袭皮毛。所定功课，必当严密切实，乃能收效。今拟凡肄业者，每日必以六小时在讲堂，由教习督课，以四小时归斋自课。其在讲堂督课之六小时，读中文书西文书时刻各半。除休沐日之外，每日课肄时刻不得缺少，不遵依者，即当屏出。

第五节　考验学生功课之高下，依西例，用积分之法，每日读编译局所编溥通学功课书，能通一课者，即为及格。功课书之外，每日仍当将所读书条举心得，入札记册中。其札记册呈教习评阅，记注分数，以为高下之识别。其西文功课则以背诵、默写、解说三事记注分数。每月总核其数之多寡，列榜揭示。

第六节　每月考课一次，就溥通学十类中每类命一题，以作两艺为完卷。其头班学生习专门学者，则命专门之题试之，由教习阅定，分别上取、次取。其课卷、札记列高等者，择优刊布，如同文馆、算学、课艺之例，布诸天下，以为楷模。

第三章　学生入学例

第一节　学生分为两项，第一项，谕旨所列翰林院编检、各部院司员、大门侍卫、候补候选道府州县以上及大员子弟、八旗世职、各省武职后裔之愿入学堂肄业者，第二项，各省中学堂学成领有文凭咨送来京肄业者。

第二节　学生分作两班。其治各种溥通学已卒业者，作为头班。现治溥通学者，作为二班。第一项学生投考到堂之始皆作为二班，以渐而升。第二项学生咨送到堂时，先由总教习考试，如实系曾经治溥通学卒业者，即作为头班。若未卒业者，即作为二班，俟补足后乃升。

第三节　恭绎谕旨,其有愿入学堂者均准入学肄业等语,似不必先行甄别考录,仰见广大教泽之圣意。惟施无节制,人数既多,其中或有沾染习气,不可教诲,或资质劣下难以成就者,在所不免。若令一体杂厕,恐于堂中功课有碍。今拟凡此各项人员愿来就学者,取结报名投到,先作为附课生。一月以后,由总教习、提调等察其人品资质,实可教诲,然后留学,庶几精益求精,成就较多。

第四节　既不经甄别,则愿来学者多少无定额,经费及学舍等,亦皆不能悬定。今拟略示限制,暂以五百人为额。其第一项学生,额设三百人。第二项学生,额设二百人。若取额已满,续行投到,咨到者暂作为外课生,俟缺出乃补。凡外课生不住学堂,不给膏火。

第五节　额设学生五百人,分为六级,略依同文馆之例,据功课之优劣,以第其膏火之多寡,略列表如下:

等次	额数	每月膏火
第一级	三十人	二十两
第二级	五十人	十六两
第三级	六十人	十两
第四级	一百人	八两
第五级	一百人	六两
第六级	一百六十人	四两
合计	五百人	

第六节　凡学生留学补额,宁缺毋滥;六级递升,宁严毋宽,以昭慎重。其有本在优级者,或功课不如格,则随时黜降,以优者补升。或犯堂规,轻者降为外课,重者摈出。

第七节　于前三级学生中,选其高才者作为师范生,专讲求教授之法,为他日分往各省学堂充当教习之用。

第八节　西国师范生之例,即以教授为功课。故师范学堂,每与小学堂并立。即以小学堂生徒,命师范生教之。今绎谕旨,凡大员子弟、八旗世职等皆可来学,未指明年限。今拟择其年在十六以下十二以上者作为小学生,别立小学堂于堂中,使师范生得以有所考验,实一举两得之道。

第四章　学成出身例

第一节　前者所设各学堂,所以不能成就人才之故,虽由功课未能如法,教习未能得人,亦由国家科第仕进不出此途,学成而无所用,故高才之人不肯就学。今既创此盛举,必宜力矫前弊。古者贡举皆出于学校,西人亦然。我中国因学校之制未成,故科举之法亦弊。现京师大学堂既立,各省亦当继设,即宜变通科举,使出此途,以励人才而开风气。

第二节　本年正月初七日上谕,已有各省学堂经济科举人、经济科贡士各名号,今拟通饬各省上自省会下及府州县,皆须于一年内设立学堂,府州县谓之小学,省会谓之中学,京师谓之大学。由小学卒业领有文凭者,作为经济生员升入中学;由中学卒业领有文凭者,作为举人升入大学;由大学卒业,领有文凭者作为进士,引见授官。既得举人者,可以充各处学堂教习之职;既得进士者,就其专门,各因所长授以职事,以佐新政。惟录用之愈广,斯成就之益多。

第三节　京师大学堂,多有已经授职之人员,其卒业后应如何破格擢用之处,出自圣裁。其各省中学堂生,如有已经中式举人者,其卒业升入大学堂之时亦即可作为进士,与大学堂中已经授职之人员一体相待。

第四节　大学堂中卒业各生,择其尤高才者先授之以清贵之职,仍遣游学欧美各国数年,以资阅历而期大成。游学既归,乃加以不次擢用,庶可以济时艰而劝后进。

第五节　学生既有出身,教习亦宜奖励。今拟自京师大学堂分教习及各省学堂总教习、分教习,其实心教授著有成效确有凭证者,皆三年一保举。原系生监者,赏给举人;原系举人者,赏给进士,引见授职;原系有职人员者,从异常劳绩保举之例,以为尽心善诱者劝。

第五章　聘用教习例

第一节　同文馆及北洋学堂等,多以西人为总教习。然学堂功课,既中西并重,华人容有兼通西学者,西人必无兼通中学者。前此各学堂于中学不免偏枯,皆由以西人为总教习故也。即专就西文而论,英法俄德诸文并用,无论任聘何国之人,皆不能节制他种文字之教习,专门诸学亦然。故必择中国通人,学贯中西,能见其大者为总教习,然后可以崇体制而收实效。

第二节　学生之成就与否,全视教习。教习得人,则纲目毕举;教习不得人,则徒靡巨帑,必无成效。此举既属维新之政,实事求是,必不可如教习庶吉士、国子监祭酒等之虚应故事。宜取品学兼优通晓中外者,不论官阶,不论年齿,务以得人为主,或由总理衙门大臣保荐人才可任此职者,请旨擢用。

第三节　设溥通学分教习十人,皆华人。英文分教习十二人,英人、华人各六；日本分教习二人，日本人、华人各一；俄德法文分教习各一人，或用彼国人，或用华人，随所有而定。专门学十种分教习各一人，皆用欧美洲人。

第四节　用使臣自辟参随例，凡分教习皆由总教习辟用，以免枘凿之见，而收指臂之益。其欧美人或难于聘请者，则由总教习总办，随时会同总署及各国使臣向彼中学堂商请。

第五节　现当开办之始，各学生大率初学，必须先依编译局所编出之溥通功课卒业，然后乃学专门。计最速者，亦当在两年以后。现时专门各学之分教习，如尚无学生可教，即暂以充编译局译书之用。

第六章　设官例

第一节　设管学大臣一员，以大学士、尚书、侍郎为之，略如管国子监事务大臣之职。

第二节　设总教习一员，不拘资格，由特旨擢用，略如国子监祭酒、司业之职。

第三节　设分教习汉人二十四员，由总教习奏调，略如翰林院五经博士、国子监助教之职。其西人为分教习者不以官论。

第四节　设总办一人，以小九卿及各部院司员充。

第五节　设提调八人，以各部院司员充。以一人管支应，五人分股稽查学生功课，以二人管堂中杂务。

第六节　设供事十六员，誊录八员。

第七节　藏书楼设提调一员，供事十员。

第八节　仪器院设提调一员，供事四员。

第九节　以上各员，除管学大臣外，皆须常川驻扎学堂。

第七章　经费

第一节　西国凡一切动用款项，皆用预算表决算表之法。预算者，先估计此事应需款若干，甲项用若干，乙项用若干，拟出大概数目，然后拨款措办也。决算者，每年终，将其开销实数分列某项某项开出清单也。中国向来无列表预算之法，故款项每患舞弊，费帑愈多，成效愈少。今宜力除积弊，采用西法，先列为常年预算表、开办预算表，然后按表拨款办理。

第二节　中国官制向患禄薄。今既使之实事求是，必厚其薪俸，使有以自养，然后可责以实心任事。除管学大臣不别领俸外，其各教习及办事人应领薪俸，列一中数为表如下：

职名	人数	每人每月薪水银	每年合计银
总教习	一	三百两	三千六百两
专门学分教习（西人）	十	三百两	三万六千两
溥通学分教习头班	六	五十两	三千六百两
溥通学分教习二班	八	三十两	二千八百八十两
西人分教习头班（西人）	八	二百两	一万九千二百两
西人分教习二班	八	五十两	四千八百两
总办	一	一百两	一千二百两
提调	八	五十两	四千八百两
藏书楼提调	一	五十两	六百两
仪器院提调	一	五十两	六百两
供事	三十	四两	一千四百四十两
誊录	八	四两	三百八十四两

右教习及办事人薪俸预算表第一：统计每年开销银八万一千五百两。

学生分为六级，每级以所领膏火之多寡为差，列表如下：

级数	人数	每人每月膏火银	每年合计银
第一级	三十	二十两	七千二百两
第二级	五十	十六两	九千六百两
第三级	六十	十两	七千二百两
第四级	一百	八两	九千六百两
第五级	一百	六两	七千二百两
第六级	一百六十	四两	七千六百八十两
附设之小学堂学生	八十	四两	三千八百四十两[①]

右学生膏火预算表第二：统计每年开销银五万二千三百二十两。

其余各项杂用，列表如下：

伙食	共五百六十人	每人每月银三两	每年约一万六千两
华文功课书	每学生一分	每分约银二两	每年约一万两
西文功课书	每学生一分	每分月银二两	每年约一万两
奖赏	每月银一千两		每年共一万二千两
纸张及墨水洋笔等			每年约二千两
仆役薪工饭食	约用一百人		每年约三千六百两
预备额外杂用			每年五千两

---

① 原文为"二千四百两"，核算有误，《北京大学史料》第一卷据北京大学图书馆藏《京师大学堂章程》更正为该数目。——编者注

右其余杂用预算表第三：总计五万六千六百两。

三表合计，每年共应开销银十九万零四百二十两之谱，是为常年统计经费之数。

第三节　开办经费，以建学堂、购书、购器及聘洋教习来华之川资为数大宗。今略列于下：

建筑学堂费约十万两；

建筑藏书楼费约二万两；

建筑仪器院费约二万两；

购中国书费约五万两；

购西文书费约四万两；

购东文书费约一万两；

购仪器费约十万两；

洋教习川资约一万两。

右开办经费预算表：约三十五万两。

第四节　一切工程及购书购器等费，皆由总办、提调经理，皆当实支实销，不得染一毫官场积习。

第八章　暂章

第一节　以上所列，不过大概情形。若开办以后，千条万绪，非事前所能悉定，在办事人员各司所职，随时酌拟。

第二节　功课之缓急次序，及每日督课分科分课及记分数之法，其章程皆归总教习、分教习续拟。

第三节　一切堂规，归总办、提调续拟。

第四节　建筑学堂，分段分斋一切格式，归总办、提调续拟。

第五节　应购各书目录，及藏书楼收藏借阅详细章程，归藏书楼提调续拟。

第六节　应购各器并仪器院准人游观详细章程，归仪器院提调续拟。

第七节　学成出身详细章程，应由总教习会同总理衙门、礼部详拟。

第八节　各省府州县学堂训章，应由大学堂总教习、总办拟定，请旨颁示。

第九节　学生卒业后，选其高才者出洋游学。其章程俟临时由总教习会同总理衙门详拟。

（据《京师大学堂档案选编》，北京大学出版社2001年版）

钦定京师大学堂章程

光绪二十八年七月十二日
（1902年8月15日）

第一章 全学纲领

第一节 京师大学堂之设，所以激发忠爱，开通智慧，振兴实业。谨遵此次谕旨，端正趋向，造就通才，为全学之纲领。

第二节 中国圣经垂训，以伦常道德为先，外国学堂于知育体育之外，尤重德育，中外立教本有相同之理。今无论京外大小学堂于修身伦理一门，视他学科更宜注意，为培植人材之始基。

第三节 欧美日本所以立国，国各不同，中国政教风俗亦自有所以立国之本①。所有学堂人等，自教习、总办、提调、学生诸人，有明倡异说，干犯国宪，及与名教纲常相违背者，查有实据，轻则斥退，重则究办。

第四节 京师大学堂主持教育，宜合通国之精神脉络而统筹之。现奉谕旨，一切条规，即以颁行各省。将来全国学校事宜，请由京师大学堂将应调查各项拟定格式簿，分门罗列，颁发各省学堂，于每岁散学后，将该学堂各项情形，照格填注，通报京师大学堂，俟汇齐后，每年编订成书，恭呈御览。

第五节 京师大学堂本为各省学堂毕业生升入专门正科之地，无省学则大学堂之学生无所取材。今议先立豫备一科，本一时权宜之计，故一年之内，各省必将高等学堂暨府厅州县中小学堂一律办齐，如有敷衍迟延，大学堂届期请旨严催办理。

第六节 同文馆归并之后，经费无着，变通办法，拟于豫备、速成两科中设英、法、俄、德、日本五国语言文字之专科，延聘外国教习讲授。

---

① 《北京大学史料》第一卷此句为"中国政教风俗亦自有所以自有异"。——编者注

第七节　学堂开设之初,欲求教员,最重师范。现于速成科特立专门之外,仍拟酌派数十人赴欧美日本诸邦学习教育之法,俟二三年后卒业回华,为各处学堂教习。

第八节　现在诸事创举,尚待考求,一切章程势不能悉臻完善,所有增添更改之处,应准随时陈奏办理。

第九节　此次所奏定之章程,拟译成西文、东文各一分,俾洋教习一律照办,不得歧误。

第十节　环球各国,合上下之精神财力,尤注重练兵;兵之所以精,则以通国皆兵,又无一不出于学。中国陆军、海军,应请广立专门学堂,不在各学分科之内。

第十一节　约束学生规则及办事章程,其涉于烦碎者,须另编,俾有遵守。此次奏定各条皆系约举大要;要涉于烦碎者,须俟开办后体察情形,详立各门以资遵守。

第二章　功课

第一节　欲定功课,先详门目,今定大学堂全学名称:一曰大学院,二曰大学专门分科,三曰大学豫备科。其附设名目:曰仕学馆,曰师范馆。除大学院为学问极则、主研究不主讲授、不立课程外,兹首列大学分科课程,次列豫备科课程;其仕学、师范二馆课程,亦以次附焉。

前次学堂有医学一门,兼施学堂中之诊治,今请仍旧办理,照外国实业学堂之例附设一所,名曰医学实业馆。所有医学馆章程另编具奏。

第二节　大学分科门目表

大学分科,俟豫备科学生卒业之后再议课程,今略仿日本例,定为大纲分列如下:

政治科第一,文学科第二,格致科第三,农学科第四,工艺科第五,商务科第六,医术科第七。

政治科之目二:一曰政治学,二曰法律学。

文学科之目七:一曰经学,二曰史学,三曰理学,四曰诸子学,五曰掌故学,六曰词章学,七曰外国语言文字学。

格致科之目六:一曰天文学,二曰地质学,三曰高等算学,四曰化学,五曰物理学,六曰动植物学。

农学科之目四:一曰农艺学,二曰农业化学,三曰林学,四曰兽医学。

工艺科之目八:一曰土木工学,二曰机器工学,三曰造船学,四曰造兵器学,五曰电气工学,六曰建筑学,七曰应用化学,八曰采矿冶金学。

商务科之目六:一曰簿计学,二曰产业制造学,三曰商业语言学,四曰商法学,五曰商业史学,六曰商业地理学。

医术科之目二:一曰医学,二曰药学。

以上科目粗具,至详细课程,俟豫备科学生卒业之后,酌量情形再行妥定。

第三节　豫备科课程门目表

豫备科课程依原奏分政、艺两科,习政科者卒业后升入政治、文学、商务分科;习艺科者,卒业后升入农学、格致、工艺、医术分科。各省高等学堂课程,照此办理。今列如下:

政科

科目	教习
伦理第一	中教习授
经学第二	中教习授
诸子第三	中教习授
词章第四	中教习授
算学第五	中外教习兼授
中外史学第六	中外教习兼授
中外舆地第七	中外教习兼授
外国文第八	外国教习授
物理第九	外国教习授
名学第十	外国教习授
法学第十一	外国教习授
理财学第十二	外国教习授
体操第十三	中外教习兼授

艺科

科目	教习
伦理第一	中教习授
中外史学第二	中外教习兼授
外国文第三	外国教习授
算学第四	中外教习兼授
物理第五	外国教习授
化学第六	外国教习授
动植物学第七	外国教习授
地质及矿产学第八	外国教习授
图画第九	外国教习授
体操第十	中外教习兼授

第四节　豫备科课程分年表

（略）

第五节　豫备科课程一星期时刻表

（略）

第六节　仕学馆课程门目表

仕学馆课程,照原奏招考已入仕途之人入馆肄业,自当舍工艺而趋重政法,惟普通各学亦宜略习大概。今表列门目如下：

算学第一,博物第二,物理第三,外国文第四,舆地第五,史学第六,掌故第七,理财学第八,交涉学第九,法律学第十,政治学第十一。

以上各科,均用译出课本书,由中教习及日本教习讲授,惟外国文由各国教习讲授。

第七节　仕学馆课程分年表

（略）

第八节　仕学馆课程一星期时刻表

（略）

第九节　师范馆课程门目表

师范馆照原奏招考举贡生监入学肄业,其功课如普通学,而加入教育一门。今表列门目如下：

伦理第一,经学第二,教育学第三,习字第四,作文第五,算学第六,中外史学第七,中外舆地第八,博物第九,物理第十,化学第十一,外国文第十二,图画第十三,体操第十四。

以上各科,均用译出课本书,由中教习及日本教习讲授；惟外国文由各国教习讲授。

第十节　师范馆课程分年表

（略）

第十一节　师范馆课程一星期时刻表

（略）

第十二节　学生班数,按其功候之浅深定之,每班至多不得过四十人；每学过一学期则递升一班。其升班有考试不及格者,不升,随后再试。

第十三节　学生如甲科功候颇深,乙科功候较浅,应移甲科之日力补习乙科,如史学功候深,算学功候浅,则移史学之功候补习算学,余以类推。

第十四节　凡考学生之成绩,由教习将学生平日功课分数,数日一呈总教习,总教习通一月之分数而榜于堂。

第十五节　凡外国教习上堂教授时刻,其至少之数不得减于四小时。

第十六节　凡中国教习上堂教授时刻,其至少之数不得减于五小时。

第十七节　评定分数以百分为满格,通各科平均计算,每科得六十分者为及格,不及六十分者为不及格。

第十八节　考试分数应与平日分数平均计算,如平日各科合计得八十分,而考试得及九十分者,则此学生之功课应算为八十五分,余以类推。

第十九节　伦理一门以躬行实践为主,其核计分数法,教习将学生平日一切性情行事随时登记,至一学期末与各学科平均计算。惟考试不入此门。

第二十节　凡入豫备科者,以外国文肄习外国学,入速成科者以译文肄习外国学。

第二十一节　刻下各项课本尚待编辑,姑就旧本择要节取教课,俟编译两局课本编成,即改用局本教授。其外省学堂,一律照京师大学堂奏定课本办理,不得自为风气。如将来外省所编课本,实有精审适用过于京师编译局颁发原书者,经大学堂审定后,由管学大臣随时奏定改用。

第二十二节　此次所定各项学堂学级、时刻两项,将来或须改良,或须通变,随时更定。惟不得任意减少,致成敷衍。

第三章　学生入学

第一节　京师大学堂专门学生,现尚无人,将来由本学堂豫备科卒业生升补外,其各省高等学堂卒业生咨送到京者,经考验及格,一并升入正科肄业。

第二节　现办豫备科之学生,京师由本学堂招考,各省照原奏由大学堂拟定格式,颁发各省照格考取后,咨送到京复试,方准入学肄业。

第三节　现办速成科之学生,仕学馆人员拟专由京师考取,其师范馆生徒,与豫备科学生入学例同。

第四节　学生现定额五百名,约以二百名为豫备科学生之数,以三百名为速成科学生之数,随后再议扩充。

第五节　凡应考学生,须身家清白,体质强实,并无疾病嗜好者。京师于出示定期招考后,严定格式,取具各本旗佐领图片,同乡京官印结,报名投考。外省按照颁发格式办理。

第四章　学生出身

第一节　恭绎历次谕旨,均有学生学成后赏给生员、举人、进士明文。

此次由臣奏准,大学堂豫备、速成两科学生卒业后,分别赏给举人、进士。今议请由小学堂卒业者,先由本学堂总理教习考过后,送府官立中学堂复加考验如格,由中学堂给予附生文凭,留堂肄业,并准其一体乡试。若有不及格者,或留中学堂补习数月,或仍送回小学堂补习,均待补习完竣复考后再予出身。其中学堂卒业生,送本省官立高等学堂考验如格,由高等学堂给予贡生文凭。其不及格者令补习如例。高等学堂卒业生,由本学堂总理教习考过后,送京师大学堂复考如格,由管学大臣带领引见,候旨赏给举人,并准其一体会试。其不及格者,令补习如例。大学堂分科卒业生,由本学堂教习考过后,再由管学大臣复考如格,带领引见,候旨赏给进士。其举人进士均应给予文凭。至京师大学堂现办之豫备、速成两科卒业生,应照臣筹办大概情形原奏办理。

第二节　现办速成科仕学馆人员,应俟三年卒业,由教习考验后,管学大臣复考如格,择优保奖,予以应升之阶,或给虚衔加级,或咨送京外各局所当差,统俟临时量才酌议。

第三节　现办速成科、师范馆学生,今定俟四年卒业,由教习考验后,管学大臣复考如格,择优带领引见。如原系生员者,准作贡生,原系贡生者,准作举人,原系举人者,准作进士,均候旨定夺,分别给予准为各处学堂教习文凭。

第四节　师范出身一项,系破格从优以资鼓励。各省师范卒业生,亦得与京师大学堂师范生一律从优。惟由贡生卒业应予作为举人,由举人卒业应予作为进士者,均须由各该本省督抚咨送京师大学堂复加考验,其及格者由管学大臣奏请带领引见,候旨赏给出身。不及格者,如例留堂补习;其过劣者咨回原省,以杜冒滥。

第五节　凡原系进士者,不必再入高等学堂肄业;概归仕学馆学习,卒业后照章办理。原系举人者,不必再入中学堂肄业;如愿入高等学堂者,卒业后送京师大学堂复考及格,加给学堂举人文凭,并奏明给予内阁中书衔,毋庸带领引见。原系贡生者,不必再入小学堂肄业;如愿入中学堂者,卒业后由本省官立高等学堂复考及格,加给学堂贡生文凭,并奏明给予国子监学正学录衔。原系附生者,如入小学堂肄业,卒业后由本府官立中学堂复考如格,加给学堂附生文凭,并奏明给予训导衔。所有贡生、附生,奏给虚衔,统由各学堂呈报本省督抚年终汇奏。此条为专从科举出身之生员、举人、进士而设,其入学堂后,应试取进中式者,不用此例。

第六节　凡在堂肄业学生,均准其照例应乡会试。于给假之日,由学堂按照路途远近予以期限,中式者若干日,不中式者若干日,均不得逾期辍业。违者开除学阶。

第七节　凡在学堂肄业之廪增附生,均咨明本省学政免其岁试。其应行科考之各项生监,统于乡试之年,由本学堂分别咨送应试,概免录科,以免耽误学业。至中小学堂肄业之文童,遇岁科试,应准其径送院试,其府县试一律免考。取进之后,仍到堂肄业。其由学堂请假赴考之期限,照第六节办理。

第八节　所有各项附生贡生举人进士文凭,统由京师大学堂刊板印造,盖用关防,略如部照之式。其贡生以下文凭,颁发各省应用。每岁于年终,将给过文凭之贡生、附生姓名、籍贯、年貌、三代,册报京师大学堂查核,并报礼部存案。

第九节　凡得过各项文凭者,如有违犯国家一切科条,应得追缴处分者,贡生以下,由各省追缴文凭后,咨报京师大学堂存案,举人以上,奏明办理。

第十节　学生每一等级,或三年卒业,或四年卒业,届时须切实考验,合格者方可给予文凭。其有已至年限尚须补习者,有屡考下第必须斥退者,均由总理教习库验,分别去留,任严毋滥。

第十一节　各项学生,由本学堂总理教习考验合格之后,该总理及教习须出具切结。将来本府官立中学堂,本省高等学堂及京师大学堂复考之日,如察有冒滥,即将原考验之总理及教习分别议处。轻者罚减薪赀,重者分别黜革。如此,则总理及教习考验之时不敢含混,即教习授课之日亦不敢疏虞,实于防弊之中兼寓督课之意,庶为取士最公最严之法。

第五章　设官

第一节　设管学大臣一员以主持全学,统属各员,由特旨派大臣为之。

第二节　设总办一员,副总办二员,以总理全学一切事宜,随事禀承管学大臣办理。

第三节　设堂提调四员,以稽查学生勤惰出入,并照料学生疾病等事。遇学生因事争讼,堂提调应随时排解,有大事会同总理申理。司事、杂役人等,有不按定章办事应差,并在堂内滋事者,堂提调查明分别轻重办理。

第四节　设文案提调一员,襄办二员,以总理往来文件。

第五节　设支应提调一员,襄办一员,以总稽银钱出入。

第六节　设杂务提调二员,襄办一员,以照料学生饮食,并随时置办堂中应用一切物件。

第七节　设藏书楼、博物院提调各一员,以经理书籍、仪器、标本、模型等件。

第八节 设医学提调一员，稽查医学馆学生功课，兼司学堂诊治及照料一切卫生事宜。

第九节 设收掌供事书手若干员名，俟开办时视学务繁简再行酌定。

第十节 以上各员，自总办以下，皆受考成于管学大臣；除管学大臣外，皆须常川驻堂。

第十一节 自副总办以下，供职勤惰，应由正总办按照章程严密稽查，年终出具考语，报明管学大臣查核。

第六章　聘用教习

第一节 设总教习一员，主持一切教育事宜；副总教习二员，佐总教习以行教法，并分别稽查中外各教习及各学生功课。

第二节 现在学生额数未定，西学教习拟暂聘欧美人六员或四员，教授豫备科学生；日本人四五员，教授速成科学生。按照所定功课章程办理。

第三节 同文馆归并办理，仍照向例用英、法、俄、德、日五国文教授，聘用外国教习五员。又医学实业馆聘用外国教习一员。

第四节 设西学功课监督一员，如外国教习有不按照此次所定功课教授者，监督得随时查察，责成外国教习照章办理。

第五节 各外国教习之外，仍须用中国人通西学并各国语言文字者为副教习，其员数俟开办时酌定。

第六节 应用汉文教习若干员，按照所定汉文功课教授，其员数亦俟开办时定之。

第七节 各教习如有教课不勤，及任意紊乱课程上之规约等事，无论中外教习、年满与否，管学大臣均有辞退之权。延聘外国教习时，应将此条注明合同之上。

第八节 学问之与宗教本不相蒙，西教习不得在学堂中传习教规。

第九节 自副总教习以下，教课勤惰，均由正总教习按照章程严密稽察，年终出具考语，报明管学大臣查核，自总教习以下，皆受考成于管学大臣。

第七章　堂规

第一节 教习学生，一律遵奉《圣谕广训》，照学政岁科试下学讲书，宣读《御制训饬士子文例》，每月朔，由正总教习、副总教习传集学生，在礼堂敬谨宣读《圣谕广训》一条。

第二节　凡开学散学及每月朔，由总教习、副总教习、总办各员，率学生诣至圣先师位前行礼。礼毕，学生向总教习、副总教习、总办各员各三揖，退班。

第三节　每岁恭逢皇太后、皇上万寿圣节，皇后千秋节，至圣先师诞日，仲春仲秋上丁释奠日，皆由总教习、副总教习、总办各员率学生至礼堂行礼如仪。

第四节　学生平日见管学大臣、总教习、副总教习、分教习，皆执弟子礼，遇其他官员及上等执事人，一揖致敬。

第五节　每年以正月二十日开学，至小暑节散学，为第一学期；立秋后六日开学，至十二月十五日散学，为第二学期。

第六节　依前条，除年假暑假合计在七十日之外，每岁恭逢皇太后、皇上万寿圣节，皇后千秋节，至圣先师诞日，仲春仲秋上丁释奠日，端午中秋节，房虚星昴日，各停课一日。其余学生临时请假无定期者，至多不得过二十日，惟考试婚丧不在此例。

第七节　教习职员受事之后，应设履历名簿。教习常年督课职员，分门任事，其勤惰皆备书于册，归总教习总办分别主之。

第八节　学生功课勤惰，应由分教习随时登记。此外一切性情行事，有无过失，亦由分教习按日计之，毕书于册，一并呈总教习查核。

第九节　学生在堂，寝兴食息皆有定时。出入大门，皆由总办、堂提调等员查察，立簿记之。

第十节　学生无故不得请假。如遇家人宾客通问，于外室会谈，不得入内，亦不得过久。

第十一节　学生举止行为有无过失，除由教习按日登记外，倘有干犯一切定章，其所应管束之员，皆得随时禁止。

以上诸条，粗具大要，其详密章程，俟开办时随时妥议办理。

第八章　建置

第一节　京师大学堂建设地面，现遵旨于空旷处所择地建造。所应备者，曰礼堂，曰学生聚集所，曰藏书楼，曰博物院，曰讲堂（讲堂分二式：一式为通常讲堂，一式为特别讲堂），曰寄宿舍，曰寝室，曰自修室，曰公毕休息房，曰食堂，曰盥所，曰养病所，曰浴室，曰厕所，曰体操场（体操场分二处：一处为屋外体操场，一处为屋内体操场）。此外曰职员所居室，曰教习所居室，曰执事人所居一切诸室。

第二节　堂内所应备者，曰图书，曰黑板，曰几案，曰椅凳，曰时辰表，曰风雨表，曰寒暑表，以及图画、算学、物理、化学、地质、矿学、舆地、体操之各种器具标本模型，皆随时购置，以应各学科之用。

第三节　堂内所用一切食具寝具，及盥浴所必需之件，皆不可缺。此外养病所之药品，亦全备之。

第四节　体操时所用之衣服冠靴，分冬夏两季，发公款制给。又设浣衣所一处，凡养病所、浣衣所，皆建于别院。

（据《京师大学堂档案选编》，北京大学出版社 2001 年版）

奏定京师大学堂章程

（附通儒院章程）

光绪二十九年十一月二十五日
（1904年1月12日）

立学总义章第一

第一节　设大学堂，令高等学堂毕业者入焉，并于此学堂内设通儒院（外国名大学院，即设在大学堂内），令大学堂毕业者入焉。以谨遵谕旨，端正趋向，造就通才为宗旨。大学堂以各项学术艺能之人才足供任用为成效。通儒院以中国学术且有进步，能发明新理以著成书，能制造新器以利民用为成效。大学堂讲堂功课，每日时刻无一定，至少两点钟，至多四点钟。通儒院生不上堂，不计时刻。大学堂视所习之科，分别或三年毕业或四年毕业，通儒院五年毕业。

第二节　大学堂内设分科大学堂，为教授各科学理法，俾将来可施诸实用之所。通儒院为研究各科学精深义蕴，以备著书制器之所。通儒院生但在斋舍研究，随时请业请益，无讲堂功课。

第三节　各分科大学之学习年数，均以三年为限；惟政法科及医科中之医学门以四年为限。通儒院以五年为限。

第四节　大学堂分为八科：

一、经学科大学分十一门，各专一门，理学列为经学之一门。

二、政法科大学分二门，各专一门。

三、文学科大学分九门，各专一门。

四、医科大学分二门，各专一门。

五、格致科大学分六门，各专一门。

六、农科大学分四门,各专一门。

七、工科大学分九门,各专一门。

八、商科大学分三门,各专一门。

日本国大学止文、法、医、格致、农、工六门,其商学即以政法学科内之商法统之,不立专门。又文科大学内有汉学科,分经学专修、史学专修、文学专修三类。又有宗教学,附入文科大学之哲学科、国文学科、汉学科、史学科内。今中国特立经学一门,又特立商科一门,故为八门,其学术统系图附后(日本高等师范学堂讲授参考者亦参用《学海堂经解》,陆军中央幼年学校以《资治通鉴》为参考之书;近日妄人乃谓中国经学、史学为陈腐不必讲习者,谬也)。

以上八科大学,在京师大学务须全设。若将来外省有设立大学者,可不必限定全设,惟至少须置三科,以符学制。

第五节 各分科大学应令贴补学费,由本学堂核计常年经费临时酌定。

第六节 各分科大学,每学年可特选学生中之学术优深、品行端正者称之为优待学生,免其学费,以示鼓励。其选取优待学生,系凭每学年终考试之成绩,由大学总监督及分科大学监督定之。

优待学生,若于其受优待之学年内有品行不良、学业懈怠,或身罹疾病无成业之望者,即除其名。

第七节 泰西各国国内大学甚多。日本亦有东京、西京二大学,现尚欲增设东北、西南二大学,筹议未定。此外,尚有以一人之力设立大学者,以故人才众多,国势强盛。中国地大民殷,照东西各国例,非各省设立大学不可。今先就京师设立大学一所,以为之倡,俟将来各学大兴,即择繁盛重要省分增设,并以渐推及于各省。

各分科大学科目章第二

第一节 经学科大学(理学附)

经学分十一门:一、周易学门,二、尚书学门,三、毛诗学门,四、春秋左传学门,五、春秋三传学门,六、周礼学门,七、仪礼学门,八、礼记学门,九、论语学门,十、孟子学门。愿兼习两经者,听。十一、理学门。今依次列各门科目如下:

(略)

第二节 政法科大学

政法科大学分二门:一、政治门,二、法律门。今依次列各门科目如下:

（略）

第三节　文学科大学

文学科大学分九门：一、中国史学门，二、万国史学门，三、中外地理学门，四、中国文学门，五、英国文学门，六、法国文学门，七、俄国文学门，八、德国文学门，九、日本国文学门。今依次列各门科目如下：

（略）

第四节　医科大学

医科大学分二门：一医学门，二药学门。今依次列各门科目如下：

（略）

第五节　格致科大学

格致科大学分六门：一、算学门，二、星学门，三、物理学门，四、化学门，五、动植物学门，六、地质学门。今依次列各门科目如下：

（略）

第六节　农科大学

农科大学分四门：一、农学门，二、农艺化学门，三、林学门，四、兽医学门。今依次分列各门科目如下：

（略）

第七节　工科大学

工科大学分九门：一、土木工学门，二、机器工学门，三、造船学门，四、造兵器学门，五、电气工学门，六、建筑学门，七、应用化学门，八、火药学门，九、采矿及冶金学门。今依次列各门科目如下：

（略）

第八节　商科大学

商科大学分三门：一、银行及保险学门，二、贸易及贩运学门，三、关税学门。今依次列各门科目如下：

（略）

第九节　以上各专门科学，均参酌外国大学堂分科大学之科目，酌量删减而后编定。子目虽繁，然外国俱有简要课本，卷帙并不为多。况在大学又皆以教师之讲义为主，并非寻章摘句者比。且功课名目虽多，而每日讲堂钟点，除实习实验外，至多不过四点钟，仍以自行研究为主。三年之久，实不得诿为繁难。此时中国初办，暂为变通；俟第一期学生毕业后，所减科目有应增补之处，应由总监督会商各分科监督教员临时酌定。

第十节　各种中分年程度，并其细目及教授时刻，俟开办之时斟酌补订。

第十一节　高等学堂毕业生，升入分科大学时，有呈明愿就各分科大学课程中选习一门科目，能成家数者，如政法科政治门内或选习理财、或选习行政，法律门内或选习商法、或选习民法，文学科中国史学门内或选习某几代史，医学门内或选习内科、或选习外科之类，均谓之选科。其补习课目，仍须全习。至所选科目不能成家数者，不得以选科论，概不核准。

英法俄德日语，应于高等学堂中习其一二种，不能待至大学堂始习。故选科生不准专习英法德俄日语科，以致成就太小，不合大学堂程度。如该生所选专修之科目与语学有切要关系，必不可不学习而又未经学过者，应仍令其兼修。选科生必经专管选科之教员面为试问，审定其程度确实能习所选之科目者，始准入学。

第十二节　农、工、商、医四大学，尚可酌置实科，以练习实业为主，以中学毕业生入学，三年毕业，其学科程度宜仿高等学堂。

第十三节　农科大学可别置蹄铁术传习生、农业传习生、蚕业传习生、林业传习生各若干名。凡乡村人民如有年十七岁以上、品行谨慎、略知书算且身体强健、实堪劳役，而欲入农科大学实地学习蹄铁术或农业、蚕业、林业者，可许于蹄铁工场或农场或养蚕室及桑园或演习林实习之。其实习年数，蹄铁传习生以一年为限，农业传习生以三年为限，蚕业传习生、林业传习生以二年为限，不给奖励。

考录入学章第三

第一节　各分科大学，应以高等学堂大学豫科毕业生升入肄业，但其应升入学人数若逾于各分科大学豫定之额数时，则须统加考试，择尤取入大学。已经考取而限于额数不得入学者，至下次入学期，可不须再考，按其名次先后依次令入大学。

第二节　各分科大学入学人数，若不满豫定之额数时，各项高等学堂与大学豫科程度相等之毕业生，经学务大臣察实，亦准其入大学肄业。

第三节　分科大学毕业生，因欲学习他学科，更请入学者，可不须考验，即准其入学。

第四节　曾因有不得已事故暂行请假出学，兹复欲再修学科呈请入学者，亦可不用考验，准其入学，但其学级须编列于前次在学原级之下。

第五节　凡已准入学之学生，须觅同乡京官为保人，出具确实具保印结，京堂翰林御史部属皆可，不必拘定部属。但京城学堂须常有保人在京，外省学堂须常有保人在省，缘学生行止一切，常有责成保人之事。如其保人或病故、或他适、或现不居官不能出结者，当另请他人具保，外省出结仿此。

屋场图书器具章第四

第一节　建设大学堂,当择地气清旷、面积宏敞,适合学堂规模之地。各分科大学宜设置于一处,惟农科大学可别择原野林麓河渠附近之地设之。

第二节　各分科大学当择学科种类,设置通用讲堂及专用讲堂,以便教授。各种实验室、列品室及其他必须诸室,各分科大学均宜全备。

第三节　学堂应用各种器具机器、标本模型,各分科大学均宜全备。

第四节　大学堂当置附属图书馆一所,广罗中外古今各种图书,以资考证。

第五节　格致科大学,当置附属天文台以备观测,并置附属植物园、附属动物园,一以资学生实地研究,一以听外人观览,使宏多识。

第六节　农科大学当置农场、苗圃、果园及附属演习林,使得练习实业,并置家畜病院,使实究兽医学术。

第七节　商科大学当置商业实践所,使得实习商业。

第八节　医科大学当置附属医院,诊治外来病人,即以供学生之实事研究。

第九节　当置学生斋舍,以为学生自习寝息之地。惟入大学之学生皆系成材,久谙礼法,且须携带参考书籍较为繁重,每学生一人应占宽大斋舍一间,令其宽舒。自习室及寝室可合为一处。

教员管理员章第五

第一节　大学堂应设各项人员如下:大学总监督、分科大学监督,教务提调、正教员、副教员,庶务提调、文案官、会计官、杂务官,斋务提调、监学官、检察官、卫生官,天文台经理官、植物园经理官、动物园经理官、演习林经理官、医院经理官、图书馆经理官。

第二节　大学总监督受总理学务大臣之节制,总管全堂各分科大学事务,统率全学人员。

第三节　分科大学监督,每科一人,共八人,受总监督之节制,掌本科之教务、庶务、斋务一切事宜。凡本科中应兴应革之事,得以博采本科人员意见,陈明总监督办理。每科设教务提调一人、庶务提调一人、斋务提调一人以佐之。提调分任一门,监督统管三门。

第四节　教务提调每科一人，共八人，以曾充正教员之最有学望者充之，受总监督节制，为分科大学监督之副，诸事与本科监督商办，总管该门功课及师生一切事务；正教员副教员属之。

第五节　正教员分主各分科大学所设之专门讲席，教授学艺，指导研究，听分科监督及教务提调考察。

第六节　副教员助正教员教授学生，并指导实验，听本科监督及教务提调考察。

第七节　庶务提调每科一人，共八人，以明学堂规矩之职官充之，受总监督节制，为分科大学监督之副，诸事与本科监督商办，管理该科文案、收支、厨务及一切庶务；文案官、会计官、杂务官属之。

第八节　文案官主本科中文牍，除奏稿应由总监督酌派人员拟办外，凡堂中本科咨移批札函件皆司之，禀承于庶务提调。

第九节　会计官专司银钱出入事务，禀承于庶务提调。

第十节　杂务官专司本科中厨务、人役、房屋、器具一切杂事，禀承于庶务提调。

第十一节　斋务提调每科一人，共八人，以曾充教员又有学望者充之，受总监督节制，为分科大学监督之副，诸事与本科监督商办，管理该科整饬斋舍、监察起居一切事务；监学官、检察官、卫生官属之。

第十二节　监学官掌考验本科学生行检及学生斋舍、功课勤惰、出入起居一切事务；以教员兼充，禀承于斋务提调。监学官必须以教员兼充，与学生情意方能相洽，易受劝戒。

第十三节　检察官掌本科斋舍规矩，并照料食宿、检视被服一切事务；凡教员学生有出乎定章之外者，皆得而纠之，禀承于斋务提调。

第十四节　卫生官以格致农工医各科正教员各一人及监学兼任，掌学堂卫生事务；并由各员中举一人为首领总司其事，名曰总卫生官，禀承于斋务提调。

第十五节　天文台经理官以格致科大学正教员兼任，掌格致科大学附属天文台事务，禀承于总监督。

第十六节　植物园经理官以格致科大学正教员或副教员兼任，掌格致科大学附属植物园事务，禀承于总监督。

第十七节　动物园经理官以格致科大学正教员或副教员兼任，掌格致科大学附属动物园事务，禀承于总监督。

第十八节　演习林经理官以农科大学正教员或副教员兼任，掌农科大学附属演习林事务，禀承于总监督。

第十九节　医院经理官以医科大学正教员兼任，掌医科大学附属医院事务，禀承于总监督。

第二十节　图书馆经理官以各分科大学中正教员或副教员兼任，掌大学堂附属图书馆事务，禀承于总监督。

第二十一节　堂内设会议所，凡大学各学科有增减更改之事，各教员次序及增减之事，通儒院毕业奖励等差之事，或学务大臣及总监督有咨询之事，由总监督邀集分科监督、教务提调、正副教员、监学公同核议，由总监督定议。

第二十二节　各分科大学亦设教员监学会议所，凡分科课之事，考试学生之事，审察通儒院学生毕业应否照章给奖之事，由分科大学监督邀集教务提调、正副教员、各监学公同核议，由分科监督定议。

第二十三节　事关更改定章、必应具奏之事，有牵涉进士馆、译学馆、师范馆及他学堂之事，及学务大臣总监督咨询之事，应由总监督邀集各监督、各教务提调、正教员、监学会议，并请学务大臣临堂监议，仍以总监督主持定议。

第二十四节　凡涉高等教育之事，与议各员，如分科监督、各教务提调、各科正教员、总监学官、总卫生官意见如有与总监督不同者，可抒其所见，径达于学务大臣。

通儒院章第六（外国名为大学院，兹改定名目，免致与大学堂相混）

第一节　凡某分科大学之毕业生欲入通儒院研究学术者，当具呈所欲考究之学艺，经该分科大学教员会议，呈由总监督核定。

第二节　非分科大学毕业生而欲入通儒院研究某科之学术者，当经该分科大学教员会议所选定，复由总监督考验，视其实能合格者，方准令升入通儒院。

第三节　凡通儒院学员，视其研究之学术系属某分科大学之某学科，即归某分科大学监督管理，并由某学科教员指导之。

所研究之学术，有与他分科大学之某学科实有关系、必应兼修者，可由本分科大学监督申请大学总监督，命分科大学之某学科教员指导之。

第四节　通儒院学员之研究学期，以五年为限，以能发明新理、著有成书、能制造新器、足资利用为毕业。

第五节　通儒院学员无须请人保结，并不征收学费。

第六节　通儒院学员有为研究学术必欲亲至某地方实地考察者，经大学会议所议准，可酌量支给旅费。

第七节　通儒院学员每一年终,当将其研究情形及成绩具呈本分科大学监督,复由本科大学监督交教员会议所审察。

第八节　通儒院学员如有研究成绩不能显著,或品行不端者,经各教员会议,可禀请总监督饬其退学。

第九节　通儒院学员在院研究二年后,如有欲兼理他事务,或迁居学堂所在都会以外之地者,经本分科大学监督察其于研究学术无所妨碍,亦可准行。

第十节　通儒院学员至第五年之末,可呈出论著,由本分科大学监督交教员会议所审察;其审察合格者即作为毕业,报明总监督咨呈学务大臣会同奏明,将其论著之书籍图器进呈御览,请旨给以应得之奖励。

京师大学堂现在办法章第七

第一节　京师大学堂为各省学堂弁冕,现暂借地试办,当一面新营学舍,于规模建置力求完善,以树首善风声,早收实效。

第二节　分科大学应选各省高等学堂毕业生入堂肄业,此时各省高等学堂方议创办,未出有合入大学之学生,应变通先立大学豫备科,与外省高等学堂同时兴办,其科目程度一如高等学堂,俟豫备科毕业,再按照分科大学办法。

第三节　现在京师大学堂既系先教豫备科,其学堂执事人员,自当按照高等学堂章程设置,俟将来升教分科大学,即按照分科大学规制办理。

第四节　原定大学堂章程有附设之仕学馆、师范馆,现在大学豫备科及分科大学尚未兴办,暂可由大学堂兼辖。将来大学堂开办豫备科及分科大学,事务至为繁重,仕学、师范两馆均应另派监督自为一学堂,径隶于学务大臣。其仕学馆课程应照进士馆章程办理,师范馆可作为优级师范学堂,照优级师范学堂章程办理。

附条:凡一切施行法、管理法,均另详专章,开办之时应即查照办理。其有未备事宜,应随时体察考验奏请通行。

(据《北京大学史料》第一卷,北京大学出版社 1993 年版)

国立北京大学现行章程

1920 年 10 月 5 日

第一章　学制

本校学制分预科、本科、研究所三级。

（一）预科

预科现设甲乙两部。

（二）本科

本科现设五学组分为十八学系。

组一　数学系、天文学系、物理学系。

组二　化学系、地质学系、生物学系。

组三　哲学系、教育学系、心理学系。

组四　中国文学系、英国文学系、法国文学系、德国文学系、俄国文学系。

组五　史学系、经济学系、政治学系、法律学系。

凡学系遇必要时得增设或裁减之。

（三）研究所

研究所为各学系本科之三年级以上学生及毕业生专攻一种专门知识之所。

第二章　校长

（四）校长

校长总辖本校校务。

（五）校长办公室

校长办公室设秘书一人，办理校长之往来函件。

第三章 评议会

（六）评议会

评议会以校长及教授互选之评议员组织之，校长为议长。凡左例之事项须经评议会之议决：

(1) 各学系之设立废止及变更。
(2) 校内各机关之设立废止及变更。
(3) 各种规则。
(4) 各行政委员会委员之委任。
(5) 本校预算及决算。
(6) 教育总长及校长咨询事件。
(7) 赠予学位。
(8) 关于高等教育事件将建议于教育部者。
(9) 关于校内其他重要事件。

第四章 教务会议

（七）教务会议

教务会议以教务长及各学系主任组织之，其职权如左：

(1) 增减及支配各学系之课程。
(2) 增设或废止学系建议于评议会。
(3) 荐举赠予学位之候补人于评议会。
(4) 关于其他教务上之事件。

（八）学系教授会

各学系教授会由各学系之教授组织之，规划本学系教科上之事务。

第五章 行政会议

（九）行政会议

行政会议以校长及各常设行政委员会委员长组织之，校长为议长，教务长为当然委员，总务长为当然委员兼书记。行政会议之职权如左：

(1) 规划本校行政事宜建议于评议会。
(2) 审查及督促各行政委员会及各事务机关之任务。
(3) 评议各行政委员会相关或争执之事件。
(4) 审查各行政委员会及各事务机关之章则。

(十) 行政委员会

各行政委员会，协助校长规划推行各部分事务，各委员会委员由校长从职员中指任，征求评议会同意。每委员会人数自七人至十三人（但临时委员会及有特别情形者亦得酌量增加人数），设委员长一人，由校长于委员中指任之，以教授为限。各委员任期一年。凡校长出席委员会时，校长为当然主席。

(甲) 常设委员会。

(1) 组织委员会。协助校长调查及编制大学内部之组织。
(2) 预算委员会。协助校长编制大学预算案。〔本委员会须包下列各委员会委员一人：（一）组织、（二）审计、（三）图书、（四）庶务、（五）仪器、（六）出版。〕
(3) 审计委员会。协助校长稽核用途、审查决算及改良簿记法。
(4) 聘任委员会。协助校长审查将行聘任之职员之资格（事务部职员以各部主任及校医为限），委员以教授为限，本委员会非校长或其代表人列席不得开会。
(5) 图书委员会。协助校长谋图书馆之扩张与进步（图书部主任为当然委员）。
(6) 庶务委员会。协助校长谋庶务之推行与进步（庶务部主任为当然委员）。
(7) 仪器委员会。协助校长谋仪器之扩张与进步（仪器部主任为当然委员）。
(8) 出版委员会。协助校长审查编译之图书，规划推行出版事务（出版部主任为当然委员）。

常设委员会于每年九月终时须报告经过情形于校长兼行政会议议长，但亦得因事务之便利随时报告之。

(乙) 临时委员会。临时委员会以所任事务定其名称，事毕即行撤销。

第六章　教务处

(十一) 教务处

教务处以教务长与各学系主任组织之，执行教务。

（十二）教务长

教务长为教务处之领袖，由各学系主任互选之，任期一年，但得续任。

（十三）学系主任

每学系设主任一人，由本系教授会选举之。执行本系教课上之事务，任期二年，但得续任。

凡系中止有教授一人者即为主任，二人者按期轮值，以先入校者为始。

第七章　事务

（十四）总务处

总务处管理全校之事务，设总务长一人总掌事务，总务委员若干人分掌各部事务。

（十五）总务长

总务长为总务处之领袖，兼总务部主任，由校长于总务委员中委任之，以教授为限（不得由教务长兼任），任期二年，但得续任一次。

（十六）总务处总务委员（各部主任）及各项事务

总务处设总务委员若干人，由校长委任，凡由教授兼任者任期三年，但得续任。

总务委员于下列各部中各掌一部或数部之事务，由校长指定之。掌某部之总务委员，称某部主任。

分部如下：

总务部：文牍课、会计课、日刊课。

注册部：注册课、编志课、询问课、介绍课。

图书部：登录课、购置课、编目课、典藏课。

仪器部：登录课、购置课、编目课、典藏课。

出版部：印刷课、售书课、讲义课。

庶务部：斋务课、卫生课、杂务课、收发课。

遇必要时得增设或裁减部课，但须经评议会之通过。

（十七）校医室

校医室以校医及助手组织之，隶属于总务处，办理治疗疾病事务。

右各机关之规则别定之。

呈

　　为呈送本校现行章程，请予鉴核备案事。

　　查本校开办以来历廿余年，期间变通至数。盖以大学为研究高深学术、养成硕学闳才之所，而组织完善与否，与学术之滞达、人才之盛衰均极有关系。故因事势之需要，不能不随时变通以求适应。此在东西各大学亦复不乏先例。而钧部元年颁布之《大学令》，六年即加修正，仰见变通适宜从善唯恐不及之至意。

　　本校奉行以来，复从实地详慎查验，似宏观远模固宜恪守，而分条布枝本容斟酌。因复内察事势之转移，外觇各国大学现行制度之短长，量为变通，以图尽善。然亦未经征验，不敢冒渎上陈，辄先便宜推行，以观利弊。年余以来，颇见成效。编制大端亦复就绪，理应亟将本校现行章程，缮呈钧部至祈鉴核备案。并予示遵。

　　谨呈教育总长

北京大学校长　蔡元培

　　附国立北京大学现行章程一份组织系统图表一纸（图表详后——编者注）

中华民国九年十月五日

教育部指令一九〇〇号

令北京大学

呈一件送该校现行章程暨统系图表请核备由

呈暨附件均悉，核阅该校所送现行章程，尚属妥协，应准备案。

此令

中华民国九年十月二十六日
教育总长　范源廉

（据北京大学图书馆藏《国立北京大学现行章程》）

附：国立北京大学组织系统图表（九年九月组织委员会制）

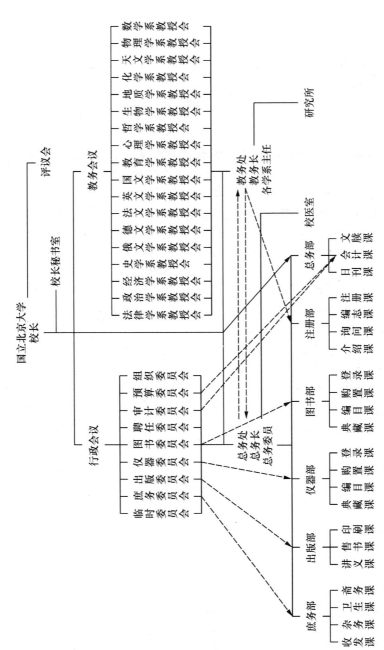

国立北京大学组织大纲

1932 年 6 月 16 日

第一条　本大学根据中华民国教育宗旨及其施行方针,以(一)研究高深学术,(二)养成专门人才,(三)陶融健全品格为职志。

第二条　本大学设理文法三学院。

第三条　本大学理学院设左列各学系:

一、数学系

二、物理学系

三、化学系

四、地质学系

五、生物学系

六、心理学系

第四条　本大学文学院设左列各学系:

一、哲学系

二、教育学系

三、中国文学系

四、外国语文学系

五、史学系

第五条　本大学法学院设左列各学系:

一、法律学系

二、政治学系

三、经济学系

第六条　本大学设研究院,其组织另定之。

第七条　本大学置校长一人,综理校务,由国民政府任命之。

校长办公室置秘书若干人,由校长聘任之。

第八条　本大学各学院各置院长一人,商承校长综理各院院务,由校长就教授中聘任之。

第九条　本大学各学系各置主任一人,商承院长主持各系教学实施之计划，由院长商请校长就本系教授中聘任之。

第十条　本大学各学系置教授、副教授、助教若干人，由各院院长商请校长聘任之；遇必要时得聘请讲师。

第十一条　本大学设课业处，置课业长一人，商承校长并商同各院院长综理学生课业事宜，由校长就教授中聘任之。

课业处设左列各组：

一、注册组

二、军事训练组

三、体育组

课业处各组设主任一人，注册组主任由课业长兼任，军事训练组及体育组主任，由校长聘任之。注册组置事务员若干人，军事训练组及体育组置导师及助理员若干人，均由校长聘任之。

第十二条　本大学设秘书处，置秘书长一人，商承校长处理全校事务上行政事宜，并监督所辖各机关，由校长就教授中聘任之。

秘书处分设左列各组：

一、庶务组

二、出版组

三、文牍组

四、会计组

五、仪器组

六、卫生组

秘书处各组置主任一人，事务员若干人，均由校长聘任之。

第十三条　本大学设图书馆，置馆长一人，商承校长处理本馆事务，由校长就教授中聘任之；并置事务员若干人，均由校长聘任之。

第十四条　本大学设校务会议，以校长、秘书长、课业长、图书馆长、各院院长、各学系主任及全体教授、副教授选出之代表若干人组织之，校长为主席。

第十五条　校务会议决议左列事项：

一、大学预算；

二、学院学系之设立及废止；

三、大学内部各种规程；

四、校务改进事项；

五、校长交议事项。

第十六条　本大学设行政会议，以校长、院长、秘书长、课业长组织之，校长为主席，其职权如左：

一、编造全校预算案；

二、拟定学院、学系之设立及废止案；

三、计划全校事务及教务改进督促事项；

四、拟具其他建议于校务会议之方案。

第十七条 本大学设左列各委员会：

一、考试委员会；

二、图书委员会；

三、仪器委员会；

四、财务委员会；

五、出版委员会；

六、学生事业委员会。

前项各委员会之主席及委员由校长就教授中指定，提交校务会议决定之。

第十八条 本大学设教务会议，以校长、各学院院长、各学系主任及课业长组织之，由校长为主席，课业长为秘书。

教务会议之职权如左：

一、审定全校课程；

二、计划教务改良事项；

三、决议学生试验事项；

四、决议学生训育事项；

五、审定毕业生成绩；

六、决议校长交议之事项；

七、建议提出校务会议之事项。

第十九条 本大学各学院设院务会议，以院长、系主任组织之，院长为主席，计划本院教学事项，审议本院一切教务进行事宜。

第二十条 本大学各系设系务会议，以系主任、教授、副教授组织之，系主任为主席，计划本系教学事项。

第二十一条 本大学设事务会议，以秘书长及所辖各组主任组织之，秘书长为主席，其审议事项如左：

一、关于事务之进行及改良事项；

二、关于秘书处与本校其他各机关联络事项；

三、关于秘书处各组间联络事项；

四、建议提出校务会议之事项。

第二十二条 本大学学则及各种会议并各种机关之规程，另定之。

第二十三条 本组织大纲未规定者，适用大学组织法之规定。

第二十四条 本组织大纲经校务会议议决后，由校长公布施行。

第二十五条 本组织大纲之修订，以校长或校务会议会员五人以上之提议，经校务会议决议后，由校长公布之。

（据《北京大学日刊》二八六一号，1932 年 6 月 17 日）

附：国立北京大学行政组织系统草图

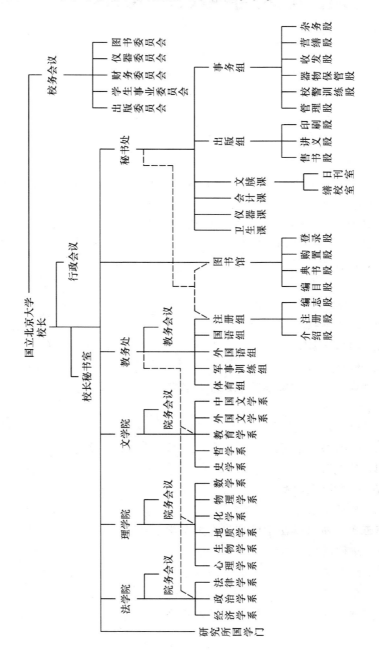

（据《北京大学日刊》二六七六号，1931年8月29日）

国立北京大学组织大纲

1947 年 4 月 18 日

第一条　本大学根据中华民国教育宗旨及其施行方针,以(一)研究高深学术,(二)养成专门人才,(三)陶融健全品格为职志。

第二条　本大学现设理、文、法、医、农、工六学院。

第三条　本大学理学院现设左列各学系:

一、数学系

二、物理学系

三、化学系

四、地质学系

五、动物学系

六、植物学系

第四条　本大学文学院现设左列各学系:

一、哲学系

二、史学系

三、中国语文学系

四、东方语文学系

五、西方语文学系

六、教育学系

第五条　本大学法学院现设左列各学系:

一、法律学系

二、政治学系

三、经济学系

第六条　本大学医学院现设左列各学系:

一、医学系

二、药学系

三、牙学系

医学系现设左列各科：

1. 解剖学科

2. 生物化学科

3. 生理学科

4. 药理学科

5. 病理学科——法医学

6. 细菌学科

7. 寄生物学科

8. 公共卫生学科

9. 医史学科

10. 内科

11. 外科

12. 眼科

13. 妇产科

14. 放射学科

15. 皮肤花柳科

16. 神经精神科

17. 小儿科

18. 耳鼻咽喉科

本大学医学院附设医院及护士学校。

第七条 本大学农学院现设左列各学系：

一、农艺学系

二、园艺学系

三、畜牧学系

四、兽医学系

五、森林学系

六、昆虫学系

七、植物病理学系

八、农业化学系

九、土壤肥料学系

十、农业经济学系

第八条 本大学工学院暂设左列各学系：

一、机械工程学系

二、电机工程学系

第九条 本大学设研究院，其组织另定之。

第十条　本大学置校长一人，综理校务，由国民政府任命之。校长办公室秘书若干人，由校长聘任之。

第一一条　本大学各学院，各置院长一人，综理各院院务，由校长就教授中聘任之。

第一二条　本大学各学系及医学院医学系各科各置主任一人，主持各系各科教务实施之计划，由院长商请校长就本系本科教授中聘任之。

第一三条　本大学各学系置教授、副教授、讲师、研究助教、讲员、助教若干人，由各学院院长商请校长聘任之。

第一四条　本大学设教务处，置教务长一人，综理全校教务及学生课业事宜，由校长就教授中聘任之。

教务处设注册组，置主任一人，由校长聘任之。

第一五条　本大学设秘书处，置秘书长一人，处理全校行政事宜，由校长就教授中聘任之。

秘书处设左列各组各室：

一、事务组

二、出纳组

三、文书组

四、工程组

五、人事室

六、计核室

秘书处各组各室各置主任一人，由校长聘任之。

第一六条　本大学设训导处，置训导长一人，综理学生训导事项，由校长就教授中聘任之。

训导处中设体育委员会、学校卫生委员会，置委员若干人，由校长就教职员中聘任之。

训导处设生活指导组、课外活动指导组、斋务组，各组置主任一人，由校长聘任之。

第一七条　本大学设图书馆，置馆长一人，处理本校图书事务，由校长就教授中聘任之。

第一八条　本大学设行政会议，以校长、各学院院长、教务长、秘书长、训导长、图书馆馆长、本校医院院长组织之，校长为主席。

必要时主席得请本校教授或校内外专家列席。

行政会议特设置各种委员会。

行政会议之职权如左：

一、编造全校概算草案；

二、拟定学院学系之设立及废止案；

三、拟定大学各种规程；

四、议定全校教务事务及训导之重要事项；

五、议定校舍之建筑与分配事项；

六、审议校长提交关于教职员之聘任与待遇事项；

七、拟具其他建议于校务会议之方案。

第一九条 本大学设校务会议，以下列人员组织之：

一、各学院教授代表（每学院教授十人选举一人，其零数足五者亦举一人，但每学院至少有一人，每年改选一次）；

二、校长；

三、各学院院长；

四、教务长；

五、秘书长；

六、训导长；

七、图书馆馆长；

八、本校医院院长；

九、各学系主任；

十、医学院护士学校主任。

校务会议校长为主席。

校务会议决议左列事项：

一、大学预算；

二、学院学系之设立及废止；

三、大学各种规程；

四、校务改进事务；

五、校长交议事项。

第二十条 本大学设教务会议，以教务长、训导长、各学院院长、各学系主任、医学院医学系各科主任、大一主任及医院院长组织之。

教务长为主席。

教务会议之职权如左：

一、审定全校课程；

二、计划教务改进事项；

三、决议学生试验事项；

四、决议学生训导事项；

五、审定毕业生成绩；

六、决议校长交议之事项；

七、建议于校务会议之事项。

第二一条 本大学教授、副教授全体组成教授会,由校长召集,审议校长或校务会议交议事项。每学期至少开会一次。

第二二条 本大学各学院设院务会议,以院长、系主任(医学院医学系各科主任)组织之,院长为主席,计划本院教学事项,审议本院一切进行事宜。

第二三条 本大学各系设系务会议,以系主任、教授、副教授组织之,系主任为主席,计划本系教学事项。

第二四条 本组织大纲未规定之事项适用大学组织法之规定。

第二五条 本组织大纲经教授会议决后,由校长公布施行。

第二六条 本组织大纲之修订,以校长或校务会议会员五人以上之提议,经校务会议决议后,由校长公布之。

(据《国立北京大学周刊》创刊号,1947年5月4日)

二编

同文馆章程及续增条规

同文馆章程

光绪十一年（1885年）

一、同文馆向派正提调二员，帮提调二员，所派正提调均系总办兼充，本署事务较繁，未能逐日到馆，应由帮提调二员轮班在馆管理一切，遇有要事，仍应商同正提调核办。至每日各学生画到，均责成帮提调核实查察，倘有互相代画及学生已到而帮提调转未到馆各项情节，应由正提调随时稽察，回堂办理。

一、帮提调两员管理馆内一切事务，应毋庸兼在各股该班，以专责成。如有紧要事件，仍令会同办理，并令轮班在馆住宿，以便早晚稽察。其馆内一切应办文移稿件，均由帮提调办理，会同正提调回堂阅画，稿面只列各提调、总办、章京衔名。每月另立收发、书启等簿，毋庸由管股章京办理。所有每月应办应存稿件，均照旧章按月登入清档，其承修校对亦由帮提调等分理，毋庸移付清档房兼办。

一、帮提调两员轮流住宿，必须当面接替，遇有核办事件，庶可公同商酌，不得随便散值，以致事无交代。再该两员中如有请假之日，应由正提调等回堂派员署理，以昭慎重。

一、馆内总教习、教习等有条陈馆务事件，呈堂阅后，仍交帮提调体察情形可行与否，会同正提调回堂核办。各学生遇有呈禀事件，应由帮提调呈堂，不得自行径递。

一、同文馆汉教习各员，功课勤惰，应由帮提调等随时稽查，倘有旷误馆课者，即会同正提调等回堂办理，不得稍涉徇隐。

一、同文馆学生有不在馆住宿者，每日到馆自春分起限十点钟，自秋分起限九点钟。到馆时帮提调即令当面画到，如过时不到者，有膏火学生均按日扣除膏火，无膏火学生迟到一日，停其补膏火一次，亦按日计算。

一、在馆学生均应一律画到，内有派充副教习者，仍在学生之例，亦应逐日画到。帮提调于每日酉刻传令各学生齐集画到，如有无故不到者，即于考勤簿内注明罚扣膏火，无膏火学生照迟到馆办法。

一、在各衙门当差之学生，每月准给官假六日，先期在考勤簿内自行注明差字。如不先注明者，按日扣除膏火，倘有当日始接知会，不及先期注明者，即于早晨具呈，遣人送呈帮提调察阅，不准随后补注，并他人代注。

一、大考、岁考、季考、月课，各学生除穿孝、完姻告假外，俱不准托故不到，如不到者，月课罚扣膏火三日，季考五日，岁考半月，大考一月。无膏火学生每一次不到，停其补膏火一次。惟各学生如未与过岁考一次者，不准即与大考。

一、原定章程各馆学生必须在馆扣满三年，经过大考一次，方准请假回籍，由本衙门给予盘费。现议三年内如该学生有丁艰大故，虽未满三年之限，未经大考，仍准给假百日，并给予盘费，以重孝行。其或未满三年，未经大考，该学生遇有完姻之事必须回籍，亦准给假两个月，惟不能给予川资，以示区别。此外概不准借词请假。

一、罚扣各学生膏火，必须一律办理。除穿孝、完姻准给官假，不扣膏火外，其余概不给假。无故不到者，均逐日罚扣膏火，惟患病一节不能不少事通融，以示体恤。嗣后各学生如有患病者，应以假期两个月为限，但不得借词就医，托故外出。倘逾两个月限后，仍未销假，即照例罚扣膏火，无膏火学生照迟到馆办法，其有愿请假回籍调理者，帮提调应会同正提调回堂核夺。

一、遇乡、会试年分，学生有愿应试者，准给一个月假期。每月外国礼拜日期，学生如有事故，准其给假两日，均不扣除膏火。过期均按日扣除，无膏火学生照迟到馆办法。

一、在馆住宿之学生，如有无故夜出及夜不回馆者，初犯罚扣一月膏火，再犯革退。无膏火学生初犯即行革退。平日在馆酗酒、赌博，不安分者，应由帮提调会同正提调查明某人属实，立即回堂，按照在公署有干酗酒、赌博定例，严惩不贷。

一、后馆学生（及由后馆兼充前馆之学生）每日仍照旧章。俟洋文功课完时，即习汉文。每月月底将各学生汉文功课，由汉教习呈由帮提调察核，倘有学生不往学汉文者，即由帮提调将该学生惩办。

一、各学生除午节、秋节、年节放学时免其画到外，其每年夏月洋教习息伏期内，及每月外国礼拜洋教习不到馆之日，除准两日假期外，各学生均令在馆学习汉文，照常画到，违者按日罚扣膏火，无膏火学生照迟到馆办法。

一、嗣后前后馆汉教习各员应得奖励，以及各馆学生大考时等第，并应如何保奖之处，届时仍照旧章，由提调等回堂核定。

一、前后馆汉教习薪水暨各馆学生膏火，均于每月月底由帮提调等查明有无罚扣,应发若干,开具清单,知照管理收支总办凭单照发。至各学生请假回籍川资银两,亦应一律由帮提调等回明各堂后,知照该总办照数发给,以昭核实。

一、印书处设在同文馆内,所有该处一切事务亦归帮提调经理。以上统计十八条,均宜遵守无违。如在此外别滋事端,有议所不到出乎情理之外者,帮、正提调立即据实回堂,从严惩办,决不姑宽。

续增同文馆条规

光绪二十四年(1898年)

一、各馆翻译以汉文为本,汉文未能明顺,故翻译洋文多有不通之处。嗣后查看前馆学生有汉文未能明晰者,著仍令归后馆学习汉文,午后再学洋文。

一、礼拜之日,各洋教习向不到馆,是日正宜温习汉文,虽后馆学生间有作诗文者,亦有名无实。嗣后前后馆学生,每遇礼拜日,加添汉文功课,试以论策,或翻译照会,以备他日办公之用。其有愿作诗文者,亦听其便。

一、馆中功课以洋文、洋语为要,洋文、洋语已通,方许兼习别艺。近来有一人兼习数艺者,难免务广而荒。且有不学洋文、洋语,仅习别艺,殊失当日立馆之本意。嗣后诸生务令先学洋文、洋语,洋文、洋语通后,亦只准兼习一艺。其有不能洋文、洋语者,即由提调会同总教习分别差等,以示区别。

一、每月向有课表,各生勤惰即责成各馆教习分别标注。每月课后,参酌平日之功课,定列等次。其新到馆及后馆各学生,学习洋文、洋语,限以一年为期,可否造就,即惟副教习是问。各副教习务当破除情面,据实呈报,以免滥竽充数。

一、月课、季课及年终岁考,前后堂学生须分别考试。第一日考前后馆能翻译汉、洋文各学生,其翻译条子者即归次日考试。该提调务当实力稽查,严防枪替,其有不遵约束者,立即回堂,照章办理。

一、后馆学生向例早晨学习汉文,午后学习洋文。近来竟有午刻始行到馆,并不学习汉文,殊属有违馆规。嗣后前后馆学生仍照旧章自春分起限十点钟,自秋分起限九点到馆,当面画到,如逾时不到,即照章办理。午后仍著提调不时抽查,倘有画到后出馆者,即著从严惩办。其后馆学生有告假及不到者,即责成汉教习开列姓名,送提调处,与画到簿核对查核,以凭办理。

一、后馆学生功课近来未免疏懈,且闻有聚谈游戏诸事,殊堪痛恨。嗣后即责成提调实力稽查,每月认真校对日课、月课等簿是否符合,仍抽查各学生写字、背书、作文诸功课,倘不见长进,及任意作辍者,即交汉教习从严戒饬,以示惩儆。

一、汉、洋各教习及副教习,有成就人才之责,其或督课不力,任听学生因循怠玩者,即著提调随时稽查,会同总教习商酌核办,其汉教习即著回堂查办。如学生中有不遵教习及副教习指教者,立即斥退,以肃馆规。

(据《中国近代教育史教学参考资料》上册,人民教育出版社 1986 年版)

天津中西学堂章程

光绪二十一年
（1895年9月17日）

头等学堂章程

一、头等学堂，因须分门别类，洋教习拟请五名，方能各擅所长。是以常年经费甚巨，势难广设。现拟先在天津开设一处，以为规式。

一、房屋必须宽大，拟即就天津梁家园南围墙外前津海关周道所议造之博文书院作为北洋头等学堂，以期名副其实。

一、头等学堂必须谙习西学之大员一人为驻堂总办，尤必须熟习西学教习一人为总教习。所有学堂一切布置及银钱各事，均归总办管理。所有学堂考核功课，以及华洋教习勤惰，学生去取，均归总教习管理。遇有要事，总办总教习均当和衷商办。

一、头等学堂，以选延教习、挑取学生两大端最为紧要。总教习不得稍有宽徇，致负委任。

一、头等学堂，以四年为一任。是以总分教习，均订四年合同。任满去留，再行酌定。

一、头等学堂第一年功课告竣后，或欲将四年所定功课全行学习，或欲专习一门，均由总办总教习察看学生资质，再行酌定。然一人之精力聪明，只有此数，全学不如专学，方能精进而免泛骛。如学专门者，则次年所学功课与原定功课稍有不同。至第三、四年所学功课，与原定功课又相径庭，应俟届时再行酌定。

一、头等学堂常年经费，应照第四年教习学生足额，酌定数目。其第一年至第三年，学生未能足额，教习无庸多请，所节省之经费，除另造二等学堂及每次考试花红外，其余积存生息，以备四年后挑选学生出洋川资经费。

一、格物学化学机器等房，创办时均须预备机器式样，以备各学生阅视考据，并学堂置办书籍各图，所有经费应在常年经费之外开支。

一、学生将来由二等学堂挑来者，汉文自可讲究。现由粤沪等处挑来者，恐汉文不能尽通；是以汉文教习必须认真访延，不可丝毫徇情。

一、汉文不做八股试帖，专做策论，以备考试实在学问经济。大约小学堂内《四书》古文均已读过，此外经史皆当择要讲读。

头等学堂功课

历年课程分四次第：

第一年　几何学，三角勾股学，格物学，笔绘图，各国史鉴，作英文论，翻译英文。

第二年　驾驶并量地法，重学，微分学，格物学，化学，笔绘图并机器绘图，作英文论，翻译英文。

第三年　天文工程初学，化学，花草学，笔绘图并机器绘图，作英文论，翻译英文。

第四年　金石学，地学，考究禽兽学，万国公法，理财富国学，作英文论，翻译英文。

专门学分为五门：

一、工程学　（专教演习工程机器，测量地学，重学，汽水学，材料性质学，桥梁房顶学，开洞挖地学，水力机器学。）

一、电学　（深究电理学，讲究用电机理，传电力学，电报并德律风学，电房演试。）

一、矿务学　（深奥金石学，化学，矿务房演试，测量矿苗，矿务略兼机器工程学。）

一、机器学　（深奥重学，材料势力学，机器，汽水机器，绘机器图，机器房演试。）

一、律例学　（大清律例，各国通商条约，万国公法等。）

洋人教习五名：

一、工程学，算学教习一名。

二、格物，化学教习一名。

三、矿务机器学，地学教习一名。

四、机器学，绘图学教习一名。

五、律例学教习一名。

华人教习汉文二名：

一、课读经史之学。

二、讲读《圣谕广训》。
三、课策论。
华人教习洋文六名：
一、华人洋文教习，视其所通何学，则由洋文总教习调度帮助洋人教习。

头等学堂经费（略）
二等学堂章程、功课、经费（略）

（据《近代中国教育史料》，中华书局1933年版）

南洋公学章程

光绪二十四年四月二十四日
（1898年6月12日）

第一章　设学宗旨　共二节

第一节　西国以学堂经费，半由商民所捐，半由官助者为公学。今上海学堂之设，常费皆招商、电报两局众商所捐，故定名曰南洋公学。

第二节　公学所教，以通达中国经史大义厚植根柢为基础，以西国政治家日本法部文部为指归，略仿法国国政学堂之意。而工艺机器制造矿冶诸学，则于公学内已通算化格致诸生中各就质性相近者，令其各认专门，略通门径，即挑出归专门学堂肄习。其在公学始终卒业者，则以专学政治家之学为断。

第二章　分立四院　共二节

第一节　一曰师范院，即师范学堂也；二曰外院，即日本师范学校附属小学院也；三曰中院，即二等学堂也；四曰上院，即头等学堂也。

第二节　师范院高才生四十名，外院生四班一百二十名，中院生四班一百二十名，上院生四班一百二十名。

第三章　四院学生班次等级　共二节

第一节　师范生分格五层。第一层之格曰：学有门径，材堪造就，质成敦实，趣绝卑陋，志慕远大，性近和平；第二层之格曰：勤学诲劳，抚字耐烦，猝就范围,通商量,先公后私;第三层之格曰:善诱掖,密稽察,有条理,能操纵,能应变;第四层之格曰:无畛域计较,无争无忌,无骄矜,无吝啬,无客气,无火气;第五层之格曰:性厚才精,学广识通,行正度大,心虚气静。外中上三院学生各分四班,每班三十人。

第二节 师范生合第五层格,准充教习;外院生至第一班递升中院第四班;中院生至第一班递升上院第四班,上中外三院学生皆岁升一班。

第四章　学规学课　一节

日本学校规则及授读之书,皆由交部后酌定颁行;但其初亦屡试屡改,然后定为令式。公学课程,参酌东西之法,惟其中层累曲折之利弊,必历试而后能周匝。师范院外院课程,一年之内,已屡有更定,应由总理与华洋教习逐细再加考校,厘为定式。

第五章　考试　共三节

第一节　每三月小试,总理与总教习以所业面试之。
第二节　周年大试,督办招商、电报两局之员会同江海道关员亲试之。
第三节　上中外三院学生未卒业之日,均不应学堂外各项考试。惟师范院及上中两院高等学生,经学政调取录送经济科岁举者不在此例。

第六章　试业给据　共三节

第一节　师范院生考取后给试业白据进院,试业两月,察其合第一层格,换给第一层蓝据;第二层绿据;第三层黄据;第四层紫据;第五层红据;递进递给。
第二节　外院生考取进院,试业两月,去其不可教者。质性可造者给予分院生肄业据。递升中院,给中院肄业据;递升上院,给予上院肄业据。
第三节　上院生四年学成,给予卒业文凭。

第七章　藏书译书　共二节

第一节　公学设一图书院，调取各省官刻图籍。其私家所刻，及东西各国图籍，皆分别择要购置支藏。学堂诸生阅看各书，照另定收发章程办理。

第二节　师范院及中上两院学生，本有翻译课程，另设译书院一所，选诸生之有学识而能文者，将图书院购藏东西各国新出之书课令择要翻译，陆续刊行。

第八章　出洋游学　一节

上院学生卒业后，择其尤异者咨送出洋，照日本海外留学生之例，就学于各国大学堂，以广才识而资大用。

第九章　教习人役名额　共四节

第一节　南洋公学总理一员，华总教习一员，洋总教习一员，管图书院兼备教习二名，医生一名。

第二节　师范院并外院洋教习二名，华人西文西学教习二名，汉教习二名，司事四名，斋夫杂役二十名。

第三节　中院华人洋文教习四名，洋文帮教习四名，汉教习四名，稽察教习二名，司事二名，斋夫杂役十六名。

第四节　上院专门洋教习四名，华人洋文教习四名，汉教习四名，稽察教习二名，司事二名，斋夫杂役十六名。

（据《近代中国教育史料》，中华书局1933年版）

清华学校组织大纲

1926 年 4 月 15 日

清华学校自革新以来,组织方面采用教授治校之原则。详细规定见组织大纲,兹录《清华学校组织大纲》于次。

第一章　学制总则

第一条　本校设立大学部及留美预备部。

第二条　凡留美预备部学生毕业后一律资送赴美留学,该部至民国十八年停办。

第三条　大学部分本科及大学院(大学院未成立前暂设研究院)。

第四条　本校学程以学系为单位。

第五条　大学部本科修业期至少四年,学生毕业后给予学士学位。

第六条　大学院未成立之前暂设研究院,先办国学一门,以后斟酌情形逐渐添办他门,至民国十九年大学院成立后,研究院即行停办。

第二章　校长

第七条　本校校长统辖全校事务。

第三章　评议会

第八条　本校设评议会,以校长、教务长,及教授会互选之评议员七人组织之。校长为当然主席。

第九条 评议会之职权如下：

一、规定全校教育方针；

二、议决各学系之设立、废止及变更；

三、议决校内各机关之设立、废止及变更；

四、制定校内各种规则；

五、委任下列各种常任委员会：

  甲、财务委员会

  乙、训育委员会

  丙、出版委员会

  丁、建设委员会

六、审定预算决算；

七、授予学位；

八、议决教授、讲师与行政部各主任之任免；

九、议决其他重要事件。

第十条 评议员之任期一年，于每年五月改选。

第十一条 评议会之细则另订之。

  附注一 关于第九条第一第二第三第六各项，评议会在议决之前应先征得教授会意见。

  附注二 关于第九条第一第二第三第六各项之事件，评议会之议决经教授会三分之二之否认时，应交评议会复议。

第四章 教授会

第十二条 本校设教授会，以全体教授及行政部各主任组织之，由校长为主席，教务长为副主席。

第十三条 教授会之职权如下：

一、选举评议员及教务长；

二、审定全校课程；

三、议决向评议会建议事件；

四、议决其他教务上公共事项。

第十四条 教授会之细则另定之。

第五章　教务长

第十五条　本校设教务长一人（名誉职），综理全校教务，由教授会选举之，任期二年，于五月改选。

第十六条　教务长之职权如下：

一、召集各系主任会议办理下列事项：

　　甲、编制全校课程；

　　乙、考核学生成绩；

　　丙、主持招考及毕业事项；

　　丁、汇审各系预算。

二、施行学生训育。

三、指导学生学业。

第六章　学系及学系主任

第十七条　本校得依课程之性质设立若干学系。

第十八条　学系以本系教授、讲师、教员组织之。

第十九条　学系主任（名誉职）由该系教授、教员于教授中推举之，任期二年，于五月改选。

第二十条　学系主任之权为召集学系会议，办理下列事项：

一、编制本系课程；

二、编制本系预算；

三、推荐本系教授、讲师、教员及助教；

四、审定本系图书仪器之购置及其他设备；

五、保管本系一切设备；

六、讨论本系教学及学生训育问题。

第七章　行政部

第二十一条　本校得依行政之需要设若干部。

第二十二条　每部设主任一人（或酌设副主任），事务员及助理员等若干人，分掌各该部事务，概由校长委任之。

第二十三条　各部办事细则另定之。

第八章　附则

第二十四条　本大纲之修正得由评议会以三分之二之通过,提出于教授会讨论决定之。

第二十五条　本大纲自公布之日施行。

按:现在学校组织之上尚有董事会,该董事会隶属于外交部。惟现在董事会正在改组期内,将来新董事会与外交部之关系如何,亦尚未确定,故此处均暂不涉及。

(据《清华周刊》408 期,第二十卷第十一号,1927 年 4 月 29 日)

国立清华大学规程

1929 年 6 月 12 日

第一章 总纲

第一条 国立清华大学根据中华民国教育宗旨,以求中华民族在学术之独立发展,而完成建设新中国之使命为宗旨。

第二条 国立清华大学直辖于教育部。

第二章 本科及研究院

第三条 国立清华大学本科设文理法三学院,其分属之各学系如下:
(一)文学院
中国文学系　外国文学系　哲学系　历史学系　社会人类学系
(二)理学院
物理学系　化学系　算学系　地理学系　生物学系
心理学系　土木工程学系(附属)
(三)法学院
法律学系　政治学系　经济学系

第四条 国立清华大学得设研究院,以备训练大学毕业生继续研究高深学术之能力,并协助国内研究事业之进展。

第三章 校内组织

第五条 国立清华大学置校长一人,综理校务,由教育部部长提请国民政府任命之。

第六条　国立清华大学置教务长一人，商承校长管理关系大学全部之教务，并监督图书馆、注册部、军事训练部、体育馆等机关，由校长聘任之。

第七条　文理法三学院各置院长一人，商承校长会同教务长主持各该院之教育实施计划及其他仅涉各院内部之教务，由校长就教授中聘任之。

第八条　各学系各置系主任一人，商承院长、教务长主持各该系教务，由校长就教授中聘任之。

第九条　研究院各研究所得暂由各学系之主任兼管。

第十条　各学系置教授、副教授、讲师若干人，由校长得聘任委员会之同意后聘任之，置助教若干人，由各系主任商承校长、教务长同意后聘任之。

第十一条　国立清华大学置秘书长一人，承校长之命处理全校事务，管辖文书科、庶务科、会计科、医院等机关，由校长聘任之。

第十二条　国立清华大学依行政及设备上需要而设之事务机关，得分置主任及事务员若干人，由校长任命之。

第十三条　国立清华大学设校务会议，由校长、教务长、秘书长及各院长组织之，议决一切通常校务行政事宜。

第十四条　国立清华大学设评议会，以校长、教务长、秘书长、各院长及教授会所互选之评议员七人组织之，其职权如左：

一、议决重要章制；

二、审议预算；

三、依据部定方针议决建筑及他项重要设备；

四、依据部定方针议决各学系之设立或废止；

五、依据部定方针议决本大学派遣及管理留学生之计划与留学经费之分配；

六、议决校长交议之事项。

第十五条　国立清华大学设教授会，以全体中国教授组织之，外国教授亦得同等参加，其审议事项如左：

一、教课及研究事业改进之方案；

二、学风改进之方案；

三、学生之考试成绩及学位之授与；

四、建议于评议会之事项；

五、由校长或评议会交议之事项。

第十六条　国立清华大学依校务上之需要得分设委员会，其委员由校长就教职员中聘任之。

第四章　留美学生监督处

第十七条　国立清华大学为监督本大学所派遣留学美国之学生起见，暂设留美学生监督处。

第十八条　留美学生监督处置监督一人，承教育部部长及本大学校长之命，监督本大学留学美国或他国学生之求学事项，由校长呈请教育部部长任命之。

第十九条　留美学生监督处办事细则另定之。

第五章　基金

第二十条　国立清华大学基金委托中华教育文化基金董事会负责保管。

第二十一条　国立清华大学基金无论何时不得动用，其利息非至赔款终了之年不得动用。

第二十三条　前项基金之详细账目，依照中华教育文化基金董事会基金办法，按期公布。

第二十三条　国立清华大学校长及评议会得随时调查基金保管及其经理、存放之实况，并得随时建议于中华教育文化基金董事会，请其酌采。

第六章　学生

第二十四条　国立清华大学本科学生入学资格，须在高级中学或同等学校毕业，经入学试验及格者。

第二十五条　国立清华大学研究院学生入学资格，须在大学或同等学校毕业，经考试合格者。

第二十六条　国立清华大学转学学生资格，须得有国立省立或经教育部立案之私立大学修业证书，其所习学科程度与本大学相同，在学年开始以前经入学试验及格者。

第二十七条　国立清华大学本科学生修业年限，至少四年。修业期满、试验及格，得依学位条例领受学士学位。

第二十八条　国立清华大学研究院学生修业期限无定，其学位之授与依学位条例办理之。

第七章 附则

第二十九条 本规程自发布之日实施。

按：本规程曾由教育部指令第一六八三号修正如后：

呈件均悉。查各大学组织编制章程，本部正在征集，俟到齐后，再行通盘计划，分别修定。惟该大学规程，系十八年六月颁布，核与同年七月国民政府公布之《大学组织法》及同年八月本部颁布之《大学规程》颇多未合。应先将第七条"就教授中"四字即行删去。第十条依照《大学组织法》第十三条改为"各学系置教授、副教授、讲师、助教若干人，由院长商请校长聘任之"。第二十七条"得依《学位条例》领受学士学位"改为"得称某学士"。第二十八条"其学位之受依《学位条例》办理之"一句即行删去。除呈请行政院转呈国府备案外，仰即遵照施行，余再另令饬遵。附件存。此令。

中华民国二十年五月十六日
兼理教育部部长职务　蒋中正

（据《国立清华大学一览》，1935年10月）

国立东南大学大纲

1921 年 3 月 16 日

第一章　定名

第一条　本大学定名为国立东南大学。

第二章　校址

第二条　本大学以就南京高等师范学校之一部加以扩充,并得设分部于其他适宜地点。

第三章　目的

第三条　本大学以研究高深学术、培养专门人才为目的。

第四章　学制

第四条　本大学以学制为主体,暂设下列各系:
一、国文系
二、英文系
三、哲学系
四、历史系

五、地学系

六、政治经济系

七、数学系（天文附）

八、物理系

九、化学系

十、生物系（生理、动物、植物、解剖附）

十一、心理系

十二、教育系

十三、体育系

十四、农艺系（作物、土壤、农具附）

十五、园艺系

十六、畜牧系

十七、病虫害系

十八、农业化学系（农产制造附）

十九、机械工程系

二十、会计系

二十一、银行系

二十二、工商管理系

第五条 本大学以有关系之学系分别性质，先行组成下列各科：

一、文理科

二、教育科

三、农科

五、工科

六、商科

第六条 本大学设预科、本科、研究科，分年办理。

第七条 除上述各科外，另设推广部，其类别如下：

一、校内特别生

二、通信教育

三、暑期学校

第八条 本大学设附属中学校、附属小学校，为教育科研究之用（即以南京高等师范附属中小学兼充之）。

第九条 本大学学程采用学分制，以每学生每周上课及自修合三小时历半年者为 1 学分，每半年以学习 16 学分为标准，若遇特别情形得减少至 12 学分，增多至 20 学分，满 160 学分者毕业，惟各科以有加增毕业学分者得另行改之。

第十条　本大学毕业生得授学士学位，至研究科学位俟该科开办时另订之。

第四章　组织

第十一条　本大学设校长一人，总管全校事务，由教育部呈请大总统任命之。

第十二条　本大学依据呈准设立国立东南大学计划书第五条第三项之规定，设立校董会，其简章另订立之。

第十三条　大学各科设主任一人，由校长延聘之。

第十四条　各系设主任一人，由校长延聘之。

第十五条　各系设教授若干人，由校长延聘之。

第十六条　各系于必要时得设讲师、助教或助理，由校长延聘之。

第十七条　大学设教授会，其职权如下：

一、建议系与科之增设废止或变更于评议会；

二、赠予名誉学位之议决；

三、规定学生成绩之标准；

四、关于其他教务上公共事项。

第十八条　教授会以校长暨各科及各系之主任及教授组织之。

第十九条　教授会会议时以校长或其代表人为主席。

第二十条　教授会之议事细则另订之。

第二十一条　大学除教授会外，设科教授会及系教授会，以一科或一系之教授组织之，会议关于一科或一系之事件，会议时以科主任或系主任为主席。

第二十二条　行政设下列各部：

一、教务部

二、事务部

三、会计部

四、文牍部

五、图书部

六、出版部

七、体育部

八、女生指导部

九、医药卫生部

十、建筑部

十一、介绍部

第二十三条　各部设立主任一人，由校长延聘之。

第二十四条　各部职员由校长延聘之。

第二十五条　各部于必要时得设事务员若干人，由校长函聘之。

第二十六条　各部之办事细则另订之。

第二十七条　设行政委员会，为全校行政之总枢，其委员由校长就各部、各科主任中委任若干人充之。

第二十八条　行政委员会以校长或其代表人为主席。

第二十九条　行政委员会之职权如下：

一、规划全校公共行政事宜；

二、审查行政各部事务；

三、执行临时发生之各种行政事务。

第三十条　各科各系行政事宜由各科各系商承校长处理之。

第三十一条　附属中学校、附属小学校之行政组织另订之。

第三十二条　设评议会，会议关于全校之重大事项，凡下列各事项经评议会之解决：

一、本校教育方针；

二、用于经济之建设事项；

三、重要之建筑及设备；

四、系与科之增设废止或变更；

五、关于校内其他重要事项。

第三十三条　评议会以下列各项之人组织之：

一、校长

二、各科代表

三、各系代表

四、行政各部代表

五、附属中学校代表

六、附属小学校代表

第三十四条　各科代表以各科主任充之。

第三十五条　各系代表名额，凡每系教授有五人或不及五人者，以系主任充之；五人以上不过十人者，于主任外，再由教授互选一人；十人以上不过十五人者，于主任外，再由教授互选二人，余类推。

第三十六条　教授所任功课不止在一系者，只可于一系中有选举及被选举权。

第三十七条　行政各部代表名额,除一人由主任充任外,其余由各部职员依照各系推选代表方法互选之。

　　第三十八条　附属中学校、附属小学校代表名额各二人,一由主任充任,余一人由附属中学校、附属小学校教职员互选之。

　　第四十条　评议会议事细则另订之。

　　第四十一条　评议会为商榷校务便利起见,酌设各项委员会,其常设者如下:

　　——学生自治委员会

　　——运动委员会

　　——图书委员会

　　——出版委员会

　　——校舍建筑委员会

　　——招生委员会

　　——游艺委员会

　　——推广教育委员会

　　第四十二条　本会遇临时事务发生时,得设临时委员会。

　　第四十三条　各委员会设主任一人、委员若干人,由校长于评议会会员中指任之。

　　第四十四条　各委员会通则另订之。

第六章　经费

　　第四十五条　本大学经费以国款、学费暨其他捐款充之。

第七章　附则

　　第四十六条　本大纲呈请教育部核准施行。

(据《南大百年实录》上卷,南京大学出版社 2002 年版)

附：国立东南大学组织系统表及说明

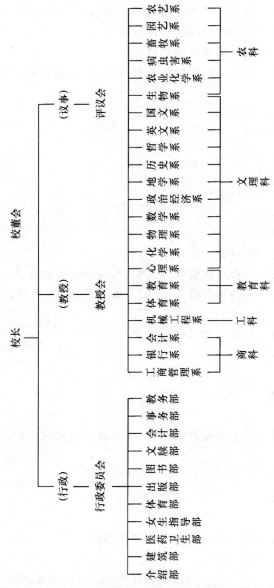

说明：谨按表中各系与各科间之垂线，系表明某系为某科之主系，例如农科以农艺、园艺、畜牧、病虫害、农业化学、生物六系为主系，故将六系之线垂归农科。此外如国文、英文、地学、物理、化学各系，亦与农科有关，但按其性质，实为文理科之主系，故将各线垂归文理科，不再垂及农科，以清眉目。其有一系而两科并得以其为主系者，特各垂一线以表明之。如生物系之于农科、文理科，暨心理系于文理科、教育科是。余各类推之。

国立中央大学组织规程

1930年1月18日

第一章 名称

第一条 本大学定名为国立中央大学。

第二章 校址

第二条 本大学设于首都,但得酌量情形分设学院及附属机关于国内其他各地。

第三章 宗旨

第三条 根据中华民国教育宗旨,研究高深学术,以养成党国需要人才,阐扬世界文化。

第四章 校长、副校长

第四条 本大学设校长一人,综理校务,由国民政府任命之。
第五条 本大学设副校长一人,襄理校务,由校长聘任之,并呈报行政院教育部备案。
第六条 校长不在校时,副校长代行校长职务。

第五章 教务处

第七条 本大学设教务处,处设教务长一人,由校长聘任之,秉承校长、副校长处理本大学各学院、图书馆等一切教务事宜。

第八条 校长、副校长不在校时,教务长得代理校务。

第九条 教务处分设注册、出版等组,每组设组主任一人,组员若干人,由校长分别聘请,秉承教务长办理本处事务。

第十条 教务处设处员一人至三人,秉承教务长办理不属于本处各组之事务。

第十一条 教务处之职务如下:

关于各学院课程之支配事项;

关于商聘各学院教职员事项;

关于考核学生成绩事项;

关于办理注册事项;

关于办理出版事项;

关于办理本处文稿事项;

关于本处其他事项。

第十二条 教务处因缮写文件,得酌用书记若干人。

第十三条 本大学图书馆设馆长一人,由校长聘任之,秉承教务长处理本馆一切事务。馆内分设总务、参考、编目三课,每课设主任一人,管理员、助理员、书记若干人,由校长分别聘请之,秉图书馆长办理事务。

第十四条 教务处各组及图书馆办事细则另定之。

第六章 事务处

第十五条 本大学设事务处,处设事务长一人,由校长聘任之,秉承校长、副校长处理本大学会计、庶务及医药卫生等事宜。

第十六条 事务处分设庶务、会计等组,每组设组主任一人,组员若干人,由校长分别聘请,秉承事务长办理本处事务。

第十七条 事务处设处员一人至三人,秉承事务长办理不属于本处各组之事务。

第十八条 事务处之职务如下:

关于掌握全校预算、决算事项；

关于掌理款项出纳事项；

关于办理建筑工程事项；

关于修缮各项工程事项；

关于支配及整理校舍事项；

关于处理斋舍事项；

关于管理警卫、消防、校工等事项；

关于购置校具事项；

关于掌理学校医药卫生事项；

关于保管各项校产事项；

关于本处其他事项。

第十九条 事务处因缮写文件，得酌用书记若干人。

第二十条 本大学设校医一人或二人，由校长聘任之，秉承事务长处理校内卫生及治疗事项；设事务员、看护若干人，由校长任用之，秉承校医办理本室及看护事宜。

第二十一条 事务处各组及医药办事细则另定之。

第七章　秘书处

第二十二条 本大学设秘书处，处设秘书长一人，由校长聘任之，秉承校长、副校长处理本大学文书及其他关系全校事宜。

第二十三条 秘书处设秘书二人，处员一人至三人，并分设文书、编纂等组，每组设组主任一人，组员若干人，由校长分别聘请，秉承秘书长办理本处事务。

第二十四条 秘书处之职务如下：

关于撰拟机要文件事项；

关于汇核文稿事项；

关于翻译重要文件事项；

关于保用印信事项；

关于本校教职员进退登记事项；

关于收发文件事项；

关于保管文件事项；

关于担任会议记录事项；

关于编制成绩报告及统计事项；

关于校长、副校长特别委办事项；

关于其他不属于各处事项。

第二十五条 秘书处因缮写文件,得酌用书记若干人。

第二十六条 秘书处及各组办事细则另定之。

第八章　学院

第二十七条 本大学设文学院、理学院、法学院、教育学院、农学院、工学院、商学院、医学院。

第二十八条 文学院设中国文学系、外国文学系（英、法、德、日）、哲学系、史学系、社会学系、地理学系。理学院设算学系、物理学系（天文附）、化学系、地质学系、动物学系、植物学系、心理学系。法学院设法律学系、政治学系、经济学系。教育学院设教育心理系、教育社会学系、教育行政系、师资科、体育科、艺术教育科。农学院设农艺垦殖科、森林科、农政科、园艺科、畜牧兽医科、蚕桑科、病虫害科、农业化学科。工学院设机械工程科、土木工程科、电机工程科、化学工程科、建筑工程科。商学院设会计科、银行科、工商管理科、国际贸易科。医学院设基本系,分解剖学科（组织学、胚胎学、解剖学、神经解剖学）、病理学科、生物化学科、生理学科、药理学科、细菌学科、寄生虫学科、卫生学科；临床系,分内科、外科、儿科、妇科、产科、眼科、耳鼻喉科、皮肤花柳病科、生殖器及尿道科、X光科。

第二十九条 各学院教职员之设置及聘任规定如下：

一、每学院设院长一人,由校长聘任之,秉承校长、副校长处理各该院事宜。

各学院重要之教务、事务,院长应会商教务长、事务长处理之。

二、每系或科设主任一人,由校长商同教务长、院长聘任之,商承院长处理该系或科之教务。

三、各学院设教授、副教授、讲师、助教若干人,由校长商同教务长、院长、系或科主任聘之。

四、各学院得设院务助理员或技术员若干人,由校长商同院长任用之。

本大学教职员服务规程另定之。

第九章　研究院

第三十条　本大学设研究院,其办法另定之。

第十章　会议

第三十一条　本大学设校务会议,以校长、副校长、教务长、事务长、秘书长、各学院院长、图书馆馆长及教授代表每院一人组织之,以校长为主席。前项会议校长得延聘专家列席。

第三十二条　校务会议审议下列事项:

一、本大学预算;

二、本大学学院、学系或科之设立及废止;

三、本大学课程;

四、本大学内部各种规则;

五、关于学生试验事项;

六、关于学生训育事项;

七、关于建筑设备事项;

八、校长交议事项。

第三十三条　校长、副校长因处理事务,得随时召集教务长、秘书长开会商决之。

第三十四条　各学院设院务会议,以院长为主席,其会议规程另定之。

第三十五条　各学系或科设学系或科会议,以系或科主任为主席,会议规程另定之。

第三十六条　各处职员因执行事务得开会议,其会议规程由各处自行拟订,送请校长、副校长核定,其议决案送请校长、副校长核准施行。

第十一章　委员会

第三十七条　本大学得设各项委员会,由校务会议议决后组织之,其议决案由各委员会分别报告或建议于校务会议。

第十二章　学生

第三十八条　本大学入学资格，须曾在公立或已立案之私立高级中学或同等学校毕业，经入学试验及格者，但旧制师范本科毕业曾经服务二年以上者，得投考教育学院。

第三十九条　本大学转学资格，须学科程度相同，有原校修业证书，于学年或学期开始以前，经试验及格者，但未立案之私立大学或独立学院学生不得转学。

第四十条　本大学考查成绩各项办法均照教育部公布大学规程第四章办理。

第四十一条　学生修业年限至少四年，修业期满试验及格，得依学位条例领受学士学位。

第四十二条　本大学详细学则另定之。

第十三章　附则

第四十三条　本规程由校长公布施行并呈报教育部备案。

（据《南大百年实录》上卷，南京师范大学出版社 2002 年版）

国立北京高等师范学校组织大纲

1922 年

第一章　名称

第一条　本校暂仍旧名称为国立北京高等师范学校。

第二章　宗旨

第二条　本校以研究专门学术、造就师范与中等学校教师及教育行政人员为宗旨。

第三章　学制

第三条　本校课程分为四年科、六年科两种,自第三学年起由学生选择学习。

第四条　本校四年科设下列学系：

教育系　国文系　英文系　历史地理系　数学物理系　物理化学系　生物地理系　体育系　工艺系

六年科设下列学系：

教育系　国文系　英文系　历史系　地理系　数学系　化学系　物理系　生物系　地质学系　体育系　工艺系

第五条　本校各学系学科分必修、选修二种,其必修、选修分量视该学系之性质定之。

第六条　本校课程采用学分制,以每学生每周上课一小时及自修一小时至二小时历半学年者,为一学分。若每周上课一小时而自修时间不及一小时者,其学分计算以学科性质另定之。

第七条　本校学生每年须学习至二十五学分以上、四十五学分以下。入四年科者须学满一百八十学分,入六年科者须学满二百三十六学分,方得毕业。

第八条　本校六年科毕业者,授以学士学位。

第九条　本校设附属中学校、小学校及幼稚园为教育研究之用。

第四章　行政组织

一、校长

第十条　校长总辖全校校务。

第十一条　校长室设秘书一人或二人,协助校长处理校内外机要事务,由校长聘请与本校教授相当之资格者任之,或本校教授兼任。

第十二条　校长室设文牍书记若干人,由校长任用之。

二、总务处

第十三条　总务处分为庶务、舍务、介绍、注册、仪器、出版等部,设总务长一人,各部主任各一人,各部事务员书记若干人。

第十四条　总务长商同校长总理各部事务,由校长聘请与本校教授相当之资格者任之,或请本校教授兼任,任期二年,得连任。

第十五条　各部主任分掌各部事务,由校长于本校教授中加任之,任期一年,得连任。但遇不能加任时,得由校长聘请与本校教授相当之资格者任之。

第十六条　各部各股事务员书记由校长任用之。

第十七条　各部分掌事务如下:

庶务部　关于保管物品事项;关于缮发讲义事项;关于掌管杂务事项;关于掌管教具事项。

会计部　关于出纳事项;关于簿记事项。

舍务部　关于卫生事项;关于食事事项;关于稽察事项。

介绍部　关于引导参观事项;关于学生服务事项;关于调查事项。

注册部　关于管课事项;关于成绩事项;关于统计事项。

仪器部　关于购置事项;关于保管事项。
　　出版部　关于编辑事项;关于经理事项。
　　第十八条　本校特设图书馆及医院,属于总务处。其内部组织另定之。

三、教务处

　　第十九条　教务处设教务长一人,各学系主任各一人,各学系设教授、讲师若干人。
　　第二十条　教务长商同校长计划全校教务,由校长于学系主任及教授中加任之,任期二年,得连任。
　　第二十一条　各学系主任分筹各学系教务,由校长于教授中加任之,任期一年,得连任。
　　第二十二条　教授及讲师分任各学系教课,由各学系主任商同校长教务长提出,于聘任委员会通过,由校长聘任之。

第五章　会议

一、评议会

　　第二十三条　评议会以教授互选八人及校长、总务长、教务长组织之,以校长为议长。
　　第二十四条　下列各事项须经评议会之决议:
　　1. 各学系之设立、废止及变更;
　　2. 校内各事务机关之设立、废止及变更;
　　3. 审议各种规则;
　　4. 教育总长及校长交议事项;
　　5. 本校预算及决算;
　　6. 赠与学位;
　　7. 各委员会提议事项;
　　8. 其他关于本校重要事项。

二、委员会

　　第二十五条　委员会为辅助本校各机关筹划进行而设,依其必要,设下列各委员会:

1. 聘任委员会；
2. 学生自治及社会服务辅导委员会；
3. 体育卫生委员会；
4. 预算及审计委员会；
5. 考试委员会；
6. 教生实习委员会；
7. 出版委员会；
8. 图书仪器委员会；
9. 选科指导委员会；

第二十六条 各委员会设委员若干人，由校长于全校职教员中拟定，经评议会同意加任之。

第二十七条 各委员会设委员长一人，由各委员会委员互选之。

第二十八条 遇有临时事项得设临时委员会。

三、行政会议

第二十九条 行政会议分为三种：
1. 事务会议；
2. 教务会议；
3. 学科会议。

第三十条 事务会议以总务长及各部主任组织之，校长、教务长及依所议事项关系之委员会委员长为当然议员，以总务长为主席。

第三十一条 事务会议讨论下列各事项：
1. 各部联络进行事项；
2. 评议会议决案执行之方法；
3. 委员会提出之事项；
4. 不属于各部之事项。

第三十二条 教务会议以教务长及各学系主任组织之，校长、总务长及依所议事项关系之委员会委员长为当然议员，以教务长为主席。

第三十三条 教务会议讨论下列各事项：
1. 各学科之联络；
2. 关于教授上设备事项；
3. 学系之增设或废止，建议于评议会；
4. 其他关于教授事项。

第三十四条 学系会议以学系主任及各该学系教授讲师组织之，校长、总务长、教务长亦得出席，以学系主任为主席。

第三十五条　学系会议讨论下列各事项：
1. 各教课教授上之联络；
2. 各该学系课程之增减及分配；
3. 其他关于各该学系之事项。

第三十六条　各行政会议及评议会开会时，校长室秘书均得出席，但无表决权。校长委托其代表时不在此例。

第六章　附属学校

第三十七条　附属中小学校及幼稚园各设主任一人，由校长于本校教授中加任，或聘请与本校教授相当之资格者任之。

第七章　附则

第三十八条　本校学则及学科课程另规定之。

第三十九条　本大纲得由校长或教授五分之一以上之提议，经评议会之议决修改之。

（据《中国近代学制史料》第三辑，华东师范大学出版社1992年版）

附：国立北京高等师范学校行政组织图

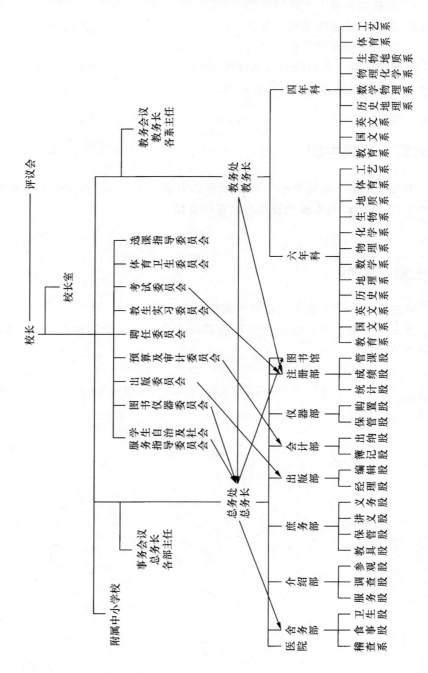

国立武汉大学组织大纲

1928 年 8 月 16 日

第一章　总则

第一条　本大学设于武昌,定名为国立武汉大学。

第二条　本大学遵依总理三民主义及中华民国大学条例,以阐扬优美文化,研究高深学术,造成实用专门人才。

第二章　院系

第三条　本大学分设下列各学院:

(甲)文学院　分下列各系

一、中国文学系

二、外国文学系

三、哲学系(缓办)

四、教育学系

五、史地学系

(乙)社会科学院　分下列各系

一、政治经济学系

二、法律学系(缓办)

三、商业学系

四、社会学系(缓办)

(丙)理工学院　分下列各系

一、算学系

二、物理学系

三、化学系

四、生物学系

五、工程学系

(丁)医学院(缓办)

第四条 本大学课程及修业年限,于不背大学条例规定之限度内,由各学院拟定提交校务会议决。

第五条 本大学毕业学生按照所属学院学系给予毕业证书,其毕业考试,依大学院条例行之。

第六条 本大学暂设预科,修业年限两年,其组织及课程另定之。

第七条 本大学得设研究院。

第三章 教员及职员

第八条 本大学设校长一人,总辖全校学务,由大学院呈请国民政府任命之。

第九条 每学院设院长一人,由校长聘任。于必要时经校务会议决,得设系主任,由院长商承校长聘任之。

第十条 各学院教授、讲师、助教由校长聘任,其聘任规则另定之。各学院助理由院长及系主任商承校长委任之。

第十一条 本大学设注册、事务二部,各置主任一人,由校长聘任之。每部分若干股(例如事务部分会计、庶务两股),各置股长一人,事务员若干人,由各部主任商承校长委任之。

校长室秘书一人,由校长聘任之。

第十二条 本大学设图书馆,置馆长一人,事务员若干人。馆长由校长聘任,事务员由馆长商承校长委任之。

第四章 机关

第十三条 本大学设左列各会议:

一、评议会:以中华民国大学院代表一人,中央政治会议武汉分会代表一人,本大学教授代表每院一人及本大学校长,各学院院长组织之。校长为当然主席。其组织如左:

1. 拟定本大学条例；
2. 议决本大学学制；
3. 筹资本大学经费；
4. 保管本大学财产及基金；
5. 审查本大学预算决算；
6. 裁决本大学教职员及学生之纪律事项。

二、校务会：以校长、院长、系主任、部主任及图书馆馆长组织之。校长为当然主席。其职权如左：

1. 议决关于学生考试毕业及学位授予事项；
2. 议决学系之增设及变更事项；
3. 议决关于全校风纪事项；
4. 议决各学院机构之课程及设备事项；
5. 考查各学院之成绩；
6. 议决关于国内外学术机构之联络事项；
7. 议决关于学术出版物之奖励及刊行事项；
8. 提出预算决算于评议会；
9. 议决其他关于全校及各学院共同事项。

三、学院会：以本院院长、系主任、教授及有关之他系教授组织之。院长为当然主席。其职权如左：

1. 提出本学院之预算；
2. 议定本学院之学科及课程；
3. 审查本学院学生成绩及毕业事宜。

第十四条 评议会及各项会议议事规则另定之。

第十五条 本大学得设左列各项委员会：

一、预科委员会

二、招生委员会

三、审计委员会

四、调查委员会

五、卫生委员会

六、体育委员会

七、群育委员会

八、建筑设备委员会

九、出版委员会

十、学术审查委员会

十一、其他各种临时委员会

第十六条 各项委员会规则于集会之始,由该委员会拟定提交校务会议核准之。

第五章 附则

第十七条 本大纲如有未尽事宜,得由评议会议决修改,但须经中华民国大学院核准。

第十八条 本大纲由中华民国大学院核准施行。

(据《中华民国史事纪要》民国十七年,台湾"中华民国"史料研究中心1982年版)

杭州大学章程

1923 年 3 月上旬

第一章　宗旨

第一条　本大学以（1）发展高深学术；（2）养成对于国家及本省服务之人才；（3）整理及研究本国固有之文化及自然界之事物；（4）利用本省自然界之事物，发展本省之资源为宗旨。

第二章　义务

第二条　本大学于大学当尽之义务：（1）对于本省有贡献学术之义务；（2）对于本省机关与人民有答复关于学术咨询之义务。

第三章　权利

第三条　本大学完全独立。
（1）学术自由
（2）经济独立
（3）学校行政独立

第四章　学制

（甲）组织（附图表）①

第四条　本大学为本省学术最高机关。

第五条　本大学先设四院。

（1）自然科学院

（2）社会科学院

（3）文艺学院

（4）应用科学院

第六条　各学院分设学系如左[下]：

（1）自然科学院

（一）数学系

（二）物理学系

（三）化学系

（四）天文学系

（五）地质学系

（六）生物学系

（2）社会科学院

（一）哲学系

（二）心理学系

（三）社会学系

（四）史学系

（五）政治学系

（六）法学系

（七）经济学系

（八）教育学系

（九）家政学系

（3）文艺学院

（一）国学系

（二）外国文学系

（三）美术学系

---

① 《北京大学日刊》刊登本章程时，未附印此处所指"图表"，故缺。——编者注

（4）应用科学院

（一）应用化学系

（二）应用生物学系

第七条 各学系得分设若干学门。

第八条 各学院学系之增减，由董事会决定之。

（乙）讲座

第九条 本大学设讲座若干，其名称如下：

（1）正教授讲座

（2）教授讲座

（3）辅教授讲座

第十条 讲座之席数，由董事会酌定之。

第十一条 每讲座须有一定之经费，其薪水与设备之分配，按本章程第二十一章第八十五条规定之原理行之。①

第十二条 讲座之外，得设非讲座教员，其名称如下：

（1）特别讲师

（2）讲师

（3）助教

第十三条 各学系得酌设助理。

第十四条 讲师、助教及助理人数，于前一学年，由董事会酌定之。

（丙）入学毕业及学位

第十五条 学生入学之资格：（1）省内外高级中学毕业生；（2）旧制大学预科修业期满生；（3）他大学肄业生具有前项资格之一者；（4）有上三项同等学力并经校政会议审查特别许可者。

第十六条 有以上资格之学生须经本大学试验及格后，方准入学。

第十七条 学生毕业之标准及期限，由校政会议定之，但由他大学转学者，其在本大学修业期限至少不得在两年以下。

第十八条 本大学对于毕业学生授与相当学位。

第十九条 本大学得酌收选修生，但不得改入正科。

第二十条 本大学得授与名誉学位。

---

① 本章程无第二十一章，第八十五条在第十六章。——编者注

第五章　董事会

（甲）组织

第二十一条　董事会以全体董事组织之，设董事长一人，主持本会一切事务。董事长、常务董事，均由本会董事用无记名单记法互选之。常务董事至少有一人，不得兼任他职。

董事长、常务董事任期均一年，但连举得连任。

（乙）董事长之解职、辞职及递补

第二十二条　选任董事于董事会常会或临时会两次连续不到者，即认为解职，但经董事会特别许可者不在此限。

第二十三条　选任董事辞职，须得董事会认可。

第二十四条　选任董事有缺额时，由董事会函请本省行政机关最高级官聘请候补董事递补之，其先后以选举时得票之多寡为标准。

（丙）会议

第二十五条　董事会每年开常会二次，遇必要时经董事五人以上之提议，得开临时会议。

（丁）大学经费预算之审定

第二十六条　关于大学各期建设费之预算，由董事会编定，函请本省行政机关最高级官，咨请本省最高立法机关议决。

第二十七条　大学经常经费预算案，应由大学校长于会计年度开始六个月前提交董事会，经董事会审查编定后函请本省行政机关最高级官，咨请本省最高立法机关议决。

（戊）大学会计长之选任及辞退

第二十八条　大学会计长由董事会选举聘任之，但董事不得兼任。

会计长有不尽职务或妨碍本大学名誉之行为时，由董事会或由校长提交董事会辞退之。

（己）大学基金之保管

第二十九条　董事会就董事中互选基金监二人，负责保管大学基金之责，任期三年，不得兼任常务董事。

（庚）捐款之审查

第三十条　捐款之收受与否，由董事长及常务董事审查决定之。

（辛）董事会经费

第三十一条　本会经费在大学预算案内定之。

第三十二条 本会董事不在省会者,开会期内每日给旅费国币十元,其来往舟车费照头等支给。董事长及常任董事不兼他职者,按照旅费标准,支给公费。

(壬)董事会职员

第三十三条 本会设秘书一人,由董事会选举聘任之,事务员一人、书记二人,由董事长任用之,均为有薪职。

第六章 校政会议

第三十四条 校政会议会员,由全体讲座教员互选十人充之,但全体讲座教员不足十人时,全体皆为会员。

第三十五条 校政会议会员,任期两年,每年改选半数,但续举得连任。

第三十六条 校政会议得设各种委员会。

第三十七条 校政会议之职权如下:

(1)学科之编制;

(2)预算之编制;

(3)学位之授与;

(4)提出变更章程意见书于董事会;

(5)本大学行政及学术上方针之决定;

(6)聘任外国教员时权利义务之规定;

(7)学生之训练及惩戒;

(8)其他关于全校行政上应办之事务。

第三十八条 校政会议主席,由本会会员互选之,任期一年,连举得连任,但不得继续至三年以上。其职权如下:

(1)交议本大学各种议案;

(2)兼任本大学校长。

第七章 校长

第三十九条 本大学校长以校政会议主席兼任,由董事会加以聘任。其职权如下:

(1)代表本大学;

(2)聘任及辞退教职员;

（3）监督学校全部行政。

第四十条　校长每学年终，须将关于本大学一切行政及学术上进行事件，并下学年进行方针，详细报告于董事会，并以大学名义宣布，分送国内各高等学术机关及本省高级立法、行政各机关。

第四十一条　讲座教员于兼任校长期内，不得不授课，并得于原薪外酌支公费，其数目由董事会定之。

第八章　会计处

第四十二条　会计处置会计长一人，任期三年，续聘得连任。

会计长对董事会负责，并受校长之监督，执行预算，掌管全校一切收支事务，其细则另定之。

会计处得由会计长任用事务员及书记，其人数由董事会酌定之。

第四十三条　会计长每学年终，须将全校经济状况详细报告于董事会及校长，并与校长报告合并宣布之。

第九章　秘书处

第四十四条　校长办公室设秘书处，置秘书长一人，秘书四人，由校长聘任之，掌理文牍、注册、庶务、斋务、介绍、讯问等事务，其职务之分配，由校长定之。

秘书处得置事务员及书记。

秘书人数之增减，由董事会酌定之。

第十章　图书馆

第四十五条　图书馆置馆长一人，由校长聘任之，掌理全校图书之保管及购置事务。

图书馆得于馆长外设置相当职员，其人数由董事会酌定之。

第十一章 聘任委员会

第四十六条 聘任委员会掌审查待聘各种教员及图书馆长、秘书长、秘书之资格。其会员由校长在讲座教员中推举三人至七人,经校政会议之同意充任之,任期一年。

第十二章 教授会

第四十七条 本大学设教授会如左[下]:
(1) 学院教授会
(2) 学系教授会

第四十八条 学院教授会由各学院之讲座教员按院组织之。其职权如下:
(1) 编制本院之课程;
(2) 制定本学院学生入学、升级、毕业之标准;
(3) 其他关于学院教授会应行之事务。

第四十九条 各学院设主任一人,由各本学院教授会会员互选之,任期二年。但讲座教员之教员任期,尚不足二年者,不得被选。

第五十条 学系教授会由各学系全部教员按系组织之。其职权如下:
(1) 草定各个科目之预算;
(2) 筹划各个科目之设备;
(3) 计划各科目之联络;
(4) 其他关于学系教授会应行之事务。

第五十一条 各学系教授会主席,由各该系正教授充之。如正教授有二人,则每年轮流充之,二人以上互选之,任期二年。如无正教授时,得参照本条办法依次由教授、辅教授及讲师代理之。

第十三章 教职员

(甲)任期

第五十二条 正教授任期无限。

第五十三条　教授初任三年,续任无限期。

第五十四条　辅教授初任一年,续任三年,再续无限期。

第五十五条　特别讲师任期,以所授科目时间之长短为标准。

第五十六条　讲师及助教初任一年,续任一年至三年,续聘得续任。

第五十七条　图书馆长、秘书长,任期三年,续聘得续任。

第五十八条　外国教员之任期,由校政会议定之。

（乙）聘任程序

第五十九条　讲座教员、图书馆长及秘书长,由校长提交聘任委员会审查通过,并征得校政会议同意后,由校长聘任之。

第六十条　特别讲师,由校长征得校政会议同意后,酌聘之。

第六十一条　讲师、助教及助理,由本系教授会提请校长交聘任委员会,审查通过后聘任之,但未有教授会时,由校长提出之。

第六十二条　续任之聘书,须于三个月前致送,但有特别情形时,不在此限。

（丙）辞职

第六十三条　教员辞职,须于学年告终前三个月,通知校长。但因特别事故辞职者,不在此限。

第六十四条　教员之辞职,须得校政会议之认可。

第六十五条　图书馆长、秘书长及秘书之辞职,须于一个月前通知校长,但不必得校政会议同意。

第六十六条　凡职员辞职时,须将经手事件交待清楚,方得解除责任。

（丁）辞退

第六十七条　凡教员及图书馆长、秘书长,有不尽职务或妨碍本大学名誉之行为时,得由校长征得校政会议同意后辞退之。

第六十八条　凡职员除前条图书馆长、秘书长外,遇有不称职或妨碍本大学名誉之行为时,得由校长辞退之。

（戊）教职员之待遇

第六十九条　讲座教员及讲师,继续任职满五年以上者,得请假半年支全薪,全年支半薪。

第七十条　讲座教员继续任职满五年以上者,得由本校或请本省派送留学,作专门之研究,期限至多两年,在留学期内得支全薪。

第七十一条　教职员年龄至六十五岁,且在本校继续服务满十五年以上者,得自请退职,仍支半薪,至终生止。

第七十二条　教职员曾在本大学继续服务满十年以上者,有子女在本大学肄业时,得免学费,但不得过二人。

第七十三条　教职员月薪过五十元者,本大学提出五分之若干,代为保险。其办法由董事会定之。

第七十四条　外国教员之待遇,由校政会议定之。

（己）教职员之俸给

第七十五条　教职员俸给之等级及标准,由董事会定之。

第七十六条　教职员依年功加俸,其标准由董事会定之。

第十四章　学费及免费、奖学学额

第七十七条　本大学学费之数目及增减,由董事会定之。

第七十八条　本大学设免费学额及奖学额。其额数及办法由董事会定之。

第十五章　经费及基金

第七十九条　本大学经费由本省省税担负之,并得承受国家补助并私人或团体之捐款。

第八十条　本大学基金按年从省税中提有百分之二,并得承受国家补助并私人或团体之捐款。

第八十一条　本大学经费之分配与管理及基金之保管,其责任由董事会负之。

第八十二条　本大学基金经董事会议决后,得购置生息之不动产及市面流通之有价证券。

第十六章　预算编制之标准

第八十三条　本大学每年应提出校舍维持费若干,其数目由董事会定之。

第八十四条　本大学预算除校舍维持费外,图书仪器及其他关于学术上应用之设备费,至少须占全校岁出经费百分之四十,薪水及行政费不得超越全部经费百分之六十。

第八十五条　本大学添聘教员时,除薪水外,必须加入该教员所授各科目之图书仪器等设备费,比率依前条之原理行之。

第八十六条 本大学预算以各个科目必需之设备及担任该科目教员之薪水,依前项比率原理合计之总数为单位。

第八十七条 各科目之预算单位,由担任本科目教员按其需要制定后,经由本门本系汇交本学院,提出校政会议审查后决定之。

其编送程序,依本章程第二十七条之规定行之。

第十七章　附则

第八十八条 本大学教职员不得兼他校教课及校外职务。

第八十九条 教职员在校内兼他职者,不得兼薪。

第九十条 本大学教职员除校长及各院主任外,不得兼本大学董事。

第九十一条 本章程之修改,须由本大学校政会议或董事会之提议,经董事会议决后,由董事会函请本省行政机关最高级官提交本省最高立法机关议决之。

第九十二条 本章程自本省最高立法机关议决后公布施行。

(据《北京大学日刊》一一九七号,1923 年 3 月 26 日)

三编

北京师范大学暂行规程

1950 年 5 月 19 日

第一章　总纲

第一条　本校定名为北京师范大学,由中央人民政府教育部直接领导。

第二条　本校的任务主要的是培养中等学校师资(即普通中学、工农速成中学、师范学校的教员,中等技术学校的政治、文化教员),其次是培养和训练教育行政干部与社会教育干部。这些师资和干部必须具有为人民教育服务的专业精神。能够掌握马列主义、毛泽东思想的基本内容,进步的教育科学、教育技术,以及有关的专门知识。

第二章　教学原则

第三条　本校以理论与实际一致为教学总原则。

第四条　本校教学实施必须制定各科系教学计划及教学大纲,由校长呈经中央人民政府教育部核准施行。

第五条　1. 为肃清封建的买办的法西斯主义的思想残余,发展为人民服务的思想,树立科学唯物主义的世界观,规定政治课为本科各系共同必修课,约占全部课程的百分之十五,其科目为:

(一)辩证唯物论与历史唯物论(包括社会发展简史);

(二)新民主主义论(包括近代中国革命史);

(三)政治经济学;

(四)文教政策与法令。

2. 除政治课外,规定体育、教育心理学、教育学、逻辑学及中等学校教材教法亦为本科各系共同必修课。但此等科目的时数合计不得超过总时数的百分之十五。

3. 本科各系实习参观等为教学的组成部分，约占总时数的百分之十五。

4. 各系科除基本必修学程外，得设若干选修学程。

5. 本科各系学生除修习本系学程外须根据任务经系主任的指导兼修他系学程。

6. 教学计划与教学大纲的制定，务须切合实际；并须将理论与实践结合在统一的教学过程中。以便使实习的每个阶段服从于理论课程有关部分的学习。

7. 教学大纲的制定必须简要，以便教师学生均能集中注意该科目的主要部分。

8. 学生每人每学期的学习科目，除共同必修科外，通常不应超过四门。每学生每天所学的学科，不得超过三门。

第三章 学生

第六条 本校本科各系投考生须身体健康具有高级中学毕业程度，年在二十七岁以下者。本校专修科投考生须（一）身体健康具有大学毕业程度，年在三十五岁以下者，或（二）身体健康具有教育工作经验的中小学教员、教育行政干部及社会教育干部，年在四十五岁以下者。具有第（二）项资格的优秀人员得由政府保送免试入学。

第七条 本校学生应努力学习课业，并应进行适当的及必要的课外活动，以保证在实际生活中得到锻炼。

第八条 本校学生均应自觉地遵守教学纪律与学校管理规则。

第九条 本校学生学习积极，学业成绩优良，而经济确属困难，无力自给或不能全部自给者，得申请人民助学金。

第十条 本校毕业生由中央人民政府教育部分配工作。

第四章 教学组织

第十一条 本校设本科及专修科。

本科暂设教育、政治、中国语文、外国语（主要是俄语）、历史、地理（包括地质）、数学、物理、化学、生物、保育、体育卫生、美术工艺、音乐戏剧等系。各系修业年限依各该系课程之繁简，分别规定为三年或四年。

第十二条 本校专修科修业年限，视各科性质及所收学生之程度，分别规定为半年至二年。

第十三条　本校各系科依照中央人民政府教育部关于高等学校人员编制的规定：设教授、副教授、讲师、助教若干人，均为专任职，由校长聘任并呈报中央人民政府教育部备案。必要时得聘请兼课教师。

第十四条　本校为提高教学的效能，发扬学生学习的积极性，以及使他们在实际生活中能够运用所学的知识，采用下列各种教学方式：

1. 教师讲授；
2. 教师指导学生自学、实验、参观、实习及讨论。

第十五条　本校设各种教学研究组，为教学基层组织，由一种学科或性质相近的几种学科的全体教授、副教授、讲师、助教及实验室技术人员等组成之。各组设主任一人，由校长就教授中提请中央人民政府教育部批准任免之，其职责如下：

1. 领导讨论研究制定和实施本学科的教学计划和教学大纲；
2. 审查本学科的教材与教法；
3. 检查本组人员的教学工作和研究工作；
4. 听取和讨论本组人员关于教学计划、教学大纲实施和总结的报告；
5. 领导本组人员学习马列主义、毛泽东思想。

第十六条　为加强集体生活的锻炼及进行政治、业务的学习，各系科学生得依课业性质分编为若干学习小组。

第十七条　教学时间的规定，每年为四十周，每周为六个学习日，每日学习不得少于八小时（包括实习参观及固定的自修时间），但至多亦不得超过十小时。

第十八条　教学工作人员应根据各种课程的性质和教学方法，切实有效地检查每个学生学习的成绩。大考在学期末举行，小考随时举行。

第五章　行政组织

第十九条　本校为校长负责制，设校长一人，由中央人民政府教育部呈经政务院提请中央人民政府委员会任命之，其职责如下：

1. 领导全校一切教学、行政事宜，并代表学校；
2. 掌理全校教学计划及教学大纲；
3. 领导全校教师、学生、职员、工警的政治学习；
4. 任免全校教师、职员、工警并核定其工资；
5. 核准校务委员会的决议。

第二十条　本校设副校长，协助校长执行职务，由中央教育部呈经政务院提请中央人民政府委员会任命之。

第二十一条　本校设校长办公室，室设秘书二人，秉承校长处理校长室日常工作。

第二十二条　本校设教务长一人。在校长领导下负责计划、组织、推动、检查、督导全校教学工作。设副教务长一人，协助教务长执行职务。教务长、副教务长由校长就教授中提请中央人民政府教育部批准任命之。

第二十三条　本校在教务长、副教务长直接领导下，设教务处，并得分设注册、课业、教导及出版等科。教务处设秘书一人，每科设科长一人。

第二十四条　本校设行政处，设处长一人，在校长领导下，主持全校行政工作，由校长就教授中提请中央人民政府教育部批准任命之。

第二十五条　行政处得分设文书、总务、会计、膳宿管理及卫生等科，每科设科长一人。

第二十六条　本校各系科为教学行政的基层组织，各设主任一人，由校长就教授中提请中央人民政府教育部批准任命之。系科主任，直接受教务长、副教务长领导，其职责如下：

1. 计划并领导本系科教学研究组与教学附属机构的工作；
2. 执行本系科教学计划与教学大纲；
3. 领导并检查本系科学生的实验及实习；
4. 考核本系科学生成绩；
5. 总结本系科教学经验；
6. 提出有关本系科员工任免之建议。

第二十七条　本校在校长领导下设校务委员会。由校长、副校长、教务长、副教务长、各系科主任、行政处处长、图书馆馆长、工会代表四人及学生代表二人组成之。校长为当然主席。校务委员会职权如下：

1. 审查学期的与学年的教学计划及各系科教学研究组的工作报告；
2. 议决本校预算和决算；
3. 议决本校建筑及其他重要设备的计划；
4. 议决本校各种重要规章制度；
5. 议决本校有关学生重大奖惩事项；
6. 议决本校有关招生、实习、参观、毕业事项；
7. 议决校长交议事项。

第二十八条　本校图书馆设馆长一人，在教务长、副教务长领导下工作，由校长就教授中提请中央人民政府教育部批准任命之。

第二十九条　本校为教学上理论与实际联系，得设附属中学、师范学校及小学。每附属学校设校长一人、副校长一人至二人,由本校校长提请中央人民政府教育部批准任免之。附校校长,直接由教务长、副教务长领导。

第三十条　本校在教务长领导下举行教务会议,在各系科主任领导下举行系务科务会议,在行政处长领导下举行行政处处务会议。其办法另定之。

第六章　附则

第三十一条　本规程由中央人民政府教育部颁行之。

附:中华人民政府教育部令 高一字第三六七号

为颁布《北京师范大学暂行规程》由
令北京师范大学
兹订定《北京师范大学暂行规程》办法你校遵照施行。
此令。

一九五〇年五月十九日
部长:马叙伦
副部长:钱俊瑞　韦悫

（据北京师范大学档案）

附：北京师范大学组织系统表

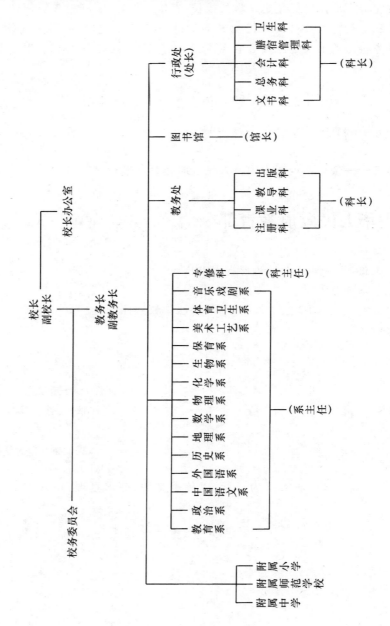

上海交通大学章程

2006 年 1 月 11 日
上海交通大学第五届教职工代表大会第二次会议通过

第一章 总则

第 1 条 根据《中华人民共和国宪法》、《中华人民共和国教育法》、《中华人民共和国高等教育法》、《中华人民共和国教师法》等有关法律,结合本校实际情况,制定本章程。

第 2 条 本校是教育部直属、由教育部和上海市共建的全国重点综合性大学,全称为"上海交通大学",中文简称为"上海交大",英文全称为 Shanghai Jiao Tong University,英文缩写为 SJTU。

第 3 条 本校法定注册地为上海市华山路 1954 号。

第 4 条 本校具有民事法人主体资格,依法享有民事权利,独立承担法律责任。校长为本校的法定代表人。

第 5 条 本校坚持社会主义办学方向,全面贯彻国家的教育方针。本校的使命是:以世界一流大学为目标,以传承文明、探求真理、振兴中华、造福人类为己任。

第 6 条 本校的校训是:"饮水思源,爱国荣校"。

第 7 条 本校创建于 1896 年,校庆日为 4 月 8 日,本校校徽由齿轮、铁砧、铁锤及书籍组成,校歌为于之作词、瞿维作曲的《上海交通大学校歌》。

第二章 管理体制

第 8 条 本校实行中国共产党上海交通大学委员会(以下简称"党委

会")领导下的校长负责制,实行党委领导、校长行政、教授治学、民主管理的制度。

第 9 条 党委会是本校的领导核心,对学校全局工作实行统一领导。在党委会全体会议闭会期间,其职责由党委常务委员会(以下简称"党委常委会")履行。党委会和党委常委会由党委书记主持,实行集体领导,民主决策。

党委会和党委常委会的主要职责是:

(一)组织学习、宣传、贯彻党的理论、纲领、路线,坚持党和国家的教育方针和社会主义办学方向;

(二)领导制定学校规划,讨论决定学校改革发展中的重大问题、学校内部组织机构的设置和基本管理制度中的重大事项;

(三)审定学校年度财务预算并讨论决定大额资金使用;

(四)加强党组织的思想建设、组织建设和党风廉政建设,负责干部的选拔、培养、任用、考核和监督,做好老干部和老龄工作;

(五)坚持党管人才的原则,创造尊重人才、爱护人才的环境;

(六)领导学校的工会、妇委会、共青团、学生会等群众组织和教职工代表大会;

(七)做好统一战线工作,对校内民主党派的基层组织实行政治领导,支持其按照各自的章程开展活动;

(八)审定学校的章程;

(九)其他需要党委会和党委常委会决定的重大事项。

第 10 条 校长是学校行政的主要负责人,落实党委会决定的相关事项。副校长和校部职能部门协助校长对学校各项行政工作进行管理。重大行政事项由校长办公会议讨论决定。

校长的主要职责是:

(一)拟定学校规划、具体规章制度和年度事业计划并组织实施;

(二)组织教学活动、科学研究和思想品德教育;

(三)拟订内部组织机构的设置方案,按有关规定和程序推荐副校长人选,任免学校内部行政组织机构负责人;

(四)负责教师及职工的聘任、考核、奖惩、晋升等管理工作;

(五)拟订和执行年度经费预算方案,保护和管理学校资产,积极筹措办学经费;

(六)拟订学科建设和师资队伍建设方案并组织实施;

(七)拟订学校章程;

(八)主持校长办公会议,决策、协调、处理学校行政工作中的重大事项;

（九）其他需要校长决定的重大事项。

第 11 条 学术委员会是本校学术事务的决策机构。学术委员会成员由校内各大学科领域在国内外学术界有较高声望的专家学者组成。

学术委员会的主要职责有：

（一）拟定并决策宏观学术政策，包括学术奖励条例、院系评估办法等；

（二）审议学校规划、学术单位设置方案、重大专项建设计划等，并在学术层面上提出决策性意见；

（三）制定学术道德规范，对有争议的学术事宜及学术失范行为进行审查并提出处理意见；

（四）其他需要学术委员会决定的重大事项。

第 12 条 学位委员会是本校学位事务的决策机构。学位委员会成员根据国务院学位委员会的有关规定聘任。

学位委员会的主要职责有：

（一）拟定并决策本校学位条例，包括学位标准等；

（二）审议并决策学科设置标准、研究生课程体系和培养方案；

（三）决定学位授予方面的重大事项；

（四）其他需要学位委员会决定的重大事项。

第 13 条 教学委员会是本校本科教学工作的决策机构。教学委员会成员由有关校级领导、主要部处院系领导和教师学生代表组成。

教学委员会的主要职责有：

（一）审议并决策本科专业设置标准；

（二）审定并指导实施本科专业教学计划，组织本科教学评估；

（三）审定本科课程建设标准，指导课程建设；

（四）其他需要本科教学委员会决策的重大事项。

第 14 条 教师与专业技术职务聘任委员会是本校职务聘任的决策机构。

教师与专业技术职务聘任委员会的主要职责有：

（一）拟定并决策教师工作规范、教师与专业技术职务聘任条例；

（二）拟定并决策兼职教师、顾问教授、名誉教授聘任条例；

（三）决定教师与专业技术职务聘任方面的重大事项；

（四）其他需要教师与专业技术职务聘任委员会决定的重大事项。

第 15 条 学校实行民主管理与监督制度。通过教职工代表大会等民主管理与监督的组织形式，维护教职工合法权益。

教职工代表大会的主要职责有：

（一）审议通过学校工作报告、发展规划、学校章程、重大改革方案等事项；

（二）讨论决定住房、医保等有关教职工集体福利和切身利益的重大事项，依法维护教职工权益；

（三）民主评议和监督学校各级领导干部，参与推荐学校行政领导等；

（四）其他需要教职工代表大会审议的重大事项。

第 16 条　本校实行决策咨询制度。设校务委员会和校董事会等咨询机构。

校务委员会由本校有影响的现职和离退休教职工代表及校外知名人士组成，负责本校教学、科研、社会服务等方面的咨询。

校董事会负责学科发展、外部关系和多渠道筹措资金方面的咨询。董事会由著名校友、社会知名人士、著名校外专家组成。

第三章　学术机构

第 17 条　学院是本校组织实施教学、科研活动和社会服务的基本单位，接受学校的统一领导。学校实行校院两级管理体制，学院享有学校授权范围内的办学权、人事权和资源配置权。学院实行党政联席会议制度。

第 18 条　学院设置应有较宽的学科包容量，原则上涵盖至少两个领域相近或相关的一级学科。学院下可设系、研究所等学术机构。

第 19 条　除有特别情形外，本校通过预算方案划拨学院日常经费和其他资源，定期评估学院的教学、科研和社会服务情况。

第 20 条　除有特别情形外，学院院长的人选通过教授民主推荐或学校组织公开招聘等方式产生，经学校组织部门考察、党委常委会批准，由校长聘任。

第 21 条　为促进有组织的重大科研和交叉学科研究，本校设立若干校属研究机构，根据研究机构的性质，实行分类管理、评估和考核。校属研究机构下可设研究所等研究机构。

第 22 条　校属研究机构负责人的人选通过教授民主推荐或学校公开招聘等方式产生，经学校组织部门考察、党委常委会批准，由校长聘任。

第 23 条　为组织高水平科学研究，培养创新人才，本校积极建设国家及省部级科研基地，给予相对集中的空间场地和相对独立的财务、人事管理权，并按国家和地方政府有关规定进行管理。

第 24 条　本校设立校级公用仪器设备服务平台，直属学校管理；各学院可设置院属公用仪器设备服务平台。

第 25 条 本校设立若干校级教育、教学和人才培养基地,并建设各类国家级和省部级教育、教学和人才培养基地。

第 26 条 本校建设多层次、多样化的教学实验室和校内外教学实习、实践基地。

第 27 条 校图书馆是支撑教学、科研、服务和管理等各项工作上水平的信息服务与研究中心;学院可以根据学科发展与教学工作的需要,设立专业图书馆或资料室。

第四章 学生

第 28 条 本校以精英教育的理念统领人才培养工作,培养德、智、体、美全面发展,知识、能力、素质协调统一,具有创新精神和能力的高层次人才。

第 29 条 本校主要培养全日制本科生、硕士研究生、博士研究生以及专业学位研究生。根据需要,特殊专业可设置专科层次的学历教育。

第 30 条 本校本科生基本学制四年,硕士研究生基本学制两年半,博士研究生基本学制三年。本校医学类学生、专业学位学生的学制按国家有关规定执行。

具有本校学籍的学生,在规定的学习年限内,修满规定学分,准予毕业。达到有关规定条件者,授予相应的学位。

除有特别情形外,本校实行学分制。学生可提前或延期毕业。

第 31 条 本校为学生提供心理健康教育、咨询、心理测试、危机干预等服务。本校设立奖、助学金、助学贷款、勤工助学、困难补助等形式的资助项目。

第 32 条 本校对德、智、体、美全面发展或某一方面表现突出的学生给予表扬和奖励。对犯有错误的学生,视其情节轻重给予批评教育或纪律处分。本校保护学生正当的申辩、申诉权利。

第 33 条 学生社团是本校学生自愿组织的群众性团体,经过学校批准成立,在法律许可范围内开展活动。

第 34 条 本校提倡和支持学生开展课外科技活动,鼓励学生参与教师的科研、企业的研发工作等。

第 35 条 本校支持学生参与学校民主管理,鼓励学生对学校工作提出批评和建议。对于有关学生切身利益的问题,学生可以通过正当渠道向学校反映。

第五章　教职员

第 36 条　本校教职员应忠诚于教育事业、品行端正、遵纪守法、为人师表，应维护学校利益和声誉、诚实守信、尊重人权。教学和研究人员在享有充分学术自由的同时，严格遵守学术道德，尊重他人的教学、科研成果。

第 37 条　本校实行聘用合同制度，教职工依法享有合同范围内的权益。被聘用的教职工在合同范围内，有义务接受学校工作安排，并遵守学校各项规章制度。

第 38 条　本校对在教学改革、人才培养、科学研究、社会服务、学校建设等方面成绩优异的教职工，予以表彰奖励。对于违反学校规章条例、聘用合同的教职工，给予相应处分。

第 39 条　本校的教学人员、研究人员和工程技术人员实行专业技术职务聘任制度。本校教学和研究人员的专业技术职务分为教学和科研并重的专任教师系列、以教学为主的专职教学系列和专职从事科研的研究系列。其他专业技术系列职务的聘任按国家有关规定执行。

第 40 条　专任教师系列的职务分为教授、副教授、讲师、助教四个等级；专职教学系列的职务分为教授、副教授、讲师、助教四个等级；专职研究系列的职务分为研究员、副研究员、助理研究员、实习研究员四个等级。工程技术系列的职务分为高级工程师、工程师和助理工程师三个等级。其他专业技术系列的职务等级按国家有关规定执行。

第 41 条　本校实行专业技术职务聘期制。根据需要，可在专任教师系列中设立终身制的专业技术职务。

第 42 条　本校实行学术休假制度。拥有高级专业技术职务的教学和研究人员，在本校工作满一定年限后，可享受带薪学术休假。

第 43 条　本校实行校外兼职报告制度。本校的教学和研究人员在完成学校任务的前提下，可以在校外从事每周不超过一天的兼职工作，但须向所在单位报告。

第六章　资产、经营与财务管理

第 44 条　本校以政府财政拨款和利用市场机制、多渠道筹措经费相结合的方式，合法获取办学经费。

第 45 条　学校依法登记注册具有基金会法人地位的教育发展基金会，负责募集资金，捐赠项目管理及基金管理。校友会、董事会等在服务校友、服务社会的过程中，积极为学校事业发展争取办学资源。

第 46 条　本校资源配置以发展规划和年度事业计划为基本依据，坚持财政平衡的可持续发展理念。

第 47 条　本校预算体系分为日常经费预算、专项建设预算和基本建设预算。

第 48 条　除医学院等有特别规定的外，本校的房屋等非货币性资源配置，根据教学、科研、服务、经营等用途，实行不同的收费、返还制度。

第 49 条　本校实行"统一领导、分级管理"的财务管理体制，实行经济责任制。主管财务的学校领导定期向学校党委常委会、校长办公会议、教职工代表大会汇报学校资金收支及财务管理状况。

第 50 条　本校产业集团是独立核算的经营机构。学校与产业集团之间明晰产权关系。

第 51 条　本校后勤服务部门坚持为学校教学、科研、师生服务的宗旨，努力做好学生和教职工的后勤保障工作，并进一步推进后勤社会化改革。

第七章　社会服务与外部关系

第 52 条　本校按照本章程自主管理学校内部事务，不受任何组织和个人对本校正常活动的非法干涉。

第 53 条　本校鼓励继续教育机构利用现代化教育手段和市场办学机制，开展高等学历和非学历教育，培养优秀应用型人才，为我国高等教育大众化和构筑学习型社会服务。本校对继续教育机构实行独立核算。

第 54 条　本校积极开展与校外科研机构、企业、医疗机构的合作，共建研究基地和教学实体、互聘人员、联合培养学生等。本校鼓励科技成果产业化，鼓励将产学研合作的成果引入基础研究和教学活动中。

第 55 条　本校积极引进海外优质教育资源，与世界著名大学开展学分互认、教师互换、课程互通、学位互授等形式的实质性合作办学。

本校积极与海外世界一流大学、国际著名研究机构建立长期稳定的学术合作关系，积极参与国际科研合作与交流。

第 56 条　本校建立校友会，定期向校友通报学校发展情况与发展设想，优先为校友提供优质的继续教育和终身培训。

第八章 附则

第 57 条 本章程的制定和修改需经学校党委常委会审定,学校教职工代表大会审议通过,并报教育部和上海市政府备案。

第 58 条 本章程是本校运行的基本规范,校内其他规章依据本章程制定,与本章程相抵触的校内其他规定,以本章程为准。

第 59 条 本章程由学校党委常委会负责解释。

第 60 条 本章程自 2006 年 1 月 11 日起实施。

(据 http://xxgk.sjtu.edu.cn/2010/0901/243.html,最后访问于 2011 年 2 月 20 日。)

吉林大学章程

2005年12月28日
中国共产党吉林大学第十二次代表大会通过

序言

  吉林大学是中华人民共和国教育部直属重点综合性大学,由原吉林大学、吉林工业大学、白求恩医科大学、长春科技大学、长春邮电学院于2000年6月12日合并而成,2004年,原中国人民解放军军需大学并入学校。

  在长期发展历程中,学校汇聚了一批来自国内外的学术大师,为国家建设和社会发展培养了大批栋梁之才,孕育了丰富的学术思想精华,创造了众多的高水平科研成果,赢得了良好的学术声誉和社会声望,形成了优良的传统和校风,凝炼出以求真务实、自由民主、开放兼容、隆法明德、与时俱进为核心的大学精神。

  面向未来,学校秉承"求实创新、励志图强"的校训,遵循以人为本的办学理念,以追求真理、培育人才、研究学术、传承文明、服务社会、造福人类为己任,致力于建设高水平研究型大学,将学校建成国家高质量人才培养、高水平科学研究和成果转化、高层次决策咨询的重要基地。

  为实现学校的奋斗目标,规范办学行为,建立现代大学制度,根据法律规定,制定本章程。

第一章 总则

第一条 学校名称为吉林大学(英译为Jilin University),由国家设立。
第二条 学校法定住所为吉林省长春市前进大街2699号。

第三条 学校为非营利性事业组织,具有独立法人资格,依法享有教学、科研、行政及财务自主权,独立承担法律责任。

第四条 学校全面贯彻国家教育方针,培养德智体美全面发展,具有国际视野、创新精神和实践能力,富有良知和责任感的高级专门人才。

第五条 学校实行中国共产党吉林大学委员会领导下的校长负责制。

校长是学校的法定代表人。

第六条 学校坚持依法治校,实行教授治学,实施民主管理。

第七条 学校实行校、院两级管理为主的体制。

学校对校内公共事务实行垂直管理、延伸管理和属地管理。

学校逐步扩大学院自主管理的领域和范围,发挥学院办学的主体作用。

第二章 学校功能和教育形式

第八条 学校以人才培养和知识创新为根本任务,开展教学、科学研究和社会服务活动。

第九条 学校根据社会需要和办学条件,合理确定办学规模。

第十条 学校依法设置和调整学科、专业。

第十一条 学校依法招收学生,对学生实施教育。

学校实施普通高等教育,适当开展职业技术教育、成人高等教育,积极拓展继续教育。

第十二条 学校主要教育形式为全日制学历教育。学历教育以本科生和研究生教育为主。

学校依法确定和调整学历教育修业年限,全面推行学分制。

第十三条 学校根据人才培养的目标和要求,组织实施教学活动。

第十四条 学校依法颁发学业证书和学位证书。

学校执行国家学位制度,依法授予学士、硕士及博士学位。

第十五条 学校向为社会发展和人类文明进步做出突出贡献的杰出人士授予名誉博士学位或其他荣誉称号。

第十六条 学校积极开展基础研究和应用研究,推动学术进步、科技创新、成果转化,服务社会。

第十七条 学校积极开展国际合作与交流,促进教育国际化。

第三章　组织与结构

第一节　学校组织机构

第十八条　学校根据需要设置组织机构，决定其职权职责配置。

第十九条　中国共产党吉林大学委员会是学校的领导核心，行使对学校工作的统一领导权，主要职权和职责是：

（一）组织学习、宣传和执行党的路线、方针、政策，领导思想政治工作和德育工作，保证社会主义办学方向，维护政治稳定和校园平安，团结和动员全体教职员工和学生推进学校的改革、建设和发展，开创以公正、民主、诚信、和睦、相互认同为价值理念的和谐局面；

（二）领导制定学校发展战略，讨论决定改革发展中的重大问题；讨论决定学校内部组织机构设置和基本管理制度等重大事项；坚持党管人才原则，创造有利于人才辈出、人尽其才的条件和环境；按照干部管理权限，负责干部的选拔、任用、培养、考核和监督；

（三）加强学校各级党组织的思想、组织和作风建设，发挥基层组织在建设高水平研究型大学中的重要作用；

（四）领导学校的教职工代表大会和工会、共青团、妇委会，领导学生会、研究生会等学生社团，对校内民主党派的基层组织实行政治领导，充分发挥各类组织的作用。

中国共产党吉林大学委员会全体会议闭会期间，由它的常务委员会行使其职权，履行其职责。

第二十条　中国共产党吉林大学纪律检查委员会是学校的党内监督机构，在学校党委和上级纪委的领导下，围绕学校中心工作，检查党的路线、方针、政策、决议及学校重大决策的执行情况，保障和促进学校各项事业健康发展。

第二十一条　校长是学校行政主要负责人，其职权和职责是：

（一）拟订发展规划，制定具体规章制度和年度工作计划并组织实施；

（二）组织开展教学活动、科学研究、学科建设、师资队伍建设和国际合作与交流；

（三）拟订校内组织机构的设置方案，推荐副校长人选，按干部任免权限任免校内组织机构的负责人；

（四）聘任与解聘教职员工，对学生实施学籍管理，依照法律和学校规定对教职员工和学生实施奖励或者处分；

（五）拟订和执行年度经费预算方案，保护和管理学校资产，筹措办学经费；

（六）法律、法规规定的其他职权和职责。

第二十二条　校长行使职权、履行职责，实行校长统一领导、副校长分工负责、职能部门组织实施的工作机制。

校长主持校长办公会议，处理学校行政工作中的重要事项。

学校实行校务公开，校长向教职工代表大会报告工作。

第二十三条　校务委员会是学校咨询机构，依其工作规则对学校的事业发展规划、重大改革措施、学科建设、师资队伍建设、校园建设等重大咨询事项，提出意见和建议。

第二十四条　校学术委员会依其章程审议学科、专业的设置及教学、科学研究计划方案，评定教学、科学研究成果，审议教师职务资格，受理学术争议，处理其他相关事宜。

第二十五条　校学位评定委员会依照法律和有关规定独立负责学位的评定、授予；负责研究生指导教师遴选等工作。

学位评定分委员会根据校学位评定委员会授权开展工作。

第二十六条　教职工代表大会是教职员工参与学校民主管理和监督的重要组织形式，依其章程行使权利。

第二十七条　校内各民主党派及群众组织依各自章程开展活动。

第二十八条　党政职能机构、直属机构根据学校授权履行管理和服务职责。

职能机构根据需要可向校区派出延伸机构，实行延伸管理与服务。

校长可向校区派出代表，授权其就属地事务进行协调、管理和服务。

第二十九条　学校图书馆、博物馆、档案馆、网络中心等公共服务机构，为教职员工和学生提供服务，保障教学、科学研究、行政管理等各项工作的开展。

第三十条　学校附属的具有独立法人资格的单位，依照法律和学校规定实行相对独立运营与管理。

第三十一条　学校与外界缔结协议，联合设立组织机构，开展合作办学、合作研究与技术开发、社会实践等活动。

第二节　学院与学部

第三十二条　学校设立学院。学院作为人才培养、科学研究、学科建设的具体组织实施单位，在学校授权范围内实行自主管理。

具有独立建制的学系和教学中心,享有与学院同样的权利和义务。

第三十三条　学院根据学校的规划、规定或授权,制订学院发展规划,制订并组织实施学科专业建设、师资队伍建设、课程建设及教学计划,组织开展科学研究和其他学术活动,提出年度招生计划建议,设置内部机构,制定内部工作规则和办法,决定学院人员的聘任与管理,负责学生的教育与管理、就学生的奖惩提出意见,管理和使用学校核拨的办学经费和资产,行使学校赋予的其他职权。

第三十四条　学院院务会议是学院的决策机构,由学院院长、党委(总支)书记、副院长、副书记组成。

院务会议讨论决定人才培养、科学研究、学科建设、人才队伍建设、思想政治工作和行政管理等方面的重要事项。

院务会议主持人根据会议内容确定,属于思想政治工作、干部选拔任用等事项的,由学院党委(总支)书记主持,除此之外由院长主持。

第三十五条　院长是学院行政主要负责人,对学院的行政事务行使管理权。

院长定期向本学院全体教职员工或教职工代表大会报告工作。

第三十六条　学院党委(总支)负责学院思想政治和党建工作,保证党和国家的路线、方针、政策和学校各项决定在本学院的贯彻执行,支持并监督院长履行其职责。

第三十七条　学院(学科)学术委员会依其章程独立行使学术权力,保障学术民主和学术自由。

第三十八条　学院可根据需要设立教授会。教授会作为教授治学和民主管理的重要组织形式,依学院制定的教授会章程开展工作。

第三十九条　独立建制的研究中心(院、所)、工程中心和重点实验室等,根据有关规定和学校授权设立相应的管理及学术机构;承担相应的人才培养、科学研究、社会服务等任务。

第四十条　学校按照学科门类及实际需要划分学部。学部一般由学科性质相近的教学科研机构组成。

第四十一条　学部设置学部长。学部长由校长任免,根据校长授权开展工作。

第四十二条　学部设置学术委员会、学位评定分委员会。

学部学术委员会和学位评定分委员会依照有关章程和规定开展工作。

第四章　教职员工

第四十三条　学校教职员工由教师、专业技术人员、管理人员和工勤人员等组成。

第四十四条　学校对教职员工实行下列任职制度：

（一）教师实行资格认证和职务聘任制度；

（二）专业技术人员实行专业技术职务聘任制度；

（三）管理人员实行聘任制度；

（四）工勤人员实行劳动合同制度。

第四十五条　学校制定人事管理制度，对教职员工定期进行考核，考核结果作为对各类人员聘任、晋升和奖惩的依据。

第四十六条　学校教职员工除享有宪法、法律、法规及规章规定的权利外，还享有下列权利：

（一）按工作职责和贡献使用学校的公共资源；

（二）公平获得自身发展所需的相应工作机会和条件；

（三）在品德、能力和业绩等方面获得公正评价；

（四）公平获得各级各类奖励及各种荣誉称号；

（五）知悉学校改革、建设和发展及关涉切身利益的重大事项；

（六）参与民主管理，对学校工作提出意见和建议；

（七）就职务、福利待遇、评优评奖、纪律处分等事项表达异议和提出申诉；

（八）学校规则或者聘约规定的其他权利。

第四十七条　学校教职员工除履行宪法、法律、法规及规章规定的义务外，还应履行下列义务：

（一）珍惜和维护学校名誉，维护学校利益；

（二）勤奋工作，尽职尽责；

（三）尊重和爱护学生；

（四）遵守学校规章制度；

（五）学校规则或者聘约规定的其他义务。

第四十八条　学校教师应为人师表，教书育人，努力创造科学新知，传播先进思想，培育精英人才。

学校尊重和爱护人才，维护学术民主与学术自由，为教师开展教学和科学研究活动、自主进行学术创新、攀登科学高峰提供必要的条件和保障。

学校规范教师的学术行为,引领教师树立良好的学术道德风尚。

第四十九条　学校依法建立权利保护机制,维护教职员工合法权益。

第五章　学生及校友

第五十条　学生是指被学校依法录取、取得入学资格,具有学校学籍的受教育者。

第五十一条　学生除享有宪法、法律、法规及规章规定的权利外,还享有下列权利:

（一）公平接受学校教育,平等利用学校公共教育资源,获得增强实践与创新能力的基本条件保障;

（二）按规定条件和程序重新选择专业,跨学科、学院选修课程;

（三）公平获得在国内外深造学习和参加学术文化交流活动的机会;

（四）为发展个性获得全面的素质教育;

（五）依照法律和学校规定组织和参加学生社团;

（六）公平获得各级各类荣誉称号和奖励;

（七）知悉涉及个人切身利益的事项,对教学活动及管理、校园文化、后勤服务、校园安全等工作提出意见和建议;

（八）对纪律处分和涉及自身利益的相关决定表达异议和提出申诉;

（九）学校规定的其他权利。

第五十二条　学生除履行宪法、法律、法规及规章规定的义务外,还应履行下列义务:

（一）珍惜和维护学校名誉,维护学校利益;

（二）遵守学校学籍管理规定和学生行为规范;

（三）遵守学校考试制度和获得学历学位的相应规定;

（四）按规定交纳学费及有关费用;

（五）爱护并合理使用教育设备和生活设施;

（六）学校规定的其他义务。

第五十三条　学校引导学生养成珍爱生命、尊重人权、尊敬师长、诚实守信、爱护自然、热心公益的良好品性。

第五十四条　学校建立学生权利保护机制,维护学生合法权益。

第五十五条　学校关怀在学习生活中遇到特殊困难的学生,为其健康成长提供必要的帮助。

第五十六条　学校对取得突出成绩和为学校争得荣誉的学生集体或个

人进行表彰奖励;对违纪学生给予相应的纪律处分。

第五十七条 学校为修完教育教学计划规定内容,达到毕业要求的学生颁发毕业证书;对符合学位授予条件的,授予其学位。

第五十八条 学校以多种方式联系和服务校友,凝聚校友力量;为校友的继续教育提供便利和条件。

学校创造条件,鼓励校友参与学校建设与发展。

第六章 经费 资产 后勤

第五十九条 学校的经费来源主要包括财政拨款、事业收入和其他收入。

学校积极拓展办学经费来源渠道,筹措事业发展资金;鼓励和支持校内各单位面向社会筹措教学、科研经费及各类奖助基金。

学校充分发挥教育基金会在吸引社会捐赠、募集资金等方面的积极作用,增加办学资源。

第六十条 学校坚持勤俭办学,提高资金使用效益,建设节约型校园。

第六十一条 学校实行统一领导、集中核算、分级管理的财务管理制度,建立健全经济责任制度和审计监察制度,完善监督机制,保证资金运行安全。

第六十二条 学校对拥有的资产享有法人财产权,依法进行自主管理和使用。

第六十三条 学校保护并合理利用校名、校誉和校有知识产权。

第六十四条 学校建立健全资产管理制度,合理配置资源,提高资源使用效率。

第六十五条 学校不断完善后勤管理和服务体系,为学生和教职员工的学习、工作和生活提供保障。

第七章 校徽 校旗 校歌 校庆日 纪念日

第六十六条 学校校徽包括徽志和徽章。

学校徽志是双圆套圆形徽标,中间是由"吉林大学"英文缩写组成的天鹅飞翔图案,上方有"1946"字样,代表学校建校时间;外环上方是"中国·吉林大学"的英文大写,下方是郭沫若题写的校名。

学校徽章为教职员工和学生佩戴的题有校名的长方形证章。

第六十七条 学校校旗为天蓝色长方形旗帜,中央印有郭沫若题写的校名,左上角配以学校徽志。

第六十八条 学校校歌是《吉林大学校歌》,公木作词,王世光作曲。

第六十九条 学校确定每年的9月16日为校庆日,合校前各校的建校日为学校纪念日。

第八章 附则

第七十条 本章程经校务委员会和学校教职工代表大会审议,由中国共产党吉林大学代表大会讨论通过,报教育部备案。

本章程由中国共产党吉林大学代表大会修改。代表大会闭会期间,中国共产党吉林大学委员会可对本章程进行部分补充和修改。

(据http://gongkai.www9.jlu.edu.cn/?mod=info&act=view&id=1331,最后访问于2011年2月20日。)

中国政法大学章程

2007 年 10 月 26 日
中国政法大学第四届教职工代表大会第二次会议通过

第一章 总则

第一条 为了明确学校的法律地位,使学校活动有章可循,实现学校自主管理的科学化、民主化、法制化,根据《中华人民共和国教育法》、《中华人民共和国高等教育法》等法律,制定本章程。

第二条 学校名称为中国政法大学,简称"法大";英文名称为"Zhengfa University of China",简称"ZUC"。

第三条 学校校址设在北京市,分为昌平区府学路校区,简称昌平校区(地址:北京市昌平区府学路 27 号);海淀区西土城路校区,简称学院路校区(地址:北京市海淀区西土城路 25 号)。

第四条 学校由国家设立,直属中华人民共和国教育部,具有法人资格。

第五条 学校秉承推动国家政治进步、法制昌明、社会繁荣的办学传统,弘扬经国纬政、法泽天下的法大精神,尊重学术自由,鼓励学术创新,致力于人才培养、科学研究和社会服务。

第六条 学校校训是"厚德、明法、格物、致公"。

第七条 学校以中国特色社会主义理论为指导,遵循国家教育方针,尊重高等教育规律,弘扬传统,与时俱进。坚持办学的多科性、研究型、开放性和特色性。学校的发展目标是成为世界知名的法科强校。

第八条 学校坚持学术立校、人才强校、特色兴校、依法治校。

第九条 学校的基本教育形式是全日制本科教育和研究生教育。其他教育形式为继续教育。

学校根据国家和学校发展需要可为少数民族地区学生或国外留学生实行大学前教育。

第十条 学校设置法学、政治学、社会学、管理学、经济学、哲学、文学、史学、理学等学科。学校根据发展需要调整和设置学科、专业。

第二章 中心工作

第十一条 学校以人才培养和知识创新为根本任务。学校的中心工作是教学、科研、社会服务和国际交流。学校的其他工作服务和服从于中心工作。

第十二条 教学是学校中心工作之首。学校根据人才培养目标和要求,分级组织实施教学活动,建立健全统一的教育质量监控体系,保证教育质量不断提高。

第十三条 学校根据建设高水平研究型大学的要求,组织和鼓励师生开展学术研究,建立科学的评价体系,不断提高科研水平和创新能力。

第十四条 学校通过多种方式积极为国家和地方经济建设、政治建设、文化建设、社会建设提供人才和智力服务。

第十五条 学校实行开放式办学,促进国际交流与合作。国际交流与合作坚持以院所为依托,以项目为纽带,以提高国际学术竞争力为目标。

第三章 组织机构

第一节 学校组织机构

第十六条 学校由党政职能机构、教学科研机构及其他机构组成。成员包括教师、其他专业技术人员、学生、管理人员和工勤人员。

第十七条 中国共产党中国政法大学委员会是学校领导核心,行使对学校工作的统一领导权。学校实行党委领导下的校长负责制。

学校实行党委领导、校长负责、民主管理、依法办学的管理模式。

第十八条 中国共产党中国政法大学委员会按照《中国共产党章程》开展活动,依法领导学校工作,支持校长独立负责行使职权,保障学校各项工作的顺利进行。

中国共产党中国政法大学委员会的领导职权与职责主要是:

（一）执行中国共产党的路线、方针、政策，坚持社会主义办学方向，领导学校的思想政治工作和德育工作；

（二）领导制定学校的发展战略，讨论决定学校的改革、发展和基本管理制度等重大事项；

（三）讨论决定学校重要组织机构的设置；

（四）按照干部管理权限，负责学校中层干部的选拔、任免、管理、培训、考核；

（五）领导学校各级党组织的理论、思想、作风和组织建设；

（六）领导学校的教职工代表大会以及其他群众组织；

（七）对校内民主党派的基层组织实行政治领导，充分发挥各类组织的作用；

（八）保证以培养人才为中心的各项任务的完成。

中国共产党中国政法大学委员会全体会议闭会期间，由它的常务委员会行使其职权，履行其职责。党委实行集体领导，民主决策，学校重大问题由党委会议讨论决定。

第十九条 中国共产党中国政法大学纪律检查委员会是学校的党内监督机构，在学校党委和上级纪委的领导下，检查党的路线、方针、政策、决议及学校重大决策的执行情况，负责组织协调学校的反腐倡廉建设工作，保障和促进学校各项事业健康发展。

第二十条 学校设校长一人，校长是学校的法定代表人。

学校设副校长和校长助理若干人，协助校长行使职权。

校长在党委的领导下负责学校行政事务，行使下列职权和职责：

（一）拟订发展规划和年度工作计划，报党委全委会或常委会审议通过后组织实施；

（二）组织制定学校规章制度，并组织实施；

（三）组织教学活动、科学研究、社会服务、国际交流活动和思想品德教育；

（四）提议学校重要组织机构的设置，决定学校其他组织机构的设置；

（五）推荐副校长人选；

（六）聘任与解聘教职员工，依照法律、法规、规章和学校规定对教职员工实施奖励或者处分；

（七）组织制定招生方案；

（八）对学生进行学籍管理，依照法律、法规、规章和学校规定对学生实施奖励或者处分；

（九）拟订年度经费预算方案，报党委全委会或常委会审议通过后执行；

（十）保护和管理学校资产,维护学校的合法权益;

（十一）对外代表学校;

（十二）遇有紧急情况,采取包括禁止他人进入学校内部、暂停教学和学校其他活动等紧急措施;

（十三）法律、法规规定的其他职责。

校长办公会是校长行使职权的基本形式。校长主持校长办公会,讨论处理学校管理中的主要事项。

第二十一条 学校设立校务委员会。

校务委员会是学校咨询机构,对学校事业发展规划、重大改革措施、学科建设、师资队伍建设、校园建设等重大事项,提出意见和建议。校务委员会主席由校党委书记担任。

第二十二条 学校设立学术委员会。

校学术委员会依其章程负责审议学科、专业的设置,评定教学、科研成果,审议教师职务资格,评议学术事项,受理学术争议以及其他学术事宜。

第二十三条 学校设立学位评定委员会。

校学位评定委员会依据法律及有关规定负责学位的评定、授予,负责学科建设规划、研究生指导教师遴选等工作。

第二十四条 学校根据需要设置教学指导、招生、学生工作、国际交流等专门委员会,各委员会依据学校授权或各自章程履行职责。

第二十五条 教职工代表大会是全体教职员工在党委领导下行使民主权利,参与学校民主管理和监督的重要形式。学校尊重和支持教职工代表大会参与学校民主管理和监督,落实教职工代表大会有关决议和提案。

学校建立二级教代会和职代会。

教职工代表大会行使下列职权:

（一）修改学校章程;

（二）听取讨论校长工作报告,对学校的办学指导思想、发展规划、重大改革方案、财务工作报告及其他有关学校发展的重大问题提出意见和建议;

（三）讨论通过学校提出的校内教职员工聘任、奖惩、分配改革的原则、办法及其他与教职员工权益有关的重要规章制度;

（四）审议决定学校提出的有关教职员工生活福利的事项;

（五）根据主管机关的部署,参与民主评议领导干部,参与民主推荐学校行政领导人选。

第二十六条 校工会是学校党委和上级工会组织领导下的教职工自愿参加的群众组织,按照《中华人民共和国工会法》和《中国工会章程》开展工作,履行工会职责。学校建立校院两级工会组织。

第二十七条　学校共青团在校党委和上级团委的领导下，按照《中国共产主义青年团章程》开展活动，发挥思想政治教育、校园文化建设、维护学生合法权益、提高学生素质等方面的组织、引导等作用。

第二十八条　校内各民主党派组织及社会团体按照各自章程开展活动。

各民主党派成员和无党派人士及社会团体成员参与学校民主管理、民主监督。在本职岗位上为学校改革发展建设事业发挥作用。

第二十九条　学校根据精简、统一和效能的原则，设置党政职能机构、保障服务机构和其他机构，各机构根据学校规定履行管理、保障和服务等职责。

学校图书馆、档案馆、网络中心、出版社等机构，为教职员工和学生提供服务，保障中心工作和其他各项工作。

第三十条　学校设立的具有独立法人资格的组织，依照法律和学校规定进行运营和管理。

第三十一条　学校可以与公民、法人和其他组织联合设置教育科研机构，开展合作办学、合作研究与社会服务等活动。

第二节　教学科研机构

第三十二条　学校实行校院二级管理体制。

学院是人才培养、科学研究、学科建设、社会服务和国际交流的组织实施单位，在学校授权范围内实行自主管理。

学校设立学院（部）、研究院、所（中心）、重点实验室。

学院（部）、研究院、所（中心）、重点实验室的设立、变更或者撤销由校长提议，报党委全委会或常委会审议决定。

第三十三条　学院（部）根据学校的规划、规定或者授权，履行以下职责：

（一）发展学科和建设师资队伍；

（二）负责设置本院（部）机构；

（三）制定设置于本院（部）的专业教学计划并组织实施；

（四）组织开展科学研究和学术活动；

（五）负责院（部）聘岗位的人员聘用和管理；

（六）负责学生的教育与管理；

（七）负责院（部）内资产和财务管理；

（八）负责院（部）社会服务活动；

（九）在学校统一领导下开展国际交流与合作；

（十）行使学校赋予的其他职权。

第三十四条　学院（部）党组织发挥政治保证作用，负责学院（部）教职工及学生的思想政治和党建工作，保证党和国家的方针、路线、政策和学校的规章制度在本单位的执行，参与讨论决定本单位教学科研行政管理工作中的重要事项，支持院长（主任）行使职权并对学院（部）工作履行监督职能，对本单位改革发展、稳定负有重要责任。

第三十五条　学院（部）设院长（主任）一人，院长（主任）是学院（部）的行政负责人。

学院（部）设副院长（副主任）若干人，协助院长（主任）履行职责。

院长（主任）全面负责本学院（部）的教学、科学研究、学科建设、对外交流和其他行政管理工作。

第三十六条　学院（部）设立院（部）务会。院（部）务会是学院（部）行政事务的决策机构。

院（部）务会由院长（主任）、分党委书记、副书记、副院长（副主任）、院（部）教代会主席和教授代表等组成，教师代表、其他工作人员代表和学生代表可以列席会议。

院（部）务会由院长（主任）或者院长（主任）指定人员主持。

第三十七条　学院设立教授会。

教授会是教授参与学院民主管理的重要组织形式。教授会原则上由教授组成。教授会根据学校授权和章程统一行使专业设置、学科建设、教师聘任、学术评议、学位评定、教学指导等审议、评定职能。

第三十八条　研究院、所（中心）、重点实验室等科研机构，根据学校规定设立管理和学术机构，承担相应的科学研究、人才培养、社会服务和国际交流等任务。

科研机构参照本章程第三十条至第三十四条之规定开展活动。

第四章　教职员工

第三十九条　教师是学校办学的主体。教师由具有优良师德，具备较好知识结构，善于教书育人和能够进行学术创新的获得教师资格的人担任。

其他专业技术人员、管理人员和工勤人员应当具备良好职业道德并具有专业知识和专业技能。

第四十条　学校对教职员工实行下列任用制度：

（一）教师的资格认证和职务聘任制度；

（二）其他专业技术人员的专业技术职务聘任制度；

（三）管理人员的聘任制度；

（四）工勤人员的聘任及劳动合同制度。

第四十一条　学校实行人事聘任制、目标责任制、岗位责任制、检查评估制、民主监督制和问责制。学校对教职员工定期进行考核，考核结果作为对各类人员任用、晋升和奖惩的依据。

第四十二条　学校教职员工享有下列权利：

（一）公平使用学校的公共资源、享受福利待遇；

（二）公平获得自身发展所需的相应工作机会和条件；

（三）在品德、能力和业绩等方面获得公正评价；

（四）公平获得各种奖励和荣誉称号；

（五）知悉学校改革、建设和发展及关涉切身利益的重大事项；

（六）参与民主管理，对学校工作提出意见和建议；

（七）就职务、福利待遇、评优评奖、纪律处分等事项表达异议和提出申诉；

（八）聘约规定的权利；

（九）宪法、法律、法规、规章及学校规定的其他权利。

第四十三条　学校教职员工应履行下列义务：

（一）恪尽职守，勤勉工作；

（二）尊重和爱护学生；

（三）珍惜和维护学校声誉，维护学校利益；

（四）遵守学校规章制度；

（五）聘约规定的义务；

（六）宪法、法律、法规、规章及学校规定的其他义务。

第四十四条　学校对履行义务中业绩突出的教职员工给予奖励。

学校对不履行义务的教职员工，依照法律、法规、规章和学校有关规定给予停发职务津贴、警告、记过、记大过、解聘、除名等处分。停发职务津贴处理可以单独作出，也可以与警告、记过、记大过合并作出。

教职员工受记过、记大过处分，在受处分期间有悔改表现，处分期满后解除处分并以书面形式通知本人。

第四十五条　学校逐步提高与学校发展水平相适应的教职员工福利待遇，建立教职员工权利保护机制，维护教职员工合法权益。

教职员工通过教代会、工会、教授会等形式依法参与学校管理，维护自身权益。

第四十六条　学校尊重和保护学术自由，为教师开展教学和科学研究活动、自主进行学术创新提供必要的条件和保障。

学校规范教师的学术行为,引领教师树立良好的学术道德。

教师应为人师表,教书育人,遵守学术规范和学术道德,努力创造科学新知,传播先进思想和先进文化。

学校以教师为本,尊重教师的创造性活动。

第五章　学生

第四十七条　学生是指被学校依法录取、取得入学资格,具有学校学籍的受教育者。学生是学校办学的受益权人。

第四十八条　学生享有下列权利:

(一)公平接受学校教育,利用学校公共教育资源;

(二)按规定条件和程序选择专业,跨学科、学院选修课程;

(三)公平获得在国内外深造学习和参加学术文化交流活动的机会;

(四)取得满足学历及学位条件后的学历证书及学位证书;

(五)依照法律和学校规定组织和参加学生自治组织和学生社团;

(六)根据规定申请国家和学校的资助;

(七)公平获得各种奖励和荣誉称号;

(八)知悉学校改革、建设和发展及关涉切身利益的重大事项;

(九)参与民主管理,对学校工作提出意见和建议;

(十)对纪律处分和涉及自身利益的相关决定表达异议和提出申诉;

(十一)宪法、法律、法规、规章及学校规定的其他权利。

第四十九条　学生应履行下列义务:

(一)努力学习,完成学业,修德践行,完善人格;

(二)遵守学生行为规范,尊敬师长,养成良好的思想品德和行为习惯;

(三)珍惜和维护学校声誉,维护学校利益;

(四)遵守学校规章制度和学生行为规范;

(五)按规定缴纳各种费用,履行获得资助所承诺的相关义务;

(六)爱护并合理使用教育设备和生活设施;

(七)宪法、法律、法规、规章及学校规定的其他义务。

第五十条　学校对在德、智、体、美等方面全面发展或者在思想品德、学业成绩、科技创造、锻炼身体及社会服务等方面表现突出的学生,给予表彰和奖励。

对有违法、违规、违纪行为的学生,学校应当给予批评教育或者纪律处分。纪律处分的种类分为：警告；严重警告；记过；留校察看；开除学籍。学校给予学生的纪律处分，应当与学生违法、违规、违纪行为的性质和过错的严重程度相适应。

学生受警告、严重警告、记过的处分，在受处分期间有悔改表现，并且没有再发生违纪行为的，处分期满后，由处分决定机关解除处分并以书面形式通知本人。

学校对违反学籍管理的学生依法给予取消入学资格、退学、肄业等处理。

对不具备学位条件及受留校察看以上处分的学生依法不授予学位。

第五十一条 学校支持由学生代表大会选举产生的学生自治组织（学生委员会和学生会）按照其章程开展活动。

学生可以根据有关规定组织学生社团，依照法律和学校规定开展活动。

第五十二条 学校建立学生权利保护机制，维护学生合法权益。

学校通过听证会、座谈会和新闻发布会等制度，鼓励和支持学生参加学校的民主管理，对学校的工作提出意见或建议。

学校支持定期召开学生代表大会，听取学生代表意见和建议；在学代会闭会期间，学校支持学代会常设机构学生委员会和执行机构学生会依法参与学校管理，维护自身权益。

第六章 校友和校友会

第五十三条 校友是指在中国政法大学学习三个月以上，毕业、结业、肄业的同学；在中国政法大学工作过的教职员工；中国政法大学名誉教授、名誉博士、客座教授、兼职教授；经校友理事会批准，获得中国政法大学校友会会员资格的机构、团体和个人。

学校视校友为学校的使者，是学校声誉的代表，是学校的宝贵财富。校友应当珍惜学校的声誉。

对学校建设作出贡献的校友，学校授予荣誉称号并设誌纪念。鼓励校友参与学校的建设与发展。

第五十四条 学校设立"中国政法大学校友总会"，总会依国家有关规定及章程开展活动。学校鼓励和支持校友成立具有届别、行业、地域特点的校友会和校友分会。

学校通过校友会及其他多种形式联系和服务校友。

第七章 资产、经费和后勤

第五十五条 本章程所称学校的资产是指流动资产、对外投资、固定资产、知识产权等无形资产以及依法认定为学校所有的其他权益。

学校对拥有的资产享有法人财产权,依法自主管理和使用。

第五十六条 学校建立健全资产管理制度,实行分级、分类归口管理。合理配置资源,提高资源使用效率,确保资产的保值增值。

学校加强对校名等校有无形资产的保护和合理利用。

第五十七条 学校经费来源主要包括财政拨款、学校事业收入和其他收入。

学校积极拓展资金来源渠道,吸引社会资金,不断提高办学实力。

学校对资金贡献者和引资有功人员进行各种形式的奖励。

第五十八条 学校实行校院两级管理的预算体制,建立健全内部财务监督制度,完善经济责任制度和审计监察制度,确保资金安全运行。

第五十九条 学校实行统一领导,分级管理的财务管理体制。财务工作实行校长负责制。

第六十条 学校不断完善后勤管理和服务体系,为学生和教职员工的学习、工作和生活提供保障。

第八章 校徽、校旗、校识色、校歌、校庆日

第六十一条 校徽的图形为:学校的中英文名称环绕橄榄枝托起的正义剑和天平;中文为邓小平题写。

第六十二条 校旗为紫禁红旗面,旗面正中是白色中英文校名及校徽,中文为邓小平题写体。

规格:192*128cm。

第六十三条 学校标识色(紫禁红),色值:C:26 M:100 K:28,辅助色为白色和橙色。

第六十四条 校歌(待定)。

第六十五条 校庆日为5月16日。

第九章 附则

第六十六条 本章程经校教职工代表大会审议通过后生效,报教育部备案。

第六十七条 本章程生效之后制定的学校规章制度,不得与本章程相抵触。

本章程生效之前制定的学校规章制度与本章程不一致的,以本章程为准。

第六十八条 本章程需要修改时,由校长向教职工代表大会提出要求并说明需要修改的理由,章程修正案由学校教职工代表大会审议通过后生效,并报教育部备案。

第六十九条 本章程的解释权归校教职工代表大会主席团。

第七十条 本章程自 2008 年 1 月 1 日起施行。

(据 http://gate.cupl.edu.cn/eapdomain/ViewNote? nid=51479&pid=8167&ptid=2&unchecked=true,最后访问于 2011 年 2 月 20 日。)

附:中国政法大学章程修正案

一、《中国政法大学章程》(以下简称《章程》)第二条:学校名称为中国政法大学,简称"法大";英文名称为"Zhengfa University of China",简称"ZUC"。

修改为:学校名称为中国政法大学,简称"法大";英文名称为"China University of Political Science and Law",简称"CUPL"。

二、《章程》第七条:学校以中国特色社会主义理论为指导,遵循国家教育方针,尊重高等教育规律,弘扬传统,与时俱进。坚持办学的多科性、研究型、开放性和特色性。学校的发展目标是成为世界知名的法科强校。

修改为:学校以中国特色社会主义理论为指导,遵循国家教育方针,尊重高等教育规律,弘扬传统,与时俱进,科学发展。学校的办学目标是开放式、国际化、多科性、创新型的世界知名法科强校。

三、《章程》第十五条:学校实行开放式办学,促进国际交流与合作。国际交流与合作坚持以院所为依托,以项目为纽带,以提高国际学术竞争力为目标。

修改为:学校实施国际化发展战略,促进国际交流与合作。国际交流与合作坚持以院所为依托,以项目为纽带,以提高学术竞争力为目标。

四、《章程》第三十七条:学院设立教授会。

教授会是教授参与学院民主管理的重要组织形式。教授会原则上由教授组成。教授会根据学校授权和章程统一行使专业设置、学科建设、教师聘任、学术评议、学位评定、教学指导等审议、评定职能。

修改为:学院设立教授委员会。

学院教授委员会是教授参与学院民主管理的重要组织形式。教授委员会原则上由教授组成,根据学校授权和教授委员会章程行使专业设置、学科建设、教师聘任、学术评议、学位评定、教学指导等事项的审议、评定职能。

本修正案自 2010 年 5 月 1 日起实施,《中国政法大学章程》根据本修正案做相应修改,重新公布。

(据 http://gate.cupl.edu.cn/eapdomain/ViewNote? nid=54080&pid=8167&ptid=2&unchecked=true,最后访问于 2011 年 2 月 20 日。)

兰州大学章程（草案）

2007年10月24日讨论修改

第一章 总则

第一条 为规范办学行为，按照章程自主管理，建立现代大学制度，根据《中华人民共和国教育法》、《中华人民共和国高等教育法》、《中华人民共和国教师法》等有关法律、法规和行政规章，结合本校实际情况，制定本章程。

第二条 学校由国家设立，直属教育部，是教育部与甘肃省政府重点共建的全国重点综合性大学，是国家"211工程"、"985工程"重点建设的大学。

第三条 学校注册地址为甘肃省兰州市天水南路222号，中文全称为"兰州大学"，中文简称为"兰大"，英文全称为"Lanzhou University"，英文缩写为"LZU"，网址为 www.lzu.edu.cn。

第四条 学校为非营利性事业组织，具有独立法人资格，依法享有民事权利，独立承担法律责任。校长为法定代表人。

第五条 学校坚持社会主义办学方向，全面贯彻国家教育方针，培养具有创新精神和实践能力的高素质人才，发展科学技术文化，促进经济建设、科技进步和社会发展。

学校以传承文明、探求真理、振兴中华、造福人类为己任，致力于国际知名的高水平研究型大学建设，将学校建成国家高质量人才培养、高水平科学研究和成果转化、高层次决策咨询的重要基地，成为国家和区域创新体系的重要组成部分和基本力量。

第六条 学校以本科生教育为基础，以研究生教育为重点，按需求发展继续教育，并根据社会需要和办学条件，适时调整办学格局和办学规模。

第七条 学校为综合性大学,学科涵盖哲学、经济学、法学、教育学、文学、历史学、理学、工学、农学、医学、管理学十一个门类。学校统筹规划学科布局,促进各学科协调发展。学校围绕国家、地方目标和社会需求进行重点建设和结构调整。

第八条 学校实施普通高等教育,适当开展继续教育。

学校主要教育形式为全日制学历教育。学历教育以本科生和研究生教育为主。

学校依法确定和调整学历教育修业年限,实行学分制和弹性学制。

学校依法颁发学业证书,依法授予学士、硕士及博士学位。

第九条 学校向对社会做出卓越贡献的杰出人士授予名誉学位或其他荣誉称号。

第十条 学校实行全方位开放式办学,成为国际教育、文化、科技交流的桥梁,具有国际化视野高水平创新人才培养的基地。

第二章 学校管理体制

第十一条 学校实行中国共产党兰州大学委员会领导下的校长负责制。

第十二条 学校根据需要设置职能部门、办事机构和直属单位,决定其职能或职权职责。

第十三条 中国共产党兰州大学委员会是学校的领导核心,行使对学校工作的统一领导权,主要职权和职责是:

(一)学习、宣传和执行党的路线、方针、政策,坚持社会主义办学方向,依靠全校师生员工推进学校的改革和发展,培养有理想、有道德、有文化、有纪律的社会主义事业的建设者和接班人;

(二)按照从严治党的方针,加强学校党组织的思想、组织、作风建设,发挥中层党组织的政治核心作用、党支部的战斗堡垒作用和党员的先锋模范作用;

(三)讨论决定学校改革和发展以及教学、科研、行政管理等工作中的重大问题;

(四)领导学校的思想政治工作和德育工作;

(五)按照干部管理权限负责干部的选拔、教育、培养、考核和监督;

(六)领导学校的工会、共青团、学生会、研究生会等群众组织和教职工代表大会;

（七）做好统一战线工作。对学校内民主党派的基层组织实行政治领导，支持他们按照各自的章程开展活动；

（八）其他需要党委会和党委常委会决定的重大事项。

中国共产党兰州大学委员会全体会议闭会期间，由它的常务委员会行使其职权，履行其职责。

第十四条　中国共产党兰州大学纪律检查委员会是学校的党内监督机构，在学校党委和上级纪委的领导下，围绕学校中心工作，检查党的路线、方针、政策、决议及学校重大决策的执行情况，保障和促进学校各项事业健康发展。

监察处是学校的行政监督机构，受理信访和举报，调查、处理违规、违纪行为，加强监察工作的队伍和制度建设。

监察处与中国共产党兰州大学纪律检查委员会合署办公。

第十五条　校长是学校行政主要负责人，落实党委会决定的相关事项，全面负责学校的教学、科学研究和其他行政管理工作。校长主持校长办公会议，讨论决定重大行政事项。副校长和校部职能部门协助校长对学校各项行政工作进行管理。

校长行使下列职权：

（一）拟订发展规划，制定具体规章制度和年度工作计划并组织实施；

（二）组织开展教学活动、思想品德教育、科学研究、学科建设、师资队伍建设和国际合作与交流；

（三）拟订校内组织机构的设置方案，推荐副校长人选，按干部任免权限任免校内组织机构的负责人；

（四）聘任与解聘教职员工，对学生实施学籍管理，依照法律和学校规定对教职员工和学生实施奖励或者处分；

（五）拟订和执行年度经费预算方案，保护和管理学校资产，筹措办学经费，维护学校的合法权益；

（六）主持校长办公会议，决策、协调、处理学校行政工作中的重大事项；

（七）法律、法规规定的其他职权和职责。

学校实行校务公开。校长向教职工代表大会报告工作。

第十六条　校学术委员会是学校学术事务的决策机构。学术委员会由校内各大学科领域在国内外学术界有较高声望的专家学者组成，依其章程审议学科、专业的设置及教学、科学研究计划方案，评定教学、科学研究成果，受理学术争议，处理其他相关事宜。

第十七条　校学位评定委员会是学校学位事务的决策机构。学位委员会成员根据国务院学位委员会的有关规定聘任。学位委员会依照法律和有关规定独立负责学位的评定、授予;负责研究生指导教师遴选等工作;审议并决策学科设置标准、研究生课程体系和培养方案;处理其他相关事宜。

第十八条　校专业技术职务聘任委员会是学校职务聘任的决策机构。专业技术职务聘任委员会依照法律和有关规定独立负责职务聘任的相关工作。

第十九条　校教职工代表大会是教职员工参与学校民主管理和监督的重要组织形式,依其章程行使权利,维护教职工合法权益。

学校工会是校教职工代表大会的办事机构。

第二十条　学校逐步建立现代大学制度,党政职能机构、直属机构根据学校授权履行管理和服务职责,不断提升管理和服务水平。

职能机构根据需要可向校区派出延伸机构,实行延伸管理与服务。

校长可向校区派出代表,授权其就属地事务进行协调、管理和服务。

第二十一条　学校附属的具有独立法人资格的单位,依照法律和学校规定实行相对独立运营与管理。

第二十二条　学校实行校、院、所三级管理体制。

第二十三条　学院作为人才培养、科学研究、学科建设的具体组织实施单位,在学校授权范围内实行自主管理。

党政联席会议对学院的重大事项进行决策,参加人员为学院院长、党委（总支）书记、副院长、副书记。

学院党委的职责为：

（一）保证监督党和国家的方针、政策及学校各项决定在本单位的贯彻执行;

（二）参与讨论和决定本单位教学、科研、行政管理工作中的重要事项。支持本单位行政负责人在其职责范围内独立负责地开展工作;

（三）加强党组织的思想、组织、作风建设,具体指导党支部的工作;

（四）领导本单位的思想政治工作;

（五）做好本单位干部的教育和管理工作;

（六）领导本单位工会、共青团、学生会、研究生会等群众组织。

学院实行院长负责制。院长是学院行政主要负责人,对学院的行政事务行使管理权。

院长定期向本学院全体教职员工或教职工代表大会报告工作。

学院可根据需要设立教授会。教授会作为教授治学和民主管理的重要组织形式,依学院制定的教授会章程开展工作。

第二十四条　研究所是学校组织实施教学、科研活动和社会服务的基本单位,学校保证其规定范围内的学术自主权。

第三章　教职员工

第二十五条　学校教职员工由教师、专业技术人员、管理人员和工勤人员等组成。

第二十六条　学校对教职员工实行下列任职制度：

（一）教师实行资格认证和职务聘任制度；

（二）专业技术人员实行专业技术职务聘任制度；

（三）管理人员实行职员制度；

（四）工勤人员实行劳动合同制度。

第二十七条　学校实行聘用合同制度，教职员工依法享有宪法、法律、法规、规章规定的权利及合同范围内的权益。被聘用的教职员工在聘期内，除履行宪法、法律、法规、规章及合同规定的义务外，有义务珍惜和维护学校名誉，维护学校利益，接受学校工作安排，尊重和爱护学生，并遵守学校各项规章制度。

第二十八条　学校建立健全各类进修、培训制度，为教职员工提供事业发展的平台。

第二十九条　学校对教职员工定期进行考核，考核结果作为对各类人员聘任、晋升和奖惩的依据。

第三十条　学校对在教学改革、人才培养、科学研究、社会服务、学校建设等方面成绩优异的教职员工，予以表彰奖励。对于违反学校规章条例、聘用合同的教职员工，给予相应处分。

第三十一条　学校设立人事争议仲裁委员会，依法保障教职员工的合法权益。

第四章　学生及校友

第三十二条　学生是指被学校依法录取、取得入学资格，具有学校学籍的受教育者。

第三十三条　学生除享有宪法、法律、法规及规章规定的权利外，还享有下列权利：

（一）公平接受学校教育，平等利用学校公共教育资源，获得增强实践与创新能力的基本条件保障；

（二）按规定条件和程序重新选择专业，跨学科、学院选修课程；

（三）公平获得在国内外深造学习和参加学术文化交流活动的机会；

（四）为发展个性获得全面的素质教育；

（五）依照法律和学校规定组织和参加学生社团；

（六）公平获得各级各类荣誉称号和奖励；

（七）知悉涉及个人切身利益的事项，对教学活动及管理、校园文化、后勤服务、校园安全等工作提出意见和建议；

（八）对纪律处分和涉及自身利益的相关决定表达异议和提出申诉；

（九）学校规定的其他权利。

第三十四条 学生除履行宪法、法律、法规及规章规定的义务外，还应履行下列义务：

（一）珍惜和维护学校名誉，维护学校利益；

（二）自觉遵守学校各类规章制度；

（三）按规定交纳学费及有关费用；

（四）爱护并合理使用教育设备和生活设施；

（五）努力学习文化知识，提升个人修养；

（六）学校规定的其他义务。

第三十五条 具有本校学籍的学生，在规定的学习年限内，修满规定学分，达到毕业要求，准予毕业，学校颁发毕业证书。达到有关规定条件者，授予相应的学位。

除有特别情形外，学校实行学分制。学生可提前或延期毕业。

第三十六条 学校为学生提供心理健康教育、咨询、心理测试、危机干预、就业指导等服务，设立奖、助学金、助学贷款、勤工助学、困难补助等形式的资助项目，采取多种措施保证学生健康成长。

第三十七条 学校鼓励和支持学生利用业余时间参加社会服务和勤工助学活动，并对其进行引导和管理。学校依法保护学生以诚实劳动和服务获得的合法收入。

第三十八条 学校对取得突出成绩和为学校争得荣誉的学生集体或个人进行表彰奖励；对违纪学生给予相应的纪律处分。

第三十九条 学校在学生中成立共青团和学生会组织，支持其按照各自的章程活动。

第四十条 学生可以在校内组织学生团体，学生社团经学校或经学校授权的组织批准成立，在法律、法规许可范围内开展活动。

第四十一条 学校建立学生权利保护机制，依法维护学生合法权益。

第四十二条 学校设立校友会，以多种方式联系和服务校友，积极创造条件,鼓励校友参与学校建设与发展。

第五章　资产与财务管理

第四十三条　学校以接受政府财政拨款为主,多渠道筹措经费,合法获取办学经费。

学校设立董事会和教育基金会,接受社会各界捐赠,鼓励社会团体、企事业单位和个人捐资办学。

校董事会负责学科发展、外部关系和多渠道筹措资金方面的咨询。董事会由著名校友、社会知名人士、著名校外专家组成。

第四十四条　学校资产指学校占有或使用的能以货币计量的经济资源,包括各种财产、债权和其他权利。具体包括固定资产(房产和建筑物、专用设备、一般设备、文物和陈列品、图书、其他固定资产)、流动资产(含现金、各种存款、应收及暂付款、借出款、存货等)、无形资产(含校名、专利权、商标权、著作权、土地使用权、非专利技术、商誉以及其他财产权利)和对外投资(指学校用货币、实物、无形资产向校办产业和其他单位的投资)等。

学校资产受法律保护。

第四十五条　学校实行"统一领导、分级管理"的财务管理体制,建立健全经济责任制度和审计监察制度,完善监督机制,保证资金运行安全。

第四十六条　学校建立健全资产管理制度,合理配置资源,提高资源使用效率。

第六章　学校的权利与义务

第四十七条　学校享有下列权利:
(一)依法自主管理和使用学校资产;
(二)按照章程管理学校,组织和实施教育教学活动;
(三)依法行使办学自主权;
(四)拟定学校内部机构设置方案,任免内部组织机构的负责人,聘任和解聘教师及内部其他工作人员,实施奖惩;
(五)对学生进行学籍管理,实施奖惩,对受教育者颁发相应的学业证书;
(六)依法保护教职工和学生的合法权益不受侵犯,拒绝任何组织和个人对教育教学活动的非法干涉；

（七）法律、法规规定的其他权利。

第四十八条　学校应履行下列义务：

（一）保护学校的资产不被侵占、破坏和流失；

（二）保证学校教育教学质量位于全国高校前列；

（三）确保学校办学水平、办学效益不断提高；

（四）确保学校章程及发展规划中目标的实现；

（五）为国家和地方经济建设和社会进步提供智力支持，为文明传承作出贡献。

第七章　校训　校徽　校旗　校歌　校庆日

第四十九条　学校校训为"自强不息，独树一帜"，学风口号为"勤奋、求实、进取"。

第五十条　学校校徽包括徽志和徽章。

学校徽志是双圆套圆形徽标，中间是校本部图书馆正面视图，下方有"1909"字样，代表学校建校时间；外环上方是中文毛体"兰州大学"字样，下方是英文"兰州大学"字样。

学校徽章为教职员工和学生佩戴的题有校名的长方形证章。

第五十一条　学校校旗为蓝色（色号 0089d2）长方形旗帜（长与高之比为 3∶2，旗面尺寸分 6 种，分别为 288 厘米×192 厘米、240 厘米×160 厘米、192 厘米×128 厘米、144 厘米×96 厘米、96 厘米×64 厘米、66 厘米×44 厘米），中央印有纯白色毛体校名，左上角配以纯白色学校徽志。

第五十二条　学校校歌是《兰州大学校歌》。

第五十三条　学校确定每年的 9 月 17 日为校庆日。

第八章　附则

第五十四条　本章程的制定和修改需经学校党委常委会审定，学校教职工代表大会审议通过，报教育部核准，并报甘肃省政府备案。

教职工代表大会闭会期间，可授权学校党委常委会进行部分补充和修改，但补充和修改的内容不得与章程的原则相抵触。

第五十五条　本章程是学校运行的基本规范，校内其他规章应依据本章程制定、修改。

第五十六条 本章程自发布之日起施行。

（据 http://ldxb.lzu.edu.cn/uploadfile/200711210558229.doc，最后访问于 2011 年 2 月 20 日。）

华东师范大学章程（试行）

2008 年 12 月 19 日
华东师范大学第六届教职工代表大会第二次会议通过

序言

华东师范大学是以大夏大学、光华大学为基础，于 1951 年 10 月 16 日在大夏大学原址上成立的，是中华人民共和国教育部直属重点大学。

建校以来，学校始终致力于追求人们关于文化和社会的最高理想，坚持教师教育办学特色，坚持以促进人的全面发展、推进知识创新和科技进步、服务国家和社会发展战略为己任。学校不断汇聚国内外学术大师，为国家建设和社会发展培养了大批栋梁之才，孕育了丰富的学术思想，创造了许多高水平的科研成果，赢得了良好的学术声誉和社会声望，形成了优良的文化传统和校风，凝练了"求实创造，为人师表"的校训精神。

面向未来，学校遵循以人为本的办学理念，坚持以提升创新能力为中心，培养创新型人才，推进学科交叉融合，推进学校国际化进程，致力于将学校建设成为拥有若干一流学科、多学科协调发展、引领中国教师教育发展的世界知名的高水平研究型大学。

为规范办学行为，建立现代大学制度，实现学校的奋斗目标，根据法律规定，制定本章程。

第一章 总则

第一条 学校名称为华东师范大学（英文译名为 East China Normal University，简称为 ECNU），由国家设立。

第二条 学校校址设在上海市，主要为闵行校区（地址为上海市东川路 500 号）、中山北路校区（地址为上海市中山北路 3663 号）。

第三条 学校为非营利性事业单位法人,依法享有办学自主权,独立承担法律责任。

第四条 学校全面贯彻国家教育方针,促进人的全面发展,培养富有爱国情怀、社会良知和责任感,具有国际视野、创新精神和实践能力的高级专门人才。

第五条 学校实行中国共产党华东师范大学委员会(以下简称为学校党委)领导下的校长负责制。

校长是学校的法定代表人。

第六条 学校坚持依法治校,实行教授治学,实施民主管理。

第二章 学校功能与教育形式

第七条 学校以人才培养、知识创新和科技开发为根本任务,开展教育教学、科学研究和社会服务活动。

第八条 学校根据社会需要和办学条件,合理确定办学规模。

第九条 学校依法自主设置和调整学科、专业。

第十条 学校实施普通高等教育,适当开展继续教育。

学校主要教育形式为全日制本科生教育和研究生教育。

第十一条 学校依法颁发学业证书。学校执行国家学位制度,依法授予学士、硕士及博士学位,颁发学位证书。

学校向为社会发展和人类文明进步作出突出贡献的杰出人士授予名誉博士学位或其他荣誉称号。

第十二条 学校开展国际学生教育和国际教育合作,加强国际科技文化交流,推进学校国际化进程。

第十三条 学校开展基础研究和应用研究,推动学术进步、科技创新和成果转化。

第十四条 学校积极与政府、企业事业组织、社会团体及其他社会组织开展多种形式的合作。

第三章 组织与结构

第十五条 学校根据需要设置组织机构,决定其职权职责配置。

第十六条 学校党委按照中国共产党章程和有关规定,统一领导学校工作,支持校长独立负责地行使职权,其领导职责主要是:执行中国共产党的路线、方针、政策,坚持社会主义办学方向,领导学校的思想政治工作和德育工作,讨论决定学校内部组织机构的设置和内部组织机构负责人的人选,讨论决定学校的改革、发展和基本管理制度等重大事项,保证以培养人才为中心的各项任务的完成。

学校党委对学校内民主党派的基层组织实行政治领导,支持其按照各自章程开展活动。

学校党委领导学校的工会、共青团、妇委会、学生会、研究生会等群众组织和教职工代表大会。

党委会全体会议闭会期间,其职责由党委常委会履行。

第十七条 中国共产党华东师范大学纪律检查委员会是学校的党内监督机构,在学校党委和上级纪委的领导下,围绕学校中心工作,检查党的路线、方针、政策、决议及学校重大决策的执行情况,保障和促进学校各项事业健康发展。

第十八条 校长全面负责学校的教学、科学研究和其他行政管理工作,行使下列职权:

(一)拟订发展规划,制定具体规章制度和年度工作计划并组织实施;

(二)组织教学活动、科学研究和思想品德教育;

(三)拟订内部组织机构的设置方案,推荐副校长人选,任免内部组织机构的负责人;

(四)聘任与解聘教师以及内部其他工作人员,对学生进行学籍管理并实施奖励或者处分;

(五)拟订和执行年度经费预算方案,保护和管理校产,维护学校的合法权益;

(六)法律规定的其他职权。

第十九条 学校实行校长统一领导、副校长分工负责、职能部门组织实施的行政工作机制。

校长主持校长办公会议,处理学校行政工作中的重要事项。

学校实行校务公开,校长定期向教职工代表大会报告工作,听取教职工和学生的意见和建议。

第二十条 学校校务委员会是学校的咨询评议机构,对校长提出的重大事项,包括学校事业发展规划、重大改革措施、学科建设、师资队伍建设、校园建设等,依其工作规则,提出意见或建议。

第二十一条 学校学术委员会是学校学术咨询、评议、评审机构,负责审议学科、专业的设置,审议教学、科学研究计划方案,评定教学、科学研究成果等有关学术事项。

第二十二条　学校学位评定委员会是学校学位事务的决策机构,依照法律和有关规定独立负责学位的评定授予,负责研究生指导教师遴选等工作。

学校根据需要设立学位评定分委员会。学位评定分委员会根据学校学位评定委员会授权和相关规定开展工作。

第二十三条　学校教职工代表大会是教职工行使民主权利,民主管理学校的基本组织形式,教职工代表大会依据有关法律和规定行使职权、履行职责。

第二十四条　校内各民主党派及群众组织依各自章程开展活动。

第二十五条　学校设立学院和学系。学院作为人才培养、科学研究、学科建设的具体组织实施单位,在学校授权范围内实行自主管理。具有独立建制的学系,享有与学院同等的权利,承担与学院同等的义务。

第二十六条　学院根据学校的规定或授权行使下列职权:

(一)根据学校发展规划和学院实际制定学院发展规划;

(二)组织实施学科专业建设、师资队伍建设、课程建设及教学活动;

(三)负责学生的教育与管理;

(四)组织开展科学研究及其他学术活动;

(五)制定内部工作规则;

(六)管理和使用学校核拨的办学经费和资产;

(七)拟订学院年度招生计划;

(八)拟订内部机构设置方案,就学院人员的聘任与管理提出意见;

(九)行使学校赋予的其他职权。

第二十七条　学院工作重要问题的决策形式是党政联席会议。凡涉及教职工切身利益的重要事项,部门工会主席应参与讨论决定。

第二十八条　学院党委(总支)贯彻执行学校党委的各项决定,负责学院思想政治和党建等工作,支持院长履行职责。

第二十九条　学院院长按照党政领导干部选拔任用工作的有关规定,由学校党委决定,校长任命。

第三十条　院长是学院的行政负责人,对学院的行政事务行使管理权。院长定期向校长和本学院教职工代表大会报告工作。

第三十一条　学院设立学术委员会。学院学术委员会依其章程行使学术权力,保障学术民主和学术自由。

学院可根据需要设立教授会,教授会依照章程和学校授权开展工作。

第三十二条　学院建立教职工代表大会(或教职工大会)制度。

第三十三条　学校根据需要设立研究机构。独立建制的研究机构,应当根据有关规定和学校授权设立相应的内部机构,承担相应的人才培养、科学研究、社会服务等任务。

第三十四条　学校附属的具有独立法人资格的单位,依照法律和学校规章制度自主运营和管理。

第四章　教职工

第三十五条　学校教职工由专业技术人员、管理人员和工勤人员等组成。

第三十六条　学校对教职工实行聘用合同制度,同时对专业技术人员实行专业职务聘任制度,对管理人员实行职员职级制度。

第三十七条　教职工享有下列权利:

(一)公平使用学校的公共资源、享受福利待遇;

(二)公平获得自身发展所需的相应工作机会和条件;

(三)在品德、能力和业绩等方面获得公正评价;

(四)公平获得与其贡献相称的各种奖励和荣誉称号;

(五)知悉学校改革、建设和发展及关涉切身利益的重大事项;

(六)参与学校民主管理,对学校工作提出意见和建议;

(七)对职务、福利待遇、评优评奖、纪律处分等事项提出异议或申诉;

(八)法律、学校规章制度或聘约规定的其他权利。

第三十八条　教职工履行下列义务:

(一)珍惜和维护学校名誉,维护学校利益;

(二)合理使用学校资源,自觉履行聘约或岗位职责规定的任务;

(三)关心、爱护全体学生,尊重学生人格,维护学生合法权益,促进学生在品德、智力、体质等方面全面发展;

(四)树立良好的师德风尚,遵守学术道德规范,自觉发展学术;

(五)法律、学校规章制度或聘约规定的其他义务。

第三十九条　学校尊重和爱护人才,维护学术民主与学术自由,为教师开展教学和科学研究活动提供必要的条件和保障。

第四十条　学校关心教职工切身利益,依法建立教职工权利保护和救济机制,保障教职工合法权益。

第五章　学生及校友

第四十一条　学生是指被学校依法录取,取得入学资格,具有学校学籍的受教育者。

第四十二条　学生在校期间享有下列权利:

(一)参加学校教育教学计划安排的各项活动,使用学校提供的教育教学资源;

(二)参加社会服务、勤工助学,在校内组织或参加学生团体及文娱体育等活动;

(三)申请奖学金、助学金及助学贷款;

(四)在思想品德、学业成绩等方面获得公正评价,完成学校规定学业后获得相应的学历证书、学位证书;

(五)知悉学校改革、建设和发展及关涉切身利益的重大事项;

(六)参与学校民主管理,对学校工作提出意见和建议;

(七)对学校给予的处分或者处理有异议,向学校、教育行政部门提出申诉;对学校、教职工侵犯其人身权、财产权等合法权益,提出申诉或依法提起诉讼;

(八)法律和学校规定的其他权利。

第四十三条　学生在校期间履行下列义务:

(一)努力学习,完成学业,修德践行,完善人格;

(二)遵守学生行为规范,尊敬师长,养成良好的思想品德和行为习惯;

(三)珍惜和维护学校名誉,维护学校利益;

(四)爱护并合理使用教育设备和生活设施;

(五)按规定缴纳学费及有关费用,履行获得资助所承诺的相关义务;

(六)法律和学校规定的其他义务。

第四十四条　学校建立和完善学生民主管理的组织形式,支持和保障学生依法参与学校民主管理。

第四十五条　学校建立、健全学生权利保护和救济机制,保障学生合法权益。

第四十六条　学校为在学习和生活中遇到特殊困难的学生提供必要的帮助。

第四十七条　学校对取得突出成绩和为学校争得荣誉的学生集体或个人给予表彰或奖励。

第四十八条　学校对违法、违规、违纪学生给予批评教育或纪律处分。

第四十九条　学校为学生提供就业指导和服务。

第五十条　学校以多种方式联系和服务校友，凝聚校友力量，鼓励校友参与学校建设与发展。

第六章　经费、资产、后勤

第五十一条　学校的经费来源主要包括财政拨款、事业收入和其他收入。

学校积极拓展办学经费来源渠道，鼓励和支持校内各单位面向社会筹措教学、科学研究经费及各类奖助基金。

学校依法设立教育发展基金会，吸引社会捐赠，募集资金，增加办学资源。

第五十二条　学校对拥有的资产享有法人财产权，依法自主管理和使用。

第五十三条　学校实行统一领导、集中核算、分级管理的财务管理体制，建立、健全经济责任制度和审计监察制度，完善监督机制，保证资金运行安全。

第五十四条　学校建立、健全资产管理制度，合理配置资源，提高资源使用效益。

第五十五条　学校保护并合理利用校名、校誉和校有知识产权。

第五十六条　学校不断完善后勤管理和服务体系，为学生和教职工的学习、工作和生活提供保障。

第七章　附则

第五十七条　学校章程的制定和修改经学校党委会审议，由学校教职工代表大会讨论通过，并报教育部和上海市人民政府备案。

第五十八条　学校章程是学校的基本规范，校内其他规章制度不得与本章程相抵触。

（据 http://202.120.83.208/s/3/t/4/p/1/c/110/d/519/list.jspy，最后访问于 2011 年 2 月 20 日。）

合肥工业大学章程

2008 年 3 月 25 日
合肥工业大学第六届教职工代表大会第三次会议通过

序言

合肥工业大学是中华人民共和国教育部直属全国重点大学,国家"211工程"重点建设高校。学校始创于 1945 年,1960 年被中共中央批准为全国重点大学,历经与安徽工学院、安徽水利电力学院合并重组。

在长期发展历程中,学校以民族振兴和社会进步为己任,艰苦创业、兴校图强、争先进位、加快发展,充分发挥人才培养、科学研究和社会服务的职能,培养大批杰出人才,取得大量自主创新成果,为国家、行业、区域经济建设和社会发展做出了重大贡献。

学校传承优良传统和校风,弘扬追求真理、培养人才、繁荣科技、服务社会、引领文化的大学精神,不断加强内涵建设、凝炼办学特色、深化管理改革、培育创新文化,致力加快创新型高水平大学建设,增强学校自主创新能力,将学校建设成为人才培养、科学研究和成果转化的重要基地。

为推进依法治校,规范办学行为,建立现代大学制度,根据《中华人民共和国教育法》《中华人民共和国教师法》《中华人民共和国高等教育法》等法律法规,制定本章程。

第一章 总则

第一条 学校由国家设立,全称为"合肥工业大学",中文简称为"合肥工大"、"合工大",英文全称为 Hefei University of Technology,英文缩写为 HFUT。

第二条 学校法定注册地址为安徽省合肥市屯溪路193号。

第三条 学校是以公益为目的的非营利性事业组织,具有独立法人资格,依法开展教学、科研和社会服务,享有教学、科研、行政及财务自主权,承担相应的法律责任。

校长是学校的法定代表人。

第四条 学校高举中国特色社会主义伟大旗帜,坚持社会主义办学方向,全面贯彻党和国家的教育方针,努力培养具有"工程基础厚、工作作风实、创业能力强"的多层次工程应用型、创新型高级专门人才。

第五条 学校坚持以科学发展为主题,以育人为根本,以学科建设为龙头,以人才队伍为关键,以科技创新为突破口,以改革开放为动力,以加强管理为保障,努力建设创新型高水平大学。

第六条 学校坚持以国家目标和社会需求为导向,充分发挥应用学科优势,坚持走产学研合作道路,服务国家和地方经济社会发展。

第七条 学校的校训是:"厚德、笃学、崇实、尚新"。

第八条 学校的校徽包括徽志和徽章。

学校徽志的主体图形由"工大"、"人才"汉字共用笔画组合而成。

学校徽章为邓小平同志题写校名的证章。

学校确定每年的10月7日为校庆日。

第二章 学校功能和教育形式

第九条 学校以人才培养、知识与技术创新为根本任务,开展教学、科学研究和社会服务活动。

第十条 学校根据社会需要和办学条件,合理确定办学规模,优化办学结构,提高办学质量和效益。

第十一条 学校根据经济社会发展对人才的需求,紧密结合国家、行业及区域产业结构,设置和调整学科、专业,完善以工为主、多学科协调发展的学科专业布局;重点凸显工科优势和特色,促进理工文相结合,积极发展新兴、交叉学科。

第十二条 学校依法招收学生,对学生实施教育。

学校实施普通高等教育,适当开展职业技术教育、成人高等教育,积极拓展继续教育。

第十三条 学校主要教育形式为全日制学历教育。学历教育以本科生和研究生教育为主。

学校依法确定和调整学历教育修业年限,全面实行学分制。

第十四条 学校全面实施素质教育,根据人才培养的目标和要求,制订培养计划,组织实施教育教学活动,保障教育教学质量。

第十五条 学校依法为达到毕业要求的学生颁发毕业证书;对符合学位授予条件的,授予其学士、硕士及博士学位。

第十六条 学校积极开展应用性研究和基础研究,推动学术进步、自主创新、成果转化和社会服务,依法保护知识产权。

倡导把"论文写在产品上、研究做在工程中、成果转化在企业里"。

第十七条 学校积极开展国际合作与交流,促进教育国际化。

第十八条 学校积极培育有利于人才成长和科技创新的校园文化,并引领、影响区域和社会文化。

第三章 管理体制与运行机制

第一节 领导体制

第十九条 学校实行中国共产党合肥工业大学委员会领导下的校长负责制,实行党委领导、校长负责、教授治学、民主管理的制度。

第二十条 中国共产党合肥工业大学委员会是学校的领导核心,行使对学校工作的统一领导,主要职权和职责是:

(一)组织学习、宣传和执行党的路线、方针、政策,领导思想政治工作和德育工作,保证社会主义办学方向,维护政治稳定和校园平安,团结和动员师生员工推进学校的改革、建设和发展,建设社会主义和谐校园;

(二)领导制定学校发展战略,讨论决定改革发展中的重大问题;讨论决定学校内部组织机构设置和基本管理制度等重大事项;坚持党管人才原则,创造有利于人才辈出、人尽其才的条件和环境;按照干部管理权限,负责干部的选拔、任用、培养、考核和监督;

(三)负责学校各级党组织的思想、组织、作风、制度建设和反腐倡廉建设,发挥基层组织在建设高水平大学中的重要作用;

(四)领导学校的教职工代表大会和工会、共青团、学生会、研究生会等群众组织,充分发挥教职工代表大会和各类群众组织的作用;

(五)做好统一战线工作,发挥党外知识分子在学校教学科研中的积极作用。对学校内民主党派的基层组织实行政治领导,支持他们按照各自章程开展活动。

中国共产党合肥工业大学委员会、常务委员会依照议事规则，履行职责。会议由党委书记主持，坚持民主集中制。

第二十一条　中国共产党合肥工业大学纪律检查委员会是学校的党内监督机构，在学校党委和上级纪委的领导下，围绕学校中心工作，维护党的章程和其他党内法规，检查党的路线、方针、政策和决议及学校重大决策的执行情况，协助党的委员会加强党风廉政建设和组织协调反腐败工作，保障和促进学校各项事业健康发展。

第二十二条　校长是学校行政主要负责人，其职权和职责是：

（一）拟定发展规划，制定具体规章制度和年度工作计划并组织实施；

（二）筹措办学经费，拟订和执行年度经费预算方案，保护和管理学校资产；

（三）组织开展教学活动、科学研究、学科建设、师资队伍建设和国际合作与交流；

（四）拟订校内组织机构的设置方案，推荐副校长人选，按干部任免权限任免校内组织机构的负责人；

（五）聘用与解聘教职员工，对学生实施学籍管理，依照法律和学校规定对教职员工和学生实施奖励或者处分；

（六）法律、法规规定的其他职权和职责。

第二十三条　校长行使职权、履行职责，实行校长统一领导、副校长分工负责、职能部门组织实施的工作机制。

校长办公会议由校长主持，依照议事规则，处理学校行政工作中的重要事项。

学校实行校务公开。校长定期向教职工代表大会报告工作。

第二十四条　学校对学院（系、部）、机关职能部门及附属单位实行目标管理，建立目标责任制。

第二十五条　学校充分发挥教授在治学中的作用，保障学术权力，促进学术自由和学术发展。

第二十六条　校学术委员会依其章程审议学科、专业的设置及教学、科学研究计划方案，评定教学、科学研究成果，受理学术争议，处理其他相关事宜。

第二十七条　校学位评定委员会依照法律和有关规定独立负责学位的评定、授予；负责研究生指导教师遴选等工作。

第二十八条　学校根据需要可以设立其他辅助决策的各类委员会。

第二十九条　学校通过以教师为主体的教职工代表大会等组织形式，依法保障教职工参与民主管理和监督，维护教职工合法权益。

第二节 组织机构

第三十条 学校根据精简、统一、效能的原则设置组织机构，决定其职权职责配置，做到权责一致、分工合理、决策科学、执行顺畅、监督有力。

党政职能机构、直属机构根据学校授权履行管理和服务职责。

学校根据需要可向校区派出机构，授权其代表学校就属地事务进行协调、管理和服务。

职能机构根据需要可向校区派出延伸机构，实行延伸管理与服务。

第三十一条 学校建立必要的公共服务机构，为教职员工和学生提供服务，保障教学、科学研究、行政管理等各项工作的开展。

第三十二条 学校附属的具有独立法人资格的单位，依照法律和学校规定实行相对独立运营与管理。

第三十三条 学校与外界缔结协议，联合设立组织机构，开展合作办学、合作研究与技术开发、社会实践等活动。

第三十四条 独立建制的研究院（所）、工程（技术）研究中心和重点实验室等，根据有关规定和学校授权设立相应的管理及学术机构，承担相应的人才培养、科学研究、社会服务等任务。

第三节 学院

第三十五条 学校设立学院。学院作为人才培养、科学研究、学科建设的具体组织实施单位，在学校授权范围内实行自主管理。

第三十六条 学院设置应有较宽的学科包容量，原则上涵盖至少两个领域相近或相关的一级学科。学院根据教学、科研需要，下可设系、研究所等学术机构。

第三十七条 学校实行校、院两级管理制度。学院的基本职能是：

（一）根据学校的规划、规定或授权，制定学院发展规划；

（二）制订并组织实施学科专业建设、师资队伍建设、课程建设及教学计划；

（三）组织开展科学研究和其他学术活动；

（四）提出年度招生计划建议；

（五）按照学校章程和学校规章制度制定学院管理制度；

（六）在学校核定的编制内，决定学院人员的聘任与管理；

（七）考核并评价本院教职工的工作，负责本院教职工的绩效工资的分配；

（八）负责学生的教育与管理，就学生的奖惩提出意见；

（九）管理和使用学校核拨的办学经费和资产；

（十）行使学校赋予的其他职权。

第三十八条 学院实行院长负责制，学院党委是学院的政治核心，重大事项由学院党政联席会议决策。学院党政联席会议由学院院长、党委（总支）书记、副院长、副书记组成。

第三十九条 学院实行院务公开。推进教职工代表大会制度。

学院院长定期向校长办公会议和本学院教职工代表大会报告工作。

第四十条 学院党委（总支）负责学院党建和思想政治工作，保证监督党和国家的方针、政策及学校各项决定在本学院的贯彻执行。

第四十一条 学院学术委员会根据校学术委员会授权开展工作。

第四十二条 学院学位评定委员会根据校学位评定委员会授权开展工作。

第四十三条 学院设立教授委员会。教授委员会作为教授治学和民主管理的重要组织形式，依学校制定的教授委员会章程开展工作。

第四十四条 直属学校的系按照本节执行。

体育部、工业培训中心、继续教育学院等教学实体参照本节执行。

第四章　教职员工

第四十五条 学校在国家下达的编制范围内实行固定编制与流动编制相结合的制度。

第四十六条 学校根据教学、科研、学科建设、管理及服务工作的需要，合理设置专业技术（其中教师是主体）、管理和工勤技能岗位，实行岗位总量、结构比例和最高岗位等级控制，不断优化教职工队伍的结构。

学校将专业技术人员、管理人员和工勤技能人员分别纳入相应的岗位设置管理，实行竞聘上岗制度和任期聘用制度。

第四十七条 学校对教职员工实行下列任职制度：

（一）教师实行资格准入制度；

（二）教师和其他专业技术人员实行专业技术职务评聘和岗位聘用制度；

（三）管理人员实行教育职员制度；

（四）工勤人员实行工勤技能岗位聘用制度和劳动合同制度。

第四十八条 学校制定人事管理制度，对教职员工定期进行绩效考核，考核结果作为对各类人员聘用、晋升、流动、确定绩效工资和奖惩的依据。

第四十九条　学校教职员工除享有法律、法规及规章规定的权利外,还享有下列权利:

(一) 依据有关规定合理使用学校的公共资源;

(二) 公平获得自身发展所需的相应工作机会和条件;

(三) 在品德、能力和业绩等方面获得公正评价;

(四) 公平获得各级各类奖励及各种荣誉称号;

(五) 知悉学校改革、建设和发展及关涉切身利益的重大事项;

(六) 参与民主管理,对学校工作提出意见和建议;

(七) 就职务、福利待遇、社会保障、评优评奖、纪律处分等事项表达异议和提出申诉;

(八) 公平获得国(境)内外访学、进修等学习、培训、提高的机会;

(九) 学校规则或者聘约规定的其他权利。

第五十条　学校教职员工除履行法律、法规及规章规定的义务外,还应履行下列义务:

(一) 忠诚教育事业,勤奋工作,尽职尽责;

(二) 尊重和爱护学生,教书育人,管理育人,服务育人;

(三) 恪守职业道德,遵守学术规范;

(四) 珍惜和维护学校名誉,维护学校利益;

(五) 遵守学校规章制度;

(六) 学校规则或者聘约规定的其他义务。

第五十一条　学校依法保护教职员工权利,维护教职员工合法权益。

第五章　学生

第五十二条　学生是指被学校依法录取、取得入学资格,正式注册并具有学校学籍的受教育者。

第五十三条　学生享有下列权利:

(一) 公平接受学校教育,平等利用学校公共教育资源,获得增强实践与创新能力的全面素质教育及基本条件保障;

(二) 享有学校教职员工提供良好指导与服务的权利;

(三) 按规定条件和程序选择专业,跨学科、学院选修课程;

(四) 公平获得在国内外深造学习和参加学术文化交流活动的机会;

(五) 按照国家和学校规定,公平获得各种资助与奖励;

(六) 对纪律处分和涉及自身利益的相关决定具有知情权,如有异议,可向有关部门提出申诉；

（七）在学业成绩和品行上获得公正评价,完成规定的学业后获得相应的学业证书；

（八）知晓涉及个人切身利益的事项,对教学活动及管理、校园文化、后勤服务、校园安全等工作提出意见和建议；

（九）享有国家法律、法规规定的其他权利。

第五十四条　学生应履行下列义务：

（一）自觉遵守法律法规和《高等学校学生行为准则》以及学校各项规章制度；

（二）尊敬师长,关心集体,团结同学,诚实守信,遵守学术规范,培养良好的道德品质和行为习惯；

（三）注重个人学习与生活管理,培养积极、健康向上的学习与生活方式,积极主动地参加学校组织的校园文化活动；

（四）按规定交纳学费及有关费用,申请助学贷款的学生应履行规定的义务；

（五）爱护并合理使用学校教育设备和生活设施；

（六）关心学校建设和发展,营造和谐的校园氛围；

（七）珍惜和维护学校声誉,维护学校利益和学校及社会稳定。

第五十五条　学校鼓励和支持学生利用业余时间参加社会服务和勤工助学活动,并对其进行培训、指导和管理。

第五十六条　学生可以在校内申请组织学生社团,学生社团应在法律、法规规定的范围内活动,服从学校的领导和管理。

第五十七条　学校鼓励和支持学生参与学校的民主管理和通过正常渠道对学校的建设发展提出意见和建议。

第五十八条　学校在学生中成立学生会、研究生会组织,实行自我教育、自我管理、自我服务,建立学生权利保护机制,维护学生合法权益。

学校关心在学习生活中遇到困难的学生,为其成长提供帮助。

第六章　资产、经营与财务管理

第五十九条　学校对拥有的资产享有法人财产权,依法进行管理、使用和处置。学校建立健全资产管理制度,规范和加强资产管理,经营性资产要实现保值、增值,非经营性资产要维护安全完整。

第六十条　学校坚持勤俭办学的方针,建设节约型校园。学校在内部经济管理中,依据事业发展规划和年度计划,优化资源配置,促进资源共享,提高资源利用率,降低办学成本。

第六十一条　学校实行"统一领导、分级管理、集中核算"的财务管理体制。学校统一财务规章制度、经济分配制度、经济资源配置、财务收支预算和会计核算。

第六十二条　学校的经费来源主要包括财政拨款、事业收入和其他收入。学校在法律允许的范围内,积极拓展办学经费来源渠道,筹措办学资金,保障和促进各项事业发展。

学校依法登记注册具有基金会法人地位的教育发展基金会,负责募集资金,捐赠项目管理及基金管理。

校友会、董事会等在服务校友、服务社会的过程中,积极为学校事业发展争取办学资源。

第六十三条　学校严格财务制度,规范财务行为,防范财务风险。

学校加强预算管理与控制,严格执行预算规程,各项事业活动所发生的财务收支均纳入预算管理的范围。

第六十四条　学校建立健全经济责任审计制度,完善监督机制,切实规范财经行为。强化经济责任,加强支出管理,提高经费的使用效益。

学校完善内部控制制度,确保资金的安全完整;建立风险预警系统,改善财务状况,有效防范财务风险。

第六十五条　学校根据教学、科研、学科建设的要求,统筹规划、建设各类实验、实践、工程研究基地,加强项目论证,实现资源合理配置与共享,建立和不断完善效率、效益评价机制。

第六十六条　学校积极推进科技成果转化和高新技术产业化工作,充分发挥校有产业在科技创新体系中的作用,为人才培养、科学研究和学科建设等提供支持。

第六十七条　学校后勤服务坚持为学校教学、科研、师生服务的宗旨,努力做好学生和教职工的后勤保障工作,并积极推进后勤社会化改革。

第七章　外部关系

第六十八条　学校按照本章程自主管理学校内部事务和发展外部关系。

第六十九条　学校以服务为宗旨,在贡献中发展,积极争取国家、地方政府和社会各界的支持,推动省部共建和市校合作的良好发展,不断提升办学水平、增强办学实力,更好地服务地方经济社会发展。

第七十条 学校积极开展与地方政府、科研院所、企业等的产学研合作,建立"战略联盟",促进学科建设、师资队伍建设、教学内容改革与大学生实践创新能力培养。

第七十一条 学校与世界高水平大学、国际著名研究机构建立长期稳定的学术合作关系,积极参与国际科研合作与交流,积极推进与世界著名大学开展学分互认、教师互派、课程互通、学位互授等形式的实质性合作办学。

第七十二条 学校依法成立董事会,创新办学体制,充分调动社会各界共同办学的积极性,拓宽筹资渠道,增强学校的办学活力,促进学校和社会的共同发展。

第七十三条 学校依法成立校友会,指导、支持各地校友分会,加强校友间、校友和母校的联系和合作,促进校友为国家建设和母校的发展作贡献。

第八章 附则

第七十四条 本章程的制定和修改须经学校教职工代表大会讨论通过,学校党委常委会审定,并报教育部备案。

第七十五条 学校根据章程制定相应的管理制度。学校制定的其他各项规章制度均应符合本章程。学校章程与国家的法律法规冲突时,以国家法律法规为准。

第七十六条 本章程由学校授权校长办公室负责解释。

第七十七条 本章程自颁布之日起施行。

(据 http://www1.hfut.edu.cn/organ/xxgkai/third.php?c_id=2&p_id=5&a_id=17,最后访问于 2011 年 2 月 20 日。)

东华大学章程(审议稿)

2008 年 4 月 22 日
东华大学第八届教职工代表大会第三次会议审议

第一章 总则

第一条 为了规范学校内部管理体制和运行机制,推进依法治校,根据《中华人民共和国高等教育法》、《中华人民共和国教师法》等有关法律法规,结合学校实际,制定本章程。

第二条 东华大学由国家举办,教育部直属,并由教育部和上海市共建共管。学校英文校名为 Donghua University。

第三条 学校法定注册地为上海市延安西路1882号。

第四条 学校是非营利性事业单位,具有法人资格,依法享有民事权利,独立承担法律责任。校长为学校的法定代表人。

第五条 学校坚持社会主义办学方向,全面贯彻国家的教育方针,建设以工为主,工、理、管、文等学科协调发展,国内一流、国际有影响,有特色的高水平大学。

第六条 学校坚持"观念兴校、学术兴校、管理兴校"的发展理念,注重产学研相结合的办学传统,遵循"以学生的全面发展与成才为中心"的办学理念,推崇"积极向上、爱校荣校、崇尚学术、追求卓越、敬业奉献"的东华精神。

第七条 学校的校训是:崇德博学,砺志尚实。

第八条 学校于1951年建立,校庆日为10月6日。校标意寓" "。[①] 校歌是《东华之歌》。

[①] 共收到四组候选方案,请领导选择一对:"经纬寓特色,日月耀东华"。"经纬被天下,日月耀东华"。"天地文经纬,日月耀东华"。"经纬征程,日月东华"。

第二章　功能及教育形式

第九条　学校以人才培养为根本任务,开展教育教学、科学研究和社会服务活动。

第十条　学校坚持适度办学规模,优化教育结构,建设高水平创新人才培养基地,培养德才兼备、基础宽厚、实践能力强、具有创新精神的高素质人才。

第十一条　学校根据国家经济、科技、社会、文化等发展需求,按规定设置和调整学科、专业,全面实行学分制。

第十二条　学校主要教育形式是全日制学历教育,以培养本科生和研究生为主。学校依法确定和调整学历教育修业年限。

第十三条　学校按规定对完成学历教育修业年限,考核合格的学生颁发学历证书,并对符合条件者授予学士、硕士或博士学位。

第十四条　学校坚持"增强特色、拓宽基础、加强交叉、按需发展"的学科发展战略,凝炼学科方向,汇聚学术队伍,构筑学科基地,积极开展科学研究,促进科技成果转化,服务社会。

第十五条　学校多渠道开展国际教育合作与交流,不断扩大国际影响,提升国际地位。

第三章　管理体制

第十六条　学校实行党委领导下的校长负责制,推进教授治学、民主管理、依法治校。

第十七条　党委统一领导学校工作,支持校长依法积极主动、独立负责地开展工作,保证教学、科研、行政管理等各项任务的完成。

党委的主要职责:

(一)贯彻执行中国共产党的路线、方针、政策,坚持社会主义办学方向;

(二)讨论决定学校改革、发展等重大问题,保证以人才培养为中心各项任务的完成;

(三)领导学校的思想政治工作和德育工作,确保学校稳定;

(四)讨论决定学校内部主要组织机构的设置及其负责人;

(五)领导学校工会、共青团、妇委会、学生会等群众组织和教职工代表大会；

（六）对学校内民主党派的基层组织实行政治领导，支持其按照各自的章程开展活动；

（七）讨论决定学校的基本管理制度，审定学校章程；

（八）其他需要党委决定的重大事项。

党委及其常委会根据党的章程和有关法规开展工作，履行领导职责。

第十八条　党的纪律检查委员会在上级纪委和学校党委领导下，围绕学校中心工作，检查党的路线、方针、政策及学校重大决策等的执行情况，加强党风廉政建设，保障和促进学校各项事业健康发展。

第十九条　校长全面负责学校的教学、科研和其他行政管理等工作，代表学校处理各项事务。学校行政工作实行校长领导，副校长协助分工负责，职能部门组织实施的工作机制。

校长主要职责：

（一）拟订学校发展规划和年度工作计划并组织实施；

（二）组织教学活动、科学研究和思想品德教育；

（三）拟订学科建设和师资队伍建设规划并组织实施；

（四）主持校长办公会议，决策、协调、处理学校行政工作中的各种事项；

（五）拟订学校内部组织机构设置方案，推荐副校长人选，按规定任免学校内部行政组织机构的负责人；

（六）拟订和执行年度经费预算方案，保护和管理学校资产，维护学校的合法权益；

（七）依法聘任与解聘教师以及其他人员；

（八）制定具体规章制度；

（九）法律、法规规定的其他职责。

第二十条　学术委员会是学校最高学术审议机构，其主要职责：

（一）审议学校学科、专业的设置，教学、科学研究计划方案；

（二）审核博士生指导教师和教授的任职资格；

（三）评定教学、科学研究成果等有关学术事项。

第二十一条　学位评定委员会是学校学位事务的决策机构，在校长领导下开展工作。学位评定委员会由校领导、学院学位评定分委员会主任及专家、教授组成。

学位评定委员会主要职责：

（一）负责学位的评定和授予；

（二）对学位授予中有争议的问题进行裁决；

（三）决定学位授予方面的其他重大事项。

第二十二条 学校根据需要设立教学委员会等专门委员会,各委员会依据学校授权或各自章程履行职责。

第二十三条 学校通过以教师为主体的教职工代表大会等组织形式,依法保障教职工参与民主管理和监督,维护教职工合法权益。学校在学院等实行二级教职工代表大会制度。

第四章 组织机构

第二十四条 学校设立学院,实行校院两级管理体制。学院是学校开展人才培养、科学研究、社会服务的基本单位。

独立建制的系、部、所、业务部门等,具有与学院相同的权利和义务。

第二十五条 学院对重大事项决策实行党政联席会议制度,党政联席会议由党总支正副书记、正副院长、学院工会主席等组成,会议由院长主持。

党政联席会议主要职责:

(一)拟定学院的发展目标、重大改革方案、年度工作计划等;

(二)决定学院教学、科研、学科建设、师资队伍建设和行政管理等方面重要事项;

(三)拟定学院年度经费预算,决定经费的使用;

(四)决定其他重要事项。

第二十六条 学院党总支对学院的办学方向、改革发展和人才培养等工作起保证与监督作用。

第二十七条 院长全面负责学院的教学、科研、队伍建设等工作。

第二十八条 学院设立院学术委员会,按照规定审议与学院相关的学术事项,对学院重大改革提供决策咨询。

第二十九条 学校积极建设国家及省部级教学、科研基地,校、院的教学实验室和校内外教学实习、实践基地,提高科学研究水平和人才培养质量。

第三十条 学校根据需要设置党政职能部门,党政职能部门按照参谋、执行、服务的原则开展工作。

第三十一条 学校图书馆等公共服务部门为教职工和学生提供服务,保障教育教学、科学研究、行政管理等各项工作的开展。

第三十二条 学校附属的具有独立法人资格的单位,依照法律和学校规定实行相对独立运行与管理,独立承担民事责任。

第五章　教职员工

第三十三条　学校教职员工由以教师为主体的专业技术人员、管理人员和工勤人员等组成。

第三十四条　学校实行全员聘用合同制，促进人才合理流动，改善队伍结构；学校实行教职员工定期考核和校外兼职报告制度。

第三十五条　教职员工除享有法律、法规规定的权利外，依据学校规章制度，还享有下列权利：

（一）公平使用学校的公共资源；

（二）在品德、能力和业绩等方面获得公正评价，公平获得各级各类奖励及各种荣誉称号；

（三）知悉学校改革、发展重大事项，参与民主管理；

（四）学校规章制度或者聘约规定的其他权利。

第三十六条　教职员工除履行法律、法规规定的义务外，还应履行下列义务：

（一）珍惜学校名誉，维护学校利益；

（二）遵守学校规章制度，勤奋工作，尽职尽责；

（三）尊重和爱护学生；

（四）学校规章制度或者聘约规定的其他义务。

第三十七条　学校按国家规定实行教师及其他专业技术人员职务聘任制度。

第三十八条　学校依法建立教职员工的权利保护机制，维护教职员工的合法权益。

第六章　学生

第三十九条　学生是指按照国家招生规定被学校录取，取得入学资格，具有学籍的受教育者。

第四十条　学生除享有法律、法规规定的权利外，依据学校规章制度，还享有下列权利：

（一）接受学校教育教学计划安排，合理利用学校公共教育资源；

（二）按规定条件和程序重新选择专业，跨学科、学院选修课程；公平获得在国内外学习和参加学术文化交流活动的机会；

（三）依照法律和学校规定组织和参加学生社团；

（四）公平获得各级各类荣誉称号和奖励；

（五）学校规定的其他权利。

第四十一条 学生除履行法律、法规规定的义务外,还应履行下列义务：

（一）珍惜和维护学校名誉,维护学校利益；

（二）尊敬师长,努力学习；

（三）遵守学校学籍管理规定和学生守则；

（四）按规定交纳学费和有关费用；

（五）爱护并合理使用教育设备和生活设施；

（六）学校规定的其他义务。

第四十二条 学校按规定为学生提供心理健康教育、咨询等服务,提高学生整体心理健康水平。

第四十三条 学校按规定为学生提供奖学金、国家助学贷款、勤工助学等形式的助学项目。

第四十四条 学校实行研究生"助研、助教、助管"工作,提高研究生工作能力和综合素质。

第四十五条 学校对德、智、体、美全面发展或某一方面表现突出的学生给予表扬和奖励。对犯有错误的学生,视其情节轻重给予批评教育或纪律处分。

第四十六条 学校根据国家规定成立学生申诉受理机构,规范学生申诉处理的程序,维护学生的合法权益。

第四十七条 学生社团经学校批准成立,在法律允许范围内开展活动,服从学校的领导和管理。

第四十八条 学校支持学生开展课外科技活动,鼓励学生积极参与教师的科研、企业的研发工作等。

第四十九条 学校按规定为学生提供就业指导服务。

第七章　经费和资产

第五十条 学校主要经费来源是政府财政拨款和学校自筹经费。

学校积极拓展办学经费来源渠道,通过为国家和地方经济建设服务,获取更多的资金支持；推进与境外、海外合作,争取境外、海外资金；积极争取国内外校友等社会力量对学校的资助。

第五十一条 学校加强办学资源监控,推行综合预算和全面预算管理,提高资金使用效益,建设节约型校园。

第五十二条 学校实行统一领导、集中管理的财务管理体制。

第五十三条 学校实行经济责任制度,严格执行国家财经方面法律法规,建立审计监察制度,完善监督机制,保证资金运行安全。

第五十四条 学校对拥有的资产享有法人财产权,依法进行自主管理和使用。

第五十五条 学校后勤服务部门坚持为学校教学、科研、师生服务的宗旨,努力做好后勤保障工作,并进一步推进后勤社会化改革。

第八章　附则

第五十六条 本章程的制定和修改需经教职工代表大会审议,学校党委全委会审定通过,并报教育部备案。

第五十七条 学校的规章制度和有关决定须符合本章程。

第五十八条 本章程由学校党委常委会负责解释。

(据 http://www2.dhu.edu.cn/dhuxxxt/xinwenwang/shownews.asp?id=13810,最后访问于 2011 年 2 月 20 日。)

吉林师范大学章程（试行）

2002年6月1日

第一章　总则

第一条　为贯彻国家的教育方针，执行国家教育制度，规范办学行为，依据宪法、教育法、高等教育法和教师法等国家法律、法规，特制定吉林师范大学章程。

第二条　学校名称：吉林师范大学
　　　　　学校地址：吉林省四平市铁西区海丰大街1301号

第三条　吉林师范大学是实施本科教育和研究生教育的全日制综合性省属师范大学，以培养中等教育师资为主要任务，同时积极发展非师范类教育，为社会发展和经济建设培养专门人才。

第四条　学校坚持以马克思主义、毛泽东思想、邓小平理论、江泽民"三个代表"重要思想为指导，遵循宪法确定的基本原则，发展社会主义的高等教育事业。

第五条　学校贯彻国家的教育方针，为社会主义现代化建设服务，与生产劳动相结合，使受教育者成为德、智、体等方面全面发展的社会主义事业的建设者和接班人。

第六条　学校的任务是培养具有创新精神和实践能力的高级专门人才，发展科技文化，促进社会主义现代化建设。

第七条　学校按照社会主义现代化建设和发展社会主义市场经济的需要，根据学校的实际，推进教育体制改革和教学改革，优化资源配置，提高教学质量和效益。

第八条　学校依法保障学校中的科学研究、文化艺术创作和其他文化活动的自由。

学校中从事科学研究、文化艺术创作和其他文化活动应该遵守法律。

第九条　学校应当面向社会依法自主办学,实行民主管理。

第十条　学校应当积极开展与其他学校、科研机构以及企事业组织之间的协作,实行优势互补,提高教学资源的使用效益。

第二章　学校的组织

第十一条　学校实行党委领导下的校长负责制。党委按党章和有关规定,统一领导学校工作,支持校长独立负责地行使职权。党委的职责是:执行党的路线、方针、政策,坚持社会主义办学方向,领导学校的思想政治工作和德育工作,讨论决定学校内部组织机构的设置和内部组织机构负责人的人选,讨论决定学校的改革、发展和基本管理制度等重大事项,保证以培养人才为中心的各项任务的完成。

第十二条　校长是学校法人代表,全面负责学校的教学、科学研究和其他行政管理工作,行使下列职权:

1. 拟定发展规划,制定具体规章制度和年度工作计划并组织实施。
2. 组织教学活动、科学研究和思想品德教育,加强社会主义精神文明建设。
3. 拟订学校内部组织机构的设置方案,推荐副校长人选,任免内部组织机构的负责人。
4. 聘任与解聘教师以及内部其他工作人员,对学生进行学籍管理并实施奖励或者处分。
5. 拟订和执行年度经费预算方案,保护和管理校产,维护学校的合法权益。
6. 主持校长办公会议和校务会议。
7. 章程规定的其他职权。

第十三条　副校长协助校长分管部分行政工作。

第十四条　校务委员会即校务会是学校行政工作咨询机构。

校务委员会由学校党政领导成员和一定数量的职工代表组成。在一般情况下,由校长兼任校务委员会主任。校务会议根据需要召开,由主任召集和主持。

第十五条　校长办公会是学校日常行政工作决策会议,提交党委批准或讨论决定学校行政工作事宜。校长办公会实行集体讨论、校长决定的体制。

校长办公会由下列人员组成:校长、副校长、副校级调研员、校长助理、校长办公室主任。请校党委书记出席会议。必要时吸收其他校级领导或部门中层领导参加。

校长办公会原则上每周召开一次，由校长负责召集和主持。

校长办公会的决议全校必须执行。

第十六条 实行校、院（系）两级管理体制。各院院长（系主任）全面负责本院（系）行政工作，尊重党总支委员会的政治核心作用，注意与党总支书记密切配合，做好本院（系）工作。

第十七条 院（系）成立院（系）务委员会，讨论决定本院（系）行政工作重大事宜。院（系）务委员会由系主任、党总支书记、教授代表、副主任、副书记、院（系）办主任组成。院（系）务会议原则上每周召开一次，由院（系）主任负责召集和主持。

院（系）行政工作要发挥教师民主管理作用，增强院（系）务工作透明度。

其他中层业务部门参照此办法执行。

第十八条 行政处级单位为行政工作职能部门，根据职责范围，履行行政职责，完成行政工作任务。

第十九条 各后勤服务实体逐步实行社会化。

第二十条 设立学术委员会等若干专门委员会。各委员会原则上由校级领导任主任，由有关中层领导或专业人员组成，决定有关重大事宜。

各委员会成员任期3年。

学校设立学术委员会，审议学科、专业设置，教学、科学研究计划方案，评定教学、科学研究成果等有关学术事项。

学校设立学位委员会，审议评定学士、硕士、博士学位。

第二十一条 学校通过以教师为主体的教职工代表大会组织形式，依法保障教职工参与民主管理和监督的权利，维护教职工合法权益。

教职工代表大会每4年举行一次，代表大会闭会期间由大会选举的常设主席团履行职责，日常工作机构为校工会委员会。

第二十二条 由校长负责行政中层和科级领导干部聘任，在实行中既体现党管干部的原则，又体现公开、公正、竞争、择优的原则。

行政处级、科级领导干部聘期3年。

第二十三条 行政管理部门领导干部实行任职时限制，在同一单位同一岗位任职时间最多不超过6年。

第二十四条 实行行政中层领导干部目标责任制。由学校提出其任期内工作目标，经校长审核同意后，双方签订责任书。中层领导没完成责任目标者，校长有权解聘。

第二十五条 学校内设机构的增设和撤销、人员编制由校长领导下的编制委员会负责。人员经费实行预算单列、定额拨付、总量控制。

第二十六条 实行依法治校。各行政管理部门和各基层单位要建立健全规章制度,使行政管理工作走上法制化、规范化、科学化轨道。各单位要认真完成职责范围内各项工作。

第二十七条 设立行政督查室。围绕行政中心工作进行督查和调研。

第二十八条 充分发挥民主党派作用,各方面要大力支持民主党派工作。

第三章 教育教学、科研和后勤服务

第二十九条 学校发展规模依社会需要而定。"十五"期间暂定为12000人。

第三十条 学校依法实施的高等教育,包括学历教育和非学历教育。
学校实施的高等教育采用全日制和非全日制的教育形式。

第三十一条 学校的学历教育采取以本科教育为主,努力发展研究生教育的方针。
依法执行各学历层次的学业标准。
依法执行各层次的基本修业年限的有关规定。

第三十二条 依法执行各学历层次的学生的入学资格的规定。

第三十三条 依法执行学历证书或者其他学业证书制度。

第三十四条 依法实行学位制度。学位分为学士、硕士、博士等。

第三十五条 学校承担实施继续教育的工作。

第三十六条 不断深化教育教学改革。实施"四师"素质教育工程,培养学生具有无私奉献的师魂,全面发展的师观,热爱学生的师德,教书育人的师能。以培养创新精神和实践能力为重点,全面实施素质教育,把德育、智育、体育、美育等有机地统一在教育活动的各个环节中,使学生"知识、能力、素质"协调发展,全面提高教育教学质量。

第三十七条 加强和改善德育工作和思想政治工作。通过政治理论课的学习和社会实践等途径,使学生树立正确的世界观、人生观、价值观。

第三十八条 教学是学校经常性的中心工作,学校的其他各项工作必须服从、服务于教学工作。

第三十九条 要制定科学的教学计划,教学计划确定后必须认真执行,不得随意更改。教学大纲是进行教学的重要依据,教师必须按大纲要求完

成教学任务,并以教学大纲为尺度检查教学活动和考核学生成绩。

第四十条 调整和改革传统的课程体系。探索试行国家课程、地方课程和学校课程合理结合的课程体系。各门课程必须按教学大纲的要求选择教材,尽量选用全国统编教材和国家教育部推荐教材,采用自编教材必须向教务处申报,主管校长批准,否则不准使用。

第四十一条 课堂教学是完成教学任务的主渠道,教学管理部门和教学单位要加强课堂教学管理,保证课堂教学质量。

第四十二条 教育实习、社会调查、生产劳动、毕业论文以及国防教育、军事训练是教育教学重要环节,要精心组织、认真落实,保证达到预期目的。

第四十三条 为保证教学质量,学校实行督教督学制度、听课评课制度、教学检查和教学质量评估制度。

设立校级督教、督学组织,负责监督检查全校日常教学活动,督教、督学的检查结果作为考核教师、评选教学工作优秀系的重要依据。

第四十四条 各教学单位和教学管理部门要努力开展教学研究活动。学校鼓励、支持教师个人和集体进行教改立项。

第四十五条 课程建设是学科建设和专业建设的基础,各教学单位和教学管理部门要高度重视课程建设,学校每年拨出一定经费用于课程建设。每2年学校组织一次校优课程评选和省优课程推荐工作。

第四十六条 各教学单位要重视教研室建设,要选派教学水平高、领导能力强的教师担任教研室主任。要明确教研室的职责范围,建立教研室活动制度,充分发挥教研室的作用。

第四十七条 要积极组织和引导学生开展第二课堂活动,审查、批准和扶植、支持学生建立有益于提高大学生素质和创新思想、实践能力的各类社团活动。教师组织指导社团活动的情况,纳入教师考核指标体系。

第四十八条 学校按照国家有关规定,自主开展与境外高等学校之间的科学技术文化交流与合作。

第四十九条 积极开展科研活动,学校设立专门科研机构从事科研工作,鼓励科技进步和科技创新,鼓励多出研究成果。对规定期限内没有科研立项或研究成果,达不到责任目标的科研机构,学校将予以撤销。

第五十条 学校鼓励和支持教师争取科研项目和科研经费,并实行奖励制度。

第五十一条 学校依法自主设置和调整学科、专业,专业设置要合理。

第五十二条 重视重点学科建设,集中一定的人力、物力、财力,把重点学科建设好,形成我校"拳头"学科。

第五十三条 学报编辑部要努力做好刊物的组稿、审稿、印刷、发行等工作,提高刊物的质量和档次。

第五十四条 后勤部门要牢固树立为教学服务的思想,提高工作质量,做好服务育人工作。

第五十五条 落实高校后勤改革精神,积极运作,稳步推进,最终与学校规范分离,实现社会化的改革目标。

第四章 教师和其他教育工作者

第五十六条 在我校受聘的教师、管理人员和教学辅助人员及其他工作人员要热爱党、热爱社会主义祖国,遵守宪法、法律,恪守职业道德,忠诚于人民的教育事业,不断提高思想政治素质、业务素质和道德素质。

第五十七条 教师处于育人主导地位,全校都要尊重和爱护教师,热心为教师服务,保护教师合法权益,采取措施改善教师的工作条件和生活条件。

第五十八条 实行教师资格制度,任教者必须持证上岗,没有教师资格者不能从事教学工作。

第五十九条 在我校受聘的教师一般应有硕士以上或相当于硕士学历。否则,不能评定讲师以上职称。

第六十条 坚持实事求是、科学设岗、坚持标准、保证质量、量化考核、择优晋升的原则。

第六十一条 实行教师聘任制。教师经评定具备任职条件的,由我校按照教师职务的职责、条件和任期聘任。在遵循双方平等自愿的原则下,由校长与受聘教师签订聘任合同。

第六十二条 创建一流教师队伍,树立一流大学本质上就是一流教师的观念。以机制留人、事业留人、待遇留人、感情留人。不求所有,但求所用。吸引人才,留住人才。

第六十三条 实行教师工作量制度。教师要完成学校规定的教学或科研工作量,因个人原因连续2年不能完成工作量者,学校予以解聘。

第六十四条 加强教师培训工作,鼓励中青年教师考取硕士、博士研究生,对取得硕士、博士学位的教师,学校给予一定的优惠待遇。

第六十五条 学校实行与青年教师服务年限签订合同制度,双方必须履行合同规定的内容,违约方必须承担责任。

第六十六条 行政管理人员和后勤服务人员要加强职业道德修养,平等待人,热心服务,讲究工作效率,提高管理水平和服务质量。

第六十七条 加强勤政、廉政建设。各级领导干部和其他人员要勤政廉洁,奉公守法。

第六十八条 学校定期对教职工的政治思想、业务水平、工作态度、工作业绩、科研成果等情况进行考核,根据考核结果实施聘任、晋级和奖惩。

第六十九条 实行教职工退休、转岗、待岗制度,按上级文件规定办理教职工退休手续,因工作需要可以转岗,对落聘和其他原因没有岗位的教职工实行待岗。待岗人员统一由学校人才交流中心管理,因个人原因不能上岗的按学校有关规定执行。

第七十条 学校支持教师进行教育教学改革,鼓励教师开拓新学科、新领域。对在教育教学、科学研究、教学改革、管理服务等方面做出突出成绩的教职工给予表彰和奖励,对违纪教职工进行处罚。

第五章 学生

第七十一条 学校为在校生提供平等的受教育机会,学生的合法权益受法律保护。

第七十二条 学生要努力学习马克思主义、毛泽东思想、邓小平理论,树立爱国主义、集体主义和社会主义思想。遵守法律、法规,遵守学生行为规范和学校各项规章制度,尊敬师长,刻苦学习,增强体质,具有良好的思想品德,掌握较高的科学文化知识和专业技能,具有创新能力、实践能力和创业精神。

第七十三条 学生必须参加学校教育教学计划安排的各种活动,按规定使用教育教学设施、设备、图书资料等,有关方面要予以保障。

第七十四条 设立专业奖学金。由学校奖学金评定委员会评定,奖学金的发放要体现奖励先进的原则,拉开档次。奖学金的评定要公开、公正,根据学生的品学表现评定。

第七十五条 学生应当按照国家和省规定缴纳学费等各种费用。学校为学生提供助学借款指导和服务。学校做到不使一个学生因经济困难而辍学。

第七十六条 学生在课余时间可以参加社会服务和勤工助学活动,但不得影响学业任务的完成。对学生的社会服务和勤工助学活动给予鼓励和支持,并进行引导和管理。

第七十七条 经有关方面批准,学生可以在校内组织学生社团组织,在法律、法规规定的范围内开展社团活动,服从学校的统一领导和管理。

第七十八条 学生思想品德合格,在规定的修业年限内学完规定的课程,成绩合格者,准予毕业,发给相应的毕业证书和学位证书。

在执行学时制的同时试行学分制或弹性学制,可适当延长学时或缩短学时;在完成主修课学习任务同时支持学生选修其他课程,成绩合格颁发相应的结业证书。

学校为毕业生、结业生提供就业指导和服务。

第七十九条 对学生德智体诸方面进行考核,对表现突出的学生给予表彰和奖励,对违纪学生按规定给予处罚。

第六章 经费

第八十条 建立以财政拨款为主并通过其他多种渠道筹措教育经费的体制。学校接受企业事业组织、社会团体及其他社会组织和个人向学校的合法经费投入。

学校鼓励各单位通过合法渠道创收,增强办学实力。在这方面,学校建立奖励机制。

第八十一条 认真贯彻执行财务方面的法律法规制度,贯彻执行会计法,结合学校实际制定交内规章制度和管理办法,规范学校内部财经制度。实行一级财务管理体制,编制学校综合财务收支计划,统收统支。会计实行委派制度。

第八十二条 实行财务审批制度,日常财务支出由校长审批或由校长委托审批。大型设备购置,大额经费支出由校长办公会决定。学生收费必须按国家规定执行。各处级单位包干经费由行政主要负责人审批。

第八十三条 实行财务审计监督制度。审计处代表学校每年对学校收支情况、企业经营状况、承包单位、企业化管理单位和有创收单位的财务进行审计,对万元以上工程预决算进行审计。建立财务、审计报告制度。

第八十四条 学校资产由学校统一管理,建立健全国有资产管理制度和办法,实行财产定期清查制度,维护国有资产的安全与完整。

第七章 奖励和处罚

第八十五条 对获得上级奖励的教职工实行奖励制度,对大课题、大论文、大著作、大称号实行重奖。

第八十六条 设立"优秀教师"奖、"先进工作者"奖和"先进集体"奖,对获奖的个人和集体授予荣誉称号,颁发奖金。

以上奖励为学校综合奖,每2年评选一次,由人事处会同校工会组织评定。

第八十七条 设立教学成果奖,奖励分为校、省、国家三级,每2年学校评选一次,每4年评选推荐省级和国家级奖励,由教务处组织评定和推荐。

第八十八条 设立单项奖:

1. 教学工作优秀系,每4年评选一次,由教务处组织评定。
2. 教书育人先进集体和个人,每3年评选一次,由党委宣传部会同校工会组织评定。
3. 课堂教学优秀奖,每年评选一次,由教务处会同督教、督学组评定。
4. 群团组织设立的奖励,由群团组织实施。

第八十九条 设立科技进步奖和社会科学优秀成果奖,每2年评选一次,由科研处组织评定。

第九十条 设立先进班级、三好学生、优秀学生干部奖,每学年评选一次,由学生处组织评定。学生参加省以上各种比赛获奖的集体和个人,学校给予奖励,由学生处会同有关方面实施。

第九十一条 根据有关法律、法规、规章制度对违反行政纪律的教职工实行处罚。行政处分分为警告、记过、记大过、降级、撤职、开除,由监察处会同人事处实施并给予相应的经济处罚。

第九十二条 根据学籍管理规定对违纪学生实行处罚。行政处分分为警告、严重警告、记过、留校察看、勒令退学、开除学籍。警告、严重警告、记过处分,由系主任批准;留校察看处分由基层呈报,学生处审核,主管学生的校领导批准。勒令退学、开除学籍由基层呈报,学生处审核,校长办公会批准。

第九十三条 实行留降级学生交培养费制度。

第九十四条 实行教职工和学生申诉制度。教职工和学生被处罚不服者,可以向学校申诉委员会提出申诉。学校申诉委员会受理后,要详加核实、公正裁决。

第八章 附则

第九十五条 本章程由校长办公会提交教代会通过,校党委审批后予以公布实施。本章程由校长办公会负责修改,提交教代会审议,报校党委批准后公布实施。

第九十六条 各部门各单位根据本章程制定具体实施细则。
第九十七条 本章程由校长办公会负责解释。
第九十八条 本章程自 2002 年 6 月 1 日开始施行。

（据 http://www.jlnu.edu.cn/xxgk/xxzc.html，最后访问于 2011 年 2 月 20 日。）

四编

台湾大学组织规程

2007年8月1日生效
2011年2月11日核定

第一章 总则

（订定依据）
第一条 "国立"台湾大学（以下简称本大学）依"大学法"第三十六条规定，订定"国立"台湾大学组织规程（以下简称本规程）。

（宗旨）
第二条 本大学以追求真理、研究学术、培育人才、提升文化、服务人群为宗旨。

（分设校区、分校、分部）
第三条 本大学得视需要分设校区、分校、分部。

（大学系统）
第四条 本大学经校务会议之决议，得与其他大学校院组成大学系统或成立跨校研究中心。

依前项规定成立之大学系统或跨校研究中心，跨校大学系统之组织及运作等事项，由本大学与参与之大学校院共同订定，经校务会议通过，报"教育部"核定后施行。跨校大学研究中心之组织及运作等事项，由本大学与参与之大学校院共同订定，经校务会议通过，报"教育部"备查后施行。

（大学合并）
第五条 本大学经校务会议之决议，得与其他大学校院合并。

前项合并计划应由本大学与拟合并之大学校院共同订定，经校务会议通过，报"教育部"核定后施行。

第二章 组织

第一节 校长、副校长

(校长职掌、资格、任期)

第六条 本大学置校长一人,综理校务,负校务发展之责,对外代表本大学。

校长之资格,依有关"法律"之规定,并得由外国人担任之,不受"国籍法"及"就业服务法"有关国籍及就业规定之限制。

校长任期四年,得续任二次,任期由八月一日或二月一日起聘为原则。

(校长选任、续任程序)

第七条 新任校长应依本规程之规定,组成校长遴选委员会遴选产生,并报请"教育部"聘任之。续任之校长,应于任期届满一年前由校务会议议决是否同意其续任。

校长任期届满,不拟续任者,应于任期届满十四个月前向校务会议表示,并依本规程之规定,办理新任校长遴选事务。拟续任者,应于任期届满十四个月前,报请"教育部"进行评鉴。

校务会议开会讨论续任同意案前,校长应向校务会议提出书面校务绩效报告,并应回避续任同意案之讨论及表决。

校长第一次续任案,应有校务会议代表总额过半数之同意,第二次续任案,应有代表总额三分之二以上之同意,始为通过。校长未获同意续任时,应即依本规程规定办理新任校长遴选事务。

校务会议议决校长续任同意案时,应参考"教育部"评鉴之结果。

本规程修正施行前已聘任校长之续任,应依本规程之规定为之。

(校长遴选委员会)

第八条 本大学校长遴选委员会,应于校长任期届满十个月前或因故出缺后二个月内成立。

校长遴选委员会置委员二十一人,由校务会议推选之学校代表九人、学校推荐之校友代表及社会公正人士九人、"教育部"遴派之代表三人组成,主席由委员互选产生之。委员会组织及运作要点,由校务会议另订之。

校长遴选委员会应于校长任期届满日之三个月前或出缺后七个月内,完成校长遴选程序。

（校长报告义务）

第九条 校长应于就任后之该学期校务会议，提出四年工作计划。就任后之第二学年起，应于每学年第一学期之校务会议提出年度报告。

（校长去职、出缺代理及重新遴选）

第十条 校长有重大违法失职情事者，得由校务会议代表四分之一以上之联署提出解聘案，经校务会议代表总额四分之三以上出席，出席代表三分之二以上同意通过，报请"教育部"解聘之。

校长因故出缺或依前项规定经"教育部"解聘时，依校长职务代理人顺位代行校长职权，且报"教育部"核定，并应即组成校长遴选委员会，依本规程办理校长遴选。

新任校长不能就任时，依校长职务代理人顺位代行校长职权，且报"教育部"核定，并由原遴选委员会继续办理新任校长遴选事宜。

（副校长人数、资格、聘期及去职）

第十一条 本大学置副校长二至三人，由校长聘任之，襄助校长处理校务。

副校长应具备本大学专任教授之身分。

副校长之任期以配合校长任期为原则。

副校长应于新任校长就任时去职，不受任期之保障或限制。

第二节 学术单位

（学院、学系（科）、研究所及学位学程）

第十二条 本大学分设学院、学系（科）、研究所，并得设跨院、系（科）、所之学位学程，其设置详如本规程附表一"'国立'台湾大学学院、学系（科）、研究所及学位学程组织系统表"。

（学院、学系（科）、研究所及学位学程组织之变动）

第十三条 本大学增设、变更、合并或停办学院、学系（科）、研究所或学位学程，应经校务会议之决议，并报请"教育部"核准后为之。本规程附表一应于"教育部"核定后随同变更，并送校务会议备查。

学院、学系（科）、研究所或学位学程之增设、变更、合并或停办之申请程序，由教务处拟订办法，经校务会议通过后施行。

（学院、学系（科）、研究所、学位学程主管与职员）

第十四条 学院置院长一人，综理院务；学系（科）置主任一人，办理系（科）务；单独设立之研究所置所长一人，办理所务。学位学程置主任一人，办理学位学程事务。

学院、学系（科）及研究所依本大学员额编制表配置职员。

（学院、学系（科）、研究所、学位学程及其他学术单位副主管设置标准）

第十五条 各学院符合下列条件之一者,得经校长之核可,置副院长一人：

一、学院系（科）、所总数四个以上。

二、学院所属专任教师一百人以上。

三、学院学生总数一千人以上。

各学院除符合第四款规定条件者外,符合下列任二款条件者,得再增置副院长一人：

一、学院所属系（科）、所总数八个以上。

二、学院所属专任教师二百人以上。

三、学院学生总数三千人以上。

四、因院务繁重或其他特殊情形,经行政会议认定为必要者。

学系（科）、研究所或学位学程符合下列条件之一者,得经校长之核可,置副主任或副所长一人：

一、学系（科）、研究所或学位学程所属专任教师三十人以上。

二、学生总数五百人以上。

三、因学务繁重或其他特殊情形,经行政会议认定为必要者。

学系（科）、研究所或学位学程所属专任教师六十人以上,学生总数一千人以上,得再增置副主任或副所长一人。

学院、学系（科）、研究所或学位学程依前四项规定设置副主管,因情事变更而不符设置之条件者,经校长核定,自次学年起停置副主管。

非属学院之教学单位、进修推广部或校级研究中心确因业务繁重或其他特殊情形,得经行政会议通过置副主管一人。

本条副主管设置及变更,应修正本大学员额编制表,报送"教育部"核定后为之。

（学院院长选任）

第十六条 学院院长由各学院组成选任委员会,公开征求推荐人选后,选任新任院长,报请校长聘兼之。

新设立之学院院长,由校长聘兼之。

学院院长应具备教授资格。

学院院长任期以三年为原则,得续任一次。续任应经学院内具选举资格教师、院务会议代表之一定人数决议或依其选任办法规定程序,报请校长续聘之。

学院院长因重大事由经学院内具选举资格教师或院务会议代表之一定人数决议后,得由校长于任期届满前免除院长职务。

学院院长选任、续聘、解聘之程序、选任委员会组织运作及其他遵行事项，应依上开各项规定于学院院长选任办法定之。其办法由学院院务会议订定，经行政会议通过后施行。

（学系（科）与研究所主管选任）

第十七条 学系（科）主任与研究所所长，由各学系（科）与研究所组成选任委员会，选任新任系（科）主任与所长，报请学院院长转请校长聘兼之。

新设立之系（科）主任、研究所所长，由学院院长报请校长聘兼之。

系（科）主任、所长应具备副教授以上资格。

系（科）主任、所长任期以三年为原则，得续任一次。续任应经学系（科）、研究所内具选举资格教师、系（科）所务会议代表之一定人数决议或依其选任办法规定，按行政程序报请校长续聘之。

系（科）主任、所长因重大事由经学系（科）、研究所内具选举资格教师或系（科）、所务会议代表之一定人数决议后，得由院长陈报校长于任期届满前免除其聘兼职务。

系（科）主任、所长之选任、续聘、解聘程序、选任委员会组织运作及其他遵行事项，应依上开各项规定于其选任办法定之。其办法由系（科）、所务会议订定，经学院院务会议通过后施行。

（学位学程主任选任）

第十八条 学位学程主任由校长自共同设立学位学程之学院、学系（科）、研究所之院长、副院长、系（科）主任、所长或共同教育中心、体育室主任中择一聘兼之。

学位学程主任任期以三年为原则，得续任一次。续任由校长经征询程序后续聘之。

学位学程主任因重大事由，得由校长于任期届满前免除其聘兼职务。

（学院、学系（科）、研究所、学位学程副主管选任）

第十九条 学院副院长、学系（科）副主任、研究所副所长及学位学程副主任分别由该院长、系（科）主任、所长及学位学程主任提请校长聘兼，其续聘之程序亦同，并应随同该院长、系（科）主任、所长及学位学程主任去职。

副院长、系（科）副主任、副所长及学位学程副主任因重大事由，得由该院长、系（科）主任、所长或学位学程主任于任期届满前提请校长免除其聘兼职务。

（进修推广部设置）

第二十条 本大学设进修推广部，其组织办法由校务会议另订之。

第三节　行政单位

（行政单位）

第二十一条　本大学设置下列行政单位、主管：

一、教务处：置教务长一人、副教务长二人，掌理招生、注册、课务、师资培育、教学发展及其他教务事项。

二、学生事务处：置学生事务长一人、副学生事务长一至二人，掌理学生生活辅导、课外活动指导、军训、学生就业辅导、侨生辅导、卫生保健及医疗、心理辅导、学生活动中心管理、学生住宿服务及其他辅导事项。

三、总务处：置总务长一人、副总务长一至二人，掌理文书、事务、出纳、营缮、保管、采购、经营管理、教职员住宿服务、警卫安全及其他总务事项。

四、研究发展处：置研发长一人、副研发长一至二人，掌理学术研究之规划、推动、研究计划、技术移转、产学合作及其他研究发展相关事项。

五、国际事务处：置国际事务长、副国际事务长各一人，掌理国际合作交流事务之统筹管理、外籍生之招生及辅导、外籍聘任人员之协助等事项。

六、财务管理处：置财务长一人，掌理财务规划、资金调度、募款及新事业开发、管理、投资等事项。

七、图书馆：置图书馆长一人、副馆长二人，办理搜集典藏教学研究资料，提供资讯服务等事项。

八、秘书室：置主任秘书一人，办理议事、公共关系、校友联络及综合业务等事项。

九、会计室：置会计主任一人，办理岁计、会计及统计事项。

十、人事室：置主任一人，办理任免、考训、退抚保险及其他人事业务事项。

十一、计算机及资讯网路中心：置主任一人，负责提供教学、研究、行政等所需之计算机设备、网路及通讯服务等事项。

十二、出版中心：置主任一人，负责出版学术著作及期刊业务等事项。

十三、环境保护及职业安全卫生中心：置主任一人，负责环境保护、职业安全及职业卫生等业务事项。

本大学因协助教学、研究、推广业务之需要，得经校务会议决议设各种行政中心。

（行政单位主管、副主管之选任、资格）

第二十二条　前条第一项所定之行政单位主管，除会计室会计主任、人事室主任外，由校长遴聘教师或研究人员兼任之。但图书馆馆长、秘书室主任秘书亦得自职员中择派之。

会计室及人事室主任之派任,依相关"法令"之规定办理。

行政单位副主管由该单位主管自教师、研究人员或职员中择定,报请校长聘兼或派任之,并应随同主管去职或改派。

（行政单位主管任期与去职）

第二十三条 由校长聘（派）兼之行政单位主管,除经校长予以免兼外,任期四年,得连任一次。

校长卸任时,教务长、学生事务长、总务长、研发长、国际事务长、财务长应于新任校长就职时,提出辞呈。

（行政单位之分组）

第二十四条 本大学各行政单位得分组办事。各组置组长一人,职员若干人,其分组名称、分工、人员资格等,另以"'国立'台湾大学行政单位组织运作要点"订定,经行政会议通过,并送校务会议备查。

组长由校长聘请助理教授以上之教学或同级以上之研究人员兼任,或由职员担任之。

第四节　附设机构、非属学院之教学单位、研究中心、馆、所、委员会

（本大学及学院之附设机构）

第二十五条 本大学及学院设置之附设机构如附表二"'国立'台湾大学及学院附设机构组织系统表"。

本大学及学院增设、变更或停办附设机构,应经校务会议之决议,并报"教育部"核定后为之。本规程附表二应于"教育部"核定后随同变更,并送校务会议备查。

本大学及学院附设机构之组织规程,除"法律"另有规定外,由校务会议订定之。

（附设机构主管之聘任）

第二十六条 本大学及学院之附设机构各级主管,依各该附设机构组织规程规定聘任之。

（非属学院之教学单位）

第二十七条 本大学设共同教育中心为非属学院之教学单位,置主任一人,教师、职员若干人,负责本大学通识教育课程之规划、审核,共同必修课程之审核及体育教学等相关事项。

因应体育教学与研究、体育活动、体育场地设备管理及其他体育事项之需要设体育室,置主任一人,教师、运动教练、职员若干人。

非属学院之教学单位于必要时,得依相关"法令"之规定,经校长核可后增置副主任。

（非属学院之教学单位主管与副主管之选任、资格及聘期）

第二十八条　非属学院之教学单位主任，由校长自本大学专任副教授以上教师中择聘之；副主任由该单位主管于教师中择一报请校长聘兼之。

主任任期四年，得连任一次。

副主任应随同非属学院之教学单位主任去职。

（研究中心、馆、所、委员会）

第二十九条　本大学及学院设置之研究中心、馆、所、委员会如附表三"'国立'台湾大学及学院研究中心、馆、所、委员会组织系统表"。

本大学经校务会议之决议，得增设、变更或停办各种校级研究中心。

研究中心、馆、所、委员会各置主任、馆长、所长、主任委员一人。必要时，得依相关"法令"之规定，经校长核可后增置副主管。

学院所属研究中心、馆、所、委员会应受相关学院院长指挥监督。

（研究中心、馆、所、委员会主管与副主管之选任、资格及聘期）

第三十条　校级研究中心主任由校长自本大学专任副教授以上教师或相当等级之研究人员中择聘之；副主管由该中心主任于教师或研究人员中择一报请校长聘兼之。

学院级研究中心、馆、所、委员会之主任、馆长、所长、主任委员，由学院院长自本大学专任副教授以上教师或相当等级之研究人员中择一送请校长聘兼之；副主管由该主管于教师或研究人员中择一送请院长报请校长聘兼之。

副主管应随同主管去职。

（附设机构、非属学院之教学单位、研究中心组织运作办法核定程序）

第三十一条　附设机构、非属学院之教学单位与研究中心、馆、所、委员会之组织运作办法，除"法律"另有规定外，应经行政会议通过，并送校务会议备查。

（非属学院之教学单位、研究中心之分组）

第三十二条　本大学非属学院之教学单位、校级研究中心得分组办事。各组置组长一人，职员若干人，其分组名称、分工、人员资格等，另以"'国立'台湾大学行政单位组织运作要点"订定之，经行政会议通过，并送校务会议备查。

（依"法"应设相关委员会）

第三十三条　本大学依"法令"规定，设各种委员会。

第五节 职员

（职员配置）

第三十四条 本大学各单位组织依员额编制表配置职员。

教职员员额编制表应依相关"法令"之规定，报请"教育部"核定后实施，职员员额编制表并函送"考试院"核备。（第2项"考试院"核备修正文字：本校教职员员额编制表另定并报请"教育部"核定后实施，职员员额编制表应函送"考试院"核备。）

（职员职称）

第三十五条 本大学各单位所置职员，其职称如下：

一、一般人员：主任秘书、馆长、主任、会计主任、专门委员、编纂、秘书、技正、组长、主任（分馆）、编审、专员、辅导员、社会工作师、组员、社会工作员、技士、兽医师、助理员、技佐、办事员、事务员、书记。

二、医事人员：医师、药师、护理师、营养师、医事检验师、物理治疗师、职能治疗师、医事放射师、谘商心理师、临床心理师、护士。（"考试院"核复：二、医事人员：医师、药师、护理师、营养师、医事检验师、物理治疗师、职能治疗师、咨商心理师、临床心理师、护士。）

运动教练、稀少性科技人员及专门职业"法律"所定专业人员之聘用，得不受前项职称之限制。稀少性科技人员应依公立大专校院稀少性科技人员遴用资格办法第十条第二项"本办法2001年8月2日修正施行后，公立大专校院不得再进用资讯科技人员；其于修正施行前已进用之现职资讯科技人员，得继续留任至其离职为止，其升等仍依本办法原规定办理。"规定办理。

第一项所定职称之职等，依"考试院"所定职务列等表规定。

本大学各级附设机构职员职称，依其组织规程订定之。

第三章 会议

第一节 校务会议

（校务会议组成）

第三十六条 本大学设校务会议议决校务重大事项。校务会议由校长、副校长、教务长、学生事务长、总务长、研发长、学院院长、系所及非属学院单位主管代表、教师代表、研究人员代表、助教代表、职员代表、工友代表及学生代表组成之。

前项各类代表之名额如下：

一、系所及非属学院单位主管代表：由学院及非属学院单位各推派所属系所主管或单位主管总额之三分之一出任。如有小数，四舍五入计至整数。

二、教师代表：应为校务会议代表总额之二分之一。由各学院及非属学院单位之教师，依各学院、非属学院单位之教师总额比例选举产生。

三、研究人员代表一人。

四、助教代表一人。

五、职员代表八人。

六、工友代表一人。

七、学生代表：应为校务会议代表总额十分之一。除学生会会长、学生代表大会议长、研究生协会会长为当然代表外，其余名额由各学院及进修推广部学生会会长中产生，若尚有学生代表法定名额，由学生事务处订定办法选举产生。

系所及非属学院单位主管代表之推派及教师代表之推选办法，由各学院院务会议、非属学院单位订定之。但系所主管代表之推派与教师代表之推选，以每教学单位至少一人为原则。

本条所称之非属学院单位，指共同教育中心、体育室、凝态科学研究中心、师资培育中心。

教师代表中具备教授或副教授资格者，应占教师代表总额三分之二以上。

校务会议代表总额，应为符合第二项规定之最小额。

（校务会议代表产生方式及任期）

第三十七条　校务会议之教师代表分别依各学院教授、副教授、助理教授及讲师之人数，按比例分配各学院，由各学院教师选举产生，任期一年，得连任二次。

非属学院之教师代表由非属学院之教师，依前项所定程序产生，任期一年，得连任二次。

研究人员代表由全校研究人员（含附设机构）经选举产生，任期一年，得连任二次。

助教代表由全校助教经选举产生，任期一年，得连任二次。

职员代表及工友代表分别由全校职员及工友经选举产生，任期一年，得连任二次。

学生代表之产生方式依前条规定，除学生自治团体代表外，其余学生代表任期一年，得连任二次。

（校务会议之召开）

第三十八条 校务会议由校长召开,每学期应至少召开二次。

校务会议应有校务会议代表总额过半数出席,始得开会。

经校务会议代表五分之一以上请求召开临时校务会议时,校长应于十五日内召开之。

校务会议之决议,除本规程或议事规则另有规定外,应以出席校务会议代表表决过半数之同意行之。

校务会议议事规则由校务会议另订之。

（校务会议列席人员）

第三十九条 校长得指定相关人员列席校务会议。

（校务会议职权）

第四十条 校务会议审议下列事项：

一、校务发展计划及预算。

二、组织规程及各种重要章则。

三、校区、分校、分部、学院、学系（科）、研究所、学位学程、非属学院之教学单位、研究中心及附设机构之设立、变更、合并与停办。

四、教务、学生事务、总务、研究及其他校内重要事项。

五、有关教学评鉴办法之研议。

六、校务会议所设委员会或专案小组决议事项。

七、会议提案及校长提议事项。

（校务会议下设委员会及专案小组）

第四十一条 校务会议设立之各种委员会及专案小组如附表四"'国立'台湾大学校务会议各种委员会及专案小组系统表"。

校务会议必要时,得经大会之决议,增设或停设各种委员会或专案小组,处理校务会议交办事项。

第二节　其他会议

（行政会议）

第四十二条 本大学设行政会议,由校长、副校长、教务长、学生事务长、总务长、研发长、国际事务长、财务长、学院院长、进修推广部主任、图书馆馆长、秘书室主任秘书、人事室主任、会计室会计主任、计算机及资讯网路中心主任组成之。校长为主席,议决本规程所定事项及其他重要行政事项。

校长于必要时得指定其他单位主管、学生代表或相关人员列席会议。

（学院院务会议）

第四十三条 本大学各学院设院务会议,议决该学院教学、研究及其他有关事项。

学院院务会议之组成、审议事项与议事规则,由各学院订定,经校务会议通过后施行。

(系务、所务及学位学程会议)

第四十四条 各学系(科)、研究所及学位学程设系(科)务会议、所务会议、学位学程会议,议决该学系(科)、研究所、学位学程之教学、研究及系(科)务、所务、学位学程重要事项。

系(科)务会议、所务会议、学位学程会议之组成、审议事项与议事规则,由学系(科)、研究所、学位学程订定,报经所属学院院务会议通过后施行。

因教师纷争或其他特殊事故致系(科)、所务会议不能正常运作,影响该学系(科)、所务发展或师生权益时,校长经咨询该学院院长或相关校级主管之意见,得聘请与该系(科)、所领域相关之教师若干人组成系(科)、所务咨议委员会,以代行该系(科)、所务会议之职权至纷争止息或事故消失为止。

前项系(科)、所务咨议委员会设置办法经本校行政会议通过后施行。

(进修推广部会议)

第四十五条 进修推广部设部务会议,议决该部之重要事项。其组成、审议事项与议事规则,由进修推广部订定,经校务会议通过后施行。

(教务会议)

第四十六条 本大学设教务会议,由教务长、副教务长、学生事务长、学院院长、进修推广部主任、研发长、国际事务长、图书馆馆长、计算机及资讯网路中心主任、学系系主任、学位学程主任、研究所所长、教务分处主任、非属学院之教学单位主任、学生会会长、学生代表大会议长、研究生协会会长、各学院及进修推广部学生会会长组成之,教务长为主席,讨论教务重要事项及教务相关章则。

教务长得邀请其他单位主管或相关人员列席会议。

教务会议由教务长召开,每学期应至少召开一次。

第四章 教师、研究人员分级及聘用

(教师、研究人员分级及聘任)

第四十七条 本大学教师分教授、副教授、助理教授、讲师四级,从事授课、研究及辅导等工作。各级教师之聘任,依相关"法令"规定,经教师评审委员会审查通过后由校长聘任。

本大学教师应依"法令"规定及聘约,履行义务。

违反聘约或相关"法令"规定时,本校或所属单位审酌个案之违反情节,得依本校教师评审委员会设置办法或相关"法令"规定,为下列之处分或处置:

一、解聘、停聘、不续聘或资遣。

二、停止晋薪、停止免评鉴权、停止其参与本校各级委员会或代表之选举权与被选举权,或停止本校各级会议与委员会之出席与表决权。

三、不同意延长服务、担任本校各级教评会委员或各单位行政主管,或停止本校所给予之各种礼遇。

四、停止本校所提供之福利设施,包括停止配给或续借本校宿舍。

五、不同意借调或在外兼职或兼课;不同意休假研究;不同意出国讲学、研究、进修。

六、其他依"法令"规定或聘约约定所得为之处分或处置。

前项除第一项外,有关教师违反聘约或相关规定而为之处分或处置规定,经本校行政会议通过,送校务会议报告后施行。

本大学研究人员分研究员、副研究员、助理研究员、研究助理,从事研究工作,其聘任准用教师规定。

本大学得设讲座,由教授主持,其办法由行政会议订定,经校务会议通过后施行。

本大学为教学及研究工作,得置助教协助之,助教设置、管理及申诉要点,经行政会议通过后施行。

本大学得延聘专业技术人员担任教学工作,其聘任作业要点经行政会议通过后施行。

(初聘、续聘、长期聘任)

第四十八条 本大学教师、研究人员及专业技术人员之聘任分为初聘、续聘、长期聘任三种,其聘任应本公平、公正、公开之原则。

教师之聘期,初聘为一年,续聘第一次为一年,第二次以后均为二年。不予续聘时,应经教师评审委员会审议通过。

教师获长期聘任者,得聘任至年满六十五岁止,各单位另有更严格之规定者,从其规定。长期聘任依相关"法令"之规定。

教师之新聘应于传播媒体或学术刊物公告征聘资讯。

研究人员、专业技术人员之初聘、续聘、长期聘任、解聘、停聘及不续聘,准用教师之规定。

(教师评审委员会)

第四十九条 本大学设校、院、系(科、所、学位学程及非属学院单位)等各级教师评审委员会。

本大学教师之聘任、升等、停聘、解聘、不续聘及资遣原因认定等事项,应经教师评审委员会审议。

本大学各级教师评审委员会之组成方式及运作规定,经校务会议通过后施行。

研究人员评审委员会之组成及运作,准用前项规定。

各级教师评审委员会得依职权或受评审人之申请,给予受评审人陈述意见之机会。

系(科、所、学位学程及非属学院单位)、院、校教师评审委员会关于教师解聘、停聘之裁决,应经全体委员总额三分之二以上委员同意。

(名誉教授致聘)

第五十条　学院、系(科)、所得推荐教学研究贡献卓著之退休教授,聘为名誉教授,其致聘要点经校务会议通过后施行。

第五章　教职员工申诉

(教师申诉)

第五十一条　教师、研究人员、专业技术人员就解聘、停聘、不续聘、不予升等或其他决定不服者,得以书面向教师申诉评议委员会提出申诉。

教师申诉评议委员会组织及运作办法,经校务会议通过后施行。

(职员、工友申诉)

第五十二条　职员就本大学所为之管理措施或有关工作条件之处置认为不当,致影响其权益者,得向职员申诉评议委员会提出申诉。

工友就本大学违反"劳动基准法"及其他劳工"法令"规定,致影响其权益者,得向工友申诉评议委员会提出申诉。

职员、工友申诉评议委员会组织及运作办法,经校务会议通过后施行。

第六章　学生之权利与义务

(学生权利义务)

第五十三条　本大学学生应依"大学法"、"大学法"施行细则、本规程及依本规程所订定之相关规定,享有权利并负担义务。

(学生辅导委员会)

第五十四条　本大学设学生辅导委员会,负责学生事务规章之研修、学生自治团体及社团之辅导,并督导学生奖惩等相关事宜。

前项委员会由校长、副校长、教务长、总务长、学生事务长、各学院院长、进修推广部主任为当然委员,以各学院遴选教师一名、心理学系、社会工作学系各遴选教师一名为委员,与学生会会长、学生代表大会议长、研究生协会会长、各学院及进修推广部学生会会长共同组成之,以校长或校长指定之副校长为主席。

学生辅导委员会得设各种工作小组及委员会,其组织及会议召开等事项,由学生事务处另订办法,经学生辅导委员会、行政会议通过后施行。

学生辅导委员会由校长召开,每学期至少开会一次。

前项各委员会及小组应有学生代表出席。

（学生申诉评议委员会）

第五十五条　本大学设学生申诉评议委员会,处理学生或学生会及其他相关学生自治组织申诉案件,其组织办法经学生辅导委员会通过后施行,并送校务会议备查。

（学生自治团体及学生社团）

第五十六条　本大学学生得依本大学相关规定成立各级学生自治团体及学生社团。本大学学生为各级学生自治团体之当然会员,并依其章程享有权利负担义务。

学生自治团体组织章程由各学生自治团体自行订定,经学生辅导委员会所设相关委员会或小组核备后生效。

本大学各级学生自治团体应依相关办法选举代表出席或列席校务会议,院、系(科)、所务会议,教务会议及其他与学生权益相关之会议。院、系(科)、所务会议应于其组织规则中规定学生之出、列席权利。

（学生自治团体及学生社团经费）

第五十七条　本大学学生自治团体及学生社团经费来源如下：

一、自治团体及社团成员缴纳之会费。

二、学校编列预算补助。

三、其他收入。

前项第一、三款经费之收取、筹募及分配运用,由该自治团体或社团于其组织章程中明订之,由学生事务处辅导并稽核;第二款经费由学生辅导委员会订定办法后,交由学生事务处管理及稽核。

本大学受学生会委请代收会费时,其收取方式、金额、管理及稽核等办法,由学生事务处订定,送学生辅导委员会通过后施行。

第七章　校园安全

（驻卫警察设置）

第五十八条　本大学为维护校园安全及安宁，设置驻卫警察。其设置及管理，由总务处依相关"法令"为之。（本条"考试院"核备删除）

（校园安全维护）

第五十九条　除本大学驻卫警察外，军、警未经校长委请或同意，不得进入校园，但追捕现行犯者，不在此限。

校园安全维护办法，经行政会议通过后施行。

（校园使用）

第六十条　本大学场地之使用，应依本大学或各单位所订场地租借使用办法申请之。

各单位所订场地租借及使用办法，应经行政会议通过后施行。

第八章　附则

（行政中立）

第六十一条　本大学各级行政主管、职员及工友应依"法令"支持教学研究及服务，并秉持行政中立原则执行其职务。

（修正程序）

第六十二条　本规程修正，应由校长或七分之一以上校务会议代表之提议，出席校务会议代表三分之二以上之同意行之。

（过渡条款）

第六十三条　本规程修正通过后，相关办法应即检讨修正。

（生效日期）

第六十四条　本规程经校务会议通过，报"教育部"核定后发布施行。

（据 http://host.cc.ntu.edu.tw/sec/All_Law/1/1-04.pdf，最后访问于2011年2月20日。）

附表一："国立"台湾大学学院、学系（科）、研究所及学位学程组织系统表

（第 12 条附表）

学院	学系（科）	学位学程	研究所
文学院	1 中国文学系 2 外国语文学系 3 历史学系 4 哲学系 5 人类学系 6 图书资讯学系 7 日本语文学系 8 戏剧学系	（含硕士班、博士班） （含硕士班、博士班） （含硕士班、博士班） （含硕士班、博士班） （含硕士班、博士班） （含硕士班、博士班） （含硕士班） （含硕士班）	1 艺术史研究所 2 语言学研究所 3 音乐学研究所 4 台湾文学研究所
理学院	1 数学系 2 物理学系 3 化学系 4 地质科学系 5 心理学系 6 地理环境资源学系 7 大气科学系	（含硕士班、博士班） （含硕士班、博士班） （含硕士班、博士班） （含硕士班、博士班） （含硕士班、博士班） （含硕士班、博士班） （含硕士班、博士班）	1 海洋研究所 　（1）海洋物理组 　（2）海洋地质及地球物理组 　（3）海洋生物及渔业组 　（4）海洋化学组 2 天文物理研究所 3 应用物理学研究所
社会科学院	1 政治学系 2 经济学系 3 社会学系 4 社会工作学系	（含硕士班、博士班） （含硕士班、博士班） （含硕士班、博士班） （含硕士班、博士班）	1 国家发展研究所 2 新闻研究所
医学院	1 医学系 　（1）解剖学暨细胞生物学科（含硕士班、博士班） 　（2）生物化学暨分子生物学科（含硕士班、博士班） 　（3）生理学科（含硕士班、博士班） 　（4）寄生虫学科 　（5）微生物学科（含硕士班、博士班） 　（6）药理学科（含硕士班、博士班） 　（7）社会医学科 　（8）病理学科（含硕士班、博士班） 　（9）内科 　（10）外科 　（11）皮肤科 　（12）泌尿科		1 临床医学研究所 2 毒理学研究所 3 分子医学研究所 4 免疫学研究所 5 医学工程学研究所（与工学院合设） 6 临床药学研究所 7 肿瘤医学研究所 8 临床基因医学研究所

(续表)

学院	学系（科）	学位学程	研究所
医学院	(13) 小儿科 (14) 妇产科 (15) 神经科 (16) 精神科 (17) 眼科 (18) 耳鼻喉科 (19) 放射线科 (20) 检验医学科 (21) 麻醉科 (22) 法医学科 (23) 家庭医学科 (24) 复健科 (25) 骨科 (26) 急诊医学科 (27) 一般医学科 (28) 环境暨职业医学科 2 药学系 3 护理学系 4 医学检验暨生物技术学系 5 物理治疗学系 6 职能治疗学系	（含硕士班） （含硕士班、博士班） （含硕士班、博士班） （含硕士班、博士班） （含硕士班、博士班） （含硕士班、博士班）	
牙医专业学院	7 牙医学系		9 口腔生物科学研究所 10 临床牙医研究所
工学院	1 土木工程学系 2 机械工程学系 3 化学工程学系 4 工程科学及海洋工程学系 5 材料科学与工程学系	（含硕士班、博士班） （含硕士班、博士班） （含硕士班、博士班） （含硕士班、博士班） （含硕士班、博士班）	1 环境工程学研究所 2 应用力学研究所 3 建筑与城乡研究所 4 工业工程学研究所 5 医学工程学研究所（与医学院合设） 6 高分子科学与工程学研究所
生物资源暨农学院	1 农艺学系 2 生物环境系统工程学系 3 农业化学系 4 植物病理与微生物学系 5 森林环境暨资源学系 6 动物科学技术学系 7 农业经济学系 8 园艺学系 9 生物产业传播暨发展学系 10 生物产业机电工程学系 11 昆虫学系	（含硕士班、博士班） （含硕士班、博士班） （含硕士班、博士班） （含硕士班、博士班） （含硕士班、博士班） （含硕士班、博士班） （含硕士班、博士班） （含硕士班、博士班） （含硕士班、博士班） （含硕士班、博士班） （含硕士班、博士班）	1 食品科技研究所 2 生物科技研究所
兽医专业学院	兽医学系	（含硕士班、博士班）	3 临床动物医学研究所

(续表)

学院	学系(科)	学位学程	研究所
管理学院	1 工商管理学系 2 会计学系 3 财务金融学系 4 国际企业学系 5 资讯管理学系	（含硕士班、博士班） （含硕士班、博士班） （含硕士班、博士班） （含硕士班、博士班）	1 商学研究所
公共卫生学院	1 公共卫生学系	公共卫生硕士学位学程	1 卫生政策与管理研究所 2 职业医学与工业卫生研究所 3 流行病学研究所 4 医疗机构管理研究所 5 环境卫生研究所 6 预防医学研究所
电机资讯学院	1 电机工程学系 2 资讯工程学系	（含硕士班、博士班） （含硕士班、博士班）	1 光电工程学研究所 2 电信工程学研究所 3 电子工程学研究所 4 资讯网路与多媒体研究所 5 生医电子与资讯学研究所
法律学院	1 法律学系	（含硕士班、博士班）	1 科际整合法律学研究所
生命科学院	1 生命科学系 2 生化科技学系		1 动物学研究所 2 植物科学研究所 3 分子与细胞生物学研究所 4 生态学与演化生物学研究所 5 渔业科学研究所 6 生化科学研究所 7 微生物与生化学研究所
备注	本表自 2009 年 8 月 1 日生效		

附表二："国立"台湾大学及学院附设机构组织系统表

修正后单位		
层级	附设机构名称	备注
校级		（无）
学院级	"国立"台湾大学医学院附设医院	（医学院设）
学院级	"国立"台湾大学医学院附设癌医中心医院	（医学院设）
学院级	"国立"台湾大学生物资源暨农学院实验林管理处	（生物资源暨农学院设）
学院级	"国立"台湾大学生物资源暨农学院附设动物医院	（生物资源暨农学院设）
学院级	"国立"台湾大学生物资源暨农学院附设农业试验场	（生物资源暨农学院设）
学院级	"国立"台湾大学生物资源暨农学院附设山地实验农场	（生物资源暨农学院设）

附表三："国立"台湾大学及学院研究中心、馆、所、委员会组织系统表

（第 29 条附表）

名称		备注
人口与性别研究中心 凝态科学研究中心 生物技术研究中心 生物多样性研究中心		
文学院	视听教育馆 语文中心	
理学院	全球变迁研究中心 贵重仪器中心	
医学院	光电生物医学研究中心 实验动物中心 癌症研究中心 药物研究中心	
工学院	工业研究中心 地震工程研究中心 附设水工试验所 制造自动化研究中心 船舶技术研究中心 石油化学工业研究中心 纳米机电系统研究中心	（与生物资源暨农学院合设） （与电机资讯学院合设）
生物资源暨农学院	农业陈列馆 农业推广委员会 生物产业自动化教学及研究中心 附设水工试验所	（与工学院合设）
电机资讯学院	电信研究中心 纳米机电系统研究中心	（与工学院合设）
生命科学院	渔业生物试验所 渔业推广委员会	
本表自 2010 年 11 月 15 日生效		

附表四:"国立"台湾大学校务会议各种委员会及专案小组系统表

(第41条附表)

名称	备注
1. 校务发展规划委员会	
2. 经费稽核委员会	
3. 教职员宿舍委员会	
4. 校产清理委员会	
5. 程序委员会	

台湾清华大学组织规程

2011年2月1日生效

第一章 总则

第一条 本规程依"大学法"第三十六条规定订定之,为本大学组织及运作之依据。

第二条 本大学定名为"国立"清华大学。

第三条 本大学以培养学术与品德兼备之人才及促进文化发展与国家建设为宗旨,以自强不息,厚德载物为校训。在尊重学术自由之原则下,从事教学、研究,兼顾社会服务。本大学在"法律"规定范围内享有自治权。

第二章 组织及会议

第四条 本大学置校长一人,综理校务,负校务发展之责,对外代表本大学。

第五条 本大学置副校长一至三人,襄助校长推动校务。

第六条 本大学设下列一级行政单位:

一、教务处:置教务长一人,掌理教务事宜。

二、学生事务处(简称学务处):置学生事务长(简称学务长)一人,掌理学生事务、学生辅导相关事宜。

三、总务处:置总务长一人,掌理总务事宜。

四、研究发展处(简称研发处):置研发长一人,掌理学术研究发展事宜。

五、国际事务处(简称国际处):置国际事务长(简称国际长)一人,掌理国际合作交流事务、外籍学生之招生及协助、外籍聘任人员之协助等业务。

六、秘书处:置主任秘书一人,办理秘书、公关、管考、校友联络、校务基金管理及协调校务发展规划等业务。

七、图书馆：置馆长一人，掌理教学研究资料搜集及提供资讯服务。

八、计算机与通讯中心（简称计通中心）：置中心主任一人，掌理全校教学、研究及行政之计算机与电子通讯支持相关业务。

九、环境保护暨安全卫生中心（简称环安中心）：置中心主任一人，由总务长兼任，掌理校园环境保护、实验场所安全卫生、建筑物安全、消防安全等业务。

十、产学合作营运总中心：置中心主任一人，由研发长兼任，掌理产学合作、智慧财产及技术转移、创新育成等业务。

十一、人事室：置主任一人，依"法"办理人事管理事项，其分组及人员之设置依有关规定办理，所需工作人员，就本校员额内派充之。

十二、会计室：置会计主任一人，依"法"办理岁计、会计及统计事项，其分组及人员之设置依有关规定办理，所需工作人员，就本校员额内派充之。

前项各单位分组（分馆）办事者，或因教学、研究、辅导、推广之需，下设教学、研究中心或其他单位者，各组、中心、单位各置组长或主任一人。

教务处得置副教务长一人；学务处得置副学务长一人；总务处得置副总务长一人；研发处得置副研发长一人，以辅佐各该处主管推动业务。

各单位之组织架构，见本规程附录"'国立'清华大学组织架构表"。

各一级行政单位及其下设单位得视需要置职员若干人。

第七条 本大学设下列一级教学单位：

一、理学院

二、工学院

三、原子科学院

四、人文社会学院

五、生命科学院

六、电机资讯学院

七、科技管理学院

八、共同教育委员会

各学院下设学系、研究所，并得设跨系、所、院之学位学程；各学系、研究所、学位学程得分组教学；共同教育委员会（简称共教会）下设教学及其他相关单位。其名称、组织架构，见本规程附录"'国立'清华大学组织架构表"。

各学院置院长一人，综理院务。

共教会置主任委员一人，综理共同教育业务。

各学系置主任一人，办理系务。

各研究所置所长一人，办理所务。

各学位学程得置主任一人，办理学位学程事务。

共教会下设单位各置主任一人,办理单位事务。

各学院得置副院长一人;学生人数三百人以上或设有硕士及博士班之学系,得置副主任一人。

各一级教学单位及其下设单位得视需要置职员若干人。

第八条 （删除）

第九条 本大学设校务会议,议决校务重大事项,由校长、副校长、教务长、学务长、总务长、研发长、国际长、主任秘书、共教会主任委员、各学院院长、教师代表、研究人员代表一人、职员代表四人、其他有关人员代表一人及学生代表组成。其中经选举产生之教师代表人数,以专任教师人数之十分之一为准,且不得少于全体会议成员之二分之一。

校务会议由校长召开并主持之,每学期至少召开一次;经校务会议应出席人员五分之一以上请求召开临时校务会议时,校长应于十五日内召开之。

校长应于每学年度第一次校务会议前向校务会议提出书面校务年度报告。

第十条 校务会议之教师代表由各学院教师、共教会暨其他教师分别互选产生,任期二年,连选得连任,每年分别改选半数。各学院教师、共教会暨其他教师代表之人数,以按各学院教师、共教会暨其他教师之人数比例分配为原则。教师代表中具备教授或副教授资格者,以不少于教师代表人数之三分之二为原则。

校务会议之研究人员、职员及其他有关人员代表,由各该类人员互选产生,其任期均为一年。

校务会议之学生代表,任期一年,其人数及产生办法于本规程第五章订定之。

校务会议代表未改选前,现任代表之任期得延长至改选完成时终止。

第十一条 校务会议审议与处理下列事项:

一、校务发展计划及预算。

二、组织规程及各种重要章则。

三、学院、学系、研究所、学位学程、处、室、中心、组、其他单位及附设机构之设立、变更与停办。

四、教务、学生事务、总务、研发及其他校内重要事项。

五、有关教师教学、研究、辅导及服务成效之评鉴办法。

六、校务会议所设委员会或专案小组决议事项。

七、会议提案及校长提议事项。

校务会议之议事规则另订之。

第十二条 校务会议设校务发展委员会、校务监督暨经费稽核委员会及议事小组,处理各有关事项,处理经过及结果应于下次校务会议中提出报告。经由选举产生之委员会委员及议事小组成员之任期以配合其校务会议代表之任期为原则,每任至多二年,连选得连任。

校务会议得因需要组成专案小组,处理指定之专案事务。

校务会议各委员会及小组之运作细则,由该委员会或小组分别拟订,经校务会议通过后实施。

第十三条　校务会议每年改选各委员会委员及议事小组成员补足其遗缺。未改选前现任委员会委员及议事小组成员任期得延长至改选完成时终止。

校务会议各委员会委员及议事小组之选举办法另订之。

第十四条　校务发展委员会掌理下列事项:

一、校务发展计划之初审。

二、本校学院、学系、研究所、学位学程、处、室、中心、组、其他单位及附设机构之设立、变更、停办之初审。

三、送校务会议审议之章则之初审。

四、校园建筑及景观规划之审议。

本委员会置委员若干人,以校长为主席,并以副校长、教务长、学务长、总务长、研发长、国际长、主任秘书、共教会主任委员及各学院院长为当然委员,其余委员含大学部学生及研究生代表各一人由校务会议代表选出。经由选举产生之委员人数不得少于委员总人数之二分之一。

第十五条　校务监督暨经费稽核委员会掌理下列事项:

一、校务会议决议执行之监督。

二、校务基金收支、保管及运用之稽核。

三、校长拟续任时,依校务会议决议之方式,办理对校长政绩之意见征询。

四、校长新任、续任及去职案同意投票之办理。

五、学校重要选举、投票程序之监督或公证。

六、学校其他重要行政措施之查询及建议。

本委员会置委员七至十一人,由校务会议选出,委员互选一人为主席。

学校各级主管(含副主管)、掌理总务及会计相关人员、校务发展委员会委员及校务基金管理委员会委员不得担任本委员会之委员。

第十六条　(删除)

第十七条　议事小组负责议案协调,并排定议程。小组成员七人由主任秘书担任召集人,其余六人由校务会议选出。

第十八条　本大学设行政会议,由校长、副校长、教务长、学务长、总务长、研发长、国际长、主任秘书、图书馆馆长、计通中心主任、人事室主任、会计室会计主任、各学院院长、共教会主任委员、各学系主任、各研究所所长、各学位学程主任、各研究中心主任及共教会所属各单位主任组成，校长为主席，议决本校重要行政事项。

第十八条之一　本大学设校务基金管理委员会，掌理有关校务基金收支、保管及运用事项。置委员七至十五人，其设置要点另订之，经校务会议通过后实施。

第十九条　本大学设校、院、系三级教师评审委员会，掌理有关教师教学、研究、服务及辅导成效之评鉴，并审查教师之聘任、聘期、升等、停聘、解聘、不续聘、资遣及其他依"法令"应予审（评）议事项。

校教师评审委员会，由校长指定之副校长一人、教务长、研发长、共教会主任委员、各学院院长、各学院所推选具有教授资格之代表男女各一人、校长圈选共教会及研究人员所推选具教授资格之代表各一人组成，副校长为主席。

共教会及研究人员代表，应由该二类人员先推选代表男女各一人，再由校长视当然委员及学院推选委员性别人数后圈选之。

各级教师评审委员会之运作与分工、各院级及系级教师评审委员会之组成原则，由校教师评审委员会拟订，经校务会议通过后实施。

第二十条　本大学研究人员研究及服务成效之评鉴，研究人员之聘任、聘期、升等、停聘、解聘、不续聘、资遣及其他依"法令"应予审（评）议事项之审查，由教师评审委员会办理。无所属院级或系级教师评审委员会者，应比照同级教师评审委员会之组成原则，另设研究人员评审委员会办理之。

第二十一条　本大学设教师申诉评议委员会，评议有关教师解聘、停聘及其他决定不服之申诉。申诉之范围、要件及本委员会各种裁决之处理方式，由本委员会拟订，经校务会议通过后实施。

本委员会由各学院各推选具教授资格之代表男女各一人（任一性别之教授在三人以下者，不受此限）、共教会推选具教授资格之代表一人、教师会代表一人，并由以上代表共同推选教育学者一人及社会公正人士一人组成之，任期二年，连选得连任，每年改选半数；委员互选一人为主席。学校各级主管（含副主管）、校教师评审委员会委员不得担任本委员会委员；任一性别委员应占委员总数三分之一以上。

申诉人就同一申诉事实如提起司法争讼，应即通知本委员会。委员会于知悉前项情形应即中止申诉案件之评议，于诉讼裁判确定后再行处理。

第二十一条之一　本大学设校课程委员会，规划、研议本校课程之整体架构及原则，协调、审订共同性及跨学院课程。

本委员会置委员十一至十五人，由校长指定之副校长一人、教务长、教师代表及学生代表组成之，以副校长为主席。教师代表由教务长、各学院院长及共教会主任委员各推荐教师二人，由校长就中遴聘之，任期三年。

第二十二条　本大学设教务会议，由教务长、各学系主任、各研究所所长、各学位学程主任、共教会所属各教学单位主任及学生代表组成，教务长为主席，议决学则之订定、学分学程之设置、促进教学水平之各项措施及其他有关教务之重要事项。

第二十三条　（删除）

第二十四条　本大学设学生事务会议，由学务长、各学院主管代表各二人及学生代表组成，学务长为主席，议决有关学生事务上之重要事项。

第二十四条之一　本大学设学生奖惩委员会，由学务长、各学院主管代表各一人、学生代表、相关主管及专家学者三至五人组成，学务长为主席，议决有关学生奖惩之重要事项。相关主管及专家学者之资格及推选办法由学生事务会议定之。

第二十五条　本大学设学生申诉评议委员会，受理学生、学生会及其他相关学生自治组织不服学校之惩处或其他措施及决议事件之申诉。

本委员会由各学院推派教师代表男女各一人（任一性别之教师在五人以下者，不受此限）及学生自治组织推荐学生代表男女各一人组成，教师代表任期二年，互选一人为主席，学生奖惩委员会之成员不得担任本委员会之委员。

学生申诉之范围及程序，本委员会之裁决方式、评议效力及运作细则由本委员会拟订，经校务会议通过后实施。

第二十六条　本大学设总务会议，由总务长、各学院主管代表各二人、共教会主管代表一人、研究中心主任代表一人、职员代表二人及学生代表组成，总务长为主席，议决有关总务之重要事项。

第二十七条　本大学设研究发展会议，由研发长、各学院主管代表各二人、共教会主管代表一人及各研究中心主任组成，研发长为主席，议决各项研究发展重要事项及促进研究水平之各项措施。

第二十八条　（删除）

第二十九条　本大学设图书馆委员会议，由图书馆馆长、各学院教师代表各二人、共教会教师代表一人及学生代表组成，图书馆馆长为主席，议决图书馆之决策及服务相关事宜。

第三十条　本大学设计算机与通讯委员会议，由计通中心主任、各学院教师代表各二人、共教会教师代表一人及学生代表组成，计通中心主任为主席，议决计通中心决策及服务相关事宜。

第三十一条 （删除）

第三十二条 本大学各学院设院务会议，由院长、各学系主任、各研究所所长、各学位学程主任及教师代表组成，院长为主席，议决该学院发展计划、教学、研究及其他有关院务事项。

各学系、研究所设系、所务会议，学位学程设学程会议，教学中心设中心会议，由该系、所、学程、中心之教师组成，主任、所长分别为主席，议决该系、所、学程、中心教学、研究及其他有关事务。于讨论与学生学业、生活相关事项时应邀请学生代表参与，参与方式及代表人数由各系、所、学程、中心订定之。职员参与系务会议、所务会议、学程会议、中心会议之方式由各系、所、学程、中心订定之。

第三十二条之一 本大学设共同教育委员会议，由共教会主任委员、共教会所属各单位主任、各学院代表一人、共同教育教师代表二人及学生代表组成，共教会主任委员为主席，议决共同教育相关事项。

第三十三条 （删除）

第三章 各级主管之资格、产生及去职程序

第三十四条 本大学校长之任期每四年为一任，得续任一次；其聘期原则上配合学期制于二月一日或八月一日起聘。

校长产生及去职之程序如下：

一、新任：

现任校长不续任或因故去职时，于任期届满十个月前或因故出缺后二个月内，组成校长遴选委员会，遴选新任校长。

校长遴选委员会由学校代表六人、校友代表及社会公正人士六人，及"教育部"代表一人组成。除"教育部"代表由"教育部"指派外，其余代表含教授代表六人、校友代表三人、社会公正人士三人，由校务会议推选，其推选方法另订之。遴选委员会之组成应考量性别比例。遴选委员会开会时应邀请职员代表及学生代表各一人列席。

校长遴选委员会本独立自主之精神决定遴选程序，审核候选人资格，提出三位合格候选人，由校务监督暨经费稽核委员会办理全校教授及副教授（以下简称校长同意权人）不记名之同意投票，得同意票达投票总数二分之一（含）以上者即为同意。

若获得同意之候选人未达二人，校长遴选委员会须提出其他合格候选人或重提未获得同意之候选人（部分或全部），送请校务监督暨经费稽核委

员会办理校长同意权人不记名之同意投票,直到获得同意之候选人累计达二人(含)以上。校长遴选委员会由获得同意之候选人中遴选出新任校长,报"教育部"聘任。

二、续任:

校长第一任任期届满一年前由校务监督暨经费稽核委员会征询校长续任之意愿。校长拟续任时,除由"教育部"办理校长续任评鉴外,校务监督暨经费稽核委员会依校务会议决议之方式,办理对校长政绩之意见征询。

"教育部"评鉴报告送达学校后一个月内,校务监督暨经费稽核委员会应将"教育部"评鉴报告及政绩意见征询结果(含校长之回应意见)提供校长同意权人参据,并办理续任同意之不记名投票,得同意票达投票总数二分之一(含)以上者即为同意,报请"教育部"续聘。

续任投票如未获同意,则于一个月内组成校长遴选委员会,遴选新任校长。

三、去职:

校长因重大事由,得经校长同意权人三分之一(含)以上之连署,向校务监督暨经费稽核委员会提出去职案,经校长同意权人进行不记名之同意投票,获同意权人总数二分之一(含)以上同意,即去职案通过,报请"教育部"解聘之。

四、代理:

校长临时出缺,或任期届满而新任校长尚未遴选产生时,由校务发展委员会建议适当代理人选,报"教育部"核定,代理至新任校长产生到任止。

前项校长新任、续任、去职之投票,其票数统计至确定同意或不同意时即告中止,票数不予公开。

第三十五条 本大学副校长由校长遴选具一级行政单位主管、院长或相当资历之教授聘兼之,必要时副校长一人得以契约方式进用校外人士担任。

副校长之任期,以配合校长之任期为原则。校长新任或续任时,得续聘副校长。

本大学副校长因重大事由,得由校长于任期届满前免除其副校长职务。

第三十六条 本大学除学院、学系、研究所主管、副主管之任免另行规定外,其他主管、副主管由校长依相关"法令"规定之程序聘任或任用;主管、副主管因重大事由得由校长于任期届满前免除其主管、副主管职务。

人事室主任、会计室会计主任之任免,依相关"法令"之规定办理。

第三十七条 本大学各学院院长,由各该学院遴选候选人二至三人,由校长就中聘任之。院长候选人之遴选办法,由各学院院务会议拟订,经校长核定后实施。

院长之续聘，由校长经征聘询程序后聘任。院长因重大事由，得由校长于任期届满前免除其院长职务。

副院长由院长推荐教授一人签请校长聘任之，其续任之程序亦同。副院长之任期以配合院长之任期为原则。副院长任期届满前得由院长提请校长免除其职务。

第三十八条　本大学各学系系主任及各研究所所长，由各该系、所遴选候选人二至三人，由院长（或共教会主任委员，以下同）签请校长就中聘任之。专任教授总人数在四人（含）以下之系、所，其系、所主管候选人数得减为一至二人。系、所主管候选人之遴选办法由各学院院务会议（或共同教育委员会议）拟订，经校长核定后实施。

系主任及所长之续聘，由院长经征询程序，提请校长核定后聘任。系所主管因重大事由，得由院长陈报校长核定，于任期届满前免除其主管职务。

学位学程主任之聘任、续聘及解聘由院长提请校长核定。

得设副主任之学系，其副主任由系主任推荐教授或副教授一人，依行政程序签请校长聘任之，其续任之程序亦同。副主任之任期以配合系主任之任期为原则。副主任任期届满前得由系主任依行政程序，提请校长免除其职务。

第三十九条　本大学教务长、学务长、总务长、研发长、国际长、主任秘书、计通中心主任、各学院院长、共教会主任委员、各学系主任、各研究所所长、各学位学程主任、共教会所属各教学单位主任、各研究中心主任须由具备教授资格之教学或研究人员兼任。

图书馆馆长由校长聘请副教授以上教师兼任或由职员担任之。

一级行政单位副主管由校长聘请副教授级以上教学人员或研究人员兼任。

各二级单位主管除第一项规定外，组长由校长聘请助理教授级以上教学人员或研究人员兼任或由职员担任之；主任由校长聘请助理教授级以上教学人员或研究人员兼任。

各级主管（不含副主管）由教师兼任者，均采任期制，每三年为一任，得连任一次。惟各学院院长、各学系主任、各研究所所长、各学位学程主任及其他教学单位主管之任期于学期中届满时，得顺延至该学期结束止。

教务长、学务长、总务长、研发长、国际长、主任秘书、图书馆馆长、计通中心主任、共教会主任委员应于校长卸任时总辞。

第四章　教师、研究人员及职员之分级及聘用

第四十条　本大学教师分教授、副教授、助理教授、讲师四级,其职责为教学、研究、服务及辅导。

本大学各教学单位得视需要聘请兼任教师,其聘任办法由校教师评审委员会订定之。

第四十一条　本大学各级专任教师之初聘,依本大学初聘专任教师作业要点办理,其作业要点由校教师评审委员会拟订经校务会议通过后实施。

本大学专任教师得因工作性质而聘为跨单位合聘教师。合聘教师应有主聘单位,其权利义务之分配及员额之计算由主聘与合聘单位依相关规定商订之。

第四十二条　本大学各级教师之升等,依本大学教师升等审查办法办理,其办法由校教师评审委员会拟订,经校务会议通过后实施。

第四十三条　新任助理教授及讲师于到任后六年内未能升等者,不得再提升等,并于二年后不再续聘;女性因怀孕分娩得延长升等年限,每次以二年为限。

第四十三条之一　本大学对于教师之教学、研究、辅导及服务成效定期进行评鉴,作为教师升等、续聘、长期聘任、停聘、不续聘及奖励之参据。

教师评鉴方法、程序及具体措施等规定由校教师评审委员会拟订,经校务会议审议通过后实施。

第四十四条　本大学教授享有长期聘任之权利。

本大学副教授得由各教学单位推荐经院及校教师评审委员会审查通过后亦享有长期聘任之权利,其审查办法由校教师评审委员会定之。

本大学教师获长期聘任者,其聘期至年满六十五岁为止。非有"教师法"第十四条所列各款情事,经教师评审委员会之审议,不得解聘或停聘。

第四十五条　教授年满六十五岁,得由教学单位视需要并依相关规定推荐延长服务,至多延长至七十岁止。

第四十六条　本大学教师因第四十三条之规定不予续聘者,应报教师评审委员会备查。

本大学教师因其他事由之停聘、解聘、不续聘及资遣原因之认定等事项,依相关"法令"之规定办理,并应经教师评审委员会审议。当事人如有不服教师评审委员会之决定,得向教师申诉评议委员会申诉。

第四十七条 （删除）

第四十八条 本大学得设讲座及特聘教授，其设置办法由校教师评审委员会拟订，经校务会议通过后实施。

本大学得设荣誉讲座及荣誉退休教授，其设置办法由校教师评审委员会订定之。

第四十九条 本大学得因特殊需要聘请专业技术人员为专业教师担任教学工作。

本大学专业教师依年资、教学、服务、辅导之绩效及专业成就叙薪及升等。

本大学专业教师之聘任、聘期、叙薪、升等，依相关"法令"之规定办理。

第五十条 本大学得聘请研究人员从事研究及服务工作。研究人员分研究员、副研究员、助理研究员、研究助理四级，其聘任各项事宜，依相关"法令"之规定办理。

本大学研究人员与教师得互相改聘，其办法另订之。

本大学研究人员与教师得由研究与教学单位合聘，其办法另订之。

第五十一条 （删除）

第五十二条 （删除）

第五十二条之一 本大学各单位所置职员，其职称得包括馆长、专门委员、编纂、秘书、组长、主任（图书分馆）、技正、编审、专员、辅导员、组员、技士、助理员、技佐、办事员及书记。各职称之职等，依"考试院"所定职务列等表规定。

本大学得置运动教练、稀少性科技人员若干人，其职称及进用依有关规定办理。进用稀少性科技人员，应依公立大专校院稀少性科技人员遴用资格办法第十条第二项"本办法2001年8月2日修正施行后，公立大专校院不得再进用资讯科技人员；其于修正施行前已进用之现职资讯科技人员，得继续留任至其离职为止，其升等仍依本办法原规定办理。"规定办理。

第五十二条之二 本大学教师员额编制表、职员员额编制表另订之，并报"教育部"核定后实施；职员员额编制表依规定函送"教育部"转陈"考试院"核备。

第五十三条 （删除）

第五章　学生自治与校务参与

第五十四条　本大学学生资格之取得与消失，修业年限，各级学位之取得及注销由本大学学则规定之。

第五十五条　本大学保障并辅导学生成立自治组织，以处理其自身之事务，并推选代表出、列席与其学业、生活、奖惩有关之学校各级会议。

前项学生自治组织，应经由民主程序产生，其中大学部及研究生得合并或各自成立之，其组织原则经校务会议通过后实施。

第五十六条　学生自治组织之经费来源为：

一、学生缴纳自治组织之会费。

二、学校补助经费。

三、其他收入。

前项第一款、第三款经费之分配及运用由学校辅导稽核，第二款经费之分配及运用须经学生自治组织之民主程序通过，由学务处审议之，并由学校负责稽核。

第五十七条　本大学学生得向学务处申请成立学生社团，从事课外活动。其申请、审核及评鉴办法另订之。

学生社团须聘请教师担任指导老师。

本大学学生社团得设立一联合组织负责推动、协调及促进各学生社团之活动，其组织办法另订之。

第五十八条　本大学各学系、研究所、学程得设学会，以该系、所、学程主管或专任教师为指导老师，该系、所、学程学生为会员。其组织办法由该系、所、学程学会自行订定之。

第五十九条　本大学为保障学生权益，由学生代表出、列席下列会议：

一、校务会议：学生代表出席人数，不得少于会议成员总额十分之一。

二、校务发展委员会：大学部学生及研究生出席代表各一人。

三、校务监督暨经费稽核委员会：学生列席代表一人。

四、校课程委员会：大学部学生及研究生出席代表各一人。

五、教务会议：学生代表出席人数，以占全体出席会议人数八分之一为原则。

六、学生事务会议：学生代表出席人数，以占全体出席会议人数五分之一为原则。

七、学生奖惩委员会：大学部学生及研究生出席代表各二人。

八、学生申诉评议委员会：大学部学生及研究生出席代表各一人。

九、总务会议：学生代表出席人数，以占全体出席会议人数八分之一为原则。

十、研究发展会议：研究生列席代表二人。

十一、图书馆委员会议：大学部学生及研究生出席代表各一人。

十二、计算机与通讯委员会议：大学部学生及研究生出席代表各一人。

十三、共同教育委员会议：大学部学生出席代表二人。

前项出、列席学生代表，除校务发展委员会及校务监督暨经费稽核委员会代表由校务会议学生代表互选产生外，其余由学生自治组织推选。

校务会议、教务会议、学生事务会议及总务会议，大学部学生代表与研究生代表之比例以注册人数之比例产生。

学生代表，除校务会议、校务发展委员会、校务监督暨经费稽核委员会之代表任期为一年外，其余代表之任期及产生方式由学生自治组织定之。

第六章　附则

第六十条　本规程各条文及附录，经校务会议成员总额五分之一（含）以上之连署或校务发展委员会出席人数二分之一（含）以上之通过，得向校务会议提案修正其内容。

本规程各条文（不含附录）经校务会议成员总额三分之二（含）以上之出席，出席人数二分之一（含）以上之通过，得修正其内容。

第六十条之一　有关本规程解释之重大争议由校务会议议决。

第六十一条　本规程经校务会议通过，报请"教育部"核定后实施，修正时亦同。

（据 http://secretary.et.nthu.edu.tw/userfile/file/orgnized.pdf，最后访问于 2011 年 2 月 20 日。）

附:"国立"清华大学组织架构表

(2011年2月1日生效)

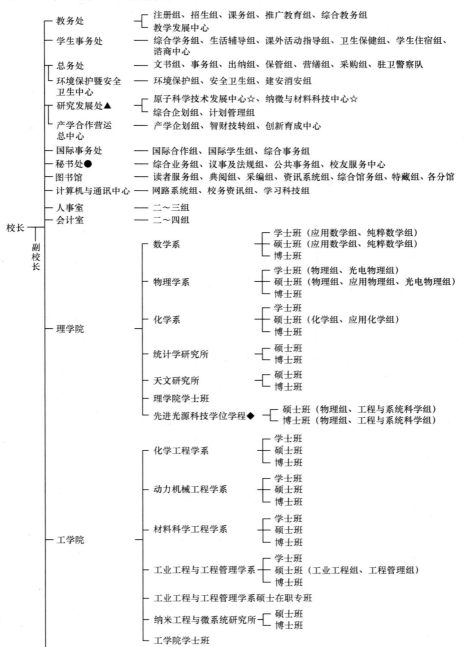

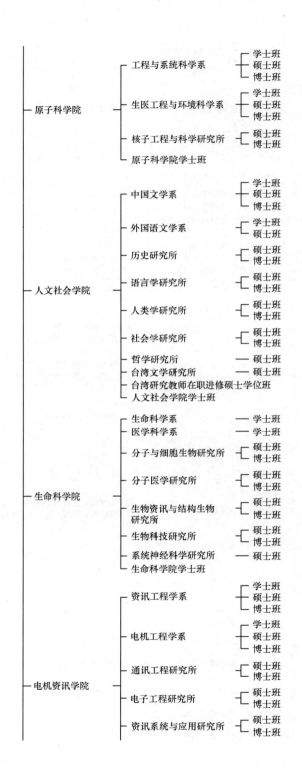

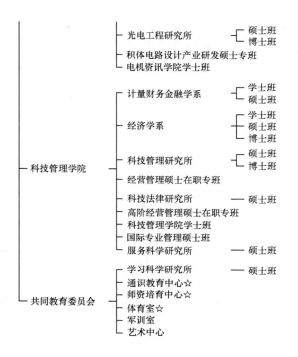

说明：

★ 图书馆现有分馆为人文社会学院图书分馆、数学图书分馆、物理图书分馆。

● 校长得设校长特别顾问及特别助理。

▲ 研究发展处因任务编组之需，得设立其他推动研究中心。

☆ 本规程所称之研究中心为原子科学技术发展中心、纳微与材料科技中心，共教会所属之教学单位为通识教育中心、师资培育中心、体育室。

◆ 跨院学位学程，由理学院与原子科学院合办。

台湾政治大学组织规程

2011年2月1日生效

第一章 总则

第一条 本规程依"大学法"第三十六条之规定订定之。
第二条 本校定名为"国立"政治大学(以下简称本校)。
第三条 本校以研究学术,培育人才,提升文化,服务社会,促进国家发展为宗旨。

第二章 组织

第四条 本校分设学院、学系、研究所及院属单位。其详如附表"'国立'政治大学各学院、学系、研究所及院属单位设置表"。

各学系及研究所为教学需要,得分组教学。

本校并得设学位学程或学分学程。

第五条 本校得增设或裁并学院、学系、研究所、学位学程、学分学程及院属单位。

前项学院、学系、研究所、学位学程及院属单位之增设或裁并,经"教育部"核准后,前条第一项之附表应即修正并报"教育部"核定。

第六条 本校设下列各单位:

一、教务处:掌理注册、课务、出版及其他教务事项。分设注册组、课务组、综合业务组及通识教育中心。该中心设置办法另订之。

二、学生事务处(简称学务处):掌理生活辅导、课外活动指导、军训及护理教学、心理辅导、卫生保健及其他辅导事项。分设生活事务暨侨生辅导组、课外活动组、住宿辅导组、身心健康中心、艺文中心及职业生涯发展中心、军训室。军训室负责军训及护理课程之规划与教学,并协助办理学生生活辅导事项。

三、总务处：掌理文书、事务、出纳、营缮、保管、校园与大学城规划及其他总务事项。分设文书组、事务组、出纳组、营缮组、财产组、环境保护组、校园规划与发展组。有关校园安全维护事宜，由本校驻卫警察负责。

四、研究发展处：掌理本校学术研究及校务发展事务。分设企划组、学术推展组、学术评鉴组。

五、国际合作事务处：掌理本校国际化及国际合作发展相关事务。分设发展策划组、合作交流组及国际教育组。

六、秘书处：办理秘书、媒体文宣、校友服务、募款、财务管理与专案企划等相关事务。分设第一组、第二组、第三组。

七、图书馆：负责搜集教学研究资料，提供资讯服务。分设采编组、典阅组、系统资讯组、数位典藏组、推广服务组及行政组，并得设图书分馆。

八、体育室：负责体育教学与体育活动。分设体育教学组、体育活动组。

九、人事室：依"法"办理人事管理事项。其分组依有关规定设之。国际关系研究中心设人事组。

十、会计室：依"法"办理岁计、会计，并兼办统计事项。分设第一组、第二组、第三组。国际关系研究中心设会计组。

第七条 本校设立下列各种机构：

一、公共行政及企业管理教育中心

二、社会科学资料中心

三、电子计算机中心

四、附设公务人员教育中心

五、教学发展中心

六、华语文教学中心

七、创新育成中心

八、国际关系研究中心

九、选举研究中心

十、附设实验"国民"小学

十一、附属高级中学

本校因教学、研究、实验、推广、辅导等需要并得增设其他机构。

前二项各机构组织规程或设置办法经校务会议通过后实施。

第八条 本校设下列各种委员会：

一、教师评审委员会。

二、教师申诉评议委员会。

三、职员人事评审委员会。

四、职员申诉评议委员会。

五、技警工申诉评议委员会。

六、学生申诉评议委员会。

七、性别平等教育委员会。

八、教职员工福利委员会。

九、出版委员会。

十、课程委员会。

十一、推广教育委员会。

十二、社区合作发展委员会。

本校于必要时得设其他各种委员会。

教师评审委员会、教师申诉评议委员会、学生申诉评议委员会设置办法经校务会议通过,报请"教育部"核定后实施。其余各委员会设置办法经校务会议通过,校长发布后实施。

第八条之一 本校得设立分校、分部;得与其他学校拟定合并计划;得跨校组成大学系统或成立跨校研究中心。

跨校研究中心之组织及运作方式等事项之规定,由本校与组成研究中心之大学共同订定,报"教育部"备查。

设立分校分部、与其他校合并等事项,应订定相关计划或办法,经校务会议通过,报"教育部"核定后实施。

第三章 教师

第九条 本校教师分教授、副教授、助理教授、讲师,经系(所)、院、校教师评审委员会审议通过后,提请校长聘任之。

教师之聘任,分为初聘、续聘及长期聘任三种;其聘任应本公平、公正、公开之原则办理。教师初聘,并应于传播媒体或学术刊物公告征聘资讯。

教师之聘任资格及程序,依有关"法律"之规定。

各学系之硕士班、博士班及各研究所授课之教师以教授、副教授、助理教授为限。

第十条 本校得置助教,协助教学及研究工作,经系(所)务会议审议通过后,提请校长聘任之。

第十一条 本校为提升教学与研究水平,得设置讲座,主持教学研究工作,其设置办法经校务会议通过,报请"教育部"备查。

第十二条 本校得延聘研究人员从事研究计划及专业技术人员担任教

学工作。

研究人员及专业技术人员之聘任依有关规定办理。

第十三条　本规程第八条所称教师评审委员会之组成方式,依本校教师评审委员会设置办法办理。

各研究中心比照院、系教师评审委员会成立研究人员评审委员会。

第十四条　本规程第八条所称教师申诉评议委员会之组成方式,依本校教师申诉评议委员会组织及评议要点办理。

校教师评审委员会委员不得担任本会委员。

第十四条之一　本校应定期对教学、研究、服务、辅导、校务行政及学生参与等事项,进行自我评鉴;相关评鉴规定,另订之。

第四章　行政人员

第十五条　本校置校长一人,综理校务。任期四年,得连任一次。自每年八月一日或二月一日起聘为原则。

校长遴选办法经校务会议通过后实施。

第十五条之一　校长任期届满拟续任者,应于任期届满一年前,由学校报请"教育部"进行续任评鉴。

学校应于校长任期届满十个月前组成校长续任委员会,置委员七人,由校务会议非学术与行政主管之代表中推选产生,教师代表不得少于三分之二。

校长续任委员会于接到"教育部"续任评鉴报告书后,应于一个月内定期办理校长续任同意权投票。此项同意权应由全校讲师以上专任教师、助理研究员以上专任研究人员及校务会议职员代表、学生代表、军护人员代表、技工工友代表行使之。校长续任案应取得上开人员总额过半数之同意,始获通过。

校长续任案依前开程序投票通过后,学校应适时报请"教育部"续聘。其未获同意者,学校应于二个月内成立校长遴选委员会重新遴选。

第十五条之二　校长于任期中如具有教育人员任用"条例"第三十一条各款不得为教育人员之情事,应报请"教育部"核准后解聘之。

第十六条　本校得置副校长一人或二人,襄助校长处理校务,并推动学术研究。任期以与校长相同为原则。

副校长由校长自本校教授中遴选,并报请"教育部"备案后聘兼之。

第十七条　校长因故不能视事时,由校长指定副校长一人代行其职务,副校长亦不能视事时,由教务长、学务长、总务长依序代理之。

校长因故辞职或出缺时,由副校长代理其职务至新任校长选出就职为止,并报请"教育部"核备。

第十八条　本校各学院各置院长一人,综理院务,各学系各置主任一人,办理系务;各单独设立之研究所各置所长一人,办理所务;并得置学位学程主任,办理学程事务。

院长、系主任及所长等学术主管,采任期制,任期二年或三年,得连任一次。

院长由校组成遴选委员会,就教授中遴选一人以上,报请校长聘请兼任之。系主任及所长由各系、所就副教授以上教师中遴选,报请校长聘请兼任之。

院长于第一任任期届满时,由校长衡酌学院规定、当事人意愿、推展院务情形、配合校务发展需要并咨询院内相关意见后,于四个月前决定是否连任。系主任及所长等学术主管,连选得连任一次。

院长任期中有特殊情况发生,得由校长交议或经该院院务会议代表二分之一以上连署提不适任案,由副校长召开院务会议,经该院院务会议全体代表三分之二以上之同意,由校长解除其院长职务,并依规定成立遴委会另行遴选。

系主任及所长于任期中因重大事故经各该系及所专任教师四分之一以上连署提案罢免,三分之二以上投票,投票数四分之三以上之同意,报请校长免兼之。

院长遴选办法、系所主管遴选办法,经校务会议通过后实施。

艺术类与技术类之系、所主管,得聘请副教授级以上之专业技术人员兼任之。

本条所列之学术主管职务,得由外国籍教师兼任。

第十八条之一　本校为应校务发展之需要,凡达一定规模、业务繁重之学院或一级行政单位,得设置副主管,以辅佐主管推动业务。

各学院副院长之设置基准如下:

一、符合下列条件之一者,得置副院长一人:

(一)学院系、所、中心、学位学程总数在七个以上。

(二)学院所属专任教师及研究人员在一百人以上。

(三)学院学生总数在一千人以上。

二、因院务繁重或其他特殊情形,经院务会议通过并报请校长同意者,得设置或增置副院长。

三、学院副院长总数最多以三人为原则。

行政单位副主管之设置,另依"教育部""大学一级行政单位设置副主管认定基准"办理。

第十九条　本校教务处置教务长一人,襄助校长主持全校教务事宜,由校长聘请教授兼任之。并置秘书一人、专门委员一人、各组及中心置组长或主任一人、技正、编审、组员、技士、技佐、办事员、书记若干人。

前项组长或主任,必要时得由助理教授或助理研究员以上之教学或研究人员兼任之。

第二十条　本校学生事务处置学生事务长(简称学务长)一人,襄助校长主持全校学生事务事宜,由校长聘请教授兼任之。并置秘书一人、专门委员一人、各中心及组置主任或组长一人、专员、辅导员、医师、药师、护理师、技士、营养师、组员、社会工作员、护士、办事员、书记若干人。

前项主任或组长,必要时得由助理教授或助理研究员以上之教学或研究人员兼任之。

本校军训室置主任一人、军训教官、护理教师若干人,主任由"教育部"推荐职级相当之军训教官二至三人,由校长择聘之。军训教官、护理教师之遴选介派依有关"法令"之规定。

第二十一条　本校总务处置总务长一人,襄助校长主持全校总务事宜,由校长聘请副教授以上人员兼任或由职员担任之。并置秘书一人、专门委员一人、各组置组长一人、技正、专员、组员、技士、干事、技佐、办事员、书记若干人。

第二十二条　本校研究发展处置研发长一人,襄助校长主持全校研究及校务发展事宜,由校长聘请教授兼任之。并置秘书、专门委员各一人、各组置组长一人、编审、组员、技士、办事员、助教若干人。

前项各组组长,必要时得由助理教授以上教师或职级相当人员兼任之。

第二十二条之一　本校国际合作事务处置国合长一人,襄助校长主持国际化及全校国际合作发展事宜,由校长聘请教授兼任之。并置秘书一人、各组置组长一人、编审、组员、技士、办事员、助教若干人。

前项各组组长,必要时得由助理教授以上之教学或研究人员兼任之。

第二十三条　本校秘书处置主任秘书一人,由校长聘请副教授以上人员兼任或由职员担任之。并置秘书若干人、各组置组长一人、专员、组员、办事员、书记若干人。

前项各组组长,必要时得由助理教授以上教师或职级相当人员兼任之。

第二十四条　本校图书馆置馆长一人,主持全校馆务,由校长聘请副教授以上人员兼任或由职员担任之。并置秘书一人、各组、分馆得置组长、主任一人;并得置编纂、技正、编审、组员、技士、技佐、办事员、书记若干人。

第二十五条　本校体育室置主任一人、体育教师、运动教练、助教若干人，主任由校长聘请教授兼任之。各组置组长一人、技正、专员、组员、技士、技佐、办事员、书记若干人。

前项各组组长，必要时得由助理教授以上体育教师或职级相当人员兼任之。

运动教练之聘任依"国民体育法"、各级学校专任运动教练聘任管理办法及各级学校专任运动教练绩效评量组织及审议准则等规定办理。

第二十六条　本校会计室置会计主任一人，专门委员一人。各组置组长一人、专员、组员、办事员、书记若干人。其设置均依有关"法令"办理。

现职雇员未具任用资格者，得占用书记职缺继续雇用至离职为止。

第二十七条　本校人事室置主任一人，组长、专员、组员、办事员、书记若干人。其员额依有关规定置之。

第二十八条　本校校长、副校长、教务长、学生事务长、总务长、研发长、国合长、各学院院长、各学系主任、各研究所所长及其他学术行政单位主管之年龄以不超过六十五岁为限；但其任期于届满六十五岁之当学期尚未届满者，得延任至当学年结束时止。

教授、副教授延长服务期间得兼任行政职务。

第二十八条之一　本校教务长、学生事务长、总务长、研发长、国合长、主任秘书、图书馆馆长、各一级中心主任、体育室主任、附属高级中学校长等单位主管，其由教师兼任者，除经校长予以免兼者外，任期四年，得连任一次。

前项任期以学年度计算，自当学年八月一日为就任起算日期。但因特殊事故于学年中就任，其任期至就任后第四学年度七月三十一日为止。

第一项由教师兼任之行政主管，其任期应与现任校长任期相同。

第二十九条　各学院、学系、研究所除助教外，得置秘书一人、技正、专员、编审、组员、技士、技佐、办事员、书记若干人。

第二十九条之一　本校另定组织规程或设置办法之各附设机构，其单位主管由校长聘请副教授以上教师或职级相当人员兼任，或由职员担任之。

前项各附设机构，除助教及稀少性科技人员外，其职员得置专门委员、编纂、秘书、技正、组长、专员、编审、辅导员、组员、技士、干事、技佐、护士、办事员、书记若干人，所需员额自学校总员额内调派之。附属高级中学及附设实验小学之职员另依相关规定置之。

前项各组组长，必要时得由助理教授以上教师或职级相当人员兼任之。

本条第二项稀少性科技人员，于公立大专校院稀少性科技人员遴用资格办法修正施行后，得继续留任至其离职为止，其升等仍依该办法原规定办理。

第三十条　本校各级职员,由校长依"法"任用之,会计、人事人员之任用,各依有关规定办理。

第三十一条　本校教职员员额编制表另定并报请"教育部"核定后实施,职员员额编制表应函送"考试院"核备。

第五章　会 议

第三十二条　本校设校务会议,议决校务重大事项,以校长、副校长二人、教师代表、学术与行政主管、研究人员代表、职员代表、学生代表及其他有关人员组织之。校务会议代表总人数定为一百二十人。

教师代表人数不得少于会议成员总额二分之一,教师代表中具备教授及副教授资格者,不得少于教师代表之三分之二。研究人员代表四人,职员代表四人,学生代表十二人,军护人员代表一人,技工工友代表一人。

第一项所称"学术与行政主管"指教务长、学务长、总务长、研发长、国合长、主任秘书、各学院院长、图书馆馆长、公共行政及企业管理教育中心主任、电子计算机中心主任、国际关系研究中心主任、选举研究中心主任、体育室主任、人事室主任、会计主任。

本会议得视实际需要,邀请有关人员列席。

第三十三条　校务会议之教师代表、研究人员代表及职员代表,其产生方式如下:

一、教师代表:

1. 院系所教师代表:教师代表应经选举产生,各系所(含师培中心、外文中心、体育室及欧洲语文学程)并应有教师代表至少一名。

2. 全校教师代表:校务会议代表总人数扣除各类人员代表人数后之名额,选举全校教师代表,各学院保障一名。采登记参选方式,并由全校教师以无记名单记法投票方式选举产生。

3. 系所主管亦得选举为教师代表。

二、研究人员代表:由全校研究人员以无记名单记法投票方式选举产生。

三、职员代表:由全校助教、职员及约用人员以无记名单记法投票方式选举产生,其名额依人数比例分配之。

四、其他人员代表:

1. 军训人员及护理人员代表一名:由军训人员及护理人员以无记名投

票方式选举产生。

2. 警卫、技工、工友代表一名：由全校警卫、技工、工友以无记名投票方式选举产生。

以上各项代表之任期均为二年，连选得连任。院系所教师代表之选举由各学院及体育室办理之。全校教师代表、研究人员代表、职员代表、军训人员及护理人员代表之选举由人事室办理之。警卫、技工、工友代表之选举由总务处办理之。

第三十四条 校务会议之学生代表指研究生学会总干事、学生会会长及经由全体学生普选产生之代表。选举之学生代表之任期一年，连选得连任，其选举由学生自治团体办理之。

第三十五条 校务会议审议下列事项：

一、校务发展计划、预算。

二、组织规程及各项重要章则。

三、学院、学系、研究所及附设机构之设立、变更与停办。

四、教务、学生事务、总务、研究及其他校内重要事项。

五、有关教学及行政评鉴办法之研议。

六、校务会议所设委员会或专案小组决议事项。

七、会议提案及校长提议事项。

第三十六条 校务会议由校长召开并主持，每学期至少召开二次，校长因故不能主持会议时，由职务代理人代理之；如有攸关校务重大议案，校长得视需要召开临时校务会议，或经校务会议应出席人员五分之一以上请求召开临时校务会议时，校长应于十五日之内召开之。

第三十七条 校务会议设下列各种委员会，处理校务会议交议事项：

一、程序与法规委员会

二、校务发展委员会

三、校务考核委员会

四、经费稽核委员会

五、校园规划及兴建委员会

校务会议于必要时得设其他委员会或专案小组。

第一项各委员会之设置办法经校务会议通过，报"教育部"核定后实施。

第三十八条 校务会议规则由校务会议另订之。

第三十九条 本校设行政会议，由校长、副校长、教务长、学生事务长、总务长、研发长、国合长、各学院院长、各学系主任、各研究所所长及其他一级单位主管、职员代表二人、研究生学会代表及学生会代表组织之。以校长为主席，讨论本校重要行政事项，必要时得邀请其他有关人员列席会议。

职员代表任期二年。

第四十条 本校设教务会议,由教务长、学生事务长、总务长、研发长、国合长、各学院院长、各学系主任、各研究所所长、图书馆馆长、电子计算机中心主任、教学发展中心主任、体育室主任、军训室主任、各学院教师代表一人、研究生学会代表一人、学生会代表一人以及各学院学生代表一人组织之。以教务长为主席,讨论教务事项,必要时得邀请有关人员列席会议。

前项各学院之学生代表,由学生议会推荐之。

第四十一条 本校设学生事务会议,由学生事务长、教务长、总务长、各学院院长、体育室主任、心理咨商中心主任、军训室主任、各学院教师代表一人、研究生学会总干事、研究生学会所代表会主席、研究生代表一人、学生会会长、学生会学生议会议长、各学院(除学生会学生议会议长所属之学院)学生代表一人及住宿生代表一人组织之。以学生事务长为主席,讨论学生事务及奖惩规章事项,必要时得邀请有关人员列席会议。

前项研究生代表、各学院学生代表及住宿生代表产生方式如下:

1. 研究生代表由研究生学会所代表相互选举产生之。
2. 各学院学生代表由各学院学生议会议员相互选举产生之。
3. 住宿生代表由宿舍各区宿服会主委(总干事)相互选举产生之。

第四十二条 本校设总务会议,由总务长、教务长、学生事务长、各学院院长、会计主任、研究生学会代表一人、学生会代表一人以及学生代表三名组织之。以总务长为主席,讨论总务事项,必要时得邀请有关人员列席。

前项学生代表,由学生议会推荐之。

第四十二条之一 本校设研究发展会议,研发长、教务长、各学院院长及各一级研究中心主任为当然委员,另由校长就本校副教授以上教师中遴聘若干人组成之。遴聘委员任期三年。以研发长为主席,讨论研究发展事项,必要时得邀请有关人员列席。

第四十三条 本校各学院设院务会议,由院长、各学系主任、各研究所所长、本院专任教师代表及本院学生代表组织之,以院长为主席,讨论本院重要院务事项。必要时得邀请兼任教师、助教、职员列席会议。

前项所称学生代表,应至少一人并由学生选举产生。

院务会议组织规则经院务会议通过,报请行政会议核备后实施。

第四十四条 本校各学系设系务会议,由系主任及本系专任教师组织之,以系主任为主席,讨论本系重要系务事项。必要时得邀请兼任教师、助教、职员列席会议。各学系亦得自行决定是否准许学生列席,列席学生名额由各学院自行决定。

系务会议之提案如与学生学业、生活、奖惩直接相关者,仅就该提案,原列席会议之学生代表改为出席会议。

系务会议组织规则经系务会议通过，报请院务会议核备后实施。

第四十五条　本校各研究所设所务会议，由所长及本所专任教师组织之，以所长为主席，讨论本所重要所务事项。必要时得邀请兼任教师、助教、职员列席会议。各研究所亦得自行决定是否准许学生列席，列席学生名额由各学院自行决定。

所务会议之提案如与学生学业、生活、奖惩直接相关者，仅就该提案，原列席会议之学生代表改为出席会议。

所务会议组织规则经所务会议通过，报请院务会议核备后实施。

第六章　学生

第四十六条　本校学生得依民主方式与程序组成"'国立'政治大学学生自治团体"，其设置及辅导办法经学生事务会议通过及校务会议核备，报请"教育部"核定后实施。

本校学生得推选代表出席与其学业、生活及订定奖惩有关规章之各级学校会议，其办法另订之。

第四十七条　本校学生得依学校规定成立学生社团。

第四十八条　本校学生为其权益之救济，得向学生申诉评议委员会提出申诉。

第七章　附则

第四十九条　本规程经校务会议通过，报请"教育部"核定后实施，修正时亦同。

（据 http://personel.nccu.edu.tw/newPerson/download.php?file＝Upload/rule/1-33_AA1S1.pdf&name＝1.组织规程，最后访问于 2011 年 2 月 20 日。）

附："国立"政治大学各学院、学系、研究所及院属单位设置表

(第四条附表)

学院	学系	研究所	学位学程	院属单位
文学院	(一) 中国文学系(含硕、博士班) (二) 历史学系(含硕、博士班) (三) 哲学系(含硕、博士班)	(一) 图书资讯与档案学研究所(硕士班、图书资讯学数位硕士在职专班*) (二) 宗教研究所(硕、博士班) (三) 台湾史研究所(硕、博士班) (四) 台湾文学研究所(硕、博士班) (五) 国文教学硕士在职专班*	(一) 华语文教学硕士学位学程 (二) 华语文教学博士学位学程	
理学院	(一) 应用数学系(含硕、博士班及数学教学硕士在职专班*) (二) 心理学系(含硕、博士班) (三) 资讯科学系(含硕、博士班及硕士在职专班*)	(一) 神经科学研究所(硕士班) (二) 应用物理研究所(硕士班)		
社会科学学院	(一) 政治学系(含硕、博士班) (二) 社会学系(含硕、博士班) (三) 财政学系(含硕、博士班) (四) 公共行政学系(含硕、博士班) (五) 地政学系(含硕、博士班及硕士在职专班*) (六) 经济学系(含硕、博士班) (七) 民族学系(含硕、博士班)	(一) 国家发展研究所(硕、博士班) (二) 劳工研究所(硕士班) (三) 社会工作研究所(硕士班) (四) 行政管理硕士学程*	(一) 亚太研究英语博士学位学程 (二) 亚太研究英语硕士学位学程*	
法学院	(一) 法律学系(含硕、博士班)	(一) 法律科际整合研究所(硕士班) (二) 法学院硕士在职专班*		

(续表)

学院	学系	研究所	学位学程	院属单位
商学院	(一) 国际经营与贸易学系(含硕、博士班) (二) 金融学系(含硕、博士班) (三) 会计学系(含硕、博士班) (四) 统计学系(含硕、博士班) (五) 企业管理学系(含硕、博士班) (六) 资讯管理学系(含硕、博士班) (七) 财务管理学系(含硕、博士班) (八) 风险管理与保险学系(含硕、博士班)	(一) 科技管理研究所(硕、博士班) (二) 智慧财产研究所(硕士班) (三) 经营管理硕士学程*	(一) 管理硕士学程(硕士班)/商管专业学院硕士学位学程 (二) 国际经营管理英语硕士学位学程*	
外国语文学院	(一) 英国语文学系(含硕、博士班及英语教学硕二在职专班*) (二) 阿拉伯语文学系 (三) 斯拉夫语文学系(含硕士班) (四) 日本语文学系(含硕士班) (五) 韩国语文学系 (六) 土耳其语文学系 (七) 外文中心	(一) 语言学研究所(硕、博士班) (二) 欧洲语言文化学程硕士在职专班*	(一) 欧洲语文学程(学士班)	
传播学院	(一) 新闻学系(含硕、博士班) (二) 广告学系(含硕士班) (三) 广播电视学系(含硕士班)	传播学院硕士在职专班*	(一) 国际传播英语硕士学位学程 (二) 传播学士学位学程 (三) 数位内容硕士学位学程(与理学院跨院合作)	实习广播电台
国际事务学院	外交学系(含硕、博士班及战略与国际事务硕士在职专班*)	(一) 东亚研究所(硕、博士班) (二) 俄罗斯研究所(硕士班) (三) "国家"安全与大陆研究硕士在职专班*		

(续表)

学院	学系	研究所	学位学程	院属单位
教育学院	（一）教育学系（含硕、博士班） （二）师资培育中心	（一）幼儿教育研究所（硕士班） （二）教育行政与政策研究所（硕士班） （三）学校行政硕士在职专班*		教师研习中心

说明：本校 2010 年 6 月 29 日第 159 次校务会议通过将"教育部"历年核定本校之在职专班补正于本附表内。以 * 号注记者为在职专班。

（据 http://personel.nccu.edu.tw/newPerson/download.php?file=Upload/rule/1-33_AA1S2.pdf&name=2.组织规程第四条附表，最后访问于 2011 年 2 月 20 日。）

台湾交通大学组织规程

2009年8月1日生效
2010年12月27日核定

第一章　总则

（制订依据）

第一条　"国立"交通大学（以下简称本大学）依"大学法"第三十六条之规定订定"'国立'交通大学组织规程"（以下简称本规程）。

（宗旨）

第二条　本大学秉承"知新致远,崇实笃行"之校训,以研究学术,培育人才,服务社会,促进国家发展,提升人类文明为宗旨,并受学术自由之保障,在"法律"规定范围内,享有自治权。

第二章　组织与职掌

（组织系统）

第三条　本大学之组织及其层次,见本规程附表"'国立'交通大学组织系统表",其变更须经校务会议之决议。

（校长）

第四条　本大学置校长一人,综理校务,负校务发展之责并执行校务会议之决议,对外代表本大学。

（副校长）

第五条　本大学置副校长一至三人,襄助校长推动校务。

（院、系（学士班）、所（专班）、学位学程、通识教育委员会、教学中心、体育室之设立）

第六条　本大学设下列学术单位：

一、理学院。
二、电机学院。
三、资讯学院。
四、工学院。
五、管理学院。
六、人文社会学院。
七、生物科技学院。
八、客家文化学院。
九、光电学院。
十、通识教育委员会。

各学院置院长一人，综理院务；通识教育委员会置主任委员一人。

各学院得置副院长至多二人；专任教师人数达三十人者得置一人，专任教师人数七十人以上者得置二人。

各学院设学系(学士班)、研究所、专班、学位学程；人文社会学院设师资培育中心及语言教学与研究中心；通识教育委员会设通识教育中心及艺文中心。

各学系置主任一人，办理系务。各单独设立之研究所置所长一人，办理所务。

各学系、所设硕士班及博士班且专任教师人数达四十人以上者，得置副主任(副所长)一人。

各学士班、专班及学位学程，达一定规模、学务繁重且经行政会议通过者，得置主任一人，办理学务。

通识教育委员会所设中心各置主任一人，办理中心事务。

人文社会学院所设中心各置主任一人，办理中心事务，其组织及运作办法另定之。

体育室负责体育教学与体育活动，置主任一人，办理室务；必要时得另聘运动教练。

各学术单位及其所设单位得视需要置职员若干人；其组织见本规程附表"'国立'交通大学组织系统表"。

(一级行政单位)

第七条 本大学设下列一级行政单位：

一、教务处：置教务长一人，综理教务及推广教育事宜；置副教务长一人，辅佐教务长推动业务。

二、学生事务处：置学生事务长(以下简称学务长)一人，综理学生事务、辅导事宜；置副学生事务长一人，辅佐学生事务长推动业务。

三、总务处：置总务长一人，综理总务事宜；置副总务长一人，辅佐总务长推动业务。

四、研究发展处：置研发长一人，综理学术研究与发展事宜；置副研发长一人，辅佐研发长推动业务。

五、国际事务处：置国际事务长（以下简称国际长）一人，综理国际事务相关事宜；得置副国际事务长一人，辅佐国际长推动业务。

六、图书馆：置馆长一人，综理教学研究资料汇集并提供资讯服务。

七、秘书室：置主任秘书一人，综理秘书事宜。

八、人事室：置主任一人，综理人事事宜。

九、会计室：置会计主任一人，综理岁计、会计及统计事宜。

十、资讯技术服务中心：置中心主任一人，综理提供计算机与网路相关服务事宜；得置副中心主任一人，辅佐主任推动业务。

十一、环保安全中心：置中心主任一人，综理校园环保、公共安全及实验场所安全卫生事宜。

前项各单位分组、中心（单位）者，各组、中心（单位）各置组长或主任一人，并得视需要置职员若干人。学生事务处另设军训室，负责军训及护理课程之规划与教学，并处理学生事务相关事项。置主任一人，军训教官、护理教师若干人。

各单位组织见本规程附表"'国立'交通大学组织系统表"。

（研究中心及附设机构）

第八条　本大学为因应教学、研究与服务社会之需要，得设立研究中心及附设机构。

本大学设电子与资讯研究中心，为一级研究中心，置中心主任一人，综理中心事务。分组者，各置组长一人。另得视需要置教师、研究人员及职员若干人。

本大学另设校级与院级研究中心及附设机构，设置办法另定之，并经校务会议通过后实施。

前项研究中心及附设机构，经"教育部"核定置相关人员员额者，据以办理之。

各单位组织见本规程附表"'国立'交通大学组织系统表"。

第三章　会议与委员会

（校务会议之地位）

第九条　本大学设校务会议，为校务最高决策会议，议决校务重大事项。

（校务会议之组成）

第十条　校务会议代表总人数以九十人为原则，由校长、副校长、教务长、学务长、总务长、研发长、国际长、各学院院长、电子与资讯研究中心中心主任、通识教育委员会主任委员、主任秘书、教师代表（编制内专任教师）、职员代表（含行政人员、技术人员、助教、技工及工友）、其他有关人员代表及学生代表等组成。必要时得由校长指定列席人员。校务会议之执行协调单位为秘书室，执行秘书为主任秘书。

校务会议之教师代表，其人数不得少于全体会议人员之二分之一，教师代表中具备教授或副教授资格者，以不少于教师代表人数之三分之二为原则。

校务会议学生代表比例不得少于会议成员总额十分之一。

（校务会议票选代表产生方式及任期）

第十一条　校务会议之教师代表、职员代表、其他有关人员代表及学生代表等各类票选代表，其产生方式、人数、分配比例等办法另定之。

（校务会议之召开）

第十二条　校务会议由校长召开并主持之，每学期至少召开一次，或经校务代表五分之一以上请求召开临时校务会议时，校长应于十五日内召开之。

（校务会议之任务）

第十三条　校务会议审议下列事项：

一、校务发展计划及预算。

二、组织规程及各种重要章则。

三、院、系（学士班）、所（专班）、学位学程、通识教育委员会、教学中心、体育室、研究中心及附设机构之设立、变更与停办。

四、教务、学生事务、总务、研究发展、国际事务及其他相关重要事项。

五、有关教师教学、研究、辅导及服务成效评鉴办法之研议。

六、校务会议所设委员会或专案小组决议事项。

七、提案及校长提议事项。

八、其他有关校务之重要事项。

（校务会议常设委员会）

第十四条 校务会议设常设委员会，委员会名称、任务及组成如下：

一、校务规划委员会：

（一）任务为规划校务发展事宜及审核预算之编列及执行。

（二）本会置委员若干人，以校长、副校长、主任秘书、教务长、学务长、总务长、研发长、国际长、电子与资讯研究中心中心主任、通识教育委员会主任委员及各学院院长为当然委员；其余委员由各学院、下属学院之所有教学中心与专班及其他单位，每二十五位教师推选一委员（不足二十五人之尾数得增选一人）及由学生联合会推选学生代表三人组成。本会以校长为召集人。

二、法规委员会：

（一）任务为研议全校性法规事务。

（二）本会置委员十四人，以副校长一人、教务长及主任秘书为当然委员，其余委员由校务会议代表推选产生八人（不含学生代表）、由校务会议学生代表推选产生一人及校长聘请校内人士二人组成。召集人由校长就委员中聘任之。

三、经费稽核委员会：

（一）任务为稽核各项经费之运用情形。

（二）本会置委员九人，由校务会议代表中经公开之提名及票选程序产生八人，另一人由校长就管理学院之校务会议代表中推选具有财经或会计专长之教师担任。置召集人一人，由委员互选之。

四、举荐委员会：

（一）任务为举荐各种荣誉及奖励之候选人。

（二）本会置委员若干人，以校长、教务长、研发长、各学院院长、通识教育委员会主任委员为当然委员，其余委员由校务会议代表就全体教授代表中推选六人、由交大校友会推荐三人及校长就本校教授遴聘二人担任。本会以校长为召集人。

五、程序委员会：

（一）任务为策划及审议校务会议各项提案。

（二）本会置委员若干人，以副校长一人、教务长、学务长、总务长、研发长、国际长及主任秘书为当然委员，其余委员由校务会议代表推选产生十人。本会以副校长担任召集人。

各常设委员会应将其处理及决议事项向校务会议提出报告或提案。

各常设委员会之设置办法另定之。

（校务会议其他委员会及专案小组之设置）

第十五条 校务会议必要时得设其他各种委员会或专案小组，处理校务会议交议事项。各种委员会及专案小组之名称、任务及组织由校务会议另定之。

（行政会议）

第十六条 本大学设行政会议，讨论及议决校务行政策略及重要事项。由校长、副校长、教务长、学务长、总务长、研发长、国际长、主任秘书、各学院院长、电子与资讯研究中心中心主任、通识教育委员会主任委员、图书馆馆长、资讯技术服务中心中心主任、会计主任、人事室主任组成之，以校长为主席，学生联合会代表一人列席，必要时得由校长指定其他列席人员。行政会议之执行协调单位为秘书室，执行秘书为主任秘书。

行政会议下设建筑空间管理委员会、推动无障碍空间委员会及校务基金募款委员会。必要时并得设其他委员会或专案小组，处理行政会议交议及其他相关事项。

（教务会议）

第十七条 本大学设教务会议，讨论及议决有关教务之重要事项。由教务长、学务长、研发长、国际长、各学院院长、通识教育委员会主任委员、各学系（学士班）主任、各研究所所长、各专班主任、各学位学程主任、各教学中心主任、体育室主任、军训室主任、图书馆馆长、资讯技术服务中心主任、教师代表若干人及学生代表三人组成之，以教务长为主席。教务处所属各单位主管列席。教师代表由各学院院长就各学院教师、教务长就其他教学中心各遴选一人担任之。

教务会议设课程委员会、教学评鉴委员会及推广教育委员会，必要时并得设其他委员会或专案小组，处理教务会议交议及其他相关事项。

（学生事务会议）

第十八条 本大学设学生事务会议，讨论及议决有关学生事务之重要事项。由学务长、教务长、总务长、国际长、各学院院长、通识教育委员会主任委员、会计主任、体育室主任、军训室主任、图书馆馆长、资讯技术服务中心中心主任、各学院教师代表各一人及学生代表六人（研究生至少二人）组成之，以学生事务长为主席。学生事务处所属各单位主管列席。教师代表由各学院院长遴选担任之。

学生事务会议设学生奖惩委员会及学生宿舍管理委员会，必要时并得设其他委员会或专案小组，处理学生事务会议交议及其他相关事项。

（总务会议）

第十九条 本大学设总务会议，讨论及议决有关总务之重要事项。由总务长、学务长、国际长、各学院院长、通识教育委员会主任委员、图书馆馆长、资讯技术服务中心中心主任、环保安全中心中心主任、教师代表若干人、职员代表二人及学生代表三人组成之，以总务长为主席。总务处所属各单位主管及工友代表列席。教师代表由各学院院长各遴选二人、教务长就其他教学中心与专班遴选一人担任之。职员代表由人事室主任遴选二人担任之。

总务会议设交通管理委员会、餐饮管理委员会及职务宿舍管理委员会，必要时并得设其他委员会或专案小组，处理总务会议交议及其他相关事项。

（研究发展会议）

第二十条　本大学设研究发展会议，讨论及议决有关学术研究发展之重要事项。由研发长、教务长、国际长、各学院院长、通识教育委员会主任委员、电子与资讯研究中心中心主任、各学系（学士班）主任、各研究所所长、各学位学程主任及教师代表若干人组成，以研发长为主席。教师代表由各学院院长各遴聘一人担任之。

研究发展会议设研发策略委员会、研发常务委员会、跨领域研究中心评议委员会、研发成果评量委员会、贵重仪器管理委员会，必要时并得设其他委员会或专案小组，处理研究发展会议交议及其他相关事项。

（国际事务会议）

第二十一条　本大学设国际事务会议，讨论及议决有关国际事务之重要事项。由国际长、教务长、学务长、研发长、各学院院长、教师代表若干人及学生代表三人（含外籍生代表及侨生代表各1人）组成之，以国际长为主席。国际事务处所属单位各单位主管列席。教师代表由各学院院长各遴选一人担任之。

国际事务会议设国际化推动委员会，必要时并得设其他委员会或专案小组，处理国际事务会议交议及其他相关事项。

（教师评审委员会）

第二十二条　本大学设校、院、系等三级教师评审委员会，评审有关教师之聘任、升等、停聘、解聘、不续聘及资遣原因之认定等事项。独立之研究所、室及教学中心之教师评审委员会，视同系级教师评审委员会。

校级教师评审委员会，由教务长、各学院院长、通识教育委员会主任委员及推选教授代表若干人组成之，任一性别委员应占委员总数三分之一以上；院级教师评审委员会由院长（主任委员）及各系级单位直接或按教师人数比例推选教授或副教授代表若干人组成之，由院长（主任委员）或委员互选一人为召集人；系级教师评审委员会由系主任（所长）及推选之教授或副教授代表若干人组成之，由系主任（所长）或委员互选一人为召集人。

校级教师评审委员会之职掌及评审程序另订之,经校务会议审议通过后实施。各院级与系级教师评审委员会之设置准则由校级教师评审委员会定之;其设置办法,由各院、系(所、室、教学中心)务会议,依前述设置准则定之。

(职员评审委员会及劳务策进委员会)

第二十三条　本大学设职员评审委员会及劳务策进委员会,分别评审有关职员、约用人员及技工、工友之遴用、升迁、考核、奖惩、资遣等及其他重要人事规章事项。

职员评审委员会及劳务策进委员会之组成与职掌,由行政会议订定,经校务会议审议通过后实施;其评审作业程序,由各该委员会订定,经行政会议审议通过后实施。

(教师申诉评议委员会)

第二十四条　本大学设教师申诉评议委员会,评议有关教师解聘、停聘及其他决定不服之申诉。

教师申诉评议委员会由各学院、所有不属学院之教学单位、本校教师会及本校校友会各推派一人,并由校长遴聘之教育学者一人组成之,其中未兼行政教师不得少于总额之三分之二,任一性别委员应占委员总数三分之一以上。主席由委员互选产生之。另得就申诉案件之性质,由教师申诉评议委员会视需要荐请校长增聘临时委员,每案以二人为限。临时委员之任期,以各该案之会期为限。

校级教师评审委员会之委员不得为本委员会之委员。

教师申诉评议委员会之组成及评议程序办法另定之,经校务会议审议通过后实施。

(职工申诉评议委员会)

第二十五条　本大学设职工申诉评议委员会,评议有关职工考核、奖惩及其他涉及其权益决定不服之申诉。

职员评审委员会及劳务策进委员会之委员不得为本委员会之委员。

职工申诉评议委员会之组织及评议办法由职工申诉评议委员会订定,经校务会议审议通过后实施。

(学生申诉评议委员会)

第二十六条　本大学设学生申诉评议委员会,评议有关学生、学生会及其他相关学生自治组织不服学校之惩处或其他措施及决议事件之申诉。

学生申诉评议委员会由各学院及所有不属学院之教学单位各推选教师代表二人,学生自治组织推选学生代表五人(大学部三人、研究所二人)组成之,任一性别委员应占委员总数三分之一以上。主席由委员互选产生之。

另得就申诉个案之性质，由学生申诉评议委员会视需要荐请校长增聘临时委员，每案以两人为限。临时委员之任期，以各该案之会期为限。

学生奖惩委员会之委员不得为本委员会之委员。

对申诉之评议办法由学生申诉评议委员会订定，经校务会议审议通过并报请"教育部"核定后实施。

（校务基金管理委员会）

第二十七条　本大学设校务基金管理委员会，其组成依"教育部"规定办理，须定期向校务会议报告其规划与执行情形。

（其他校级委员会之设置）

第二十八条　本大学设招生委员会处理招生事宜，校园伦理委员会处理校园伦理事宜，校园公共安全委员会处理校园公共安全事宜，性别平等教育委员会处理性别平等教育相关事宜。必要时并得设其他校级委员会，协助处理相关校务。

各种校级委员会之组织及任务，由有关单位或委员会订定，经校务会议审议通过后实施。

（院务会议及通识教育委员会会议）

第二十九条　本大学各学院设院务会议，为院务最高决策会议，讨论及议决各该学院之发展计划、教学、研究、经费分配与执行及其他相关事项。以院长为主席。其组织章程，由各院院务会议定之，经法规委员会审议并提送行政会议通过后实施。

通识教育委员会会议于通识教育委员会设置办法定之。

（系（学士班）、所、专班、学位学程、室、教学中心会议）

第三十条　本大学各学系（学士班）、各研究所、专班、各学位学程、体育室、军训室及教学中心，设系（学士班）、所、专班、学位学程、室及教学中心会议，讨论及议决其单位之教学、研究、学生事务及其他相关事项。其代表之组成方式，由各该单位会议定之。

（馆、室及中心会议）

第三十一条　本大学各馆、室及中心得设馆务、室务或中心会议，讨论及议决各馆、室或中心之有关事项。以各馆、室及中心主管为主席。

各馆、室及中心得设咨询委员会，讨论及议决各馆、室或中心发展之有关事项。其组织及任务另定之。

（会议及委员会议事规则之拟定）

第三十二条　本章所列各种会议及委员会之议事规则，依"内政部"公布之会议规范为原则，必要时由各该会议或委员会另定之。

第四章　各级主管

（校长之产生）

第三十三条　本大学于校长任期届满十个月前或因故出缺后二个月内，组成校长遴选委员会，经公开征求程序遴选出校长后，报请"教育部"聘任之。

前项委员会置委员二十一人，由下列人员组成之：

一、学校代表：由校务会议推选九人；其中教师代表人数不得少于六人。

二、校友代表及社会公正人士：由校务会议推选九人。

三、"教育部"遴派之代表三人。

校长遴选委员会之组织及运作方式，由校务会议另定之。

（校长之任期及续任）

第三十四条　本大学校长任期四年，得续任一次；其任期自学期起聘为原则。

本大学现任校长不拟续任者，应于任期届满前十二个月向校务会议表明之。

对于拟续任之校长，在任期届满前十二个月，由本大学成立校长续任事务委员会，进行校长满意度调查并参考"教育部"之校长续聘评鉴报告，汇集整理后向全校报告，并办理续任投票。前述投票由全校专任教师采不记名方式为之，得投票总数二分之一（含）以上之同意票为通过同意续任。

现任校长若未获同意续任，应即依本规程第三十三条进行遴选作业。

校长续任事务委员会之组成及运作方式由校务会议定之。

（校长之去职）

第三十五条　校长因重大事由，经本职为教师之校务会议代表五分之一以上连署，得向校务会议提出免职案。经本职为教师之校务会议应出席代表三分之二以上议决通过后，报请"教育部"解聘之。

（校长出缺之代理）

第三十六条　校长因重大事故不能继续执行职务，或依第三十五条规定经"教育部"解聘或新任校长尚未遴选产生或不能就任时，依校长职务代理人顺位代行校长职权，并报"教育部"。

校长出缺之职务代理顺位为：第一职务代理副校长、第二职务代理副校长、第三职务代理副校长、教务长、学务长、研发长。

（副校长之选任）

第三十七条　本大学副校长，由校长就教授中提名，或以契约方式进用具有教授资格之校外人士，经本职为教师之校务会议出席代表二分之一以上同意后聘任之。其任期以配合校长之任期为原则，其续任之同意程序与新任相同。副校长应于新任校长就任时去职，不受任期之保障或限制。

各副校长之职务代理顺位，由校长指定之。

（院、系（学士班）、所（专班）、学位学程、通识教育委员会、教学中心、体育室主管资格及选任）

第三十八条　本大学各学院院长，由各学院公开征求及推荐具教授资格人选后，报请校长聘任之。任期以二至四年为原则，得续任一次；其续任之程序亦同。

学院院长因重大事由经学院内具选举资格教师或院务会议代表之一定人数决议后，得由校长于任期届满前免除院长职务。

各学院院长选任、续聘及解聘之程序，由各学院院务会议订定办法，经行政会议通过后实施。

通识教育委员会主任委员由校长聘请教授以上教师兼任，任期三年，得续任一次。

各学系系主任、学士班班主任、研究所所长、专班班主任、教学中心主任，由各系、所、教学中心就副教授以上之教师中产生人选，报请校长聘任之。

学位学程主任由共同开设学位学程之系、所就副教授以上之教师中产生人选，报请校长聘兼之。

系（班）主任、所长、学位学程主任因重大事由经学系（学士班）、研究所、专班、学位学程内具选举资格教师或学系（学士班）、研究所、专班、学位学程单位会议代表之一定人数决议后，得由院长陈报校长于任期届满前免除其聘兼职务。

通识教育中心主任、语言教学与研究中心主任、师资培育中心主任及体育室主任由各中心、室就副教授以上教师产生人选，报请校长聘兼之。

第五项、第六项及前项主管任期以二至四年为原则，得续任一次；其续任之程序亦同。主管选任、续聘及解聘之程序，由各该单位会议订定办法，经所属院级会议通过后实施。

各学院、学系、研究所置副主管者，由各该单位主管推荐报请校长聘兼之，其续聘之程序亦同。副主管任期以配合主管之任期为原则。

副院长、学系副主任、副所长因重大事由，得由该院长、系主任、所长于任期届满前提请校长免除其聘兼职务。

（行政单位主管之资格及选任）

第三十九条　本大学教务长、学务长、研发长、国际长、图书馆馆长、主任秘书由校长聘请教授兼任之，任期以配合校长之任期为原则。

本大学总务长，由副教授以上教师兼任之，亦得由相当副教授级以上之研究人员、专业技术人员兼任或职员担任之。

资讯技术服务中心中心主任及环保安全中心中心主任由副教授以上教师兼任之。

前三项中置副主管者，由各该单位主管推荐报请校长聘兼之，任期以配合主管之任期为原则。

人事室主任、会计主任之选任另依相关"法令"规定办理。

军训室主任由校长自职级相当人员或"教育部"推荐之军训教官二人至三人中择聘之。

艺文中心主任由副教授以上教师或相当副教授级以上之研究人员、专业技术人员兼任或职员担任之。

前述各项行政单位所属分组组长、中心主任，由助理教授以上教师或教学、研究人员或其他职级相当人员兼任或由职员担任之。

（研究中心及附设机构主管之资格选任）

第四十条　本大学电子与资讯研究中心中心主任，由校长聘任遴选委员若干人，就副教授以上之教师中产生人选，报请校长聘兼之。任期三年，得续任一次。

电子与资讯研究中心所属分组组长，由助理教授以上教师兼任或由职员担任之。

校级与院级研究中心及附设机构主管之选任、任期、续聘及解聘之程序，由各该研究中心及机构会议订定办法，经所属一级单位会议通过后实施。各研究中心及机构依其办法产生主任人选后，报请校长聘兼之。

第五章　教师与职员

（教师之分级及讲座、特聘教授等及助教之设置）

第四十一条　本大学教师分教授、副教授、助理教授、讲师四级，从事教学、研究及服务。讲师之授课以大学部为限。各级教师之聘任资格及服务办法由校务会议依相关"法律"订之。

本大学得设讲座教授、特聘教授、荣誉教授及荣誉退休教授；其办法由校级教师评审委员会订定，经校务会议审议通过后实施。

本大学得置助教,协助教学与研究之相关工作。

（教师之聘任）

第四十二条　本大学教师初聘时应本公平、公正、公开之原则,于传播媒体或学术刊物刊载征聘资讯,并经各级教师评审委员会依其评审办法审查通过后报请校长聘任之。

各院、系(所、科、室)之教师评审办法,由各该院、系(所、科、室)教师评审委员会订之,并经各院级会议通过及校级教师评审委员会审议通过后实施。

校级教师评审办法,由校级教师评审委员会订定,并经校务会议审议通过后实施。

（教师权利与义务）

第四十三条　本大学得于学校章则中增列教师权利义务,并得基于学术研究发展需要,另订教师停聘或不续聘之规定,经校务会议审议通过后实施,并纳入聘约。

（教师之升等）

第四十四条　本大学各级教师之升等,依各级教师评审办法及评审程序办理之。

（教师之聘期）

第四十五条　本大学教授采聘期制,分初聘、续聘及长期聘任三种。各级教师之续聘及长期聘任资格由校级教师评审委员会依相关"法律"订之,并经校务会议审议通过后实施。

各级教师于聘期届满时,未取得长期聘任资格且未获续聘者,即依相关"法规"办理。

（教师之退休及延长服务）

第四十六条　本大学教授之退休依相关"法规"办理。副教授及教授届满法定退休年龄,非经各级教师评审委员会之通过,不得延长其服务年限。

（教师之解聘、停聘、不续聘）

第四十七条　本大学教师于聘任期间非有重大违法失职之情事或违反聘约情节重大,并依序经其所属系级教师评审委员会、系级单位会议、各该院级及校级教师评审委员会之议决,不得解聘、停聘、不续聘。

前项系级单位会议议决须经各该单位全体教师三分之二以上同意,各级教师评审委员会议议决须经教师评审委员会委员三分之二以上出席及出席委员半数以上之同意。

（研究人员及专业技术人员）

第四十八条　本大学得延聘研究人员从事研究及专业技术人员担任教学工作。

研究人员分研究员、副研究员、助理研究员、研究助理四级。

专业技术人员之分级,依相关"法规"定之。

（教职员员额编制）

第四十九条 本大学教职员员额编制表另订并报"教育部"核定后实施,职员员额编制表应函送"考试院"核备。

本规程所称职员,系指专门委员、秘书、编纂、技正、编审、专员、辅导员、组员、干事、社会工作员、技士、技佐、佐理员、办事员、管理员、事务员、书记。

本大学得置医师、药师、营养师、护理师、护士。医师得遴用公私立医疗机构医师兼任。

第六章　学生事务

（学生资格、修业年限、学位取得及推广教育）

第五十条 本大学学生之入学资格、休学、退学、成绩考核、修业年限、学位取得及其他有关事项,由本大学学则规定之。

本大学学则由教务会议订定,报请"教育部"备查后实施。

本大学学则由教务会议订定,提经校务会议审议通过后公告实施,并报"教育部"备查。

本大学得办理推广教育,以修读科目或学分为原则。其实施办法依"教育部"相关"法规"订之。

（学生自治团体）

第五十一条 本大学学生得组成及参加各种学生自治团体,参与与其学习、生活与权益相关之校务。

本大学以"'国立'交通大学学生联合会"为最高学生自治团体,负责本大学所有学生自治团体有关自治活动之推动及协调等事宜;其组织章程经学生事务会议核备,其辅导办法经学生事务会议审议后,送校务会议核定,并报"教育部"核定后实施。

本大学学生为学生联合会当然会员,学生联合会得向会员收取会费,本大学应依学生联合会请求代收会费。

其他各种学生自治团体之设置办法、组织及运作方式,经相关学生团体成员订定并投票同意,依其所属院、系(所)层级,送请院、系(所)核备后实施。

（学生对校务之参与）

第五十二条 本大学学生联合会依民主原则选举代表,得出列席下列会议:

一、校务会议。

二、校务规划委员会会议。

三、行政会议。

四、教务会议。

五、学生事务会议。

六、总务会议。

七、国际事务会议。

八、法规委员会。

九、学生申诉评议委员会。

十、性别平等教育委员会。

十一、其他与学生学业、生活、奖惩及社团经费与辅导之有关会议。

学生参与各种会议之方式及人数,依本规程有关条文及各有关会议相关办法之规定。

学生联合会应订定出列席各种会议代表之选举办法,送学生事务会议核备后实施。

(学生之奖惩)

第五十三条　学生奖惩委员会得依学生奖惩规定给予学生奖惩。

学生奖惩规定经校务会议审议通过后公告实施,并报"教育部"备查。

第七章　附则

(教师升等过渡规定)

第五十四条　教育人员任用条例1997年3月21日修正生效前已取得讲师、助教证书之现职人员,如继续任教而未中断,得径依原升等办法送审。

(旧规章过渡规定)

第五十五条　本大学现行各种单行规章,与"大学法"或本规程未抵触部分仍继续适用至其完成修订为止。

(生效规定)

第五十六条　本规程由本大学法规委员会及校务会议审议通过,报请"教育部"核定后实施,修正时亦同。

(据 http://secretariat.nctu.edu.tw/organization_new.php,最后访问于2011年2月20日。)

附："国立"交通大学组织系统表

（2010年8月1日生效）

```
校长 ── 校务会议 ── 校务规划委员会
              ├─ 法规委员会
       ── 副校长 ── 经费稽核委员会
              ├─ 举荐委员会
              └─ 程序委员会

    ── 理学院 ── 电子物理学系（设硕士班、博士班）
              │    ├─ 电子物理组
              │    └─ 光电与纳米科学组
              ├─ 应用数学系（设硕士班、博士班、数学建模与科学计算硕士班）
              ├─ 应用化学系（设硕士班、博士班、分子科学硕士班、分子科学博士班）
              ├─ 统计学研究所（设硕士班、博士班）
              ├─ 物理研究所（设硕士班、博士班）
              ├─ 理学院科学学士学位学程
              │    ├─ 甲组
              │    ├─ 乙组
              │    └─ 丙组
              └─ 理学院硕士在职专班
                   ├─ 科技与数位学习组
                   └─ 应用科技组

    ── 电机学院 ── 电子工程学系及电子研究所（设硕士班、博士班）
               │    ├─ 甲组
               │    └─ 乙组
               ├─ 电机工程学系（设硕士班、博士班）
               │    ├─ 甲组
               │    └─ 乙组
               ├─ 电控工程研究所（设硕士班、博士班）
               ├─ 电信工程研究所（设硕士班、博士班）
               ├─ 光电工程学系（设硕士班、博士班）
               ├─ 显示科技研究所（设硕士班）
               ├─ 纳米中心
               ├─ 电机学院硕士在职专班
               │    ├─ 电子与光电组
               │    ├─ 电机与控制组
               │    └─ 电信组
               ├─ 电机学院IC设计产业研发硕士专班
               ├─ 电机学院微电子纳米科技产业研发硕士专班
               ├─ 电机学院通讯与网路科技产业研发硕士专班
               └─ 电机学院电机产业研发硕士专班

    ── 资讯学院 ── 资讯工程学系
               │    ├─ 资电工程组
               │    ├─ 资讯工程组
               │    └─ 网路与多媒体工程组
               ├─ 资讯科学与工程研究所（设硕士班、博士班）
               ├─ 网路工程研究所（设硕士班）
               ├─ 多媒体工程研究所（设硕士班）
               ├─ 生医工程研究所（设硕士班）
               ├─ 资讯学院硕士在职专班
               │    ├─ 资讯组
               │    └─ 数位图书资讯组
               └─ 资讯学院资讯科技（IT）产业研发硕士专班
```

- 工学院
  - 土木工程学系（设硕士班、博士班）
  - 机械工程学系（设硕士班、博士班）
  - 材料科学与工程学系（设硕士班、博士班、纳米科技硕士班、纳米科技博士班）
  - 环境工程研究所（设硕士班、博士班）
  - 工学院硕士在职专班
    - 产业安全与防灾组
    - 精密与自动化工程组
    - 工程技术与管理组
    - 半导体材料与制程设备组
    - 永续环境科技组
- 管理学院
  - 管理科学系（设硕士班、博士班）
  - 经营管理研究所（设硕士班、博士班）
  - 运输科技与管理学系（设硕士班、博士班）
  - 交通运输研究所（设硕士班、博士班）
  - 工业工程与管理学系（设硕士班、博士班）
  - 资讯管理研究所（设硕士班、博士班）
  - 科技管理研究所（设硕士班、博士班）
  - 科技法律研究所（设硕士班）
  - 财务金融研究所（设硕士班、博士班）
  - 资讯与财金管理学系
  - 高阶主管管理硕士学程
  - 管理学院硕士在职专班
    - 管理科学组
    - 工业工程与管理组
    - 资讯管理组
    - 科技管理组
    - 经营管理组
    - 运输物流组
    - 科技法律组
    - 财务金融组
  - 企业管理硕士学程
- 人文社会学院
  - 外国语文学系（设外国文学与语言学硕士班）
  - 英语教学研究所（设硕士班）
  - 传播研究所（设硕士班）
  - 应用艺术研究所（设硕士班、博士班）
  - 社会与文化研究所（设硕士班）
  - 教育研究所（设硕士班、博士班）
  - 音乐研究所（设硕士班）
  - 建筑研究所（设硕士班）
  - 师资培育中心
  - 语言教学与研究中心
- 生物科技学院
  - 生物科技学系（设硕士班、博士班）
  - 生物资讯及系统生物研究所（设硕士班、博士班）
  - 分子医学与生物工程研究所（设硕士班、博士班）
- 客家文化学院
  - 人文社会学系（设族群与文化硕士班）
  - 传播与科技学系
  - 客家社会与文化硕士在职专班
  - 国际客家研究中心
- 光电学院
  - 光电系统博士学位学程
  - 照明与能源光电博士学位学程
  - 光电系统研究所（设硕士班）
  - 照明与能源光电研究所（设硕士班）
  - 影像与生医光电研究所（设硕士班）
  - 光电科技硕士在职专班

```
                    ┌─ 电机资讯学士班（电机学院与资讯学院跨学院办理）
                    ├─ 平面显示技术硕士学位学程（电机学院与工学院跨学院办理）
                    ├─ 加速器光源科技与应用硕士学位学程（工学院与"国家"同步辐射
                    │   研究中心合办）
                    │          └─ 材料科学组
                    │          └─ 电子工程组
                    │          └─ 光电工程组
                    │          └─ 生物科技组
                    │          └─ 环境工程组
                    ├─ 加速器光源科技与应用博士学位学程（工学院与"国家"同步辐射
                    │   研究中心合办）
                    │          └─ 材料科学组
                    │          └─ 电子工程组
                    │          └─ 光电工程组
                    │          └─ 生物科技组
                    │          └─ 环境工程组
                    ├─ 纳米科学及工程学士学位学程（电机学院、工学院、理学院与
                    │   生物科技学院跨学院办理）
                    ├─ 声音与音乐创意科技硕士学位学程（电机学院、资讯学院、工学院、
                    │   人文社会学院与管理学院跨学院办理）
                    ├─ 电机资讯国际学士学位学程（电机学院与资讯学院跨学院办理）
                    └─ 电机资讯国际硕士学位学程（电机学院与资讯学院跨学院办理）

├─ 通识教育委员会 ─┬─ 通识教育中心
│                  └─ 艺文中心
├─ 体育室
├─ 电子与资讯研究中心 ─┬─ 行政组
│                      └─ 技术组
├─ 晶片系统研究中心
├─ 人文与社会科学研究中心
├─ 防灾与水环境研究中心
├─ 教务处 ─┬─ 注册组
│          ├─ 课务组
│          ├─ 数位内容制作中心
│          ├─ 综合组
│          ├─ 推广教育中心
│          ├─ 华语中心
│          └─ 教学发展中心
└─ 学生事务处 ─┬─ 生活辅导组
               ├─ 课外活动组
               ├─ 卫生保健组
               ├─ 住宿服务组
               ├─ 就业与升学辅导组
               ├─ 咨商中心
               ├─ 服务学习中心
               └─ 军训室
```

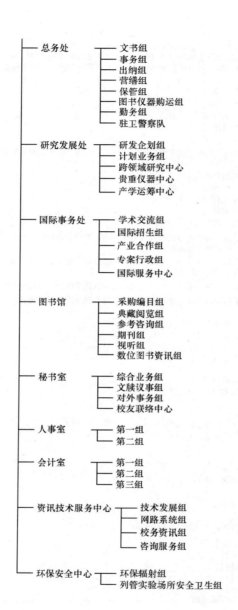

（据 http://secretariat.nctu.edu.tw/organization-table_new.php，最后访问于 2011 年 2 月 20 日。）

香港大学条例

1997 年 3 月 6 日

章 1053　香港大学条例宪报编号
版本日期　详题　30/06/1997
本条例旨在废除与代替《1911 年大学条例》。

条 1　简称
本条例可引称为《香港大学条例》。

条 2　释义
(1) 在本条例中,除文意另有所指外——
"大学"(University) 指香港大学;
"主管人员"(officers) 及"教师"(teachers) 分别指大学的主管人员及教师;
"校长"(Vice-Chancellor)、"首席副校长"(Deputy Vice-Chancellor)、"副校长"(Pro-Vice-Chancellors)、"司库"(Treasurer)、"学院院长"(Deans of Faculties)、"教务长"(Registrar) 及"图书馆馆长"(Librarian) 分别指大学的校长、首席副校长、副校长、司库、学院院长、教务长及图书馆馆长;
"校董会"(Court)、"校务委员会"(Council)、"教务委员会"(Senate) 及"毕业生议会"(Convocation) 分别指大学的校董会、校务委员会、教务委员会及毕业生议会;
"校监"(Chancellor) 指大学的校监,亦指任何凭借第 12(3) 条出任大学的署理校监的人;
"副校监"(Pro-Chancellor) 指大学的副校监;
"规程"(statutes) 指大学的规程。
(2) 为施行本条例,"好的因由"一词当用于免职、罢免成员身分或罢免职分以及用于条例及规程所指定的大学成员、主管人员和教师时,指无能力有效率地执行有关职位的职责、疏于职守或使任职者不适宜继续任职的公职上或私下的不当行为。

条3 （废除）

条4 成立为法团

尽管《1911年大学条例》（1911年第10号）已予废除，大学仍继续以"香港大学"的名义存在，而规程IV不时界定的大学成员须以该名义组成一个永久延续并备有法团印章的政治体及法团，具有全权藉该名义及以该名义起诉和被起诉、接受他人馈赠或以其他方式取得或购买和持有、批给、批租或以其他方式处置土地产业或非土地产业，并具有本条例所授予、根据本条例所授予或凭借本条例所授予的其他权力。

条5 合约形式

（1）大学可由其代表以下述方式代其订立合约——

(a) 凡合约如在个人之间订立则法律规定须以书面形式订立并须盖印者，可由大学的代表以书面形式订立并盖上大学法团印章；

(b) 凡合约如在个人之间订立则法律规定须以书面形式订立并由承担合约责任各方签署者，可由大学的代表以书面形式订立，并由根据校务委员会明订或默示的授权而行事的人签署；

(c) 凡合约虽只以口头方式订立而无书面记录，但如在个人之间订立则在法律上会有效者，可由根据校务委员会明订或默示的授权而行事的人代表大学以口头方式订立。

（2）按照本条订立的合约具有法律效力，并对大学及其继承人及该合约的所有其他各方均具约束力。

（3）按照本条订立的合约，可以本条授权订立该合约的相同方式予以更改或解除。

（4）凡代表大学盖章订立的文书，如经盖上大学法团印章，并由校监、副校监、校长、首席副校长或司库签署，再由教务长加签，即当作已妥为签立。

条6 禁止派发股息

大学或其代表不得向大学的任何成员派发股息或红利或馈赠或分派金钱，但如属奖赏、酬赏或特别补助金，则不在此限。

条7 校董会、校务委员会和教务委员会及其章程、权力及职责

（1）大学设有校董会、校务委员会及教务委员会，其各别的章程、权力及职责由本条例及规程订明。

（2）在符合本条例及规程的规定下，校董会为大学的最高管治团体。

（3）校务委员会为大学的行政团体，须订立有关保管和使用大学印章的规定，并在符合本条例及规程的规定下，管理大学的财产与处理大学的事务。

(4) 教务委员会得规管大学的一切与教育有关的事宜,但须符合本条例及规程的规定及校务委员会在财务方面的管制。

(5) 校董会、校务委员会或教务委员会的任何作为或决议,不得纯粹因该团体出现空缺、其中任何成员欠缺资格或任何成员的选举或委任无效而致无效。

条8　学院及研究所

(1) 大学设有文学院、社会科学院、理学院、医学院、工程学院及其他由校董会根据校务委员会及教务委员会的建议而设立的学院。文学院内须妥为提供中国语文及文学的研修课程。

(2) 各学院设有院务委员会及院长,其各别的权力由本条例及规程订明。

(3) 校务委员会可根据教务委员会的建议而成立、解散或改革其不时认为合宜的研究所、专科学院、中心、单位及其他研修及学习分部。

条9　毕业生议会

(1) 大学设有毕业生议会,其章程、权力及特权须由规程订明。

(2) 校董会内毕业生议会代表的人选、人数及出任代表的条件,均由规程订明。

条10　名誉学位委员会

大学设有名誉学位委员会,由规程所订定的人士组成,就颁授名誉学位事宜向校监提供意见。

条11　委员会的一般事宜

(1) 校董会、校务委员会、教务委员会及任何学院的院务委员会可各自设立其认为适当的委员会。

(2) 除非另有明文规定,否则任何委员会均可由校董会、校务委员会、教务委员会或任何学院的院务委员会(视属何情况而定)成员以外的人士出任其部分成员。

(3) 在符合本条例及规程的规定下,校董会、校务委员会、教务委员会及任何学院的院务委员会可各自将其任何权力及职责转授予任何委员会,并且如其认为合适,可就该项转授而施加或不施加任何限制或条件。

条12　主管人员和教师及其聘任、权力、职责及薪酬

(1) 主管人员指校监、副校监、校长、首席副校长、副校长、司库、学院院长、教务长、图书馆馆长及规程指定为主管人员的其他人。

(2) 校监为大学的首席主管人员。

(3) 校监由行政长官出任。如行政长官缺席,则由依照《基本法》第五十三条在当其时代理行政长官职务的人出任署理校监,署理校监具有校监的一切权力及职责。

(4) 校监可委任一名人士为大学的副校监。副校监须行使规程所订明的权力及执行规程所订明的职责。如副校监缺席,校监可委任一名人士为署理副校监。该名如此获委任的人士可按校监的决定而行使副校监的全部或任何权力及执行副校监的全部或任何职责,并享有校监所决定的副校监的特权。

(5) 校长为大学的首席教务及行政主管人员。

(6) 校长、首席副校长、副校长、司库、教务长、图书馆馆长及规程指定为主管人员的其他人,由校务委员会按照规程聘任,而校务委员会不得终止任何上述聘任,但如校务委员会在对有关事实妥为作出调查后,认为有好的因由终止聘任,则不在此限。

(7) 任何主管人员,即使因规程的修订而不再获指定为主管人员,仍然继续有权获得第(6)款就终止其聘任事宜而授予的保障。

(8) 学院院长须按照规程予以委任。

(9) 教师指讲座教授、教授、讲师及规程指定为教师的其他人。教师由校务委员会聘任。校务委员会不得终止任何教师的聘任,但如该委员会在对有关事实妥为作出调查,及在接获教务委员会就该项调查结果所提供的意见后,认为有好的因由终止聘任,则不在此限。

(10) 尽管有第(6)及(9)款的规定,任何主管人员或教师,如——

(a) 在校务委员会所决定的退休年龄过后获聘任或继续受雇;或(b) 其受雇属临时、兼任或试用性质,则可按照其服务合约的条款或以任何其他合法理由将其免职而无须提出任何免职理由。

(11) 如不服校务委员会终止聘任任何主管人员或教师的决定,可向校监提出上诉。

(12) 在符合本条前述条文的规定下,校务委员会可聘任一名或多于一名副校长,以行使校务委员会所指定的权力及执行校务委员会所指定的职责。

(13) 当校长职位悬空,或校长不在香港或因任何其他理由而不能或无能力执行其职能时,除非校务委员会另有指示,否则该等职能须由首席副校长执行;如首席副校长亦不能执行该等职能,则由当时身在香港而连续担任副校长职位时间最长的副校长执行。

(14) 主管人员及教师的权力、职责、任期、任职条件及薪酬,由本条例、规程及其各别的聘任条款订明;但校务委员会可向任何主管人员或教师委予该委员会认为适当的其他权力及职责,但如有关主管人员为校监,则须取得其同意。

（15）除主管人员及教师外，大学任何教职员的服务或雇佣合约，均可按照该合约的条款或以任何其他合法理由予以终止而无须提出任何终止理由。

条 13　规程

（1）在符合本条例的规定下，大学须按照规程的规定予以管治。

（2）校务委员会可向校董会建议对规程中任何一则作出增补、修订或废除，而当校董会向校监作出有关建议后，校监可作出校董会所建议的增补、修订或废除。

（3）校监按照第（2）款所作的一切增补、修订或废除，均须在宪报刊登，并可在大学宪报或以校监指示的其他方式刊登。

（4）附表所载的规程须当作根据本条例订立。

（5）《释义及通则条例》（第1章）适用于规程的释义，犹如其适用于任何条例的释义一样，而除非规程另有规定或出现相反用意，否则所有经本条例界定的词句用于规程中时均具有相同的涵义。

条 14　主考

大学举行的所有考试均须以规程及根据规程订立的规例所订明的方式进行：

但对于最终学年的学位试及教务委员会不时建议的其他学位试，如切实可行的话，就构成规定的课程的每一科目或每组科目，须委任最少一名校外独立主考。

条 15　颁授学位等的权力

大学有权——

（a）颁授规程所指明的学位；

（b）颁授文凭、证书及规程所指明的其他学术资格；

（c）向非大学成员的人士提供大学所决定的讲座及教学，并向该等人士授予证书；

（d）在妥为作出调查后，撤回某人或拒绝授予某人在规程中有所指明的学位、文凭、证书及其他学术资格。

条 16　保留条文

本条例的条文不影响亦不得当作影响中央或香港特别行政区政府根据《基本法》和其他法律的规定所享有的权利或任何政治体或法团或任何其他人的权利，但本条例所述及者及经由、透过或藉着他们提出申索者除外。

附：香港大学规程

2006 年 3 月 3 日

规程 I 释义

在本规程中，除文意另有所指外——

"大学"(University)、"规程"(statutes)、"校董会"(Court)、"校务委员会"(Council)、"教务委员会"(Senate)、"毕业生议会"(Convocation)、"校监"(Chancellor)、"副校监"(Pro-Chancellor)、"校长"(Vice-Chancellor)、"首席副校长"(Deputy Vice-Chancellor)、"副校长"(Pro-Vice-Chancellor)、"司库"(Treasurer)、"学院院长"(Deans of Faculties)、"教务长"(Registrar)、"图书馆馆长"(Librarian)、"主管人员"(officer)、"教师"(teacher) 的涵义与其在本条例中各别具有的涵义相同；

"本科生"(undergraduate student) 指注册修读大学学士学位课程的人；

"本条例"(Ordinance) 指《香港大学条例》；

"纪律委员会"(Disciplinary Committee) 指根据规程 XXX 委出的纪律委员会；

"院舍"(hall) 指作住宿或非住宿用途的院舍，并包括柏立基学院及何善衡夫人堂；

"研究生"(postgraduate student) 指符合下述条件的人士——

(a) 经注册在大学修读硕士或博士学位课程；或(b) 经注册为大学的证书或文凭课程学生，而该课程的其中一项入学条件为持有学士学位或教务委员会为此而当作与学士学位同等的资历；

"毕业生"(graduate) 指下述人士——

(a) 曾在大学的学位颁授典礼上获颁授学位的人士；或(b) 姓名已载于按照教务委员会所订明的规例而发布的大学学士、硕士或博士学位及格候选人名单上，并正待大学在学位颁授典礼上颁授该学位的人士；

"学生"(student) 指本科生或研究生，或注册修读大学的文凭或证书课程的人，或如教务委员会曾就纪律委员会的程序而界定某类别的人为学生，则指属该类别的人；

"学年"(academic year) 指教务委员会不时决定的、不超过连续 12 个月的期间。

"学院"(Faculty) 指一组相关的学术科目，不论该等学术科目是否划分为学系及其他研修及学习分部；

"学期"(semester)指学年的一部分,由教务委员会不时决定;

规程 II　学位颁授典礼

1. 大学整体举行学位颁授典礼的时间及地点,以及该等典礼的程序,均由校监决定。

2. 学位颁授典礼由校监主持;如校监缺席,则由副校监主持;如两人皆缺席,则由校长主持。

3. 每学年须举行最少一次学位颁授典礼。

规程 III　学位及其他学术资格

1. 大学可颁授任何以下学位——
（a）学士学位
工商管理学学士
工商管理学学士（法学）
工商管理学学士（国际商业及环球管理）
工商管理学学士（会计及财务）
工商管理学学士（信息系统）
工程学理学士
工学士
工学学士（由教务委员会指定的工学范畴）
内外全科医学士
文学士
中医全科学士
中药药剂学学士
牙医学士
刑事司法学士
社会工作学学士
社会科学学士
社会科学学士（政治学与法学）
房屋管理学士
法学士
金融学学士
建筑学学士
建筑学文学士
教育学士

教育学士(小学教育)
教育学士(语文教育)
理学士
理学士(工料测量)
理学士(生物讯息学)
理学士(生物医学)
理学士(言语及听觉科学)
理学士(计算器科学及信息系统)
理学士(计算器研究)
理学士(计算器学)
理学士(测量学)
理学士(信息管理)
理学士(运动科学及康乐管理)
理学士(精算学)
理学士(应用医疗科学)
理学士(护理学)
会计学学士
新闻学学士
经济金融学学士
经济学学士
认知科学学士
管理学学士
护理学学士
(b) 硕士学位
工商管理学硕士
工商管理学硕士(国际课程)
工程学硕士
工学硕士(由教务委员会指定的工学范畴)
公共行政学硕士
公共卫生硕士
文科硕士
文科硕士(运输政策与规划)
文科硕士(应用语言学)
中医学硕士(针灸学)
牙医硕士

地理信息系统硕士
佛学硕士
房屋管理学硕士
社会工作学硕士
社会行政管理硕士
社会科学硕士
金融工程硕士
金融学硕士
法学硕士
法学硕士（由教务委员会指定的法学范畴）
建筑学硕士
城市设计硕士
哲学硕士
教育学硕士
理科硕士
理科硕士（牙科材料科学）
理科硕士（全球商业管理及电子商贸）
理科硕士（房地产）
理科硕士（房地产发展）
理科硕士（计算器学）
理科硕士（建筑文物保护）
理科硕士（建筑策划管理学）
理科硕士（城市规划）
理科硕士（教育应用信息科技）
理科硕士（电子商贸及互联网工程）
理科硕士（运动科学）
理科硕士（跨领域设计与管理学）
理科硕士（图书馆及信息管理）
理科硕士（环境管理学）
理科硕士（听觉学）
深造护理学硕士
国际公共行政学硕士
国际关系学硕士
新闻学硕士
统计学硕士

普通法硕士
园境硕士
经济学硕士
矫齿学硕士
医学研究硕士
医疗科学硕士
护理学硕士
(c) 博士学位
心理学博士
文学博士
外科博士
社会科学博士
法律学博士
法学博士
科学博士
哲学博士
教育博士
医学博士
(d) 名誉博士学位
名誉文学博士
名誉社会科学博士
名誉法学博士
名誉科学博士
名誉神学博士
2. 大学可颁授任何以下文凭及证书——
(a) 文凭
口腔颌面外科高级文凭
工学深造文凭（由教务委员会指定的工学范畴）
中国法律研究文凭
中国语文文凭
公共卫生深造文凭
公法研究文凭
牙周病学高级文凭
牙科材料科学深造文凭
牙科修复学高级文凭

牙科进修文凭
牙医全科深造文凭
牙髓病学高级文凭
地理信息系统研究文凭
小区老年医学深造文凭
小区精神医学深造文凭
社会工作学高级文凭
儿童及青少年健康深造文凭
儿童齿科高级文凭
法学深造文凭
英文创意写作深造文凭
英语研修深造文凭
屋宇设备研究文凭
建筑文物保护研究文凭
建筑策划管理学研究文凭
建筑学文凭
城市设计研究文凭
教育学高级文凭
理科深造文凭（计算器学）
理科深造文凭（电子商贸及互联网工程）
商业法律研究文凭
国际仲裁及争端解决深造文凭
国际事务研究文凭
普通法深造文凭
测量学研究文凭（工料测量）
测量学研究文凭（房地产发展）
感染及传染病学深造文凭
信息科技及知识产权法深造文凭
信息科技法深造文凭
新闻学深造文凭
管理学基础文凭
学位教师中文学科知识深造文凭
学位教师教育文凭
临床研究方法学深造文凭
癌病心理学深造文凭

矫齿学高级文凭
药理学文凭
护理学深造文凭
（b）证书
公共卫生深造证书
中国语文证书
心理学深造证书
由教务委员会不时决定的工程证书
在职教师进修证书
社会工作证书
法学专业证书
香港法律专业共同试证书
高级教育研究证书
卫生经济学证书
学位教师教育证书
学校辅导工作证书
临床研究方法学深造证书
癌病心理学深造证书
医疗科学证书

3. 学位由校监在大学整体的学位颁授典礼上颁授；如校监缺席，则由副校监颁授；如两人皆缺席，则由校长颁授。

4. 除因病免试学位外，任何人不得未经考试或其他适当测验而获准取得任何学位，但校监可根据名誉学位委员会的推荐，颁授其认为适当的名誉学位。

5. 任何人如未曾在一所大学或其他学府修毕为期最少3年的课程，其中包括在香港大学修读最少1年，则不得获颁授任何学士学位，但内科或外科医学学位除外；而任何人如未曾在一所大学或其他学府修毕为期5年的医学或相关课程，其中包括在香港大学修读最少2年，则不得获颁授任何内科或外科医学学士学位。

6. 除根据教务委员会建议外，大学不得增设新学位或采纳其他荣誉或优异学术资格。

7. 大学不得撤回或拒绝授予任何人的任何学位、文凭、证书或其他学术资格，但如该项撤回或拒绝授予是校监根据校务委员会及教务委员会的联合建议并基于好的因由而作出者，则不在此限。

规程 IV　大学成员

1. 大学的成员为——
(a) 校监及副校监；
(b) 校长、首席副校长、副校长及司库；
(c) 学院院长、教务长及图书馆馆长；
(ca) 学生事务长；
(d) 校董；
(e) 校务委员；
(f) 教务委员；
(g) 各学院的院务委员；
(ga)（废除）
(h) 名誉教授及荣休教授；
(i) 教师；
(j) 大学及各附属院舍的舍监；
(k) 毕业生；
(l) 本科生，及
(m) 研究生。

此外，在大学担任校务委员会日后不时决定的职位的人，或由大学委出以担任校务委员会日后不时决定的职位的人，亦为大学的成员。

2. 大学的任何成员，只要仍然具有本则规程所载的任何一项资历，则仍继续为大学的成员。

规程 V　副校监

1. 经校监授权后，副校监可代其行使规程赋予校监的任何权力，或执行规程委予校监的任何职责。
2. 校监可藉致予校监的书面通知而辞职。

规程 VI　校长

1. 校长由校务委员会于咨询教务委员会后聘任。
2. 校长可藉致予校务委员会的书面通知而辞职。
3. 校长为校董会、校务委员会或教务委员会属下所有委员会的成员，亦为学院院务委员会属下所有委员会的成员，但不得为纪律委员会的成员。
4. 校长有权在一名主管人员的职位暂时悬空期间，或在该名人员暂时缺席或无能力期间，委任他人署理其职位，但如本条例或本规程另行订明在职位暂时悬空或主管人员暂时缺席期间作出该等临时委任的其他方法,则属例外。校长亦有权在任何其他校务委员会所决定的职位暂时悬空期间,或在该职位的担任者暂时缺席或无能力期间,委任他人署理该职位。如此获委任的人可按校长的决定而行使其所署理职位的担任者的所有或任何权力及执行其所有或任何职责,并享有校长所决定的该职位担任者的特权。

5. 校长在学生的纪律方面具有本规程及根据本规程订立的规例所赋予的权力。

规程VIA　首席副校长

1. 首席副校长由校务委员会于咨询教务委员会后聘任。
2. 首席副校长的聘任条款及条件、权力及职责,由校务委员会订明。
3. 首席副校长可藉致予校务委员会的书面通知而辞职。

规程VII　副校长

1. 副校长由校务委员会按校务委员会订明的条款和条件委出。
2. 在符合本条例及规程的规定下,除非校务委员会另有订明,否则如校长及首席副校长的职位同时悬空,或两人皆缺席或无能力履行其各别的职责,则由身在香港而又连续担任副校长职位时间最长的副校长署理校长职位。
3. 副校长的任期由校务委员会决定,而他须承担由校长指派的职责。
4. 副校长可藉致予校务委员会的书面通知而辞职。

规程VIII　司库

1. 司库由校务委员会聘任,任期为3年,并有资格再获聘任。在司库职位暂时悬空期间,或在司库暂时缺席或无能力期间,校务委员会可委任他人署理其职位。如此获委任的人,可按校务委员会的决定而行使司库的所有或任何权力及执行司库的所有或任何职责,并享有校务委员会所决定的司库的特权。
2. 司库可藉致予校务委员会的书面通知而辞职。

规程IX　学院院长及副院长

1. 每间学院的院长须由校务委员会按照规例委任,而——
   (a) 该项委任须按校长提出的建议而作出;
   (b) 委任条款及条件由校务委员会决定;及
   (c) 任期为5年或由校务委员会决定的其他期间。

1A. 院长有资格再获委任。

2. 每当院长职位悬空时,须立即委任新院长。

3. 院长须出任其所属学院的院务委员会属下所有委员会的成员,并须推荐可获颁授该学院各科学位(名誉学位除外)的人选。

4. 院长可藉致予校务委员会的书面通知而辞职。

5. (a) 每间学院的副院长,由该学院的院长委任。

(b) 学院副院长的任期由该学院的院长决定,但该任期不得超逾或延展至超逾该院长的任期。

6. 学院副院长须履行学院院长所决定的职责。

7. 学院副院长可藉致予该学院的院长的书面通知而辞职。

规程 IXA　学生事务长

1. 学生事务长为主管人员,由校务委员会于咨询教务委员会后聘任。

2. 学生事务长须就校务委员会所不时决定而又与学生事务有关的职责向校长负责。

规程 IXB

(废除)

规程 X　教务长及其他主管人员

1. 教务长——

(a) 由校务委员会聘任;

(b) 须备存一本登记册,按规程 IV 所指明的大学成员各别的资格登记大学的所有成员;

(c) 为大学的纪录及法团印章的保管人;

(d) 须履行本条例及规程所指明的职责及校务委员会所决定的其他职责;

(e) 可由他人代其行使其作为各学院院务委员会秘书的职能。

1A. (废除)

2. 财务处长为主管人员,并且——

(a) 由校务委员会聘任;

(b) 须就大学一切账目的备存事宜向校务委员会负责;

(c) 须就履行校长所决定的其他与大学财政有关职责,向校长负责。

3. 图书馆馆长——

(a) 由校务委员会于咨询教务委员会后聘任;

(b) 须履行校务委员会于咨询教务委员会后所决定的职责。

4. 物业处长为主管人员，并且——

(a) 由校务委员会聘任；

(b) 须就大学的所有建筑物、物业及场地的一般维修事宜，向校长负责；

(c) 须就履行校长所决定的其他与大学的建筑物、物业及场地有关的职责，向校长负责。

规程 XI　核数师

1. 校董会须委任一名或多于一名的核数师，获委任者不得为校董会、校务委员会、教务委员会、任何学院院务委员会或任何委员会的成员。

2. 核数师每次任期为 1 年，任满后有资格再获委任。

规程 XII　大学教师

1. 除本条例指定为教师的人士外，高级讲师、副讲师、获委任的学院院长以及根据规程 XXV 的规定获委任的研究所、专科学院、中心、单位及其他研修及学习分部的主任及副主任，均为教师。

2. 所有专为大学提供服务的教师，不得在任期内未经校务委员会同意而从事有报酬的外间业务。

3. 教务委员会须把教师编入其认为适当的学院、学系、研究所、专科学院、中心、单位及其他研修及学习分部。

规程 XIII　名誉教授及荣休教授

1. 校务委员会可根据教务委员会的建议，委任名誉教授及向任何已退任的教授颁授荣休教授的名衔。

2. 名誉教授或荣休教授不得当然地成为校董会、校务委员会、教务委员会或任何学院院务委员会的成员。

规程 XIV　一般程序

1. 除规程另有规定外，当校董会、校务委员会、教务委员会、任何学院院务委员会或任何委员会举行会议时，如主席或副主席（如有的话）皆缺席，出席该会议的成员须选出一名主席主持该会议。

2. 除规程另有规定外，校董会、校务委员会、教务委员会、学院院务委员会及任何委员会须决定其各别举行会议的时间及地点及会议的程序，并就该等事宜订立规则。

3. 每个委员会自其所属组织上次会议后举行的所有会议的纪录，均须在该组织每次会议席上提交该组织省览,不论该组织为校董会、校务委员会、教务委员会或任何学院院务委员会。

4. 学院院务委员会自教务委员会上次会议后举行的所有会议的纪录,均须在教务委员会每次会议席上提交该委员会省览。

5. 校董会所有会议的纪录均须送交毕业生议会。

6. 如校董会、校务委员会、教务委员会、任何学院院务委员会或任何委员会在会议上就任何问题作出表决时出现票数均等的情况,该会议的主席可投决定票。

规程 XV　校董会

1. 校董会由以下人士组成——

(a) 校监、副校监、校长、首席副校长、副校长及司库;

(b) 终身校董;

(c) 下列当然校董:校务委员,教务委员,教务长,毕业生议会主席、副主席及书记;

(d) 下列由选举产生的校董:

　　(i) 由立法会议员互选产生的人士 5 名,

　　(ii) 由毕业生议会常务委员会成员互选产生的校董 12 名;但凭借本则规程任何其他一段而成为校董的任何毕业生议会常务委员会成员,并无资格被选,

　　(iii) 由校董会选出的校董 5 名,

　　(iv) 由补助学校议会从其成员当中选出的校董 3 名,

　　(v) 由香港津贴中学议会从其成员当中选出的校董 3 名;及

(e) 不多于 20 名由校监委任并且不属于上述任何人士的校董。

2. 如有空缺出现,须立刻予以填补,或在方便的情况下尽快填补。

3. 除当然校董外,任何校董均可藉致予校董会秘书的书面通知而辞职。

4. 当然校董只可在其担任其藉以成为校董的职位的期间继续出任校董。

5. 经选举产生的校董每次任期为 3 年,并有资格再度当选。

6. 获委任的校董每次任期为 3 年,并有资格再获委任。

7. 校董会秘书由教务长出任。

8. 如任何获委任的校董或经选举产生的校董离开香港,并连续缺席 3 个月或以上或发出拟缺席 3 个月或以上的通知,则委任或选出该校董的人士或团体,可委任或选出(视情况需要而定)另一人在该校董缺席期间署理其职位。该署理校董须于缺席的校董返回香港或任期届满(以情况较早出现

者为准)时离任。

9. 根据本则规程第1(d)(i)、(ii)、(iv)或(v)段选出的校董——

(a) 如停任选出他的团体的成员或议员,即当作已退出校董会;

(b) 如以另一身分成为校董,即当作已辞去他以选出他的团体的成员或议员身分所担任的校董职位。

规程 XVI　校董会会议

1. 校董会须于每学年举行最少一次会议。
2. 校董会主席由校监出任。如校监缺席,由副校监主持校董会会议。如两人皆缺席,则由校长主持校董会会议。
3. 校监可随时召开校董会会议。
4. 校董会会议的法定人数须为当其时校董人数的四分之一。
5. 校长可要求任何主管人员或教师出席校董会会议,以协助校长或教务长。

规程 XVII　校董会的权力

在符合本条例及规程的规定下,校董会有权——

(a) 根据校务委员会的提议,向校监建议对规程中任何一则作出增补、修订或废除;

(b)（废除）

(ba) 按照规例选出其成员担任校务委员,以及按校务委员会的建议给予规程 XVIII 第2段提述的批准;

(c) 审议周年账目及核数师作出的任何评注;

(d) 审议校务委员会向校董会作出的任何报告;

(e) 讨论任何校董所提出有关大学整体政策的任何动议;及

(f) 委任终身校董,并订明作出该等委任的程序。

规程 XVIII　校务委员会

1. 校务委员会由以下人士组成——

(a) 获校监委任的7名不属大学学生或雇员的人士,而其中1人须获校监委任为主席;

(b) 获校务委员会委任的6名不属大学学生或雇员的人士;

(c) 由校董会根据规程 XVII 的(ba)分节选出的2名不属大学学生或雇员的人士;

(d) 校长;

(e) 司库;
(f) 按照规例选出的 4 名全职教师;
(g) 按照规例选出的 1 名不属教师的全职大学雇员;
(h) 按照规例选出的 1 名全日制本科生;及
(i) 按照规例选出的 1 名全日制研究生。

1A. 校务委员会秘书由教务长出任,但教务长不得为该会的成员。

2. 第 1(a)、(b)、(c)、(e)、(f)或(g)段提述的校务委员——

(a) 的任期为 3 年;
(b) 有资格再获委任或再度当选,但在未经校董会批准下,不得连任多于 3 次;及
(c) 可藉致予教务长的书面通知而辞职。

2A.（废除）

3. 第 1(h)或(i)段提述的校务委员——

(a) 的任期为校务委员会不时决定的期间;
(b) 有资格再度当选;
(c) 可藉致予教务长的书面通知而辞职;及
(d) 当不再是大学的全日制学生时,即停任校务委员。

4.（废除）

5. 校务委员会会议的法定人数为校务委员的不少于三分之一。

6. 即使校务委员会出现任何空缺,该会仍可行使其权力,但如在任何时间及只要校务委员人数少于 10 人,该会即须停止行使其权力。

7. 主席可要求任何主管人员或教师出席校务委员会会议。

8.（废除）

规程 XIX　校务委员会的权力

1. 校务委员会须管理大学的事务,但藉本条例或规程置于大学其他权力机关或任何主管人员管理下的事务除外。

2. 尽管第 1 段归于校务委员会的权力具概括性,但在符合本条例及规程的规定下,校务委员会有权——

(a) 管理大学的财政、账目、投资、财产、校务及所有事务,并为此而委任银行家、大律师、律师及其认为合宜的人员或代理人;
(b)（废除）
(c) 将包括任何未拨用收入的大学款项,投资于其认为适当的股额、基金、全部缴足款项的股份或证券、按揭、债权证或债权股证,不论该等投资是否规管信托款项投资的一般法律所授权者,亦不论其是否在香港之内所作

的投资,而校务委员会亦有权以该等大学款项在香港购买批租土地财产作为投资,并以出售后再投资或以其他方式更改任何投资;

(d) 代表大学购买、批予、出售、转易、转让、放弃、交出与交换土地财产和非土地财产,将土地财产和非土地财产予以分划、按揭、批租与再转让,以及接受他人将土地财产及非土地财产租赁予大学;

(e) 提供大学需用的建筑物、处所、家具、仪器及其他工具;

(f) 代表大学借款,并为此而将大学的所有或部分财产(不论是土地财产或是非土地财产)按揭,或以该等土地财产或非土地财产或其他财产提供其认为适当的其他抵押:但大学所借及所欠的款项在任何时间不得超过$100000的总额,但如经校务委员会在会议上通过决议认许,并于该次会议举行最少7天后特别为此而召开的校务委员会会议上,得到四分之三出席会议并在席上投票的校务委员投票确认,则不在此限;

(fa) 就大学或大学的主管人员、教师、其他雇员或学生直接或间接享有实益权益的任何信托或单位信托,包括任何为大学雇员的利益而设立的公积金或退休金计划,接受及执行受托人的职务或其他类似的、属受信人性质的职务,以及委任任何大学的主管人员或任何信托公司接受及执行上述职务;

(fb) 就大学或大学的主管人员、教师、其他雇员或学生直接或间接享有实益权益的任何信托或单位信托,成立信托公司以接受及执行受托人的职务或其他类似的、属受信人性质的职务,亦有权担任投资或财务代理人,并以信托形式收取款项以作投资之用,及在作上述投资之前容许该等款项生息;

(fc) 成立或设立单位信托并委任其受托人;

(g) 代表大学订立、更改、执行与取消合约;

(h) 为大学维持一个大学出版社与出版书籍和其他刊物;

(i) 就任何财政事宜或任何影响大学财产的事宜,向教务委员会或大学的任何主管人员或教师发出指示;

(j) 在与教务委员会商议下,检讨大学的教学事宜;

(k) 就考试的规管及举行、对专科学院及其他学术机构的审查及监察、大学教学范围的扩展以及为其他目的而与其他大学及主管当局合作;

(l) 委任任何人或委员会代它受理大学的成员及雇员所提出的投诉,并在适当的情况下代它作出裁决,以及对他们的不满予以补救:

但校务委员会不得受理任何属于纪律委员会管辖范围内的投诉或就任何该等投诉作出裁决;

(la) 就任何因不服纪律委员会的裁决而作出的上诉,判决上诉得直或

驳回上诉,并更改纪律委员会所施加的任何处罚,或委任任何人或委员会履行该等职责;

(m) 向校董会建议对规程中任何一则作出增补、修订或废除;

(n) 草拟规程;

(o) 订明各项费用;

(p) 订明主管人员、教师及其他由校务委员会聘任的雇员的职责,以及厘定其薪酬及聘任的条款和条件;

(pa) 向主管人员、教师及其他由校务委员会聘任的雇员以该会认为合适的条款和条件提供该会认为合适款额的有抵押或无抵押贷款;

(q) 在香港或外地委出委员会,以挑选可担任校务委员会有权委出的任何职位的人;

(r) 将其任何权力转授予任何校务委员或校务委员会属下的任何委员会,或转授予任何主管人员或教师;

(s) 作出其他一切必要的作为及事情,以履行校董会转委予校务委员会的任何职责,或使本条例或规程授予校务委员会的权力得以行使。

3.（1）校务委员会可就以下任何事宜或以下任何目的订立规例——

(a) 大学事务的管理;

(b) 合约的形式;

(c) 大学出版社及刊物;

(d) 各项费用;

(e) 本条例及规程所订明的选举及委任的进行和方法;

(f) 订明任何本条例或规程规定须由校务委员会藉规例予以订明的事情;及

(g) 概括而言,本条例或规程授权校务委员会规管的所有事项。

（2）除非校务委员会另有规定,否则所有该等规例须自其订立日期起实施。

规程 XX　名誉学位委员会

1. 名誉学位委员会由以下人士组成——

(a) 副校监,为该委员会的主席;

(b) 校长,为该委员会的副主席;

(c) 由校董会委任的一名已获颁授名誉学位的毕业生;

(d) 由校务委员会委任的校务委员 2 名,他们须属规程 XVIII 第 1(a)、(b)、(c)或(e)段所指的校务委员,而其中至少 1 名须是毕业生;

(e) 由教务委员会选出的学院院长 3 名;及

（f）经由香港大学教研发展基金有限公司的董事局的决议所委任的该公司的一名董事。

2.（1）根据第1(c)、(d)及(f)段获委任的人的任期为3年,并有资格再获委任,亦可藉致予教务长的书面通知而辞职。

（2）根据第1(e)段获选的人的任期为3年,并有资格再度获选,亦可藉致予教务长的书面通知而辞职。

3. 名誉学位委员会秘书由教务长出任,但教务长不得为该会的成员。

4. 名誉学位委员会可向校监推荐颁授名誉学位予名誉学位委员会认为曾对——

（a）大学;或

（b）香港社会;或

（c）学术界,作出优异贡献的人。

5. 名誉学位委员会须向校董会的成员寻求颁授名誉学位的提名,并有权接受任何其他人或组织所作出的提名。

规程 XXI　财务程序

1. 财政年度由校务委员会订定。

2. 校务委员会须委出财务委员会,并可委任校务委员以外的人为该会的成员;凡属校务委员会管辖范围内而又在财政方面有重大关连的事宜,均须提交财务委员会处理。

3. 财务委员会须于财政年度开始前,向校务委员会提交大学的收支预算草案,而该等预算经校务委员会作出其认为适当的修订后,须于该财政年度开始前由校务委员会予以批准。

4. 上述预算须列明有关年度大学的收支及预算的盈亏。预算开支须在款、项及(如适用的话)分项之下列明。校务委员会须就拟备该等预算及在该等预算范围内控制开支的事宜订立规例。校务委员会可于财政年度内修改该等预算,并可订立有关修订开支预算的规例,而该等规例可就将上述修改开支预算的权力转授的事宜订定条文,但该项转授不得扩及更改总预算开支的权力。

5. 于财政年度终结后,须在切实可行范围内尽快将资产负债表、收支表及补充附表呈交核数师。

6. 经审计的账目须连同核数师就该等账目所作出的评注呈交校务委员会。

7. 本则规程并不撤回校务委员会在任何时间将盈余或预期盈余投资的权力。

8. 经审计的账目须于校董会周年会议上呈交校董会。

规程 XXII　教务委员会

1. 教务委员会由以下人士组成——

（a）校长；他同时担任主席；

（b）首席副校长；

（c）副校长；

（d）各学院院长；

（e）各学院院务委员会的主席；

（f）按照规例选出的 12 名讲座教授；

（g）按照规例选出的 6 名不属讲座教授的教师；

（h）大学专业进修学院院长；

（i）研究学院院长；

（j）图书馆馆长；

（k）学生事务长；及

（l）按照规例选出的 3 名全日制学生，其中最少一名须为本科生，而最少一名须为研究生。

2. 教务委员会有权增选其他大学成员作为教务委员，其任期由教务委员会决定，但在任的教务委员的总数在同一时间不得多于 50 人。

3.（废除）

4. 教务委员会须于每个学年的每个学期举行最少一次会议，并按需要于其他时间时举行会议。

5. 教务委员会会议的法定人数为教务委员的不少于三分之一。

6. 主席有权要求任何主管人员或教师出席教务委员会会议。

7. 教务委员会秘书由教务长出任，但教务长不得为该会的成员。

规程 XXIII　教务委员会的权力

1. 在符合本条例及规程的规定及在得到校务委员会的拨款下，教务委员会有权——

（a）在与各学院院务委员会商议下，为大学的学位、文凭及证书及其他资格颁授提供课程，并提供其他被视为合宜的课程；就大学的教学和教育作出指示和进行规管；藉进行研究和出版刊物刺激知识的增进，并就进行考试的方式作出指示；

（b）决定其他大学或学府所举办的何种考试和课程须被当作相等于大

学所举办的考试和课程；

（c）就提供教育设施和其他学术设施事宜，向校务委员会提供意见；

（d）按照规程和规例，决定何人已符合获颁授学位（名誉学位除外）、文凭、证书及其他奖项的资格；

（e）组织各学院，将任何学院院务委员会的任何作为予以复核或发回重行审议，或管制、修订或拒准任何该等作为，并向各学院的院务委员会发出指示；

（f）按照各项研究生奖学金、奖学金及其他教育基金及教育奖项的条款，订定竞逐该等奖项的时间、方式及条件，并颁授该等奖项；

（g）推荐任何人士担任教师职位；

（h）管理大学的图书馆、实验室、博物馆和艺术廊；

（i）就学生的福利和纪律事宜作出规定；

（j）以学业理由要求任何学生停止在大学进修；

（k）（废除）

（l）厘定由大学营办的宿舍所须遵从的政策；批准设立并非由大学营办的学生宿舍和其他学生住宿设施，并订明学生获准入住的条件；

（m）为非大学成员的人士提供讲座和课程；

（ma）受理就属于教务委员会权限范围内的事宜所提出的上诉并作出裁决，但教务委员会不得受理因不服主考所作出与学位、文凭、证书或其他学术资格或成就有关的决定而提出的上诉；

（n）就任何可由校务委员会转交教务委员会审议的事宜，向校务委员会提供意见；

（o）将其任何权力转授予任何教务委员、教务委员会属下任何委员会的任何成员、任何学院院务委员或任何主管人员或教师；及

（p）作出其他一切必要的作为及事情，以使本条例或规程授予教务委员会的权力得以行使。

2.（1）教务委员会可就以下任何事宜或以下任何目的订立规例——

（a）学生的取录、注册、住宿、福利及纪律；

（b）学位、文凭、证书及其他奖项的颁授条件；

（c）课程及考试；

（d）礼袍；

（e）颁授奖学金及其他教育基金及教育奖项；

（f）大学图书馆、实验室、工场及其他研究所的使用；

（g）订明任何本条例或规程规定须由教务委员会藉其订立的规例订明

的事情;

(h) 就豁免任何人受教务委员会订立的规例的规限而订明条件;及

(i) 概括而言,本条例或规程授权教务委员会规管的所有事情。

(2) 教务委员会须就所有该等规例向校务委员会报告;除非校务委员会另有规定,否则该等规例的实施日期不得早于其订立日期翌日起计1个学期届满之时。

规程 XXIV 学系

1. 教务委员会须组织各学系。

2. 分配予某学院的学系的主任须由该学院的院长在校长的同意下按照规例委任,而其任期为院长按照规例决定的期间。

2A. 分配予某学院的学系的主任须就该学系的教学安排向该学院的院务委员会负责。

3. 教务委员会须将各学系分配予各学院。任何学系可分配予多于一间学院。

规程 XXV 研究所、专科学院、中心、单位或其他研修及学习分部

1. 研究所、专科学院、中心、单位或其他研修及学习分部的主任及任何副主任由校长按照规例委任。

2. 教务委员会可将任何研究所、专科学院、中心、单位或其他研修及学习分部分配予一间或多于一间学院。

规程 XXVI 学院院务委员会

1. 每间学院的院务委员会由以下人士组成——

(a) 校长;

(b) 该委员会的主席,而主席必须为该学院的院务委员(院长或(g)分节提述的委员除外),并由院务委员选出,任期为3年;

(ba) 该学院的院长;

(c) 身为该学院成员,并属大学全职雇员的教师;

(d) 教务委员会委任为院务委员的其他教师;

(e) 教务委员会根据院务委员会的推荐而委任为院务委员的其他非教师的人士,但该等人士的数目不得超过全体院务委员人数的四分之一;

(f)(废除)

(g) 如某学院的注册本科生人数超过注册研究生人数,则指3名在该学院注册修读全日制学位课程的本科生,由同样在该学院注册的本科生选出,以及1名在该学院注册的研究生,由同样在该学院注册的研究生选出,而该被选出的研究生不得是永久受雇于大学的全职主管人员、教师或人士,亦不得是任何其他类别的院务委员;如某学院的注册研究生人数超过注册本科生人数,则指1名在该学院注册的本科生,由同样在该学院注册的本科生选出,以及3名在该学院注册的研究生,由同样在该学院注册的研究生选出,而该等被选出的研究生不得是永久受雇于大学的全职主管人员、教师或人士,亦不得是任何其他类别的院务委员。

2.(a)根据第1(d)及(e)段获委任人士的任期为3年,或为教务委员会在个别情况下指明的其他期间,并有资格再获委任。

(b)根据第1(g)段获选人士的任期由教务委员会决定,并有资格再度当选,但任何人不得获选超过两次。

3. 各学院的院务委员会须就编配予该学院的学科的教学事宜向教务委员会负责,并须不时就该事宜向教务委员会报告。

4. 各学院的院务委员会秘书由教务长出任,但教务长不得为该等委员会的成员。

规程XXVII 学院院务委员会的权力

在符合本条例及规程的规定下,各学院的院务委员会均有权——

(a)就任何与该学院工作有关的问题,向教务委员会提供意见;及

(b)作出其他一切必要的作为及事情,以执行教务委员会转授予该院务委员会的任何职责。

规程XXVIIA—规程XXVIIB

(废除)

规程XXVIII 毕业生议会

(1997年第80号第100条)

1.(1)毕业生议会由以下成员组成——

(a)校监、校长、首席副校长、副校长、司库、各学院院长、学生事务长及教务长;

(b)大学的讲座教授、教授、讲师、导师及助教;

(c)按照校务委员会所订规例注册的大学毕业生。

(2)获颁授名誉学位的人士不得仅因此而得以出任毕业生议会成员,但可由毕业生议会推选其为成员。

2. 教务长须备存毕业生议会成员名册。

3. 任何人如在其声称有权于毕业生议会上投票时，其姓名列于上述名册内，则该名册为该人有权投票的确证；该名册亦为并非名列其内的人无权投票的确证。

4. 校监如出席毕业生议会会议，则须主持会议。

4A. 毕业生议会设有常务委员会，为毕业生议会的行政机构。

4B. 毕业生议会设有主席，主席同时兼任常务委员会主席。

4C. 毕业生议会可就有关其举行会议的时间、地点及会议程序的规则，有关在毕业生议会担任职位者的行为的规则以及有关毕业生议会进行各项选举的规例，向校务委员会提供意见。

5. 毕业生议会须每年召开最少一次会议，并在毕业生议会常务委员会所决定的其他时间召开会议。

6. 毕业生议会亦可按主席的指示召开会议，并须应最少20名成员的书面要求而召开会议。

7. 毕业生议会召开会议的通知，须按常务委员会不时订明的方式送达。

8. 毕业生议会会议的法定人数为30名成员。

9. 所有在毕业生议会会议上出现的问题，均须由出席会议的成员以过半数票决定；如有票数均等的情况，则主席除可投其原有票外，亦可投决定票。

10. 毕业生议会具有下述权力——

（a）按照规程XV的规定，选出其中成员出任校董；

（b）选出一名主席，其任期由毕业生议会决定，在校监缺席毕业生议会会议时由其主持会议；

（c）讨论任何与大学有关的事宜，包括任何由校董会或校务委员会转交毕业生议会讨论的事宜，并将毕业生议会对该等事宜的意见向校董会、校务委员会或教务委员会（视属何情况而定）报告；

（d）向校董会、校务委员会或教务委员会报告其议事程序；

（e）就任何影响大学的事宜，与校董会、校务会或教务委员会直接沟通；

（ea）为大学的事宜向其成员或其他人士募捐，并决定如何以奖学金、助学金或其他付款的方式使用募捐所得款项；

（f）概括而言，作出任何其他必需的作为，以使本条例或规程授予毕业生议会的权力得以行使。

规程XXIX　考试

1. 学位、文凭、证书及其他资格颁授的考试均由主考主持，而该等主考由校务委员会及教务委员会根据有关学院的院务委员会或教务委员会属下的有关委员会的推荐而委任。

2. 对于最后一年的学位考试及按照本条例的规定予以订明的其他考试中的每份试题,须设有一名并非教师的校外主考,由校务委员会根据教务委员会的推荐而委任。

3. 每当与任何考试有关的职位出现空缺或出现其他紧急情况,以致有需要立即由校长为该考试委任主考或校外主考(视属何情况而定),则校长有绝对酌情决定权作出该项委任。

4. 教务长须履行教务委员会转授予他而又与考试有关的职责,并可由他人代其执行该等职责。

规程 XXX　纪律委员会

1. 在本则规程中,除文意另有所指外——
"委员会"(Committee)指根据第 2 段委出的纪律委员会;
"教务委员会小组"(Senate panel)指根据第 3 段委出的小组;
"学生小组"(student panel)指根据第 4 段委出的小组。

2.(1)纪律委员会由以下人士组成——

(a)教务长从教务委员会小组中委出的教务委员 3 名,为该小组成员中位次最高而又已接受委任为委员会成员者;及

(b)教务长从学生小组中委出的学生 2 名,为该小组成员中位次最高而又已接受委任为委员会成员者。

(2)教务长须按照委员会订立的规例内所载的程序,委任委员会成员。

(3)如没有足够人数接受委任,以致教务长无法委出一个有足额成员的委员会,则在受限于第 3(3)段所规定教务委员会填补空缺的权力下,校监须从规程 IV 所界定的大学成员中委出人选,填补委员会的空缺。

3.(1)教务委员会小组由教务委员会按经界定的位次而委任的 20 名并非学生的教务委员组成。

(2)教务委员会小组每名成员的任期为 1 年,由 7 月 1 日开始,至翌年 6 月 30 日终止,或直至该名成员当时在委员会正参与研审的个案终结为止,以情况较迟出现者为准。各成员均有资格再获委任。

(3)如教务长并无根据第 2(1)(a)段的规定从教务委员会小组中作出任何委任,则教务委员会可从其本身成员中或从本条例第 12(9)条及规程 XII 所界定的教师中委出人选,填补有关空缺。

(4)校长及学生事务长均无资格根据第 2 段第(1)或(3)节或本段第(3)节的规定而获委任为教务委员会小组或委员会的成员。

4.(1)学生小组由 20 名学生组成,该等学生由大学学生会评议会按经

界定的位次而委任。

(2) 学生小组每名成员的任期为1年,由7月1日开始,至翌年6月30日终止,或直至该名成员当时在委员会正参与研审的个案终结为止,以情况较迟出现者为准。各成员均有资格再获委任。

(3) 就学生小组成员的委任及就委员会的程序而言,"学生"(student)不包括大学的教师或全职雇员。

(4) 学生会会长须于每年的6月1日前,将获妥为委任的学生小组成员的姓名及位次,呈交教务长。

5. 教务长须于每年的7月1日前,公布委员会成员名单,名单须列出各成员在其各别小组内的位次。

6. 委员会主席须由获委任为委员会成员及出席委员会会议的教务委员及教师当中位次最高的委员会成员担任;但如教务长并无根据第2(1)(a)段从教务委员会小组中作出任何委任,而教务委员会亦无根据第3(3)段作出任何委任,则校监须委出主席。

7. (1) 委员会秘书由教务长出任,但教务长不得为该会的成员。

(2) 教务长可由他人代其行使其委员会秘书的职能。

8. 委员会会议如涉及审议任何对学生提出的指控,则须有一名由大学委任的律师出席,而该名律师须以委员会的法律顾问而非委员会成员的身分行事。

9. (1) 委员会会议的法定人数为3名成员。如有任何涉及对学生提出指控的个案,而在聆讯该个案期间,出席会议的委员会成员于任何时间少于3名,则须将该宗个案的程序押后。

(2) 在聆讯涉及对学生提出指控的个案时,如委员会的任何成员没有出席该项聆讯的任何部分,则就该宗个案而言,该成员即停止出任委员会成员。

10. (1) 如有任何涉及对学生提出指控的个案,而在聆讯该个案前的任何时间,委员会决定某名委员会成员在该宗个案中有直接个人利害关系,而该等关系有产生不公正情况的实在危险,则该名成员须停止出任成员,而教务长则须按照第2(1)段的规定委任另一人为委员会的新成员。

(2) 如就任何涉及对学生提出指控的个案而进行程序,而在该项程序进行期间,委员会于任何时间决定某名委员会成员在该宗个案中有直接个人利害关系,而该等关系有产生不公正情况的实在危险,则该名成员须退出该项程序,而就该宗个案而言,该名成员即停止出任委员会成员,亦不得参与就该宗个案随后作出的任何决定。

(3) 如任何委员会成员在任何时间觉得自己在即将交由委员会聆讯或

委员会正在聆讯的个案中有直接个人利害关系,则该成员须向委员会申报其利害关系,并由委员会决定该成员是否须根据第(1)或(2)节退出。

(4) 尽管第 11 段另有规定,但——

(a) 委员会成员须否根据本段退出,须由出席会议并在席上投票的委员会成员以过半数票决定,但成员如在有关个案中的个人利害关系受质疑,则不得投票;及

(b) 如票数均等,则须当作委员会决定有关成员须退出。

(5)(废除)

(6) 如已根据本段命令任何委员会成员退出,委员会须立即决定是否在没有该成员参与的情况下继续进行现时的程序,或是否放弃该项程序而命令由委员会重新进行聆讯,而如此退出的成员不得在重新进行的聆讯中出任委员会成员。

11. 委员会的决定须在依章召开的会议上由出席会议并在席上投票的成员以过半数票作出。如票数均等,则主席除可投其原有票外,亦可投决定票,但如涉及是否有罪的裁决则属例外。如就某名学生作出任何该等裁决时出现票数均等的情况,则须将裁定无罪的裁决记录在案。

规程 XXXI　纪律委员会的权力

1. 在本则规程中,除文意另有所指外,"委员会"(Committee) 指根据规程 XXX 第 2 段委出的纪律委员会。

2.(1) 委员会须就校长命令交由该会处理、涉及指称任何学生犯了以下任何一项罪行的投诉,进行调查及作出裁断——

(a) 该学生于任何法院被裁定触犯的罪行;

(b) 袭击或殴打大学的任何主管人员、成员、雇员或学生;

(c) 诽谤大学的任何主管人员、成员、雇员或学生;

(d) 故意损坏或污损大学的任何主管人员、成员、雇员或学生的财产;

(e) 故意损坏或污损大学的任何财产或属于认可院舍或其他认可学生住宿设施的财产,或不按照大学的有关当局为此而订立的规则或其他条文而使用或占用该等财产;

(f) 盗窃、欺诈、不当地运用大学任何种类的款项或财产;

(g) 与学位、文凭或证书考试有关的罪行,包括违反教务委员会所订立的任何规限考试时的行为或其他事宜的规则;

(h) 捏改或严重地不当使用大学的文件及纪录或两者其中之一,包括(在以不损害前述条文的概括性为原则下)与学位及其他学术资格有关的证书;

（i）在大学之内或之外作出与学术成就或金钱奖赏有关或在其他方面与大学有关的虚假借口、失实陈述、欺诈或假冒他人身分的行为；

（j）拒绝遵从或没有遵从校长的任何命令或（如校长不在）副校长的任何命令，而该命令禁止任何他有合理因由相信相当可能会导致下述情况的行为——

　　（i）大学的教学、研修、研究或行政被中断；或

　　（ii）大学的任何主管人员或雇员在执行职责中受到妨碍；

（k）拒绝或没有按委员会的传召而到委员会席前，或拒绝遵从或没有遵从委员会所作出或校长在行使其纪律方面权力时所作出或校务委员会所作出的任何命令或决定；

（l）拒绝遵从或没有遵从任何主管人员或教师的任何命令，而该等命令是禁止任何他合理地信纳属下述行为者——

　　（i）使大学的教学、研修、研究或行政中断的行为；或

　　（ii）妨碍大学的任何主管人员或雇员执行职责的行为；

（m）拒绝遵从或没有遵从任何院舍的舍监所作出的合理命令，而该命令是与教务委员会所订立的规限住宿的规例或与依据该等规例订立的个别院舍规则有关者；

（n）恶意地及在没有合理因由的情况下对大学的任何主管人员、成员或雇员作出投诉；

（o）胡闹；在以不损害该词的概括性为原则下，"胡闹"包括有下述意图的行为——

　　（i）羞辱另一名学生或使其受嘲弄；或

　　（ii）干扰另一名学生在不受骚扰下享用其特权、利益、权利或设施。

（2）任何投诉均须以书面向教务长作出，教务长接获该项投诉时，该项投诉须视为已经作出。

教务长须于该项投诉作出后7天内通知校长，而校长则须于28天内决定是否向纪律委员会提出对有关学生的指控。

（3）除非导致某项指控的投诉是于该项投诉所指的事件发生时起计1个月内作出的，否则不得向委员会提出该项指控：

但如有证明提出令委员会信纳与该项投诉有关的重要事实属于或包括具决定性的事实，并且在上述1个月期限届满前，投诉人对该等事实一直毫不知情（不论该项知情是实际的或法律构定的），则尽管上述1个月的期限已经届满，仍可向委员会提出指控。

3. 校务委员会有权就下述事宜订定条文及作出规管——

（a）委任委员会成员时须遵从的程序，以及与委员会会议有关的程

序;及

(b) 委员会任何会议上全体与会人士的行为。

4.（1）委员会可命令对任何被裁定犯了第 2 段所指明的任何罪行的学生,施加任何下述处罚——

（a）谴责:但就该学生修读有关课程的剩余期间而言,该项谴责须成为该学生的校方纪录的一部分;

（b）罚款（最高款额由校务委员会不时决定）;

（c）撤销任何学术上或大学其他的特权、利益或权利或享用学术设施或大学其他设施的权利,但修读课程及参加考试的权利除外;

（d）暂时停学;或

（e）逐出大学,并且如适用的话,可要求该学生就其对财产或处所所造成的损坏作出赔偿:

但委员会如信纳财产的损坏或毁损是意外造成的,则委员会不得对该名须对该等财产损坏或毁损负责任的学生施加任何处罚,但委员会可要求该学生就意外造成的损坏或毁损作出赔偿。

（1A）如该学生被裁定触犯的罪行属于第 2(1)（g）、(h)或(i)段所规定的罪行,并与该学生获颁授的学位或其他学术资格有关连,则委员会除可对该学生施加第（1）节所载的任何处罚外,亦可就该罪行向校务委员会及教务委员会报告;委员会亦可选择向校务委员会及教务委员会作出上述报告,代替对该学生施加第（1）节所载的任何处罚;而校务委员会及教务委员会如认为适当的话,可向校监建议撤回该人曾获颁授的任何学位、文凭、证书或其他学术资格。

（1B）如学生被裁定触犯的罪行属于第 2(1)（g）段所规定的罪行,委员会须向根据规程 XXIX 就有关考试委任的主考报告该罪行,而该等主考可采取其认为适当的在其权力范围内的行动。

（2）在本段中,"暂时停学"（suspension）指撤销所有学术上或大学其他的特权、福利或权利或享用学术设施或大学其他设施的权利,而在暂时停学期间,该学生无权进入或逗留在大学的任何物业或处所内:

但委员会在考虑暂时停学期的长短后,可行使其酌情决定权而准许该学生保留享用大学医疗保健处及学生辅导处所提供服务的资格。

（3）如任何学生被施加暂时停学或撤销权利的处罚,校长可在任何时间准许该学生,为校长致该学生的函件中所指明之目的而进入及逗留在大学的物业或处所内。

（4）凡根据本段或第 8 段着令任何学生暂时停学,则该学生参加任何考试的权利,须按照教务委员会为规限学位、文凭、证书及其他奖项的颁授条件及规限课程和考试而订立的规例而决定。

（5）凡委员会命令对任何学生施加任何处罚,该命令须暂停执行,直至其发出翌日起计14天届满为止,或如委员会或教务长准许在较长期间内根据第7段发出上诉通知书,则直至该较长期间届满为止。如已发出上诉通知书,则该命令须再予暂停执行,直至上诉获得裁定为止。

5. 凡任何学生被指称经法院裁定犯了某项罪行,委员会须将其程序局限于——

（a）听取证明判罪的证据；

（b）听取关于法院的判处的证据；

（c）听取为减轻委员会可能施加的处罚而提出的证据；及

（d）在其认为适当的情况下,施加其根据第4段有权施加的任何处罚（如法院已判处罚款,则罚款除外）：

但除非委员会信纳让该名学生继续在大学出现或继续享用大学的任何或所有特权、利益、权利或设施,会对大学的利益有害,否则不得施加撤销权利、暂时停学或驱逐出校的处罚。

6. 委员会可传召大学的任何学生、教师或雇员到其席前,以便在任何聆讯中作证。任何学生如不按该项传召出席聆讯,可被视为犯了第2(1)(k)段所订的罪行,而大学的任何教师或雇员如不按该项传召出席聆讯,则委员会可将此事转交校务委员会处理,以便采取进一步行动。

7.（1）任何人如不服委员会的任何裁断或其所施加的任何处罚,有权于14天内向校务委员会提出上诉：

但大学没有该项上诉的权利。

（2）尽管有第(1)节的规定,如委员会已施加罚款,而法院随后亦已就同一罪行施加罚款,则可于法院施加罚款当日起计30天内向校务委员会提出上诉,要求减免委员会所施加的全部或部分罚款。

8.（1）尽管有第4(4)段的规定,在委员会就任何投诉有裁断前,或如因不服委员会的任何裁断或所施加的任何处罚而向校务委员会提出上诉,则在上诉仍未了结期间,如校长信纳为保护大学的成员或维持大学的正常运作,有绝对需要暂时冻结被投诉的学生或已向校务委员会提出上诉的学生的任何特权、利益或权利或享用任何设施的权利,则校长可暂时冻结该名学生的该等权利；而除非校长明确地将该项暂时冻结权利的命令延续一段时期,否则该项命令须于其发出翌日起计30天届满时丧失时效；该项命令每次经校长续期,均须于续期翌日起计30天届满时丧失时效,但明确地再获续期者除外：

但在向校务委员提出的上诉仍未了结期间,校长不得行使其冻结权利的权力,但如委员会已施加类似的撤销权利的处罚,则不在此限。

(2) 委员会根据第 4 段行使其权力时,以及校务委员会在上诉个案中行使其复核处罚的权力时,均须考虑到校长根据本段命令暂时冻结权利的时期。委员会或校务委员会所施加的撤销权利的处罚的时期,须当作包括校长根据本段命令暂时冻结权利的时期。

9. 在切实可行的范围内,不论是否开始进行针对任何学生的民事或刑事法律程序,均不得损害、妨碍或在任何方面限制委员会根据本则规程而具有的权力。

10. 委员会的程序须以非公开形式进行。当委员会就任何其聆讯的个案考虑作出决定时,该个案所涉学生、其代表及大学的代表均须避席,但其后须返回聆听委员会的决定。

11. (1) 委员会的裁断须张贴于教务长指明的布告板上,但除非第 7(1) 段所指明的上诉期限已届满,而校务委员会并无接获任何上诉,否则任何裁定"有罪"的裁断均不得予以张贴。

(2) 就本段而言,"裁断"包括被投诉的学生的姓名、投诉所指罪行的性质、作出投诉所根据有关规程的条文、委员会就投诉所作决定及委员会所施加的处罚(如有的话)。

12. 即使在某项投诉作出时,或在委员会就某项指控进行聆讯时,或在委员会对某项指控作出裁断时,被投诉人士的学生身分已终止,委员会仍可行使本则规程赋予委员会的全部或任何权力。

(据香港特别行政区政府律政司双语法律资料系统的中译稿,条例及规程的英文版本详见 http://www.ab.ust.hk/ccss/ordinance.htm,最后访问于 2011 年 2 月 20 日。)

香港中文大学条例

2008 年 1 月 2 日修订

详题

本条例旨在废除和取代《香港中文大学条例》[①]，废除《崇基学院法团条例》[②]、《香港联合书院托管董事局法团条例》[③]及《新亚书院法团条例》[④]，并订定关于崇基学院、联合书院及新亚书院的新条文，为逸夫书院、晨兴书院、善衡书院、敬文书院、伍宜孙书院及和声书院订定条文，以及就相关事宜订定条文。

（由 1986 年第 59 号第 4 条修订；由 2007 年第 18 号第 5 条修订；由 2008 年第 2 号第 5 条修订）【1976 年 12 月 24 日】（本为 1976 年第 86 号）

弁言

鉴于——

(a) 香港中文大学于 1963 年根据《香港中文大学条例》（第 1109 章，1965 年版）设立并成立为法团，为一所联邦制大学；

(b) 香港中文大学的原有书院为崇基学院、新亚书院及联合书院；（由 1986 年第 59 号第 4 条代替）

(c) 现认为宜将上述书院根据其各别的章程及有关条例所获赋予的某些权力及职能转归香港中文大学，而该等书院的主要任务应为根据香港中文大学的指示，提供学生为本教学；

(d) 现亦认为宜对香港中文大学的章程作出某些更改；

[①] "《香港中文大学条例》"乃"The Chinese University of Hong Kong Ordinance"之译名。
[②] "《崇基学院法团条例》"乃"Chung Chi College Incorporation Ordinance"之译名。
[③] "《香港联合书院托管董事局法团条例》"乃"Board of Trustees of The United College of Hong Kong Incorporation Ordinance"之译名。
[④] "《新亚书院法团条例》"乃"New Asia College Incorporation Ordinance"之译名。

（da）香港中文大学的大学校董会已藉特别决议议决逸夫书院、晨兴书院、善衡书院、敬文书院、伍宜孙书院及和声书院为香港中文大学的成员书院；（由 1986 年第 59 号第 4 条增补。由 2007 年第 18 号第 5 条修订；由 2008 年第 2 号第 5 条修订）

（e）现宣布香港中文大学（其主要授课语言为中文）须继续——

（i）协力于知识的保存、传播、交流及增长；

（ii）提供人文学科、科学学科及其他学科的正规课程，其水平当与地位最崇高的大学须有及应有的水平相同；

（iii）促进香港的民智与文化的发展，藉以协力提高其经济与社会福利：

1. 简称

本条例可引称为《香港中文大学条例》。

2. 定义

（1）在本条例中，除文意另有所指外——

"已废除条例"（repealed Ordinance）指由第 21 条废除的《香港中文大学条例》（第 1109 章，1965 年版）：

"大学校董会"（Council）、"教务会"（Senate）、"校友评议会"（Convocation）、"学院"（Faculties）、"专业学院"（Schools of Studies）及"学务委员会"（Boards of Studies）分别指香港中文大学的校董会、教务会、校友评议会、学院、专业学院及学务委员会；（由 2005 年第 10 号第 21 条修订）

"主管人员"（officers）指第 5 条所规定的香港中文大学主管人员；

"成员"（members）指规程订明为香港中文大学成员的人士；

"成员书院"（constituent College）指第 3 条所规定的香港中文大学成员书院；（由 1986 年第 59 号第 4 条代替；由 2007 年第 18 号第 5 条修订）

"香港中文大学"（University）指根据第 4 条而延续的香港中文大学（The Chinese University of Hong Kong）；

"原有书院"（original College）指下列任何书院——

（a）崇基学院；

（b）联合书院；

（c）新亚书院；（由 1986 年第 59 号第 4 条增补）

"书院校董会"（Board of Trustees）指任何原有书院的或逸夫书院的校董会；（由 1986 年第 59 号第 4 条修订；由 2007 年第 18 号第 5 条修订）

"院长"（Head）就原有书院或逸夫书院而言，指有关书院的院长；（由 2007 年第 18 号第 5 条代替）

"院校范围"（precincts）就香港中文大学而言，指丈量约份第 42 约地段第 725 号的范围；

"院务委员"(Fellow)指成员书院的院务委员;(由 1986 年第 59 号第 4 条修订)

"院务委员会"(Assembly of Fellows)指成员书院的院务委员会;(由 1986 年第 59 号第 4 条修订)

"教师"(teacher)指职级属副讲师及以上的香港中文大学全职教学人员;

"规程"(Statutes)指附表 1 所载并根据第 13(1)条不时予以修订或取代的香港中文大学规程;

"毕业生"(graduates)、"学生"(students)分别指香港中文大学的毕业生及学生;

"认可课程"(approved course of study)指经教务会认可的课程;

"监督"(Chancellor)、"副监督"(Pro-Chancellor)、"校长"(Vice-Chancellor)、"副校长"(Pro-Vice-Chancellors)及"司库"(Treasurer)分别指香港中文大学的监督、副监督、校长、副校长及司库。

(2) 特别决议指在大学校董会某次会议上通过,并在该会议后不少于 1 个月亦不多于 6 个月期间内举行的另一次会议上获得确认的决议,而该决议在上述的每次会议中均由占下述比例的人数批准通过——

(a) 不少于出席会议并参与表决人数的四分之三;及

(b) 不少于大学校董会全体校董的半数。

3. 香港中文大学设有成员书院

(1) 香港中文大学各成员书院为各原有书院、逸夫书院及其他藉条例和按照大学校董会的特别决议而不时获宣布为香港中文大学成员书院的机构。(由 1986 年第 59 号第 4 条修订)

(2) 任何成员书院的章程条文,如与本条例相抵触或不一致,即属无效。(由 1986 年第 59 号第 4 条修订)

(3) 不得基于性别、种族或宗教的理由而使任何人不能成为香港中文大学成员。

4. 香港中文大学法团地位的延续

(1) 香港中文大学各成员书院及成员是一个或将继续是一个名为香港中文大学(The Chinese University of Hong Kong)的法人团体,与根据《1963 年香港中文大学条例》①(1963 年第 28 号)设立者为同一所大学。(由 1986 年第 59 号第 4 条修订)

---

① "《1963 年香港中文大学条例》"乃"The Chinese University of Hong Kong Ordinance 1963"之译名。

(2）香港中文大学是永久延续的，可以该名义起诉与被起诉，并须备有以及可使用法团印章，亦可接受他人馈赠的不动或可动产业或购买不动或可动产业，并可持有或批出该等产业或将其批租或以其他方式处置。

(3）不得由香港中文大学或代香港中文大学向香港中文大学任何成员派发股息或红利、或向他们馈赠或分配金钱；但如属奖赏、酬赏或特别补助金，则不在此限。

5. 主管人员

附注：与《2002年成文法（杂项规定）条例》（2002年第23号）所作的修订相关的过渡性条文见于该条例第65条。

(1）香港中文大学的主管人员指监督、副监督、校长、副校长、司库、各原有书院的及逸夫书院的院长、每一学院的院长、研究院院长、秘书长、教务长、图书馆馆长、财务长及其他藉特别决议指定为主管人员的人士。（由1986年第59号第4条修订；由2002年第23号第56条修订；由2007年第18号第5条修订）

(2）监督是香港中文大学的首长，可以香港中文大学的名义颁授学位。

(3）监督由行政长官出任。（由2000年第53号第3条修订）

(4）监督可委任一人为香港中文大学的副监督；而副监督得行使规程所订明的权力和执行规程所订明的职责，并可以香港中文大学的名义颁授学位。（由2002年第23号第56条修订）

(5）校长是香港中文大学的首席教务及行政主管人员，亦为大学校董及教务会主席，可以香港中文大学的名义颁授学位。

(6）大学校董会于咨询校长后，须从香港中文大学的常任教职员中委出一名或多于一名副校长，行使大学校董会所指示的权力以及执行大学校董会所指示的职责。

(7）在校长不在时，一名副校长须执行校长的一切职能及职责。（由2002年第23号第56条修订）

(8）司库的委任方式及任期由规程订明，其职责为由大学校董会所决定者。

6. 大学校董会、教务会及校友评议会的设立

香港中文大学设有大学校董会、教务会及校友评议会，其各别的章程、权力及职责为本条例及规程所订明者。（由2005年第10号第22条修订）

7. 大学校董会的权力及职责

在符合本条例及规程的规定下，大学校董会——

（a）是香港中文大学的管治及行政机构；

（b）须管理和控制香港中文大学的事务、方针及职能；

（c）须控制和管理香港中文大学的财产及财政事务，包括各成员书院的财产，但大学校董会就任何原有书院或逸夫书院的任何不动产行使上述控制及管理权时，如没有有关书院的书院校董会事先同意，则不得更改任何该等财产的用途；（由1986年第59号第4条修订；由2007年第18号第5条修订）

（d）须为香港中文大学作出其认为适当的委任或聘任；

（e）有权批准香港中文大学就认可课程所收取的费用；

（f）须就香港中文大学印章的保管和使用作出规定。

8. 教务会的权力及职责

在符合本条例及规程的规定下，教务会须控制和规管以下事宜，但须受大学校董会的审核——

（a）授课、教育及研究；

（b）为学生举行考试；

（c）颁授荣誉学位以外的学位；

（d）颁授香港中文大学的文凭、证书及其他学术资格。

9. 校友评议会的组成人员及职能

在符合本条例及规程的规定下，校友评议会须由毕业生及规程所订明的其他人士组成，而且可就影响或涉及香港中文大学权益的任何事宜，向大学校董会及教务会陈述意见。（由2005年第10号第23条修订）

10. 委员会

（1）大学校董会及教务会可设立其认为适合的委员会。

（2）除非另有规定，否则任何委员会的部分成员可由并非大学校董或并非教务会成员的人士（视属何情况而定）组成。

（3）在符合本条例及规程的规定下，大学校董会及教务会可将其任何权力及职责转授予任何委员会或任何主管人员，并可就该项转授施加条件。

（4）根据本条设立的任何委员会，可就举行会议订立其认为适合的常规，包括有关容许委员会主席投决定票的条文。

11. 教职员的聘任

在符合本条例及规程的规定下，大学校董会须按其认为适合的条款及条件聘任香港中文大学的教职员。

12. 学院等

（1）大学校董会可设立其认为适合的学院、专业学院及其他机构。

（2）大学校董会可根据教务会的建议，成立大学校董会不时决定成立的促进研修及学习的机构。

（3）教务会可设立其不时决定设立的学务委员会。

13. 规程

(1) 大学校董会可藉特别决议订立规程，就以下事宜订明或订定条文，但规程须经监督批准——

(a) 香港中文大学的行政；

(b) 关于香港中文大学成员的事宜；

(c) 香港中文大学主管人员及教师的聘任、选举、辞职、退休及免职；

(d) 考试；

(e) 学位的颁授及其他学术资格的颁授；

(f) 大学校董会及教务会的组成人员、权力及职责；

(g) 学院及专业学院，关于其成员的事宜及其职能；

(h) 学务委员会，关于其成员的事宜及其职能；

(i) 校友评议会；(由 2005 年第 10 号第 24 条修订)

(j) 关于香港中文大学、大学校董会、教务会、监督、副监督、校长、副校长、其他主管人员、教师及其他成员行使任何职能的事宜；

(k) 财务程序；

(l) 作为参加香港中文大学举行的考试的一项条件，或为获颁授香港中文大学学位或获颁授文凭、证书或其他学术资格，或为修读香港中文大学延伸课程，或为任何类似的目的而须向香港中文大学缴付的费用；

(m) 学生的取录、福利及纪律；及

(n) 概括而言，为本条例的施行。

(2) 附表 1 所载的规程均属有效，犹如该等规程是根据第(1)款订立和批准的一样。

14. 校令及规例

在符合本条例及规程的规定下，大学校董会及教务会可不时分别订立校令及规例，就香港中文大学的事务作出指示和规管。

15. 学位及其他资格颁授

香港中文大学可——

(a) 颁授规程所指明的学位；

(b) 颁授文凭、证书及规程所指明的其他学术资格；

(c) 向并非香港中文大学成员的人士提供香港中文大学决定提供的讲座及指导；

(d) 按照规程颁授荣誉硕士学位或荣誉博士学位；及

(e) 在符合规程的规定下，撤回香港中文大学颁授予任何人的学位或文凭、证书或其他学术资格。

16. 荣誉学位委员会

香港中文大学设有荣誉学位委员会,该委员会根据规程的规定组成,就颁授荣誉学位的事宜向大学校董会提供意见。

17. 文件的签立及认证

任何看来是经盖上香港中文大学印章而签立,并由监督、副监督、校长、一名副校长或司库签署,以及由秘书长加签的文书,一经交出,即须收取为证据而无须再加证明,而且除非相反证明成立,否则该文书须当作为如此签立的文书。

18. 地税

附注:具追溯力的适应化修订——见 2000 年第 53 号第 3 条

就政府批予香港中文大学的所有土地而须向政府缴付的地税,以每年总额 $10 为限。(由 2000 年第 53 号第 3 条修订)

19. (已失时效而略去)

20. 杂项条文(由 2007 年第 18 号第 5 条修订)

(1)《崇基学院法团条例》①(第 1081 章,1964 年版)、《香港联合书院托管董事局法团条例》②(第 1092 章,1964 年版)及《新亚书院法团条例》③(第 1118 章,1967 年版),现予废除。

(2) 附表 3 列出各原有书院的书院校董会的章程及权力。(由 2007 年第 18 号第 5 条代替)

(3) 附表 4 列出逸夫书院的书院校董会的章程及权力。(由 2007 年第 18 号第 5 条代替)

21.《香港中文大学条例》及规程的废除

《香港中文大学条例》④(第 1109 章,1965 年版)及《香港中文大学规程》⑤(第 1109 章,附属法例,1968 年版),现予废除。

22. 保留条文及过渡性条文

附注:具追溯力的适应化修订——见 2000 年第 53 号第 3 条

(1) 根据已废除条例委出的大学校董会及教务会,须继续作为香港中文大学的大学校董会及教务会,直至新的大学校董会及教务会根据规程组成为止。

---

① "《崇基学院法团条例》"乃"Chung Chi College Incorporation Ordinance"之译名。
② "《香港联合书院托管董事局法团条例》"乃"Board of Trustees of The United College of Hong Kong Incorporation Ordinance"之译名。
③ "《新亚书院法团条例》"乃"New Asia College Incorporation Ordinance"之译名。
④ "《香港中文大学条例》"乃"The Chinese University of Hong Kong Ordinance"之译名。
⑤ "《香港中文大学规程》"乃"Statutes of The Chinese University of Hong Kong"之译名。

（2）根据已废除条例作出的其他委任或聘任，不受废除一事所影响，而除非另予更改，否则该等委任或聘任仍按照相同的条款及条件继续有效，犹如本条例未曾制定一样。

（3）所有在紧接本条例生效日期前归属香港中文大学的财产（不论是动产或不动产）、权利及特权，须按照其在该日期归属香港中文大学所按照的条款及条件（如有的话）继续归属香港中文大学，而香港中文大学在紧接本条例生效日期前所承担的义务及法律责任，须由香港中文大学继续承担。

（4）本条例的条文不影响亦不得当作影响中央或香港特别行政区政府根据《基本法》或其他法律的规定所享有的权利或任何政治体或法人团体或任何其他人的权利，但本条例所述及者和经由、透过他们或在他们之下作申索者除外。（由 1986 年第 59 号第 4 条增补。由 2000 年第 53 号第 3 条修订）

附1：香港中文大学规程

附注：与《2002 年成文法（杂项规定）条例》（2002 年第 23 号）所作的修订相关的过渡性条文见于该条例第 65 条。

规程 1　释义

在本规程中，除文意另有所指外——

"院长"（Dean）指学院院长或研究院院长（视属何情况而定）；（1995 年第 101 号法律公告）

"书院"（College）指第 3 条所规定的香港中文大学成员书院；（1986 年第 59 号第 4 条；2007 年第 18 号第 5 条）

"研究院"（Graduate School）指香港中文大学的研究院；（1995 年第 101 号法律公告）

"条例"（Ordinance）指《香港中文大学条例》（第 1109 章）；

"单位"（unit）指大学校董会根据条例第 12 条设立或成立的机构；（2002 年第 25 号法律公告）

"新增书院"（additional College）指除原有书院或逸夫书院外的成员书院；（2007 年第 18 号第 5 条）

"学系"（Department）指大学校董会根据教务会建议而在学院设立的学系，而"各学系"（Departments）须据此解释。（1994 年第 452 号法律公告）

规程 2　大会

1. 整所香港中文大学举行大会的时间、地点及程序,由监督决定。
2. 大会由监督主持;如监督不在,则由以下其中一人主持大会——
(a) 副监督;
(b) 大学校董会主席;
(c) 校长;
(d) 在校长不在时执行校长的职能及职责的副校长。
(2002 年第 23 号第 57 条)
3. 每学年须最少举行大会一次。

规程 3　香港中文大学成员

香港中文大学成员指——
(a) 监督;
(b) 副监督;
(c) 校长;
(d) 副校长;
(e) 司库;
(f) 大学校董;
(g) 各原有书院的及逸夫书院的院长;(2007 年第 18 号第 5 条)
(h) 教务会成员;
(i) 荣休讲座教授、荣誉讲座教授及研究讲座教授;
(j) 教师;
(k) 秘书长、教务长、图书馆馆长及财务长;(2002 年第 23 号第 58 条)
(ka) 大学辅导长;(1988 年第 251 号法律公告;1991 年第 114 号法律公告)
(l) 在香港中文大学担任其他职位或接受香港中文大学所作的其他委任或聘任的其他人士,而上述人士、职位、委任或聘任均为大学校董会所不时决定者;
(m) 毕业生及其他按照规程 18 有权名列校友评议会名册的人士;(2005 年第 10 号第 25 条)
(n) 学生。

规程 4　监督

1. 监督如出席香港中文大学的大会,则须主持该大会。

2. 监督有权——

（a）要求校长及大学校董会主席就任何关于香港中文大学福利的事宜提供数据，而校长及校董会主席有责任提供该等数据；及

（b）在接获上述资料后，向大学校董会建议采取监督认为适当的行动。

规程 5　副监督

1. 经监督授权后，副监督可代其行使规程赋予监督的任何权力，或执行规程委予监督的任何职责。

2. 副监督可藉致予监督的书面通知而辞职。

规程 6　校长

1. 校长由大学校董会在接获有关委员会的意见后聘任；该委员会由大学校董会设立，并由大学校董会主席、大学校董会在其成员当中指定的 3 名大学校董及教务会在其成员当中指定的 3 名教务会成员组成。

2. 校长的任期及聘任条款由大学校董会决定。

3. 校长——

（a）有权及有责任就任何影响香港中文大学的政策、财政及行政的事宜，向大学校董会提供意见；

（b）就维持香港中文大学的效率及良好秩序以及确保规程、校令及规例的妥善执行，向大学校董会全面负责；

（c）如已着令任何学生暂时停学或将任何学生开除，则须于教务会举行下次会议时向教务会报告；

（d）有权委任一人在副校长、学院院长、系主任、秘书长、教务长、图书馆馆长或财务长的职位暂时悬空期间，或在担任任何上述职位的人暂时不在或暂无能力期间，履行该人的职能和职责；(1994 年第 452 号法律公告；2002 年第 23 号第 59 条)

（e）有权在紧急情况下委任校外考试委员。

规程 7　副校长

副校长的任期为 2 年，并可再获委任，每次任期不得超逾 2 年。

规程 8　司库

司库由大学校董会委任，任期为 3 年，并可再获委任，而每次再获委任的任期为 3 年。

规程 9　各原有书院的及逸夫书院的院长

（2007 年第 18 号第 5 条）

1A. 本则规程仅适用于各原有书院及逸夫书院，并仅就该等书院适用。（2007 年第 18 号第 5 条）

1. 除首任书院院长外，每一书院的院长均由大学校董会根据下述委员会的推荐而委任或再度委任，该委员会由下列人士组成——

(a) 校长，为该委员会的主席；

(b) 将委任或再度委任院长的书院的校董一名，由有关书院校董会选出；及

(c) 由该书院的院务委员会根据规程 16 第 6(b) 段为此目的而选出的该书院院务委员 6 名。

2. 每一书院的首任院长由大学校董会根据校长的推荐而委任，任期由大学校董会决定，校长在作出该项推荐时须咨询有关书院的书院校董会主席。

3. 除首任书院院长外，书院院长的任期为 4 年，并有资格再获委任，但以 2 次为限，每次任期为 3 年。

4. 书院院长负责有关书院及编配予该书院的学生的福利事宜，并须就该书院的运作及事务与校长紧密合作。

5. 书院院长为有关书院的院务委员会主席。

6. 书院院长须为学者，但在其获委任为院长时无须为香港中文大学的教务人员。

规程 10　秘书长及其他主管人员

1. 秘书长——

(a) 由大学校董会根据叙聘咨询委员会的推荐而聘任；

(b) 为香港中文大学法团印章的保管人；

(c) 与教务长为香港中文大学纪录的共同保管人；

(d) 为大学校董会秘书；

(e) 须履行条例及规程所指明的职责以及大学校董会所决定的其他职责。

2. 教务长——

(a) 由大学校董会根据叙聘咨询委员会的推荐而聘任；

(b) 须备存登记册，按规程 3 所指明的香港中文大学成员各别的资格登记香港中文大学的全体成员；

(c) 与大学校董会秘书为香港中文大学纪录的共同保管人；

(d) 为教务会秘书；

(e) 须履行条例及规程所指明的职责以及大学校董会及教务会所决定的其他职责；

(f) 可由代理代其行使其作为各学院院务会秘书的职能。

3. 图书馆馆长——

(a) 由大学校董会根据叙聘咨询委员会的推荐而聘任；

(b) 负责管理香港中文大学的图书馆服务；

(c) 须履行大学校董会于咨询教务会后所决定的职责。

4. 财务长——(2002 年第 23 号第 60 条)

(a) 由大学校董会根据叙聘咨询委员会的推荐而聘任；

(b) 负责备存香港中文大学的所有账目及大学校董会所决定备存的清单；

(c) 须履行大学校董会所决定的其他与香港中文大学财政及其他事宜有关的职责；

(d) 为财务委员会秘书。

5. 大学辅导长——(1991 年第 114 号法律公告)

(a) 由大学校董会根据校长的推荐而聘任；

(b) 任期由大学校董会决定；

(c) 须就大学校董会所决定而与学生事务有关的职责向校长负责；

(d) 可获指定为主管人员。(1988 年第 251 号法律公告)

规程 11 大学校董会

1. 大学校董会由下列人士组成——

(a) 主席，由监督根据大学校董会的提名而从(k)、(l)、(m)及(n)分节所指的人士当中委出；

(b) 校长；

(c) 副校长；

(d) 司库；

(da) 大学校董会所委任的终身校董；(1981 年第 31 号法律公告)

(e) 就各原有书院及逸夫书院而言，每一书院的书院校董会从其校董当中所选出的校董 2 名；(2007 年第 18 号第 5 条)

(f) 各原有书院的及逸夫书院的院长；(2007 年第 18 号第 5 条)

(g) 每一学院的院长及研究院院长；

(h) 就各原有书院及逸夫书院而言，每一书院的院务委员会所选出的院

务委员1名;(2007年第18号第5条)

(i)教务会从其教务成员当中所选出的成员3名;

(j)(由1997年第481号法律公告废除);

(k)监督所指定的人士6名;(1997年第481号法律公告)

(l)由立法会议员(官守议员除外)互选产生的人士3名;(1987年第67号第2条;2000年第53号第3条)

(m)大学校董会所选出的通常在香港居住的人士不超过6名;(1997年第481号法律公告)

(n)在大学校董会指定的日期后,由校友评议会按大学校董会决定的方式选出的校友评议会成员,人数由大学校董会不时决定,但不得超逾3名。(2005年第10号第26条)

2. (1)在香港中文大学任职的人士,没有资格根据第1(k)、(l)、(m)或(n)段获指定或被选举为大学校董。

(2)(由1997年第481号法律公告废除)

3. 大学校董会主席的任期为3年,并可再获委任,每次任期为3年。

3A. 大学校董会主席可以香港中文大学的名义颁授学位。(2002年第23号第61条)

4. (1)获指定或经选举产生的大学校董,任期由获指定或当选的日期起计为3年,并有资格再获指定或再被选举:

但根据第1段(e)、(h)、(i)、(l)或(n)分节选出的大学校董,如停止出任选出他的团体的成员,即须停止出任大学校董。

(1993年第438号法律公告)

(1A)经选举产生的大学校董如根据第(1)节的但书停止出任大学校董,则选出该名校董的团体须妥为选出一名继任人出任大学校董,任期不得超逾3年。该名继任人有资格再被选举,而第(2)节对其再被选举一事适用。(1993年第438号法律公告)

(2)再度指定或再度选出某人出任大学校董的团体,可再度指定或再度选出(视属何情况而定)该人出任大学校董,任期为3年或少于3年。(1988年第20号法律公告)

5. 如任何获指定或经选举产生的大学校董在任内去世或辞职,则指定或选出该名校董的团体须妥为指定或选出(视属何情况而定)一名继任人出任大学校董,任期不得超逾3年。该名继任人有资格再获指定或再被选举,而第4(2)段对其再获指定或再被选举一事适用。(1988年第20号法律公告;2000年第257号法律公告)

6. 按第1(b)、(c)、(d)、(f)及(g)段的规定出任大学校董的人士,在担任其藉以成为大学校董的职位的期间继续出任大学校董。

7. 大学校董会得从其校董当中选出副主席1名,任期为2年,任满后可再被选举。

8. 在符合条例及规程的规定下,以及在不减损大学校董会权力的一般性的原则下,现特别订明——

（1）大学校董会具有权力——

（a）订立规程,但任何一则规程不得在教务会有机会就该则规程向大学校董会作出报告之前订立;

（b）在获得授权或可能获得授权为某个目的订立校令的情况下,为该目的订立校令,但任何校令不得在教务会有机会就其向大学校董会作出报告之前订立;

（c）将属于香港中文大学的任何款项投资;

（d）代香港中文大学借入款项;

（e）代香港中文大学出售、购买、交换或租赁任何土地财产或非土地财产,或接受任何土地财产或非土地财产的租赁;

（f）代香港中文大学订立、更改、履行和取消合约;

（g）就各原有书院及逸夫书院而言,规定每一书院的书院校董会按大学校董会所决定的格式及时间,每年交出其经审计的账目;（2007年第18号第5条）

（h）接受来自公共来源而用于资本开支及经常开支的资助;

（i）每年并依照大学校董会不时决定的较长时间收取与批准由校长经咨询教务会后提交的开支预算;

（j）接受馈赠,并批准各书院接受馈赠（但可附加大学校董会认为适合的条件）;

（k）为香港中文大学雇用的人士及其妻子、遗孀和受养人提供福利,包括付予金钱、退休金或其他款项,并为该等人士的利益而供款予雇员福利基金及其他基金;

（l）就学生的纪律及福利事宜作出规定;

（m）建议颁授荣誉学位;

（n）在教务会作出报告后,设立额外的学院或学系或取消、合并或分拆任何学院或学系;（1994年第452号法律公告）

（na）根据教务会的建议决定每一学院及其属下学系的组织或结构,并对该组织或结构作出大学校董会认为适合的更改;

（1994年第452号法律公告）

（o）订明香港中文大学的各项收费;

（2）大学校董会的职责为——

（a）委任银行、核数师及大学校董会认为宜于委任的其他代理人；

（b）委出行政与计划委员会；

（c）就香港中文大学的一切收入及支出以及香港中文大学的资产及债务，安排备存妥善的账簿，使该等账簿真实而公正地反映香港中文大学的财务往来情况及财务状况；

（d）安排于大学校董会所决定的每个财政年度完结后6个月内审计香港中文大学的账目；

（e）提供香港中文大学需用的建筑物、图书馆、实验室、处所、家具、仪器及其他设备；

（f）于咨询教务会后，鼓励香港中文大学成员从事研究工作，并为香港中文大学成员从事研究工作提供条件；

（g）检讨香港中文大学的学位课程、文凭课程、证书课程及为香港中文大学其他资格颁授而设的课程的授课及教学事宜；

（h）于咨询教务会后，设立所有教学职位；

（i）管理或安排管理为香港中文大学雇用的人士的利益而设的一项或多于一项公积金；

（j）设立叙聘咨询委员会，并根据教务会的推荐委任校外专家为该等委员会的成员；

（k）根据妥为组成的叙聘咨询委员会的推荐并按大学校董会所决定的条款及条件，聘任讲座教授、教授、高级讲师、秘书长、教务长、图书馆馆长及财务长；（2002年第23号第61条）

（l）按大学校董会所决定的条款及条件，为香港中文大学作出大学校董会认为需要的其他委任或聘任；

（m）根据教务会的推荐，为每一学系委任一名系主任以及为每个不隶属某一学系的学科委任一名学科主任；（1994年第452号法律公告）

（n）根据教务会的推荐，委任校外考试委员；

（o）为印刷和出版香港中文大学发行的作品提供条件；及

（p）审议教务会的报告，如大学校董会认为适宜就该报告采取行动，则采取有关行动。

9. 大学校董会每学年须最少举行会议3次，并须于大学校董会主席、校长或任何5名大学校董提出书面要求时，举行额外会议。

9A. 大学校董会可藉传阅文件的方式处理其任何事务。除非校长或有5名大学校董，以书面要求大学校董会主席将正如此处理的事务的某个别项目提交大学校董会下次会议，否则由过半数大学校董以书面通过的书面决

议的有效性及效力,均犹如该决议是在大学校董会会议上通过的一样。(1998年第256号法律公告)

10. 秘书长须就大学校董会会议的举行,向每名有权接收该会议通知的人士发出7天书面通知,并将该会议的议程一并送交;如主席或任何2名与会的校董反对,则不得处理任何不在议程内的事务。

11. 大学校董会可为妥善处理其事务而订立常规,并可在大学校董会任何会议上藉过半数票而修订或撤销该等常规,但秘书长须已就有关修订或撤销的建议,向大学校董发出不少于7天的书面通知。

12. 大学校董会会议的法定人数为12人。

规程11A　新增书院的章程

1. 每一新增书院须有各自的章程,而该章程须经大学校董会批准。

2. 每一新增书院的名称、结构及组织须由大学校董会决定。(2007年第18号第5条)

规程12　财务程序

1. 财政年度由大学校董会订定。

2. 大学校董会设有一个名为财务委员会的委员会,该委员会由下列人士组成——

(a) 司库,为该委员会的主席;

(b) 校长或其代表;

(c) 各原有书院的及逸夫书院的院长;及(2007年第18号第5条)

(d) 大学校董会所委任的其他人士3名,其中包括并非大学校董的人士。

凡属大学校董会管辖范围内而又在财务方面有重大关连的事宜,均须提交财务委员会处理。

3. 财务委员会须于财政年度开始前,向大学校董会呈交香港中文大学的收支预算草案,而该等预算经作出大学校董会认为适合的修订后,须于财政年度开始前由大学校董会予以批准。

4. 上述预算须列明有关年度香港中文大学的收支及预算的盈余或赤字。预算开支须在款、项及(如适用的话)分项之下列明。款与款或项与项之间的任何调拨,须经财务委员会认许。分项之间的任何调拨,则须经校长及司库认许,但如分项之间的调拨仅涉及某一原有书院或逸夫书院,则须经有关书院的院长认许,但该等调拨须符合财务委员会所发出的规则及指示。(2007年第18号第5条)

5. 财务委员会须于大学校董会决定的时间就款与款或项与项之间的任何调拨向大学校董会作出报告。大学校董会可于有关财政年度内调整该等预算。

6. 资产负债表、收支表及补充附表须于财政年度终结后,在切实可行范围内尽快送交核数师。

7. 经审计的账目须连同核数师就该等账目所作的评注呈交大学校董会。

8. 本则规程并不剥夺大学校董会随时将盈余或预期盈余投资的权力。

规程 13　行政与计划委员会

1. 大学校董会设有一个名为行政与计划委员会的委员会,该委员会由下列人士组成——

（a）校长,为该委员会的主席;

（b）副校长;

（c）各原有书院的及逸夫书院的院长;（2007 年第 18 号第 5 条）

（d）每一学院的院长及研究院院长;

（e）秘书长;

（f）教务长;

（g）财务长;及（2002 年第 23 号第 62 条）

（h）大学辅导长。（1999 年第 103 号法律公告）

委员会秘书由秘书长或其代理出任。（1999 年第 103 号法律公告）

2. 在符合条例及规程的规定下,行政与计划委员会的职责为——

（a）协助校长执行其职责;

（b）提出香港中文大学发展计划;

（c）协助校长审核与统筹香港中文大学经常及资本开支的年度预算及补充预算,然后转交大学校董会的财务委员会;

（d）在助教级及更高职级或职级与此等职级同等的教务人员及行政人员的聘任作出之前,对该等聘任进行审核或建议作出该等聘任;

（e）处理大学校董会提交该委员会处理的其他事宜。

3. 行政与计划委员会须经校长向大学校董会报告。

规程 14　教务会

1. 教务会由下列人士组成——

（a）校长,为该会主席;

（b）副校长;

(c) 各原有书院的及逸夫书院的院长;(2007 年第 18 号第 5 条)

(d) 每一学院的院长及研究院院长;

(e) 讲座教授,如某学系并无聘任讲座教授,则为该学系的教授;(1994 年第 452 号法律公告)

(f) 并无根据(e)分节成为教务会成员的各学系的系主任及学科主任;(1994 年第 452 号法律公告)

(fa)香港中文大学专业进修学院院长;(2000 年第 257 号法律公告;2007 年第 38 号法律公告)

(g) 就各原有书院及逸夫书院而言,每一书院的院务委员会所选出的院务委员 2 名;(1987 年第 25 号法律公告;2007 年第 18 号第 5 条)

(h) 教务长;

(i) 图书馆馆长;(1994 年第 452 号法律公告)

(j) 大学辅导长;(1988 年第 251 号法律公告;1991 年第 114 号法律公告)

(k) 香港中文大学学生会会长;(1988 年第 251 号法律公告)

(l) 香港中文大学每一学院的学生 1 名,由在有关学院全时间修读香港中文大学学位认可课程的学生互选产生;(1996 年第 175 号法律公告;2000 年第 357 号法律公告)

(m) 就各原有书院及逸夫书院而言,代表香港中文大学每一书院的学生会的 1 名学生,由全时间修读香港中文大学学位认可课程并属该学生会的成员的学生互选产生。(2000 年第 357 号法律公告;2007 年第 18 号第 5 条)

2. 教务会成员[根据第 1(g)段选出的院务委员及根据第 1(l)或(m)段选出的学生成员除外]只在担任其藉以成为教务会成员的职位的期间继续出任教务会成员。(1988 年第 251 号法律公告;2000 年第 357 号法律公告;2007 年第 18 号第 5 条)

3. (a)根据第 1(g)段选出的院务委员,任期由当选日期起计为 2 年,并有资格再被选举,但他们如不再被编配予选出他们的院务委员会所属的书院,即须停止出任教务会成员。如任何经选举产生的成员去世或辞去其于教务会内的职务,或停止出任有关书院的院务委员(他是由该书院的成员选出的),则须妥为选出一名继任人出任教务会成员,任期以其前任人剩余的任期为限。

(b) 第 1(l)或(m)段所指的学生成员,须按教务会决定的方式选出。(1988 年第 251 号法律公告;2000 年第 357 号法律公告)

(c) 根据第 1(l)或(m)段选出的学生成员,任期为 1 年,并有资格再被选举,但任何学生不得连任教务会成员超过 2 届。如任何学生成员辞职或停止出任教务会成员,而其剩余的任期尚有 6 个月或以上,则须按照(b)分节选出一名继任人在该段剩余的任期内出任教务会成员;但如该名学生成员剩余的任期少于 6 个月,则无须选出继任人在该段剩余的任期内出任教务会成员。(1988 年第 251 号法律公告;2000 年第 357 号法律公告)

(d) 任何学生成员,如不再是香港中文大学的注册学生,或被着令暂时停止全时间修读香港中文大学的课程,则须停止出任教务会成员。(1988 年第 251 号法律公告)

4. 在符合条例及规程的规定下,教务会具有以下权力及职责——

(a) 推动香港中文大学成员从事研究工作;

(b) 规管各认可课程取录学生及该等学生修读该等课程的事宜,并在妥为顾及学生与各书院的意愿后,将学生编配予各书院;

(c) 指导和规管认可课程的授课及教学事宜,并举行香港中文大学的学位、文凭、证书及其他资格颁授的考试;

(d) 根据每一书院的院务委员会的意见而考虑为推行学生为本教学所需的措施,并考虑为推行学科为本教学所需的措施;

(e) 在有关学院作出报告后,订立规例以实施与认可课程及考试有关的规程及校令;

(f) 在有关学系的系务会作出报告后,委出校内考试委员;(1994 年第 452 号法律公告)

(g) 在有关学系的系务会作出报告后,推荐校外考试委员以由大学校董会委任;(1994 年第 452 号法律公告)

(h) 建议颁授学位(荣誉学位除外),并颁授文凭、证书及其他资格;

(i) 在符合捐赠人所订立并经大学校董会接纳的条件下,订定竞逐香港中文大学奖学金、助学金及奖项的时间、方式及条件,并颁发该等奖学金、助学金及奖项;

(j) 就所有教学职位的设立、取消或搁置向大学校董会作出建议,并在咨询有关书院的院务委员会(如已设立的话)后,就编配教师予该书院的事宜向大学校董会作出建议;(1987 年第 25 号法律公告)

(ja) 编配教师予——

(i) 学院、学系及专业学院;及

(ii) 单位(如教务会认为就该等单位而言是适合的);(2002 年第 25 号法律公告)

(k) 向大学校董会推荐校外专家出任叙聘咨询委员会成员;(1984 年第 100 号法律公告)

(l) 就所有规程及校令以及拟对该等规程及校令作出的修改,向大学校董会报告；

(m) 就任何学术事宜向大学校董会报告；

(n) 讨论任何与香港中文大学有关的事宜，并将其意见向大学校董会报告；

(o) 就大学校董会提交教务会处理的事宜向大学校董会报告；

(p) 审议香港中文大学的开支预算，并就该等预算向大学校董会报告；

(q) 制订、修改或调整有关各学院组织的方案，并将有关科目分别编配予该等学院；并就是否宜于在某时间设立其他学院或是否宜于将某学院取消、合并或分拆，向大学校董会报告；

(r) （由 1994 年第 452 号法律公告废除）

(s) 监管图书馆及实验室；

(t) 以学业理由要求任何本科生或学生停止在香港中文大学进修；

(u) 决定——

　　(i) 学年的长度，为期不得超逾连续 12 个月；及

　　(ii) 作为学年部分的各个学期；

(v) 行使大学校董会授权或规定的其他权力，以及执行大学校董会授权或规定的其他职责。

5. 教务会每学年须最少举行会议 3 次，并须按主席的指示或于任何 10 名教务会成员提出书面要求时，随时举行额外会议。（1988 年第 251 号法律公告）

5A. (a) 教务会可决定——

　　(i) 是否容许教务会的学生成员及教务会所设立的委员会及其他团体的学生成员参与会议中审议保留事项的部分；及

　　(ii) （如他们被容许参与）他们参与的方式。（2006 年第 5 号法律公告）

(aa) 被容许参与会议中审议保留事项的部分的该等学生成员，可在教务会决定的条件规限下，取用和阅读与该等事项有关的文件。（2006 年第 5 号法律公告）

(b) 保留事项即以下各项——

　　(i) 影响香港中文大学教职员中个别教师及成员的聘任、晋升及其他事务的事宜；

　　(ii) 影响个别学生的取录及学业评核的事宜；

　　(iii) 开支预算及其他与香港中文大学财政有关的事宜。

对于某项事宜是否属上述各保留事项之一，如有疑问，可由教务会主席或教务会所设立的委员会的主席或教务会所设立的其他团体的主席（视属

何情况而定)作出决定,而其决定为最终决定。(1988 年第 251 号法律公告)

6. 教务长须就教务会会议的举行向每名有权接收该会议通知的人士发出 7 天书面通知,并将该会议的议程一并送交;如主席或任何 4 名与会的成员反对,则不得处理任何不在议程内的事务。(1988 年第 251 号法律公告)

7. 教务会可为妥善处理其事务而订立常规,并可在教务会任何会议上藉过半数票而修订或撤销该等常规,但教务长须已就有关修订或撤销的建议,向教务会成员发出不少于 7 天的书面通知。

8. 教务会会议的法定人数为 24 人。(1988 年第 251 号法律公告)

规程 15　学院及研究院

1. 校长为每一学院的成员。(1994 年第 452 号法律公告)

2. 每名由教务会编配予一个或多于一个学院的教师,于在任期间亦为该学院或该等学院的成员。(2002 年第 25 号法律公告)

3. (1) 除第(2)节另有规定外,每一学院的院长须由大学校董会委任,而——

(a) 该项委任须根据校长在收纳由按照大学校董会不时通过的规例选出或指定的成员所组成的有关遴选委员会的意见后作出的推荐而作出;

(b) 该项委任的任期为 5 年或由大学校董会决定的一段较短时间;

(c) 该项委任须按大学校董会所决定的条款及条件作出;及

(d) 在不抵触(a)、(b)及(c)分节的条文下,该项委任须按照大学校董会不时通过的规例作出。

(2) 新设立的学院的首任院长须由大学校董会根据校长作出的推荐而委任,首任院长的任期为 5 年或由大学校董会决定的一段较短时间,该项委任须按大学校董会所决定的条款及条件作出。

(3) 每一学院的院长如获校长推荐,均有资格再获大学校董会委任,而每次再获委任的任期为 5 年或由大学校董会决定的一段较短时间,但每名院长的任期[院长根据被《2007 年香港中文大学规程(修订)(第 2 号)规程》(2007 年第 109 号法律公告)("《修订规程》")废除的第 3 及 4 段被选出而担任院长的任期,不计算在内]的总长度不得超逾 10 年。(2007 年第 109 号法律公告)

4. 根据被《修订规程》废除的第 3 或 4 段选出并在紧接《修订规程》生效前仍担任学院院长的学院院长须继续留任,直至他现行的任期届满,或直至他在现行任期届满之前离任。(2007 年第 109 号法律公告)

5. 每一学院每年须最少举行会议一次,并有权讨论任何与该学院有关的事宜以及就该等事宜向教务会表达其意见。

6. 每一学院须设立一个学院院务会,学院院务会由下列人士组成——

(a) 校长;

(b)—(c)(由 1994 年第 452 号法律公告废除)

生效日期:2007 年 6 月 8 日

(d) 院长,为该会的主席;

(e) 学院内每一学系的系主任;(1994 年第 452 号法律公告)

(f) 学院内其他讲座教授、教授及学科主任;

(g) 就各原有书院及逸夫书院而言,每一院务委员会的代表 1 名,该人须为学院的成员;(1994 年第 452 号法律公告;2007 年第 18 号第 5 条)

(h) 学院内高级讲师所选出的高级讲师 2 名;

(i) 学院内讲师及副讲师所选出的讲师或副讲师 4 名。

6A. (1) 学院院务会可酌情提名一名其认为适合的学院学生出任学生成员,任期由学院院务会行使其绝对酌情决定权决定。

(2) 教务会可决定——

(a) 是否容许学院院务会的学生成员参与会议中审议保留事项的部分;及

(b)(如他们获容许参与)他们参与的方式。

(3) 该等获容许参与会议中审议保留事项的部分的学生成员,可在教务会决定的条件的规限下,取用和阅读与该等事项有关的文件。

(4) 就本则规程而言,保留事项即以下各项——

(a) 影响香港中文大学教职员中个别教师及成员的聘任、晋升及其他事务的事宜;

(b) 影响个别学生的取录及学业评核的事宜;

(c) 开支预算及其他与香港中文大学财政有关的事宜。如对某项事宜是否属保留事项有疑问,可由学院院务会主席决定,而其决定为最终决定。

(5) 教务会可——

(a) 将该会在第(2)及(3)节下的权力转授予学院院务会;及

(b) 施加规限行使被转授的权力的条件。

(6) 学院院务会可为妥善处理其事务而订立常规。(2007 年第 38 号法律公告)

7. 学院院务会须统筹学院内各学系的活动,并具有审议和处理各学系就以下事项所提建议的职能——(1994 年第 452 号法律公告)

(a) 学位课程的内容;及

(b) 修课范围的细节。

8. 研究院院长须由大学校董会根据校长的推荐而委任,任期由大学校董会决定。

9. 研究院院务会由下列人士组成——

(a) 研究院院长,为该会的主席;

(b) 各学院院长;

(c) 研究院各学部的主任;

(d) 图书馆馆长;

(e) 研究院宿舍主任。

10. 在符合条例及规程的规定下,研究院院务会具有以下的权力及职责——

(a) 就研究院所有课程向教务会提供意见;

(b) 统筹研究院内各学部的活动;

(c) 审议和处理各学部就课程的内容及修课范围的细节所提出的建议。

规程 16　院务委员

1. 大学校董会须根据一个委员会的推荐为每一书院初步委任 6 名院务委员,而该委员会由下列人士组成——

(a) 校长,为该委员会的主席;

(b) 讲座教授、教授或高级讲师 3 名,由有关书院的现任教职员中属该等职系的教职员指定;及

(c) 讲师或副讲师 3 名,由有关书院的现任教职员中属该等职系的教职员指定。

获如此委任的 6 名院务委员中,最少 3 人须为有关书院的现任教职员。

2A. 就各原有书院及逸夫书院而言,每一书院的院务委员会由根据第 1 段委任的有关书院的院务委员连同该书院的院长组成。(2007 年第 18 号第 5 条)

2B. 就各新增书院而言,每一书院的院务委员会由根据第 1 段委任的有关书院的院务委员组成。(2007 年第 18 号第 5 条)

3. 就各原有书院及逸夫书院而言,书院的院务委员会主席由有关书院的院长出任。(2007 年第 18 号第 5 条)

4. 在符合第 6 段的规定下,每一书院的院务委员会可从编配予有关书院的香港中文大学教务人员当中,选出额外的院务委员加入院务委员会。

5. 院务委员的任期为 5 年,并有资格再度出任院务委员。

6. 就各原有书院及逸夫书院而言,每一书院的院务委员会须——

(a) 选出 1 名院务委员出任大学校董;及

(b) 于有需要时选出 6 名不同学术资历的院务委员,出任根据规程 9 第

1段组成的委员会成员。(2007年第18号第5条)

6A. 每一书院的院务委员会须负责——

(a) 安排编配予有关书院的学生的导修课、教牧辅导及学生为本教学;

(b) 监管有关书院内为某些学生而设的宿舍;及

(c) 维持有关书院的纪律。(2007年第18号第5条)

7. 院务委员会可为妥善处理其事务而订立常规。

规程17　学系

1. 每一学系由校长及所有编配予该学系的教师组成。

2. 每一学系的系主任须由大学校董会根据教务会的推荐而委任,任期由大学校董会决定。

3. (1) 每一学系须设立一个系务会,系务会由下列人士组成——

(a) 校长;

(aa) 有关学系所属学院的院长;(1995年第101号法律公告)

(b) 有关学系的系主任,为系务会的主席;及

(c) 所有编配予有关学系的教师。

(2) 对教导修读某学系范围内的课程的学生有重大贡献但并非编配予该学系的教师,经该学系系务会提名及教务会批准后,即成为该系务会成员。(2002年第25号法律公告)

(3) 学系系务会可酌情提名其认为适合的学生出任学生成员,任期由系务会行使其绝对酌情决定权而决定。(1996年第478号法律公告;2006年第5号法律公告)

(4) 教务会可决定——

(a) 是否容许系务会的学生成员参与会议中审议保留事项的部分;及

(b) (如他们被容许参与)他们参与的方式。(2006年第5号法律公告)

(5) 被容许参与会议中审议保留事项的部分的该等学生成员,可在教务会决定的条件规限下,取用和阅读与该等事项有关的文件。(2006年第5号法律公告)

(6) 就本则规程而言,保留事项即以下各项——

(a) 影响香港中文大学教职员中个别教师及成员的聘任、晋升及其他事务的事宜;

(b) 影响个别学生的取录及学业评核的事宜;

(c) 开支预算及其他与香港中文大学财政有关的事宜。

如对某项事宜是否属保留事项有疑问,可由系务会主席决定,而其决定为最终决定。(2006年第5号法律公告)

（7）教务会可——

（a）将该会在第（4）及（5）节下的权力转授予学系系务会；及

（b）施加规限行使被转授的权力的条件。（2006年第5号法律公告）

3A. 学系系务会可为妥善处理其事务而订立常规。（2006年第5号法律公告）

4. 学系系务会的职责是就学系范围内的课程、校内和校外考试委员的委任及教务会要求系务会提供意见的其他事宜，向教务会提供意见。

5. 学系须执行大学校董会不时根据教务会的建议所决定的其他职能及职责。（1994年第452号法律公告）

规程18　校友评议会

（2005年第10号第27条）

1. 香港中文大学设有校友评议会，由所有名列校友评议会名册的人士组成。

2. 香港中文大学的所有毕业生均有权名列校友评议会名册：

但获颁授荣誉学位的人士不得仅凭此而成为校友评议会成员，惟他们可获校友评议会选举出任校友评议会成员。

3. 任何在香港中文大学成立那学年取得由专上学院统一文凭委员会发出的文凭的人士，均有权名列校友评议会名册。

3A. 任何人如在香港中文大学成立日期前已获取录为某原有书院的注册学生，并已在该原有书院修读一项为期不少于4年的课程，以及在圆满地符合就该项课程所订明的一切规定后，取得由该原有书院或由专上学院统一文凭委员会发出的文凭，则可向香港中文大学教务长登记，以将其姓名载入校友评议会名册。（1993年第167号法律公告）

3B. 任何人如在获取录为某学院或专业学院的注册研究生后，修读一项为期不少于1学年的认可课程，并在圆满地符合就该项课程所订明的一切规定后，获教务会颁授研究院文凭，则可向香港中文大学教务长登记，以将其姓名载入校友评议会名册。（1993年第167号法律公告）

4. 校友评议会须从其成员当中选出一名主席，并可选出一名副主席，他们各别的任期由校友评议会决定。成员如非通常在香港居住，则没有资格被选举出任主席或副主席。退任的主席或副主席有资格再被选举。

5. 如主席或副主席的职位出现临时空缺，校友评议会须选出其一名成员填补该空缺，而如此选出的人，任期以其前任人余下的任期为限。

6. （由1994年第243号法律公告废除）

7. （1）除第（2）节另有规定外，校友评议会须由大学校董会指定的某个日期起，选出其成员出任大学校董，人数由大学校董会不时决定，但不得超逾3名。

(2) 任何校友评议会成员如凭借规程3而出任或成为香港中文大学成员，除非该校友评议会成员只凭借该则规程(m)分节而出任香港中文大学成员，而并非同时凭借该则规程的任何其他分节而出任香港中文大学成员，则没有资格根据第(1)节被选举出任或继续出任大学校董，但即使有上述规定，根据第(1)节选出的校友评议会成员，尽管同时凭借规程3(f)及(m)分节而出任香港中文大学成员，只要该校友评议会成员仍然只凭借规程11第1(n)段而出任大学校董，而并非同时凭借该则规程其他各段的任何条文而出任大学校董，则该校友评议会成员得继续出任大学校董并有资格再被选举。(1996年第327号法律公告；1997年第481号法律公告)

8. 在大学校董会决定的某个日期后，校友评议会每一公历年须最少举行会议一次，而举行会议的通知须于会议日期4个星期前发出。任何成员欲于会议上提出审议任何事务，须递交一份书面陈述，该书面陈述须于会议日期前最少2个星期送抵校友评议会秘书，并以动议形式列明拟提交审议的议题或各项议题。(1994年第548号法律公告)

9. 校友评议会会议的法定人数，为大学校董会于校友评议会作出报告后所订明者。

10. 校友评议会的章程、职能、特权及其他与校友评议会有关的事宜，须经大学校董会批准。(2005年第10号第27条)

规程19　教务人员

香港中文大学的教务人员由下列人士组成——
(a) 校长；
(b) 副校长；
(c) 各原有书院的及逸夫书院的院长；(2007年第18号第5条)
(d) 教师；
(e) 图书馆馆长；及
(f) 大学校董会根据教务会的推荐而订明的其他人士。

规程20　教务人员及高级行政人员的聘任

1. 大学设有叙聘咨询委员会，叙聘咨询委员会就教务人员及高级行政人员的聘任向大学校董会作出推荐。就教务人员的聘任而作出的推荐，须经教务会传达。

2. 为每次聘任讲座教授、教授及高级讲师而设立的叙聘咨询委员会，由下列人士组成——

(a) 校长或其委任的代理,为该委员会的主席;

(b) 大学校董会所委任的大学校董1名,而该校董并非受聘者将被编入的书院的成员;

(c) 教务会所委任的教务会成员2名,而该等教务会成员并非受聘者将被编入的书院的成员;

(d)（如受聘者将被编入的书院是任何原有书院或是逸夫书院）有关书院的院长;（2007年第18号第5条）

(e) 作出有关聘任的学系的系主任或单位的主管,但如叙聘咨询委员会所处理的职位高于该系主任或主管本身的职位,则他不得出任该叙聘咨询委员会的成员;及（1994年第452号法律公告;2002年第25号法律公告）

(f) 校外专家2名。

3. 为每次聘任讲师而设立的叙聘咨询委员会,由下列人士组成——

(a) 校长或其委任的代理,为该委员会的主席;

(b) 大学校董会所委任的大学校董1名,而该校董并非受聘者将被编入的书院的成员;

(c) 教务会所委任的教务会成员2名,而该等教务会成员并非受聘者将被编入的书院的成员;

(d)（如受聘者将被编入的书院是任何原有书院或是逸夫书院）有关书院的院长;（2007年第18号第5条）

(e) 作出有关聘任的学系的系主任或单位的主管;及（1994年第452号法律公告;2002年第25号法律公告）

(f) 如大学校董会认为有需要或合宜,校外专家1名。（1993年第267号法律公告）

4. 为每次聘任副讲师而设立的叙聘咨询委员会,由下列人士组成——

(a) 校长或其委任的代理,为该委员会的主席;

(b) 大学校董会所委任的大学校董1名,而该校董并非受聘者将被编入的书院的成员;

(c) 教务会所委任的教务会成员1名,而该教务会成员并非受聘者将被编入的书院的成员;

(d)（如受聘者将被编入的书院是任何原有书院或是逸夫书院）有关书院的院长;及（2007年第18号第5条）

(e) 作出有关聘任的学系的系主任或单位的主管。（1994年第452号法律公告;2002年第25号法律公告）

5. 为聘任图书馆馆长而设立的叙聘咨询委员会,由下列人士组成——

(a) 校长或其委任的代理,为该委员会的主席;

(b) 大学校董会所委任的大学校董1名;

(c) 教务会所委任的教务会成员2名;及

(d) 校外专家2名。

6. 为聘任秘书长及教务长而设立的叙聘咨询委员会,由下列人士组成——

(a) 校长或其委任的代理,为该委员会的主席;

(b) 大学校董会主席,或在其不在时一名由大学校董会委任的人士;

(c) 大学校董会所委任的另一名大学校董;及

(d) 教务会所委任的教务会成员2名。

7. 为聘任财务长而设立的叙聘咨询委员会,由下列人士组成——
(2002年第23号第63条)

(a) 校长或其委任的代理,为该委员会的主席;

(b) 司库;

(c) 大学校董会所委任的大学校董1名;及

(d) 教务会所委任的教务会成员2名。

8. 根据第4及6段组成的叙聘咨询委员会,可为作出推荐的事宜咨询校外专家。

9. 为施行本则规程,校外专家由大学校董会委任,但不得为香港中文大学教职员。

10. 就聘任某人担任某职位一事而设立的叙聘咨询委员会,如其成员当中包括一名或多于一名校外专家,则除非该名专家或(如有2名)该等专家以书面证明将获推荐的人具有规定的学术或专业地位,否则该人不得被推荐受聘担任该职位。

11. 就聘任某人担任某职位所作的推荐,如有关叙聘咨询委员会中有2名校外专家,而该等专家对该项推荐不能达成协议,则此事须提交行政与计划委员会处理,而该委员会可就有关争议作出决定。

规程21 荣誉及荣休讲座教授

1. 大学校董会可聘任荣誉讲座教授,亦可将荣休讲座教授的名衔颁授予任何已退任的讲座教授,但作出上述聘任或颁授须获得教务会的推荐。

2. 荣誉或荣休讲座教授不得当然成为教务会、任何学院或任何学系的成员。(1994年第452号法律公告)

规程 22　某些主管人员及教务人员的退休

校长、副校长及所有其他受薪的主管人员及教师——

(a) 须在不迟于年满 60 岁的日期后首个 7 月 31 日离任,但如大学校董会有最少三分之二与会校董表决通过,要求该人在应离任日期后的一段由大学校董会不时决定的期间继续留任,则属例外;或

(b) 可于年满 55 岁后至年满 60 岁前的任何时间退休,但于年满 55 岁后至年满 60 岁前的任何时间须按大学校董会的指示退休。

规程 23　辞职

任何人欲辞去任何职务或退出任何团体,须藉书面通知行事。

规程 24　免职、罢免成员身分或免任

1. 大学校董会可基于第 2 段所界定的好的因由,将司库免职以及罢免任何大学校董[主席及根据规程 11 第 1(k) 及 (l) 段获委任的人士除外]的大学校董身分。

2. 在第 1 段中,"好的因由"(Good cause)指——

(a) 被裁定犯了任何刑事罪行,而该罪行是大学校董会所断定为属不道德、丑闻或可耻性质的;

(b) 在身体或心智方面实际上无行为能力,而该无行为能力的情况是大学校董会所断定为妨碍有关主管人员或大学校董妥善执行其职责的;或

(c) 大学校董会所断定为属不道德、丑闻或可耻性质的任何行为。

3. 大学校董会可基于第 5 段所界定的好的因由,将校长、副校长、各原有书院的及逸夫书院的院长、任何讲座教授、教授或高级讲师、秘书长、教务长、图书馆馆长、财务长及其他由大学校董会所聘出任教务或行政职位的人士免任。(2002 年第 23 号第 64 条;2007 年第 18 号第 5 条)

4. 大学校董会作出上述免任前,可委出一个由大学校董会主席、2 名大学校董及 3 名教务会成员组成的委员会,审查有关的投诉并就此向大学校董会作出报告;如有关人士或任何 3 名大学校董提出要求,则大学校董会必须在作出上述免任前委出该委员会。

5. 在第 3 段中,"好的因由"(Good cause)指——

(a) 被裁定犯了任何刑事罪行,而大学校董会于考虑(如有需要)第 4 段提述的委员会所作的报告后,认为该罪行是属不道德、丑闻或可耻性质的;

(b) 在身体或心智方面实际上无行为能力,而大学校董会于考虑(如有需要)第 4 段提述的委员会所作的报告后,认为该无行为能力的情况令有关

人士不适合执行其职责;

(c) 属不道德、丑闻或可耻性质的行为,而大学校董会于考虑(如有需要)第 4 段提述的委员会所作的报告后,认为该行为令有关人士不适合继续任职;

(d) 大学校董会于考虑(如有需要)第 4 段提述的委员会所作的报告后,认为属构成没有执行或无能力执行其职责的行为,或属构成没有遵从或无能力遵从其任职条件的行为。

6. 除基于第 5 段所界定的好的因由以及依据第 4 段所指明的程序行事外,第 3 段所提述的人士不得被免任,但如其聘任条款另有规定则不在此限。

规程 25　学生及特别生

1. 学生除非符合以下条件,否则不准修读香港中文大学学士学位的认可课程——
(a) 经香港中文大学取录入学;
(b) 经注册为香港中文大学的录取生;及
(c) 已符合规例所订明的该课程取录学生的其他条件。

2. 学生除非符合以下条件,否则不准修读设有香港中文大学证书、文凭或高级学位的认可深造课程或从事设有香港中文大学证书、文凭或高级学位的认可研究——
(a) 经香港中文大学取录入学;
(b) 经注册为香港中文大学的研究生;及
(c) 已符合规例所订明的该课程取录学生的其他条件。

3. 学生除非符合以下条件,否则不准修读不设香港中文大学学位或文凭的认可课程或从事不设香港中文大学学位或文凭的认可研究——
(a) 经注册为香港中文大学的特别生;及
(b) 已符合规例所订明的该课程取录学生的其他条件。

4. 每名学生均须接受香港中文大学的纪律管制。

5. 香港中文大学可要求任何学生缴付大学校董会所不时厘定的费用,亦可收取该等费用。

6. 教务会须不时订定申请人被香港中文大学录取所须符合的规定。

7. 香港中文大学可设有香港中文大学学生会,其章程须经大学校董会批准。

8. 每一书院可设有学生会,其章程须经大学校董会根据有关书院的院务委员会的建议予以批准。

规程 26　学位及其他资格颁授

1.（1）香港中文大学可向符合以下条件的学生颁授第 2(1)段订明名称的任何学位——(1981 年第 31 号法律公告；1989 年第 121 号法律公告；2006 年第 6 号法律公告）

（a）已修读一项认可课程；

（b）已通过适当的考试或各项适当的考试；及

（c）已在所有其他方面符合就颁授学位而订明的规定。

（2）香港中文大学可向任何对于促进任何学科的发展有卓越贡献的人士颁授第 2(2)段订明名称的学位，或向在其他方面值得香港中文大学向其颁授该等学位的人士颁授学位。(1981 年第 31 号法律公告；1989 年第 121 号法律公告）

2. 香港中文大学可颁授的学位名称如下——

(1)（a）(2006 年第 6 号法律公告）

工商管理学士(B. B. A.)

工程学士(B. Eng.)(1991 年第 114 号法律公告）

内外全科医学士(M. B., Ch. B.)

文学士(B. A.)

中医学学士(B. Chi. Med.)(1999 年第 2 号法律公告）

社会科学学士(B. S. Sc.)

法学士(LL. B.)(2006 年第 6 号法律公告）

建筑学士(B. Arch.)(1991 年第 114 号法律公告）

教育学士(B. Ed.)

理学士(B. Sc.)

医学科学学士(B. Med. Sc.)(1990 年第 55 号法律公告）

药剂学士(B. Pharm.)(1991 年第 114 号法律公告）

护理学士(B. Nurs.)(1991 年第 114 号法律公告）

(b)(2006 年第 6 号法律公告）

工商管理硕士(M. B. A.)

工程硕士(M. Eng.)(1991 年第 114 号法律公告）

公共卫生硕士(M. P. H.)(2007 年第 233 号法律公告）

文学硕士(M. A.)

中医学硕士(M. Chi. Med.)(2000 年第 357 号法律公告）

社会工作硕士(M. S. W.)

社会科学硕士(M. S. Sc.)

法学硕士（LL. M.）(2006 年第 6 号法律公告)

音乐硕士（M. Mus.）(1994 年第 453 号法律公告)

建筑硕士（M. Arch.）(1991 年第 114 号法律公告)

城市规划硕士（M. C. P.）(1994 年第 453 号法律公告)

家庭医学硕士（M. F. M.）(2003 年第 114 号法律公告)

哲学硕士（M. Phil.）

神道学硕士（M. Div.）(2006 年第 43 号法律公告)

教育硕士（M. Ed.）

产科护理硕士（M. Mid.）(1999 年第 103 号法律公告)

健康科学硕士（M. H. Sc.）(2007 年第 38 号法律公告)

专业会计学硕士（M. P. Acc.）(2002 年第 97 号法律公告)

理学硕士（M. Sc.）

会计学硕士（M. Acc.）(1997 年第 481 号法律公告)

临床药剂学硕士（M. Clin. Pharm.）(1997 年第 481 号法律公告)

职业医学硕士（M. O. M.）(2003 年第 213 号法律公告)

艺术硕士（M. F. A.）(1994 年第 453 号法律公告)

护理硕士（M. Nurs.）(1995 年第 323 号法律公告)

(c)（2007 年第 233 号法律公告）

法律博士（J. D.）(2006 年第 6 号法律公告)

(d)（2006 年第 6 号法律公告）

工商管理博士（D. B. A.）

心理学博士（Psy. D.）(2006 年第 6 号法律公告)

文学博士（D. Lit.）

社会科学博士（D. S. Sc.）(1989 年第 121 号法律公告)

音乐博士（D. Mus.）(1994 年第 453 号法律公告)

哲学博士（Ph. D.）

教育博士（Ed. D.）(1997 年第 481 号法律公告)

理学博士（D. Sc.）

医学博士（M. D.）

(2) 荣誉学位

荣誉文学博士（D. Lit. honoris causa）

荣誉社会科学博士（D. S. Sc. honoris causa）(1989 年第 121 号法律公告)

荣誉法学博士（LL. D. honoris causa）

荣誉理学博士（D. Sc. honoris causa）

3. 学生除非是以香港中文大学录取生的身分修读认可课程，否则不得

获颁授学士学位。(1991年第114号法律公告)

4. 教务会可接受学生在教务会为此目的而认许的另一所大学或高等学府以注册学生身分修读的某段时间,作为该学生为取得学士学位的资格而需修读的时间的一部分:(1991年第114号法律公告;1994年第453号法律公告)但该名学生除非符合以下条件,否则不得获颁授学士学位——

(a) 以香港中文大学录取生的身分修读一项认可课程,为期最少2学年;及(1991年第114号法律公告;1994年第453号法律公告;2007年第233号法律公告)

(b) 以香港中文大学录取生的身分修读的时间及在另一所大学或高等学府以注册学生身分修读的时间合计不少于3学年。(1994年第453号法律公告;2007年第233号法律公告)

(c)（由2007年第233号法律公告废除）

5. 教务会可接受教务会为此目的而认许的另一所大学或高等学府所发出的学科修业合格证书,藉以豁免证书持有人参加香港中文大学就该学科举行的任何学士学位考试。(1994年第453号法律公告)

6. 除第10及11段另有规定外,任何学院的任何人除非于符合有关学院在颁授学士学位方面的规定后,或于按第9段的条款获取录为研究生后,修读一项认可课程或从事一项认可研究,为期最少12个月,否则不得获颁授硕士学位。

7. 除第10及11段另有规定外,任何人除非符合以下条件,否则不得获颁授任何学院的哲学博士学位——

(a) 于符合有关学院在颁授学士学位方面的规定后,或按第9段的条款获取录为研究生后,以香港中文大学学生的身分从事一项认可研究,为期最少24个月;及

(b) 已呈交论文,而该论文经考试委员证明在促进对有关学科的认识和了解方面有显著贡献,以及藉着新论据的发现或独立批判能力的运用而显示其创见。

8. 除第10及11段另有规定外,任何人除非符合以下条件,否则不得获颁授文学博士学位、理学博士学位、社会科学博士学位、工商管理博士学位或医学博士学位——(1981年第31号法律公告)

(a) 已成为香港中文大学的毕业生不少于7年;及

(b) 考试委员认为该名人士对于促进其所修学科的发展有持续而显著的贡献。

9. (1) 在另一所大学毕业的人士,或在香港中文大学成立日期前以崇基学院、联合书院或新亚书院的注册学生身分取得由上述各书院或代上述

各书院发出的文凭或证书的人士,可获豁免符合香港中文大学录取学生的规定,并可获取录为研究生,修读硕士或博士学位课程,但须符合规程所订明的条件及根据规程而订立的校令和规例所订明的条件。

(2) 任何人——

(a) 在专上教育机构完成一项课程,并持有与学位同等的专业或类似的资格;及

(b) 符合规程所订明的其他规定以及根据规程而订立的校令及规例所订明的其他规定,经教务会批准后,可获豁免符合香港中文大学录取学生的规定,并可获取录为研究生。

10. 教务会可建议向香港中文大学的任何教务人员颁授任何学院的硕士学位或博士学位,并可为此目的而豁免该人符合在颁授学位方面所订明的任何规定,但有关学位的考试的规定则除外。

11. 大学校董会可建议颁授荣誉硕士学位或荣誉博士学位而不要求有关人士上课或考试:(1981 年第 31 号法律公告)

但持有荣誉学位的人士不得因取得该学位而有权从事任何专业。

12. 大学校董会在建议颁授荣誉硕士学位或荣誉博士学位前,必须先考虑由下列人士组成的荣誉学位委员会所呈交的建议——

(a) 监督;

(b) 校长;

(c) 各原有书院的及逸夫书院的院长;(2007 年第 18 号第 5 条)

(d) 大学校董会主席;

(e) 大学校董会所指定的大学校董 2 名;及

(f) 由教务会成员互选产生的成员 4 名。(2007 年第 18 号第 5 条)

13. 香港中文大学可向以下人士颁授文凭及证书——

(a) 符合以下条件的学生——

(i) 已修读一项认可课程;

(ii) 已通过适当的考试或各项适当的考试;及

(iii) 已在所有其他方面符合就颁授文凭及证书而订明的规定;及

(b) 上文(a)分节所规定的人士以外的、被教务会当作具备适当资格获颁授该等文凭及证书的人士,但该等人士须符合以下条件——

(i) 已在香港的一间或多于一间获教务会为此目的而认许的教育机构修读一项有关课程;及

(ii) 已通过适当的香港中文大学考试或各项适当的香港中文大学考试。

14. 任何人如被裁定犯了可逮捕的罪行,或被教务会认为曾作出不名誉

或属丑闻性质的行为,教务会可撤回该人的香港中文大学学位、文凭、证书或其他资格颁授,但该人有权就教务会的决定向大学校董会提出上诉,亦有权就大学校董会的决定向监督提出上诉。

规程 27　考试

香港中文大学的考试,须按照教务会不时订立的规例举行。(2007 年第 233 号法律公告)

规程 28　引称

规程可引称为《香港中文大学规程》。

附 2

(已失时效而略去)

附 3:原有书院的书院校董会的章程及权力

(2007 年第 18 号第 5 条)

1. 释义

在本附表中,除文意另有所指外——

"大学校董会"(Council)指香港中文大学校董会;

"主席"(Chairman)指每一书院校董会的主席;

"书院"(College)指原有书院,而"各书院"(Colleges)须据此解释;(1986 年第 59 号第 4 条)

"书院校董会"(Boards of Trustees)指根据第 2 段成立为法团的各书院校董会。

2. 书院校董会成立为法团

(1)崇基学院设有书院校董会,该校董会是一个法人团体,名为"The Trustees of Chung Chi College",并以该名称永久延续,可起诉与被起诉,并须备有和使用法团印章。

(2)联合书院设有书院校董会,该校董会是一个法人团体,名为"The Trustees of The United College of Hong Kong",并以该名称永久延续,可起诉与被起诉,并须备有和使用法团印章。

(3) 新亚书院设有书院校董会,该校董会是一个法人团体,名为"The Trustees of New Asia College",并以该名称永久延续,可起诉与被起诉,并须备有和使用法团印章。

3. 书院校董会的权力及职责

(1) 每一书院校董会须为其所属书院的利益而以信托形式持有并管理根据第7段归属有关书院校董会的动产,亦须为香港中文大学的利益而以信托形式持有作为根据附表2①第2段所订协议的标的之建筑物。

(2) 除第(3)节另有规定外,每一书院校董会可为执行第(1)节所指信托而行使《受托人条例》(第29章)赋予受托人的权力。

(3) 没有大学校董会事先批准,任何书院校董会不得为有关书院的利益而接受任何馈赠,而大学校董会在给予批准时可附加其认为适合的条件。

(4) 每一书院校董会须就其处理事务的程序、其目标的达成及职责的履行以及有关在会议上维持良好秩序的事宜,订立书面规定。

(5) 崇基学院的书院校董会须——

(a) 就神学组教职员的委任,或继承神学组负责神学教育的香港中文大学部门教职员的委任,包括神学组主任(或同等职位)及神学楼学生宿舍舍监的委任,经行政与计划委员会向大学校董会作出推荐;

(b) 分配私人资金所提供的资源,以推广神学教育,包括神学楼的保养;

(c) 设立院牧职位并作出委任;及

(d) 就一切与神学教育有关的重大政策事宜,向教务会提供意见,而该书院校董会亦可将履行本节委予该书院校董会的职能及职责的权力,转授予其委出的神学校董会。

4. 书院校董会的组成人员

(1) 在紧接本条例生效前出任崇基学院校董的人士,在本条例生效时即成为根据第2(1)段成立为法团的崇基学院书院校董会的校董。

(2) 在紧接本条例生效前出任联合书院校董的人士,在本条例生效时即成为根据第2(2)段成立为法团的联合书院书院校董会的校董。

(3) 在紧接本条例生效前出任新亚书院校董的人士,在本条例生效时即成为根据第2(3)段成立为法团的新亚书院书院校董会的校董。

(4) 任何在本条例生效时出任或成为书院校董的人士均可退任,但如任何人的退任会导致有关书院校董会的校董人数减少至4人以下,则该人不得退任。

(5) 书院校董会的校董空缺须不时以该书院校董会未曾成立为法团时

---

① 有关附表2的内文,见法例编正版。

可用以委任新校董的合法方法填补,并且在不损害前述条文的一般性的原则下,《受托人条例》(第29章)第42条对新校董的委任适用。(1986年第59号第4条)

5. 向公司注册处处长登记

(1) 每一书院校董会须向公司注册处处长递交——

(a) 书院校董会主要办事处地址的通知及更改该地址的通知;

(b) 一份经主席核证为正确的载有书院校董的姓名及地址的名单及经如此核证的对该名单所作的任何更改;及

(c) 一份经主席核证为正确的根据第3(4)段订立的书面规定的文本及经如此核证的对该等规定所作的任何更改的文本。

(2) 按照第(1)(a)及(b)节作出的通知,须——

(a) 在本条例生效后3个月内作出;及

(b) 于其后在作出任何更改后28天内作出。

(3) 根据第(1)(c)节作出的通知,须在根据第3(4)段订立任何书面规定后28天内作出,或在对该等规定作出任何更改后28天内作出。

(4) 任何人可在公司注册处处长的办事处查阅任何根据本段登记的文件。

(5) 登记或查阅本段所提述的任何文件,须缴付费用$5。

6. 账目

每一书院校董会每年均须拟备并向大学校董会交出其经审计的账目,账目的格式及交出账目的时间由大学校董会决定。

7. 过渡性条文

在本条例生效时——

(a) 每一书院以信托形式持有或由他人以信托形式为其持有的所有动产,以及由各书院或代各书院在香港中文大学院校范围以外所持有的所有不动产,均无须再作转易而按照其持有人当时持有该等财产所按照的相同信托以及相同条款及条件(如有的话),归属有关书院的书院校董会;

(b) 各书院就根据(a)分节归属各书院校董会的财产所享有或承担的一切权利、特权、义务和法律责任,由每一书院的校董会继承。

8. (由1986年第59号第4条废除)

(1986年第59号第4条)

附 4：逸夫书院的书院校董会的章程及权力

（2007 年第 18 号第 5 条）

1. 释义

在本附表中，除文意另有所指外——

"大学校董会"（Council）指香港中文大学校董会；

"主席"（Chairman）指书院校董会主席；

"书院校董会"（Board of Trustees）指根据第 2 段成立为法团的逸夫书院校董会；

"筹划委员会"（Planning Committee）指大学校董会根据第 10(1) 条设立的逸夫书院筹划委员会。

2. 书院校董会成立为法团

逸夫书院设有书院校董会，该校董会是一个法人团体，名为"The Trustees of Shaw College"，并以该名称永久延续，可起诉与被起诉，并须备有和使用法团印章。

3. 书院校董会的权力及职责

（1）书院校董会须为逸夫书院的利益而以信托形式持有并管理香港中文大学转归书院校董会的动产。

（2）除第（3）节另有规定外，书院校董会可为执行第（1）节所指的信托而行使《受托人条例》（第 29 章）赋予受托人的权力。

（3）没有大学校董会事先批准，书院校董会不得为逸夫书院的利益而接受任何馈赠，而大学校董会在给予批准时可附加其认为适合的条件。

（4）书院校董会须就其处理事务的程序、其目标的达成及职责的履行、其校董的委任和退任以及有关在会议上维持良好秩序的事宜，订立书面规定。

4.（1）在紧接《香港中文大学（公布逸夫书院）条例》（第 1139 章）生效前出任筹划委员会成员的人士，在该条例的生效时即成为书院校董。

（2）根据第（1）节成为书院校董的人士，任期由《香港中文大学（公布逸夫书院）条例》（第 1139 章）生效时起计为 1 年，并且除根据第 3(4) 段订立的书面规定另有规定外，该等校董均有资格再获委任。

（3）任何在《香港中文大学（公布逸夫书院）条例》（第 1139 章）生效时出任或成为书院校董的人士均可退任，但如任何人的退任会导致书院校董会的校董人数减少至 4 人以下，则该人不得退任。

（4）书院校董会的校董空缺须不时按照在第 3(4) 段下订立的书面规定

填补，或不时以书院校董会未曾成立为法团时可用以委任新校董的合法方法填补，并且在不损害前述条文的一般性的原则下，《受托人条例》（第 29 章）第 42 条对新校董的委任适用。

5. 向公司注册处处长登记

（1）书院校董会须向公司注册处处长递交——

（a）书院校董会主要办事处地址的通知及更改该地址的通知；

（b）一份经主席核证为正确的载有书院校董的姓名及地址的名单及经如此核证的对该名单所作的任何更改；及

（c）一份经主席核证为正确的根据第 3（4）段订立的书面规定的文本及经如此核证的对该等规定所作的任何更改的文本。

（2）按照第（1）（a）及（b）节作出的通知，须——

（a）在《香港中文大学（公布逸夫书院）条例》（第 1139 章）生效后 3 个月内作出；及

（b）于其后在作出任何更改后 28 天内作出。

（3）根据第（1）（c）节发出的通知，须在根据第 3（4）段订立任何书面规定后 28 天内作出，或在对该等规定作出任何更改后 28 天内作出。

（4）任何人可在公司注册处处长的办事处查阅任何根据本段登记的文件。

（5）登记或查阅本段所提述的任何文件，须缴付费用 $5.00。

6. 账目

书院校董会每年须拟备并向大学校董会交出其经审计的账目，账目的格式及交出账目的时间由大学校董会决定。（1986 年第 59 号第 4 条）

（据 http://www.cuhk.edu.hk/chinese/documents/aboutus/cuhk-ordinance.pdf，最后访问于 2011 年 2 月 20 日。）

香港科技大学条例

1997 年 3 月 6 日
2009 年 9 月 1 日修订

章 1141　香港科技大学条例宪报编号
版本日期　详题　30/06/1997
本条例旨在就设立香港科技大学及相关事宜订定条文。

第 I 部　导言

条 1　简称
（1）本条例可引称为《香港科技大学条例》。

条 2　释义
在本条例中，除文意另有所指外——
"监督"（Chancellor）指大学监督，亦指凭借第 6(2) 条署理大学监督职位的人；
"顾问委员会"（Court）、"校董会"（Council）、"教务委员会"（Senate）及 "评议会"（Convocation）分别指大学的顾问委员会、校董会、教务委员会及评议会。
"财政年度"（financial year）指大学根据第 18(3) 条订定的一段期间；
"校长"（President）、"首席副校长"（Provost）及"副校长"（Vice-Presidents）分别指大学的校长、首席副校长及副校长；
"规程"（statutes）指大学规程；
"大学"（University）指根据第 3 条设立的香港科技大学；

第 II 部　香港科技大学

条 3　大学的设立及成立为法团

现设立一个英文名为 The Hong Kong University of Science and Technology 而中文名为香港科技大学的永久延续的法人团体，该法人团体可以其英文或中文名称起诉与被起诉。

条 4　大学的宗旨

大学的宗旨是——

(a) 透过教学与研究，增进学习与知识，尤其——

　　(i) 在科学、技术、工程、管理及商业方面的学习与知识；及

　　(ii) 研究生程度的学习与知识；及

(b) 协助香港的经济与社会发展。

条 5　大学的权力

大学可为贯彻其宗旨而作出一切所需或所附带的事情，或作出一切有助于贯彻其宗旨的事情，并在不损害前述条文的一般性的原则下，尤可——

(a) 取得、持有与处置任何种类的财产的权益；

(b) 订立任何合约；

(c) 建造、提供、装备、保养、改动、移去、拆卸、更换、扩大、改善、维修与规管其建筑物、处所、家具、设备及其他财产；

(d) 雇用全职或非全职的教职员、顾问及专家顾问；

(e) 为其学生及雇员提供合适的适意设备（包括社交及康体活动所需的设施以及住宿安排）；

(f) 以其认为需要或合宜的方式及规模，将大学的资金用于投资；

(g) 以其认为合宜的方式，并以其认为合宜的保证或条款借入款项；

(h) 以其认为合适或合宜的条款申请与接受任何资助；

(i) 就大学所提供的课程、设施及其他服务厘定与收取费用，并指明使用该等设施及服务的条件；

(j) 在一般情况下或就任何个别情况或类别的情况减收、免收或退还上述费用；

(k) 不论是以信托方式或其他方式，接受与征求馈赠，以及担任以信托方式归属大学的款项或其他财产的受托人；

(l) 颁授学位及其他学术名衔，包括荣誉学位及荣誉名衔；

(m) 提供咨询、顾问、研究及其他有关服务，不论是否为了牟利；

(n) 与任何人成立合伙或任何其他形式的联营关系；

(o) 取得、持有与处置在其他法人团体内的权益，以及成立或参与成立法人团体；

(p) 按大学认为合适或合宜而印刷、复制、出版或安排印刷、复制或出版任何手稿、书籍、戏剧、音乐、剧本、场刊、海报、广告或其他材料，包括影音材料及计算机软件；及

(q) 以补助或贷款方式提供经济援助以贯彻其宗旨。

第 III 部　监督及顾问委员会

条 6　监督

(1) 大学设有一名监督。监督是大学的首长，他可以大学的名义颁授学位及其他学术名衔。

(2) 监督由行政长官出任。如行政长官缺席，则由依照《基本法》第五十三条在当其时代理行政长官职务的人出任署理监督，署理监督具有监督的所有权力及职责。

(3) 监督可委任一人为大学副监督。经监督授权后，副监督可代其行使赋予监督的任何权力和执行委予监督的任何职责。

条 7　顾问委员会

(1) 大学设有顾问委员会。顾问委员会是大学的最高咨询机构。

(2) 顾问委员会的职能为——

(a) 收取校长的周年报告；

(b) 审议校董会向其作出的任何报告；

(c) 讨论在顾问委员会提出的任何关于大学整体政策的动议；

(d) 为大学筹集资金；及

(e) 促进大学在香港及其他地方的权益。

第 IV 部　校董会

条 8　校董会的职能

大学设有校董会，校董会——

(a) 是大学的最高管治机构；及

(b) 可行使本条例赋予大学的任何权力，亦须执行本条例委予大学的所

有职责,但本条例赋予其他权力机关或其他人的权力及委予其他权力机关或其他人的职责则除外。

条 9　校董会的成员

(1) 校董会由以下的人组成——

(a) 校长;

(aa) 首席副校长;

(b) 由校董会从副校长中轮流委出的副校长 1 名;

(c) 由校董会从各学院院长及本科生教务长中轮流委出的成员 2 名;

(d) 评议会主席;

(e)（废除）

(f) 由教务委员会提名并由校董会委任的教务委员会教务成员不多于 2 名;

(g) 既非大学雇员亦非大学学生的成员不多于 17 名,其中——

　　(i) 不少于 10 名须具有香港商业或工业经验,而不多于 5 名须来自香港或香港以外地区的其他大专院校;

　　(ii) 不多于 9 名须由监督委任;及

　　(iii) 不多于 8 名须由监督根据校董会的推荐而委任;

(h) 由大学的全职雇员互选选出并由校董会委任的成员 1 名;及

(i) 由大学的全日制课程学生互选选出并由校董会委任的成员 1 名。

(2)(a) 监督须从根据第(1)(g)款获委任的具有香港工商业经验的成员中,委出 3 名成员如下——

　　(i) 1 名成员为校董会主席;

　　(ii) 1 名成员为校董会副主席;及

　　(iii) 1 名成员为大学司库。

(b) 如主席不在香港或因其他理由而不能履行主席职务,或主席职位悬空,则由副主席署理主席职位。

(c) 如主席及副主席均不在香港或因其他理由而不能履行主席职务,或主席及副主席职位均悬空,则众成员可在根据第(1)(g)款获委任的成员中委出一人署理主席职位。

(3)(a)（废除）

(aa) 在不损害《释义及通则条例》(第 1 章)第 42 条的原则下,根据第(1)(f)款获委任的成员——

　　(i) 任期为 3 年或校董会就任何个别个案所指明的较短任期;

　　(ii) 可不时再获委任;及

（iii）可随时向校董会主席发出书面通知而辞去于校董会内的职务。

（ab）当根据第（1）（f）款成为校董会成员的人不再符合得到教务委员会提名的资格，该人即须停任校董会成员。

（b）在不损害《释义及通则条例》(第 1 章）第 42 条的原则下，根据第（1）（g）款获委任的成员——

（i）任期为 3 年或监督就任何个别情况所指明的较短任期，但可不时再获委任；及

（ii）可随时藉发给监督的书面通知而辞去其于校董会内的职务。

条 10　校董会的会议及程序

（1）校董会会议须在主席指定的时间及地点举行。

（2）在任何校董会会议中，会议法定人数为当其时的校董会成员的 50%。

（3）校董会可决定其本身的程序。

（4）如任何成员在校董会会议将予审议的事项中有任何金钱上的或个人利害关系而又出席该会议，则该成员须在该会议开始后，尽快向校董会披露该利害关系的事实及性质；如校董会提出要求，则他须在校董会审议该事项时退席，且在任何情况下不得就该事项投票。

条 11　校董会辖下的委员会

（1）校董会可成立其认为适当的委员会，而该等委员会的部分成员可由非校董会成员的人组成。

（2）任何根据第（1）款委出的委员会，其主席及副主席均须由校董会从校董会成员中委出。

（3）除第（4）款另有规定外，校董会可将其任何权力及职责以书面转授予任何根据第（1）款成立的委员会，并且如认为适当，可附加或不附加限制或条件。

（4）校董会不得将处理以下事项的权力转授予任何根据第（1）款成立的委员会——

（a）批准大学雇用的人的服务条款及条件；

（b）安排拟备第 18(2)条所规定的各报表；

（c）根据第 23 条订立规程；

（d）根据第 12 条委任校长、首席副校长或任何副校长或将其免职，或根据该条批准首席副校长或任何副校长须承担的职责。

（5）在符合校董会的指示下，各委员会可决定其本身的会议程序。

第 V 部　校长、首席副校长、副校长及其他教职员

条 12　校长、首席副校长、副校长及其他教职员的委任

（1）校董会——

（a）须按照第（2）款委任一名校长，校长是大学的首席行政及教务主管人员；

（b）可按照第（3）款委任 1 名首席副校长及不多于 3 名副校长，首席副校长及副校长须承担由校长建议并经校董会批准的职责；

（c）可委任其认为合宜的人为大学雇员。

（2）（a）校长由校董会藉不少于校董会当其时的成员的四分之三投票通过的决议委任。

（b）校长可被校董会以行为不检、不称职、效率欠佳或其他好的因由并藉不少于校董会当其时的成员的四分之三投票通过的决议而免职。

（c）在本款中，"成员"（members）不包括根据第 9（1）（a）、（aa）、（b）、（c）、（f）、（h）或（i）条获委任的成员。

（3）（a）首席副校长及副校长由校董会根据校长的推荐而藉不少于校董会当其时的成员的四分之三投票通过的决议委任。（由 1995 年第 27 号第 4 条修订）

（b）首席副校长或任何副校长可被校董会根据校长的建议，以行为不检、不称职、效率欠佳或其他好的因由并藉不少于校董会当其时的成员的四分之三投票通过的决议而免职。

（c）在本款中，"成员"（members）不包括根据第 9（1）（aa）、（b）、（c）、（f）、（h）或（i）条获委任的成员。

（4）（a）校董会可委任任何人在校长丧失履行职务能力或不在香港期间，或在校长职位因任何理由而悬空时，以暂时性质署理校长职位。

（b）校董会可委任任何人在首席副校长或任何副校长丧失履行职务能力或不在香港期间，或在首席副校长或任何副校长职位因任何理由而悬空时，暂时署理首席副校长或该副校长（视属何情况而定）的职位。

（c）根据本款作出的委任，须根据校长的推荐而作出，但如校长因任何理由而不能或无能力作出推荐，或该职位因任何理由而悬空，则属例外。

条 13　校董会将其权责转授予校长的权力

（1）除第（2）款另有规定外，校董会可将其任何权力及职责以书面转授予校长，并且如认为适当，可附加或不附加限制或条件。

（2）校董会不得将处理以下事项的权力转授予校长——

（a）批准大学雇用的人的服务条款及条件；

（b）安排拟备第 18(2) 条所规定的各报表；

（c）根据第 23 条订立规程；

（d）根据第 12 条（第 12(1)(c) 条除外）作出委任或免去职位，或根据第 12 条批准首席副校长或任何副校长须承担的职责。

条 14　校长将权责转授的权力

（1）在符合第（2）款的规定下，校长可将其权力及职责，包括根据第 13 条转授予他的校董会的任何权力或职责，以书面转授予他认为适当的人或委员会，并且如认为适当，可附加或不附加限制或条件。

（2）本条赋予校长将根据第 13 条转授予他的校董会的任何权力或职责再转授的权力，以及由任何人或委员会行使或执行校长根据本条而转授的任何上述权力或职责，均须受校董会根据第 13 条就该项转授而施加的限制或条件所规限。

第 VI 部　教务委员会、学院及评议会

条 15　教务委员会

大学设有教务委员会，教务委员会是大学的最高教务机构，它须视乎校董会是否有提供拨款而——

（a）策划、发展与检讨学术课程；

（b）指示与规管大学内进行的教学和研究工作；

（c）规管各认可课程取录学生及该等学生上课的事宜；及

（d）规管大学的学位及其他学术名衔的考试。

条 16　学院

（1）大学设有由校董会成立的学院。

（2）每间学院均设有院务委员会。

条 17　评议会

大学设有评议会。

第 VII 部　财政报表及报告

条 18　账目

（1）大学须就所有收支备存妥善的账目及纪录。

（2）在每个财政年度终结后，大学须安排拟备上个财政年度的大学收支结算表，以及在该财政年度最后一日的大学资产负债表。

（3）大学可不时订定某段期间为其财政年度。

条 19　核数师

（1）大学须委任核数师。核数师有权随时取用大学的所有账簿、付款凭单及其他财务纪录，并有权随时要求取得他们认为适当的关于上述财务纪录的数据及解释。

（2）核数师须审计根据第 18(2) 条拟备的各报表，并就该等报表向大学作出报告。

条 20　报表及报告须呈交监督

校董会须在每个财政年度终结后 6 个月内，向监督呈交一份大学校务报告，以及呈交根据第 18(2) 条拟备的各报表的副本及根据第 19(2) 条作出的报告的副本。

第 VIII 部　一般规定

条 21　关于委员会的一般规定

（1）顾问委员会、教务委员会及各学院院务委员会均可设立其认为适当的委员会。

（2）除非规程另有规定，否则任何委员会的主席及副主席均须是顾问委员会、教务委员会或学院院务委员会（视属何情况而定）的成员。

（3）除非规程另有规定，否则任何委员会的部分成员可由非顾问委员会、教务委员会或学院院务委员会（视属何情况而定）成员的人组成。

（4）除非规程另有规定，否则顾问委员会、教务委员会及各学院院务委员会可将其任何权力及职能转授予任何委员会，并且如认为适当，可附加或不附加限制或条件。

条 22　大学印章

加盖大学印章须——

(a) 由校董会藉决议授权；及

(b) 由 2 名获校董会授权作签署认证的校董会成员签署认证，而其中一名成员不得为大学雇员。

条 23　校董会订立规程的权力

（1）校董会可为更有效地执行本条例而订立规程，并在不损害前述条文的一般性的原则下，尤可就以下事项订立规程——

(a) 大学的行政；
(b) 关于大学成员的事宜；
(c) 关于大学教务成员的事宜；
(d) 顾问委员会及教务委员会的章程；
(e) 学院、学院院务委员会及评议会的章程、权力及职能；
(f) 对上述(d)及(e)段所提述的任何机构的议事程序作出规管；
(g) 学院院长的职位，以及担任此等职位的人的权力及职能；
(h) 大学学生及雇员的福利及纪律；
(i) 颁授学位及其他学术名衔，包括荣誉学位及荣誉名衔；
(j) 从教务委员会中提名根据第9(1)(f)条出任校董会成员的教务成员；
(k) 财务程序；
(l) 作为参加大学举办的考试的一项条件或为获颁授大学学位或其他学术名衔或为出席大学任何课程或为任何类似的目的而须付予大学的费用；及
(m) 概括而言，本条例的施行。
(2) 根据第(1)款订立的每条规程，均须在宪报刊登。

条24 未经授权而使用大学的名称
(1) 任何人没有校董会的书面同意，不得成立或组织——
(a) 显示本身是——
(i) 大学或其任何部分的团体(法团或并非法团)；或
(ii) 与大学有任何方面的关连或联系的团体(法团或并非法团)；或
(b) 以"The Hong Kong University of Science and Technology"或"香港科技大学"命名的团体(法团或并非法团)，或以任何语文中与"The Hong Kong University of Science and Technology"或"香港科技大学"的名称非常相近的名称命名的团体(法团或并非法团)，以致能误导任何人相信该团体是——
(i) 大学或大学的任何部分；或
(ii) 与大学有任何方面的关连或联系，亦不得成为该团体的董事、干事、筹办人或成员，或参与和其相关的工作。
(2) 任何人违反第(1)款，即属犯罪，一经定罪，可处罚款$10000。

(据香港特别行政区政府律政司双语法律资料系统的中文译稿，条例英文本详见 https://www.ab.ust.hk/ccss/ordinance.htm。另有香港科技大学规程，参见 https://www.ab.ust.hk/ccss/statutes.htm，最后访问于2011年2月20日。)

澳门大学法律制度及章程

澳门大学法律制度

澳门特别行政区第 1/2006 号法律
2006 年 2 月 27 日
澳门特别行政区立法会通过

立法会根据《澳门特别行政区基本法》第七十一条（一）项的规定，制定本法律。

第一条　标的

本法律订定澳门大学的法律制度，并赋予澳门大学为实现其宗旨所必需的自主权。

第二条　性质及宗旨

一、澳门大学为一拥有本身的机关及财产的公法人。

二、澳门大学作为一所公立高等教育机构，致力于教学、研究以及推广文化、科学及技术。

第三条　总址及分校

一、澳门大学的总址设在澳门特别行政区。

二、澳门大学可在澳门特别行政区以外设立为实现其宗旨所需的分校或其它形式的代表处。

第四条　机关

一、澳门大学设置校监、校董会、校长及其它机关。

二、澳门大学的架构、各机关的组织、职权及运作由《澳门大学章程》订定。

三、澳门大学校监为澳门特别行政区行政长官。

第五条　监督实体

一、澳门大学的监督实体为行政长官。

二、监督实体行使本法律、其它适用法规及章程规定之权限。

第六条 章程及内部规章

一、《澳门大学章程》由校董会订定并由行政命令核准。

二、《澳门大学章程》就学术、纪律、行政、财政及财产等方面的制度作出规范。

三、澳门大学得制定内部规章以规范其管理和运作。

第七条 自主权

一、澳门大学享有学术自主权，得自行制定、规划及进行各项研究、科学及文化活动，并有权设立、组织安排、修改及撤销课程。

二、澳门大学享有纪律自主权，得依据相关规范对教学人员、研究人员、其它人员以及学生所实施的违纪行为作出纪律处分；而该等人士有权按法律规定，就作出的纪律处分提起上诉。

三、澳门大学在适用的法例范围内行使行政自主权。

四、澳门大学享有财政及财产自主权，得按其所订定的标准，转移由政府所批予的预算中不同项目及章节中的款项；得根据适用法例处置其资产。

第八条 法律制度

一、澳门大学受本法律、澳门大学的章程及内部规章规范。

二、任何一般规定或特别规定，如与本法律所载的规定相抵触，以本法律为准，尤其二月四日第11/91/M号法令第四条第三款、第十四条第三款及第十九条至第二十一条不适用于澳门大学。

三、澳门大学受适用于公法人的法例所规范，尤其是：

（一）《行政程序法典》关于公共管理活动的规定，包括当局权力的行使及公产管理的规定；

（二）自治机关及基金会的财政制度；

（三）有关工程、取得财货及劳务的开支制度；

（四）公共工程承揽合同的法律制度；

（五）公共职务不得兼任的制度；

（六）有关行政诉讼的法律中涉及行政性质的行为及合同的规定。

第九条 财政收入

澳门大学的财政收入为：

（一）政府给予的拨款；

（二）自有财产或享有收益权财产的收入；

（三）学费收入；

（四）提供服务或出售出版物的收入；

（五）津贴、补贴、共同分享、捐赠、遗产及遗赠；

（六）转让本身资产的所得；

（七）储蓄利息；

（八）各年度滚存结余；

（九）费用、手续费及罚款；

（十）因进行活动而取得的，或按法律、合同或司法裁判而应该取得的其它收入。

第十条　税务豁免

澳门大学获豁免缴付与其签署的合同或参与的行为及与其活动收益有关的任何税项、费用或手续费。

第十一条　人员制度

一、私法劳动制度适用于澳门大学的人员。

二、澳门大学可制定其人员通则，该通则由行政长官批示核准。

三、澳门大学人员的报酬受对公共行政工作人员所定出的年报酬上限所约束，但校长、副校长及讲座教授的报酬除外。

四、澳门大学校长及副校长的报酬由行政长官订定，讲座教授的报酬由校董会订定。

第十二条　过渡制度

在新的章程生效日前，继续过渡适用经十二月六日第470/99/M号训令核准的《澳门大学章程》及其它适用的法例。

第十三条　废止

废止九月十六日第50/91/M号法令。

第十四条　生效

本法律自公布翌日起生效。

二零零六年二月二十七日通过。

立法会主席　曹其真

二零零六年三月六日签署。

命令公布。

行政长官　何厚铧

（据http://ww.umac.mo/chi/univevsity-governance.html，最后访问于2011年2月20日。）

澳门大学章程

2006 年 4 月 19 日公布

第一章　一般规定

第一条　名称及性质

一、澳门大学（以下简称"澳大"）为一所致力于教学、研究以及推广文化、科学及技术的公立高等教育机构。

二、澳大为一拥有本身的机关及财产的公法人，而作为一所公立高等教育机构，其享有学术、纪律、行政、财政及财产的自主权。

第二条　总址及分校

一、澳大的总址设在澳门特别行政区。

二、澳大可在澳门特别行政区以外设立为实现其宗旨所需的分校或其他形式的代表处。

第三条　原则

一、澳大坚守学术自由、平等、公正及公平的原则；自主及开放的精神以及获得信息、教育及文化的权利。

二、澳大致力促进不同民族、文化间的互相沟通及包容，并尊重学习、研究及其他表达文化的方式及鼓励多元化的路向。

第四条　使命及宗旨

一、澳大在人文、社会科学、科技及文化领域内以促进学术及教育为己任。

二、为达成此使命，澳大有如下宗旨：

（一）秉承澳大仁、义、礼、知、信的校训，以提供高等教育；

（二）促进学术研究；

（三）传播知识；

（四）促进文化、艺术、科学、科技的进步以及澳门特别行政区经济及社会的发展；

（五）确保在道德、公民、文化及才能方面培养澳门特别行政区发展所需的自由、具责任感、有素质、自主、主动及团结的公民；

（六）推动文化、康乐及体育活动；

（七）为共同保护文化遗产及环境作出贡献；

（八）推动提高澳大声誉的工作及活动；

（九）促进与澳门特别行政区以内或以外的其他同类型机构在文化、体育、科学及技术上的交流；

（十）为国际文化交流作出贡献，以强化澳门特别行政区作为促进多元文化沟通的角色；

（十一）在教学活动的范围内，利用澳门特别行政区独特的历史背景，加强不同民族间的接触及合作。

三、澳大在开展教学活动的同时，应加强与澳门特别行政区以内或以外的公共或私人实体的合作，以拓展多元化的研究空间。

四、澳大可设立或参与澳门特别行政区以内或以外的牟利或非牟利的法人或其他组织，但该等法人或组织所举办的活动须与澳大的宗旨及利益相符。

五、澳大得以有偿或无偿的方式向社会提供专业服务。

第五条 学位、名衔、文凭及证书

一、澳大颁授与其开办的课程相符的高等专科、学士、硕士及博士学位以及其他名衔、文凭及证书。

二、澳大有权颁授荣誉博士学位及其他荣誉名衔。

第六条 学术自主权

澳大在行使其学术自主权时，享有：

（一）制定、规划及进行研究以及其他科学活动及文化活动的自主权；

（二）制定其课程、科目大纲及学习计划的自主权，并须保障教学理念、理论及教学方式的多元化，藉以确保教学及学习的自由。

第七条 纪律自主权

根据《澳门大学人员通则》及其他适用法例的规定，澳大对其人员及学生有纪律自主权。

第八条 行政、财政及财产自主权

一、澳大享有行政、财政及财产自主权。

二、在行政自主权方面，澳大的领导机关一般有权作出行政行为，如行政行为损害了相对人在法律上应受保护的权益时，则该相对人可就该行政行为直接提起司法申诉。

三、在财政自主权方面，澳大可按其所订定的标准，转移由政府所批予的预算中不同项目及章节中的款项。

四、在财产自主权方面，澳大拥有由其资产、权利及义务所组成的本身财产，亦可管理为实现其宗旨而获给予的属澳门特别行政区财产的资产。

第九条 与澳门特别行政区政策的配合

澳大所开展的活动须配合澳门特别行政区所制定的教育、科学及文化政策,并在该等政策的制定及发展上给予协助。

第十条 标志、服式及礼仪

澳大采用自己的标志、服式及礼仪。

第二章 组织

第一节 一般规定

第十一条 机关

澳大的机关为:

（一）校监；

（二）大学议庭；

（三）校董会；

（四）校长；

（五）教务委员会；

（六）财务管理委员会。

第二节 校监

第十二条 校监

澳大的校监为澳门特别行政区行政长官。

第十三条 职权

校监的职权如下:

（一）核准澳大的标志,并公布于《澳门特别行政区公报》；

（二）核准及颁授荣誉学位及其他荣誉名衔；

（三）主持所出席的各项由澳大举办的活动及仪式。

第三节 大学议庭

第十四条 定义及组成

一、大学议庭为澳大咨询机关。

二、大学议庭的组成如下：

（一）校监,担任主席；

（二）由行政长官从社会贤达中委任的人士不少于二十名，任期最长为三年，可连任；

（三）校董会主席、第一副主席、第二副主席及司库，任期与其作为校董会成员的任期相合；

（四）校长；

（五）各副校长；

（六）澳门大学校友会会员大会主席；

（七）澳门大学学生会会员大会主席。

三、上款（二）项所指的成员得以书面方式向行政长官请求终止其职务。

第十五条　职权

大学议庭的职权如下：

（一）听取澳大及校长年度报告；

（二）就澳大所提议程进行讨论；

（三）就澳大的总体方针及发展计划提供意见；

（四）就整体学术计划提供意见；

（五）推动为澳大发展筹募经费的活动；

（六）推动能提高澳大在社会上的声望的活动。

第十六条　运作

一、大学议庭应透过载有会议日期及时间的主席召集书召开全体会议，且每学年最少举行一次全体会议。

二、如大学议庭会议期间大学议庭主席不在、缺席或因故不能视事，则由校董会主席、第一副主席或第二副主席依次代表大学议庭主席主持会议。

三、会议程序由大学议庭订定。

四、大学议庭秘书由校董会秘书长担任。

第四节　校董会

第一分节　定义、组成、职权及运作

第十七条　定义及组成

一、校董会为澳大最高合议机关，负责制定澳大的发展方针及监察其执行，并促进澳大与社会的联系。

二、校董会的组成如下：

（一）主席；

（二）第一副主席及第二副主席；

（三）司库；

（四）校长；

（五）各副校长；

（六）学院院长两名，由各学院院长轮流担任，任期与其作为院长的定期委任任期相合，但以三年为限；出任的先后次序由各院长共同决定；

（七）教务委员会成员两名，由该机关全体会议选出，任期与其作为教务委员会成员的任期相合，但以两年为限，并可连任；

（八）社会文化司司长代表；

（九）高等教育辅助办公室主任；

（十）教育暨青年局局长；

（十一）财政局局长；

（十二）被公认为有成就的人士十四至十六名，由行政长官从澳门特别行政区以内或以外的科学、经济、社会事务、教育及文化领域的人士中委任，任期最长为三年，并可连任；

（十三）澳门大学校友会理事会理事长；

（十四）澳门大学学生会干事会会长。

三、主席、副主席及司库由行政长官从上款（十二）项所指的人士中委任，主席的报酬由行政长官订定。

四、校董会秘书由秘书长担任，秘书长由校董会主席委任。

五、校董会主席不在、缺席、因故不能视事或职位出缺时，由第一副主席或第二副主席依次代任。

六、如不能按上款的规定确保有关代任，则校董会可从第二款（十二）项所指的人士中选出校董会主席的代任人。

七、第二款（八）至（十一）项、（十三）及（十四）项的成员如缺席，其代表的实体或机关可委任另一代任人，并应将有关决定以书面方式通知校董会主席。

八、校董会下设的委员会为：

（一）常设委员会；

（二）荣誉学位及荣誉名衔委员会；

（三）监察委员会。

第十八条 职权

一、校董会的主要职权如下：

（一）通过澳大的总体方针及发展计划；

（二）通过澳大年度及多年度的工作计划及财政计划；

（三）审议澳大的本身预算案，并呈交行政长官核准；

（四）审议澳大的补充预算案，并呈交行政长官核准；

（五）通过澳大的修改预算案，并公布于《澳门特别行政区公报》；

（六）通过银行账户的开立；

（七）审议管理账目，并呈交行政长官核准；

（八）审议澳大的工作报告及财务报告，并呈交行政长官核准；

（九）听取校长及教务委员会意见后，制定《澳门大学章程》及《澳门大学人员通则》的修改议案，并呈交行政长官核准；

（十）制定澳大人员报酬制度的修改议案，并呈交行政长官核准；

（十一）通过澳大各项规章，并予以公布；

（十二）向校监呈交澳大标志的修改建议；

（十三）向校监推荐颁授荣誉学位及其他荣誉名衔名单；

（十四）建议校董会成员的人选；

（十五）招聘及建议校长候选人；

（十六）在校长建议下任免副校长；

（十七）在校长建议下任免学院院长；

（十八）按照澳大长远发展需要及财政可行性，通过新课程的设立，并将课程的学术与教学编排及学习计划以通告形式公布于《澳门特别行政区公报》；

（十九）按照澳大长远发展需要及财政可行性，通过新基本学术单位及新独立学术单位的设立；

（二十）检讨及厘定澳大各项费用及手续费；

（二十一）接受给予澳大的各项津贴、捐赠、遗产及遗赠；

（二十二）批准有关动产及不动产的租赁或其他权利的设定，以及闲置或不适合的财产的转让或销毁；

（二十三）对按明文规定向澳大提起的上诉作出决定。

二、校董会可将上款（三）至（六）项所指的职权授予常设委员会。

三、校董会可将上款（十三）至（十七）项、（二十）至（二十三）项所指的职权授予其属下委员会、校董会主席、司库、校长或财务管理委员会。

四、授权以书面方式作出，校董会可在授权书中发出具约束力的指引及指示。

五、校董会有权收回已授的职权，以及废止获授权者按一般规定而作出的行为。

第十九条 运作

一、校董会应透过载有会议日期及时间的主席召集书召开全体会议，且每学年最少举行两次全体会议。

二、出席校董会会议的最少法定人数须超过其成员总数的一半。

三、出席会议的校董会成员中如有人与会议须处理的某事项有利害关系，则该成员须于会议开始后立即说明在该事项上的利害关系；如主席认为有需要，可要求利害关系人在讨论该事项时回避。

四、根据本章程的规定，校董会可决定其会议程序。

五、身为澳门大学学生会干事会会长的校董会成员不得参与个别澳大工作人员的委任、晋升及个人事务的讨论，或参与考虑个别学生情况的讨论。

第二分节　常设委员会

第二十条　组成

一、常设委员会的组成如下：

（一）校董会主席，担任主席；

（二）校董会两名副主席及司库；

（三）校长；

（四）非澳大工作人员及非澳大学生代表的校董会成员两名，由校董会全体会议选出，任期与其作为校董会成员的任期相合，可连选。

二、常设委员会秘书由校董会秘书长担任，无投票权；秘书职务所需的支持由行政部门负责。

第二十一条　职权

一、常设委员会的主要职权如下：

（一）在校董会全体会议休会期间履行校董会所授予的职权；

（二）应校长要求协助澳大处理非常事务；

（三）应三名或以上校董会成员要求处理校董会有关事务；

（四）应校董会属下其他委员会要求协助处理有关事务；

（五）就澳大发展计划与政府及社会人士保持密切联络；

（六）建议校董会属下其他委员会非当然成员的人选，并提交校董会全体会议通过；

（七）检讨《澳门大学人员通则》、内部规章及人事政策。

二、常设委员会的运作由内部规章订定。

第三分节　荣誉学位及荣誉名衔委员会

第二十二条　组成

一、荣誉学位及荣誉名衔委员会的组成如下：

（一）校董会第一副主席，担任主席；

（二）校董会主席；

（三）校董会第二副主席；

（四）校长及辅助学术事务的副校长；

（五）本章程第十七条第二款（六）项所指的两名校董会成员；

（六）本章程第十七条第二款（七）项所指的两名校董会成员；

（七）本章程第十七条第二款（八）至（十）项所指的其中一名校董会成员，由校董会全体会议选出，任期与其作为校董会成员的任期相合，可连选。

二、荣誉学位及荣誉名衔委员会秘书由教务长担任，无投票权；秘书职务所需的支援由学务部负责。

第二十三条 职权

一、荣誉学位及荣誉名衔委员会的职权如下：

（一）订定颁授荣誉学位及荣誉名衔的规则；

（二）接受教务委员会或校董会对颁授荣誉学位及荣誉名衔人选的提名；

（三）向校董会呈交颁授荣誉学位及荣誉名衔人选的建议，并提请校监核准。

二、荣誉学位及荣誉名衔委员会的运作由内部规章订定。

第四分节 监察委员会

第二十四条 组成

一、监察委员会的组成如下：

（一）校董会主席，担任主席；

（二）校董会司库；

（三）财政局局长。

二、监察委员会秘书由校董会秘书长担任，无投票权；秘书职务所需的支持由行政部门负责。

第二十五条 职权

一、监察委员会的职权如下：

（一）跟进澳大的运作，并监察适用的法律及规章的遵守情况；

（二）审查会计账目及跟进预算的执行，并取得认为对跟进管理工作属必要的数据；

（三）审查及核对簿册、纪录及文件，并在认为需要或适宜时，核查任何种类的有价物；

（四）就校董会向其提出的所有事宜发表意见；

（五）就最后账目以及年度工作报告及财务报告提供意见；

（六）编制其活动的年度报告，并将之送交校董会。

二、监察委员会的运作由内部规章订定。

第五分节 临时委员会

第二十六条 临时委员会

一、校董会可为处理特定事务而设立临时性质的委员会。

二、临时委员会的组成、职权及运作由校董会订定。

第六分节　校董会主席办公室

第二十七条　性质

一、校董会主席办公室是为校董会主席履行职责而提供技术辅助的架构。

二、上款所指办公室由校董会主席直接管辖。

三、行政部门向校董会主席办公室提供其运作所需的辅助。

第五节　校长

第二十八条　委任及代任

一、校长由校董会负责招聘及推荐，由行政长官委任。

二、校长的定期委任任期最长为五年，可续期。

三、校长不在、缺席、因故不能视事或职位出缺时，校董会可委任一名副校长作为代校长。

四、校董会可委任一名或多名副校长辅助校长执行职务。

第二十九条　职权

一、校长是领导澳大校务及教务的最高机关，须向校董会负责。

二、校长的职权如下：

（一）代表澳大；

（二）确保澳大的使命及宗旨得以履行；

（三）听取教务委员会及澳大其他机关意见后，制定澳大的总体方针及发展计划，并呈交校董会通过；

（四）制定澳大年度及多年度的工作计划，并呈交校董会通过；

（五）制定澳大工作报告，并呈交校董会审议；

（六）主持教务委员会会议，并确保其决议顺利执行；

（七）主持财务管理委员会会议，并确保其决议顺利执行；

（八）监督学术单位、学术辅助部门及行政部门的运作，并确保彼此间的协调；

（九）听取教务委员会及澳大其他机关意见后，向校董会呈交《澳门大学章程》及《澳门大学人员通则》的修改议案；

（十）制定澳大内部规章，并呈交校董会审议及通过；

（十一）制定并核准各项内部规条，尤其按《澳门大学人员通则》的规定为之；

（十二）就有关澳大标志的建议向校董会提供意见；

（十三）向校董会建议副校长及学院院长的委任；

（十四）任免独立学术单位主管、学术辅助部门主管及行政部门主管；

（十五）按《澳门大学人员通则》的规定，任免澳大的工作人员；

（十六）按《澳门大学人员通则》的规定，决定澳大工作人员的招聘、晋阶及晋升；

（十七）与同澳大宗旨相符的实体订立合作与交流协议；

（十八）行使法律所赋予或校董会所授予的其他职权，并就澳大应兴应革事宜向校董会提供意见；

（十九）决定所有与澳大正常运作有关的而未明确界定属于其他机关职权的各项事务。

三、校长可将其部分职权授予副校长。

四、校长亦可将其部分职权授予学术单位主管、学术辅助部门主管、行政部门主管或同等职位的人士，以便处理其领域内的专属事宜。

五、在不妨碍执行校长职权的情况下，校长可从事教学及研究工作。

第三十条　副校长

一、副校长辅助校长执行职务。

二、副校长的人数、职务范围及招聘程序由内部规章订定。

三、副校长由校长向校董会建议，并由校董会委任。

四、副校长的任期最长为五年，并可连任。

五、副校长职位可由一人或多人担任，具体工作由校长订定；如订定的工作有所改动，须报校董会备案，并作出公布。

六、副校长不在、缺席、因故不能视事或职位出缺时，校长可指定基本学术单位主管或行政部门主管作为代任人。

七、副校长可将其部分职权授予学术单位主管、学术辅助部门主管、行政部门主管或同等职位的人士，以便处理其领域内的专属事宜。

八、在不妨碍执行副校长职权的情况下，副校长可从事教学及研究工作。

第三十一条　校务协调委员会

一、校务协调委员会协助校长处理及协调校务。

二、校务协调委员会的责任是确保在校长领导下澳大行政的有效协调。

三、校务协调委员会的组成、职权及运作由内部规章订定。

第三十二条　校长事务处

校长事务处由专门的技术人员组成，该事务处除辅助校长执行职务外，亦应向校董会提供专业服务。

第三十三条　兼任及不得兼任

一、校长及副校长担任专职性的职务，不得为他人或以自由职业制度从事有报酬的公共或私人工作。

二、上款的规定不包括执行获行政长官批准的公共利益职务。

第六节　教务委员会

第三十四条　定义

教务委员会是澳大的最高学术事务机关，指导澳大的教学及研究工作，以确保学术的高水平及严谨性。

第三十五条　组成

一、教务委员会的组成如下：

（一）校长，担任主席；

（二）各副校长，并由辅助学术事务的副校长担任副主席；

（三）各学院院长；

（四）主要独立学术单位主管；

（五）教务长及其他主要学术辅助部门主管；

（六）各学院的教学人员代表；

（七）学生代表。

二、教务委员会秘书由教务长担任。

三、第一款（四）至（七）项所指的教务委员会成员的具体组成由内部规章订定。

第三十六条　职权

一、教务委员会的主要职权如下：

（一）就澳大的总体学术方针及澳大使命向校董会提出建议；

（二）制定澳大年度及多年度教学计划，并呈交校董会通过；

（三）核准基本学术单位及独立学术单位的合并、更改或撤销；

（四）核准学术单位内部的教学或研究单位的设立、合并、更改或撤销；

（五）核准澳大所开办的课程的组织安排、修改及撤销；

（六）向校董会建议新课程、新基本学术单位及新独立学术单位的设立；

（七）向校董会建议荣誉学位及其他荣誉名衔的颁授；

（八）制定并检讨入读澳大所开办的课程的特定条件，确保各学术单位有适当及相若的入学标准；

（九）核准各学术单位所建议的校外典试委员会的名单；

（十）核准评估本科水平的标准及有关的毕业标准；确保各学术单位的建议符合澳大一般的学术水平，并将有关建议送交校董会备案；

（十一）核准各学术单位所建议的硕士、博士及其他学术资格的典试委员会的成立准则及组成，以确保澳大颁授高等学位水平的一致性及严谨性；

（十二）订定在各学术领域内开办博士学位的必需条件；

（十三）促进教学、学习及研究工作的发展；

（十四）向校监建议有助校董会有效运作的措施；

（十五）就有关《澳门大学章程》及澳大各内部规章的修改议案提供意见；

（十六）按第十七条第二款（七）项的规定，选出作为校董会成员的代表；

（十七）按内部规章的规定对澳大学生行使纪律惩戒权；

（十八）按规章规定对学生停学事宜的上诉作出决定；

（十九）审议并核准各学术单位所建议的准毕业生名单及学位的颁授；

（二十）行使法律所赋予及校董会所授予的其他职权。

二、上款有关非学位校外课程的设立、修改、撤销、入学及毕业标准，可由具相关职权的单位按规定核准。

三、教务委员会可将其部分职权授予其属下的委员会。

四、教务委员会属下委员会的组成、职权及运作由内部规章订定。

第三十七条　运作

教务委员会的运作由内部规章订定。

第七节　财务管理委员会

第三十八条　定义及组成

一、财务管理委员会为澳大的财务执行机关。

二、财务管理委员会的组成如下：

（一）校长，担任主席；

（二）各副校长。

三、财务管理委员会秘书由财务部主管担任，无投票权。

第三十九条　职权

财务管理委员会的责任是确保澳大的财政及财产的管理，主要职权如下：

（一）设立及保持会计监管制度，使澳大的财政及财产状况能适时得到准确完整的反映；

（二）制定澳大年度及多年度的财政计划，并呈交校董会审议及通过；

（三）制定澳大的本身预算案及补充预算案，并呈交校董会审议；

（四）制定澳大的修改预算案，并呈交校董会通过；

（五）制定财务报告及管理账目，并呈交校董会审议；

（六）向财政局申请登录在澳门特别行政区财政预算的拨款金额；

（七）收取澳大本身的收入及在具公共库房出纳职能的代理银行存取该

等款项；

（八）按适用的法律规定核准开支；

（九）核准以有偿或无偿的方式使用澳大的设施及设备；

（十）按职权依法签署财务、买卖及租赁协议；

（十一）按校董会授予的职权并根据法律规定，接受给予澳大的各项津贴、捐赠、遗产及遗赠；

（十二）按校董会授予的职权依法批准动产及不动产的租赁或其他权利的设定，以及闲置或不适合的财产的转让或销毁；

（十三）管理澳大的财产且监督其运用及保养，并确保动产及不动产的列表及其登记数据的编制及经常更新；

（十四）定期审查备用资金及存款，查核会计及出纳的账目纪录，审核财政支出。

第四十条　运作

一、财务管理委员会每周举行平常会议一次，决议必须在全部成员或其代任人出席的情况下，以其成员的大多数票通过，若票数相等时，主席可作最后决定；有需要时，可举行特别会议。

二、听取校董会意见后，财务管理委员会可将部分职权授予其中一名或多名成员、学术单位主管、学术辅助部门主管、行政部门主管或同等职位的人士。

三、学术单位主管、学术辅助部门主管、行政部门主管或澳大机关的其他成员或职位据位人均可被邀列席财务管理委员会会议，但无投票权。

第三章　学术单位、学术辅助部门及行政部门

第四十一条　学术单位

一、各学院为澳大的基本学术单位，由相关的学院院长领导。

二、各学院均设有学术委员会。

三、澳大除可设立基本学术单位外，亦可按发展需要设立独立学术单位。

四、学术单位的设立由教务委员会建议，并由校董会决定。

五、学术单位内部的教学及研究单位的设立、更改或撤销，由有关学术单位建议，交教务委员会核准。

六、学术单位在研究及教学上应遵守学术自由原则。

七、各基本学术单位及各独立学术单位分别由一名院长及一名独立学

术单位主管领导。

八、学术单位及学术委员会的名称、组成、职权及运作由内部规章订定。

第四十二条 学术辅助部门

一、澳大可按需要设立学术辅助部门及其附属单位。

二、学术辅助部门及其附属单位的设立,主要是为管理澳大学习过程的编配,满足校园内教、研、学方面的数据搜集、信息传递与教育科技的需要,以及协助学术交流、学术出版与学生活动的工作。

三、各学术辅助部门由一名部门主管领导。

四、学术辅助部门的各附属单位由一名附属单位主管领导。

五、第一款所指的学术辅助部门及其附属单位的名称、组成、职权及运作由内部规章订定。

第四十三条 行政部门

一、澳大可按需要设立分别等同于厅级及处级的行政部门及其附属单位。

二、行政部门及其附属单位负责为澳大的教学及研究活动提供行政辅助,尤其是人力资源、财务及财产、校园设施方面的管理,并为澳大的发展提供必需的支持。

三、各行政部门由一名部门主管领导。

四、行政部门的各附属单位由一名附属单位主管领导。

五、第一款所指的行政部门及其附属单位的名称、组成、职权及运作由内部规章订定。

第四章 人员

第四十四条 人员制度

一、澳大的所有工作人员受澳门特别行政区私法劳动制度及《澳门大学人员通则》约束。

二、《澳门大学人员通则》订定澳大与其工作人员的劳动关系的法律制度,该通则经行政长官批示核准后实施。

三、《澳门大学人员通则》及其修改,以及作为补充及对外产生效力的内部规章均应公布于《澳门特别行政区公报》。

四、所有澳大与其工作人员订立的劳动合同均须以书面方式作出,并由校长代表澳大签订,但校长及各副校长的合同则分别由行政长官及校董会主席签订。

第五章　财政及财产的管理

第四十五条　管理模式

澳大的财政及财产管理须严格遵循其管理原则,并采用下列模式:

(一)年度及多年度的工作计划及财政计划;

(二)年度预算;

(三)最后账目及年度财务报告。

第四十六条　预算

一、澳大的本身预算案透过行政长官批示公布于《澳门特别行政区公报》。

二、澳大拨款款项的转移必须取决于校董会的通过。

第四十七条　整体款项

一、校董会主席每年将拟登录于澳大本身预算内用作支付其办公室负担的整体款项通知校长。

二、上款所指的整体款项,须经按经济分类的适当项目预先分配后方可使用。

第四十八条　收入

澳大的收入为:

(一)政府给予的拨款;

(二)自有财产或享有收益权财产的收入;

(三)学费收入;

(四)提供服务或出售出版物的收入;

(五)津贴、补贴、共同分享、捐赠、遗产及遗赠;

(六)出售不动产及其他财产的收入;

(七)储蓄利息;

(八)各年度滚存结余;

(九)费用、手续费及罚款;

(十)因进行活动而取得的,或按法律、合同或司法裁判而应取得的其他收入。

第四十九条　开支

澳大的开支为:

(一)与其运作有关的开支,尤其在人员、资产及劳务的取得、转移、其他经常开支及资本开支方面的负担;

(二)履行获赋予或将获赋予的职责引致的其他开支;

（三）法律规定的其他开支。

第五十条　开支的作出

一、在作出开支方面，财务管理委员会拥有由法律赋予自治机关及基金会的行政管理委员会的本身职权，以及由行政长官批示授予的职权。

二、为使用根据第四十七条规定而给予的整体款项来作出开支，财务管理委员会在其本身职权范围内将有关职权授予校董会主席。

三、为上款的效力，澳大以内部规章订定日常管理行为的类别。

第五十一条　财产

澳大的财产是由履行其职责时所收到或取得的所有资产、权利及义务所组成，澳大亦可管理为实现其宗旨而获给予的属澳门特别行政区财产的资产。

第五十二条　特别制度

在第1/2006号法律第七条第四款赋予的财政及财产自主权方面，本章程的规定对于自治机关及基金会的财政制度而言属特别制度。

第六章　最后规定

第五十三条　细则性规定

一、澳大按照本章程及其他适用法例的规定制定及通过其内部规章及内部规条。

二、补充本章程所需的内部规章由校长制定，并提交校董会通过。

三、执行内部规章所需的内部规条由校长核准，并提交校董会备案。

四、内部规章及内部规条自公布翌日起生效，但另有规定者除外。

第五十四条　规章的公布

一、上条所指的规章须由校董会全体会议议决通过，并应将对外产生效力的规章以通告形式公布于《澳门特别行政区公报》。

二、校董会应自本章程生效之日起计九十日内公布下列规章：

（一）关于澳大组织架构的规章；

（二）关于学生纪律事宜的规章；

（三）根据高等教育制度所制定的关于澳大所开设课程的运作、学生报名及注册以及学生学业纪录的规章；

（四）根据高等教育制度所制定的关于学生转校、学分转移以及学科修读豁免的规章；

（五）关于毕业典礼的规章；

（六）关于澳大学位颁授的规章；

第五十五条　澳大名称及标志的使用

一、澳大具有使用其名称及标志的专有权。

二、如无澳大书面许可，任何组织、团体、商业场所或个人：

（一）不得声称或装作是澳大或其分校，或与澳大有任何关连，以误导他人相信其身分；

（二）不得使用"澳门大学"或类似"澳门大学"的称号或标志，以误导他人相信其身分，使他人误认其为澳大的分校或与澳大有任何关连。

三、如违反上款规定，违法者须负纪律或行政责任，但不影响可能须负的民事或刑事责任。

第五十六条　出庭的代表

代表澳大出庭者，须为校长或其指派的代表。

附：第14/2006号行政命令

行政长官行使《澳门特别行政区基本法》第五十条（四）项规定的职权，并按照二月四日第11/91/M号法令第四条第二款及第1/2006号法律第六条的规定，发布本行政命令。

第一条　标的

核准附于本行政命令的《澳门大学章程》，该章程为本行政命令的组成部分。

第二条　监督

一、澳门大学受行政长官监督。

二、行政长官在行使其监督权时，有权作出下列行为：

（一）任免大学议庭成员；

（二）任免校董会主席、副主席、司库及其它成员；

（三）任免澳门大学校长；

（四）核准澳门大学人员报酬制度；

（五）核准每年的本身预算案、账目及报告；

（六）命令进行认为必要的审查；

（七）行使法律、规章或章程所规定的其它权力。

第三条　废止

废止十二月六日第470/99/M号训令。

第四条　产生效力

本行政命令自二零零六年九月一日起产生效力。

二零零六年四月十九日。

命令公布。

行政长官　何厚铧

（http://www.umac.mo/chi/university-governance.html，最后访问于2011年2月20日。）

附编

明国子监监规

洪武十五至二十年（1382—1387年）

洪武十五年定

一、本监正官，每日清晨升堂，就坐，各属官以次赴堂序立，行揖礼，正官坐受。后各属官分列东西，相向对揖，礼毕就立。俟各堂生员行列恭揖，礼毕方退。晚亦如之。

一、本监属官，每遇赴堂禀议事务、质问经史，皆须拱立听受，取次讲说，不得即便坐列。其正官亦不得要求虚誉，辄自起身，有紊礼制。务在纲纪秩然，足为矜式。

一、本监正官，职专总理。一应事务，须要整饬威仪，严立规矩，表率属官，模范后进。不可尸位素餐，因而怠惰。

一、监丞之职，所以参领监事。凡教官怠于师训，生员有戾规矩，并课业不精、廪膳不洁，并从纠举惩治。务要夙夜尽公，严行约束，毋得徇情，以致废弛。

一、博士、助教、学正、学录等官，职专教诲。务在严立工程，用心讲解，以臻成效。如或怠惰不能自立，以致生员有戾规矩者，举觉到官，各有责罚。

一、生员在学读书，务要明体适用，以须仕进。各宜遵承师训，循规蹈矩。凡出入起居、升堂会馔，毋得有犯学规。违者痛治。

一、掌馔职备廪食，供给师生。须要恪恭乃事，务在丰洁。毋得通同膳夫、厨役人等，因而剋减，以致不充。违者依律问罪。

一、典簿职专文案。凡一应学务，并支销钱粮、季报课业文册等项，皆须明白稽考。毋得通同吏典人等，侵损漏落作弊。违者并依律处治施行。

一、每月背讲书日期：初一日假，初二日、初三日会讲，初四日背书，初五日、初六日复讲,初七日背书,初八日会讲,初九日、初十日背书,十一日复讲,十二日、十三日背书,十四日会讲,十五日假,十六日、十七日背书,十八日复讲,十九日、二十日背书,二十一日会讲,二十二日、二十三日背书,二十四日复讲,二十五日会讲,二十六日背书,二十七日、二十八日复讲,二十九日背书,三十日复讲。

本年又定

一、学校之所,礼义为先。各堂生员,每日诵授书史,并在师前立听讲解。其有疑问,必须跪听。毋得傲慢,有乖礼法。

一、在学生员,当以孝悌忠信、礼义廉耻为本。必先隆师亲友,养成忠厚之心,以为他日之用。敢有毁辱师长,及生事告讦者,即系干名犯义,有伤风化。定将犯人杖一百,发云南地面充军。

一、开设太学,教育诸生,所以讲学性理,务在明体适用。今后诸生,止许本堂讲明肄业,专于为己,日就月将。毋得到于别堂,往来相引,议论他人长短,因而交结为非。违者从绳愆厅究察,严加治罪。

一、师生廪膳,既设掌馔以专其职,厨役人等以任其役,升堂会馔,已有成规。今后不许再立监馔生员。每日诸生会食,务要赴会馔堂,公同饮食。毋得擅入厨房,议论饮食美恶,及鞭挞膳夫。违者笞五十,发回原籍亲身当差。

一、各堂教官,每班选重厚勤敏生员一名,以充斋长,表率诸生。每日各斋通轮斋长四名,于彝伦堂直日,整点礼仪,序立班次,及催督各斋工课。不许仍设掌仪,专总事务,有妨本名肄业。

一、堂宇宿舍,俱各整饬,应用什物,皆已备具,务在常加洁净。闲杂人等,不许辄入。其在学人员,敢有毁污作践者,从绳愆厅纠察惩治。

一、本监官员,及官民生,不许将带家人僮仆,辄擅入学纷扰污杂。违者从绳愆厅纠治。

一、掌馔职专供给饮食,务在恪恭乃事,毋得简慢。师生如有患病不能行履者,许令膳夫供送。若无病,不行随众会食者,不与当日饮食。

一、除三饭之后,并不许另外茶饭,及澡浴汤水。敢有刁蹬索取者,绳愆厅纠治,仍将本名附集愆册纪录之。

一、监丞置立集愆册一本,各堂生员,凡有不遵学规,即便究治。仍将所犯附写文册,以凭通考。初犯,纪录。再犯,决竹篦五下。三犯,决竹篦十下。四犯,照依前例,发遣安置。

一、师生所用饮食物料，一一备具在学，并无缺少。若掌管之官，蹈前官典簿之弊，不将官有见在物料放支，却令差到市夫厨役人等，日逐补办油盐酱醋等物。今后新官典簿若有此弊，许生员面奏。

一、在学生员，或千数之广。或七八百人以为中。或百人以为下。体知有等无志之徒，往往不行求师问道，专务结党恃顽，故言饮食污恶。切详此等之徒，果系何人之子。其所造饮食，千百人所用皆善，独尔以为不善。果君子欤，小人欤？是后必有此生事者，具实奏闻。令法司枷镣禁锢，终身在学役使，以供生徒。

十六年定

一、正官严立学规，定六堂师范高下。六堂讲诵课业，定生员三等高下。

一、以二司业分为左右，各提调三堂。

一、博士五员，虽分五经，共于彝伦堂西，设座教训，六堂依本经考课。

一、凡生员通《四书》，未通经者，居正义、崇志、广业堂。一年半之上，文理条畅者，许升修道、诚心堂。坐堂一年半之上，经史兼通、文理俱优者，升率性堂。

一、生员坐堂，各堂置立勘合文簿。于上横列生员姓名。于下界画作十方，一月通作三十日。坐堂一日，印红圈一个。如有事故，用黑圈记。每名须至坐堂圈七百之上，方许升率性堂。

一、凡生员日讲，务置讲诵簿。每日须于本名下，书写所讲所诵所习，以凭稽考。

一、凡生员遇有事故者，须置文薄。但遇生员请假，须至祭酒处呈禀批限。不许于本堂擅请离堂。

一、凡生员升率性堂，方许积分。积分之法：孟月，试本经义一道。仲月，试论一道、诏诰章表、内科一道。季月，试经史策一道、判语二条。每试文理俱优，与一分。理优文劣者，半分。文理纰缪者，无分。岁内积至八分者为及格，与出身。不及分，仍坐堂肄业。试法一如科举之制。果有材学超越异常者，取自上裁。

二十年定

一、各堂教官，所以表仪诸生，必当躬修礼节，正其衣冠，率先勤谨，使其有所观瞻，庶几模范后学。今后故妆阑茸怠惰、有失威仪者，许监丞纠举，以凭区处。若监丞故不举觉，及怀私纠举不当者，从监官奏闻区处。

一、诸生衣巾，务要遵依朝廷制度，不许穿戴常人巾服，与众混淆。违者痛决。

一、三日一次背书，每次须读《大诰》一百字、本经一百字、《四书》一百字，不但熟记文词，务要通晓义理。若背诵讲解全不通者，痛决十下。

一、每月务要作课六道、本经义二道、《四书》义二道、诏诰章表策论判语内科二道，不许不及道数。仍要逐月作完送改，以凭类进。违者痛决。

一、每日写仿一幅。每幅务要十六行，行十六字，不拘家格，或羲、献、智永、欧、虞、颜、柳，点画撇捺，必须端楷有体，合于书法。本日写完，就于本班先生处呈改，以圈改字少为最，逐月通考。违者痛决。

一、朔望行释菜礼，各班生员，务要一名名赴庙随班行礼。敢有怠惰失仪，及点闸不到者，痛决。

一、生员凡遇师长出入，必当端拱立俟其过，有问即答。毋得倨然轻慢，有乖礼体。违者痛决。

一、生员讲解，如有疑难，即当再三从容请问。毋得轻慢师长，置之不问，蓄疑于心。违者痛决。

一、各班生员，凡有一应事务，先于本堂教官处禀知，令堂长率领赴堂禀复，毋得径行烦紊。违者痛决。

一、每班给与出恭入敬牌一面，责令各班直日生员掌管。凡遇出入，务要有牌。若无牌擅离本班，及敢有藏匿牌面者，痛决。

一、生员果有病患，无家小者，许于养病房安养，不许号房内四散宿歇。有家小者，只就本家。若无病而称病、出外游荡者，验闸得实，痛决，即令到班。

一、生员于各衙门办事者，每晚必须回监。不许于外宿歇，因而生事。若画酉不到，及点闸不在者，痛决。

一、凡会食，务要礼仪整肃，敬恭饮食。不许喧哗起坐，仍不许私自逼令膳夫打饭出外，冒费廪膳。违者痛决。

一、凡早晚升堂，务要各人亲自放牌点闸。及要衣冠严肃，步趋中节，不许搀越班次，喧哗失礼。违者及点闸不到者，痛决。

一、凡坐堂生员，务要礼貌端严，恭勤诵读，隆师亲友，讲明道义，互相劝勉为善。不许燕安怠惰、脱巾解衣、喧哗嬉笑、往来别班，谈论是非。违者痛决。

一、凡赴堂背书，务要各照班次序立，以凭抽签背诵。若前后搀越、喧哄杂乱者，痛决。

一、生员每夜务要在号宿歇，不许酣歌夜饮，因而乘醉高声喧哄。违者及点闸不在者，各加决责。

一、朔望假日，毋得在外醉饮，倒街卧巷，及因而生事，互相斗殴，有伤风化。违者痛决。

一、内外号房，务要常川洁净。如是点闸各生号房前，但有作秽者，痛决。

一、内外号房，各生毋得将引家人，在内宿歇，因而生事，引惹是非。违者痛决。

一、生员拨住号房，俱已编定号数。不许私下那借他人住坐。违者痛决。

一、凡选人除授，及差使办事等项，敢有畏避躲闪、不行赴堂听选者，奏闻区处。

一、凡生员于各衙门办事完结，务要随即回监肄业。不许在外，因而生事。违者痛决。

一、凡生员省亲搬取，已有定例，敢有不行遵守，辄自奏启者，治罪。

一、丁忧成婚，人伦大节。假托诈冒，非惟明有定律，其人不堪教养可知。今后生员，如有丁忧成婚等事，许于本监告知，具呈礼部。除丁忧已有定制外，其成婚者，定立限期，给引回还，随即移文照勘。如有诈冒，就便依律施行。

一、生员所有一切事务，合先于本监告知。本监具呈礼部定夺，奏闻区处。所告是实，本监不准，方许赴礼部陈告，毋得隔越。

一、生员但有违犯前项学规，决毕，即送绳愆厅纪过。若累犯不悛者，奏闻区处。

（据《大明会典》卷二二〇）

清国子监典制

光绪二十五年（1899年）重修

国子监

　　管理监事大臣一人。或满洲或汉，与大学士尚书侍郎内特简。祭酒，满洲一人，汉一人。司业，满洲一人，蒙古一人，汉一人。

　　掌国学之政令。凡贡生监生学生，及举人之入监者皆教焉。

　　凡丁祭，前期，祭酒司业率其属而迎祝版。先丁祭一日，本监官均补褂迎祝版于大成殿丹墀。及祭，各敬共其事。丁祭正位及崇圣祠正位承祭官，由太常寺奏派。十二哲分献官，由翰林院咨送。正位司香帛爵官各一人。四配每位司香帛爵官各一人。侍班二人。陈设二人。东西庑分献官二人。陈设二人。角门陈设二人。持敬门陈设二人。大成门陈设二人。致斋所陈设二人。崇圣祠东西配分献官各一人。侍班二人。陈设一人。东西庑分献官各一人。陈设各一人。大门陈设二人。外门陈设二人。土地祠正献官一人，以本监监丞助教学正学录充。十二哲每位司香帛爵生各一人。东西二总案，司香帛爵生，案各一人。司尊生四人。奉福酒生一人。接福酒生一人。奉胙生一人。接胙生一人。东庑二总案，司香帛爵生，案各一人。司尊生二人。西庑二总案，司香帛爵生，案各一人。司尊生二人。崇圣祠正位五案，司香帛爵生，案各一人。五配位二总案，司香帛爵生，案各一人。东庑二案，司香帛爵生，案各一人。西庑一案。司香帛爵生三人。司尊生四人。土地祠司香帛爵生二人。司壶生一人，以本监肄业生官学生充。皇帝释奠于先师，戒其执事亦如之。特举盛典亲诣释奠，或临雍讲学，先行释奠礼。大成殿正位配位执事，皆用太常寺官。奉福酒福胙用光禄寺堂官。接福酒福胙用侍卫。其分献官由太常寺奏派。惟十二哲位及崇圣祠正位执事，以本监监丞助教学正学录充。两庑及崇圣祠配位两庑执事，以本监肄业生充。礼成则送驾。祭酒司业率所属官蟒袍补褂，在成贤街跪送圣驾。月朔，率其属而释菜。每月朔日，以总理监事大臣或祭酒一人行释菜礼，按月轮转。十二哲两庑位前，以监丞博士助教等官分献。崇圣祠以监丞博士助教等官行礼。前后殿设纠仪官各二人，以博士助教等官充。其执事生前殿侍班二人,通赞四人,引礼四人,司爵正位三人,配位八人,司尊一人。东西哲引礼四人,司爵六人,司尊二人。东西庑引礼四人,司爵四人,司尊二人。崇圣祠侍班二人,通赞引礼各一人,司爵七人,司尊一人。东西庑引礼二人,司爵二人,司尊二人。俱以内班肆业生充。是日清晨,主献祭酒及随班行礼之祭酒司业,俱诣致斋所更朝服,赞引导由东角门入。监丞博士八旗官学助教六堂助教学正学录官,八旗官学教习暨肆业贡监生皆从。诣阶下,通赞赞排班。班齐,赞跪叩兴。行三跪九叩礼毕,赞引导诣盥所。盥毕,再诣酒尊所。司爵举幂酌酒。司爵由中道上。赞引赞祭酒由东阶升,从殿左门入。赞引赞诣至圣先师神位前,一跪一叩兴,献三爵,一跪三叩兴。阶下俱随班行礼。赞引赞诣复圣颜子位前、宗圣曾子位前、述圣子思子位前、亚圣孟子位前,各行三献礼,如正位仪。阶下随班者不叩。哲庑分献官,俱俟祭酒诣复圣位前时,各赞引引诣十二哲两庑神位前行礼,如四配仪。毕,赞引导各官由殿右门北面揖出,下西阶,各复位。通赞赞跪叩兴,祭酒及各官俱行三跪九叩礼兴。赞礼毕,导由西角门出。崇圣祠主献分献与前殿同。月望上香,司业诣致斋所更朝服,仪如月朔,不献爵。如遇元旦朝贺,则释菜移于次日,余月朔望。如遇坛庙大祀,祭酒司业均与陪祀,则派监丞等率领八旗教习六堂诸生在阶下行三跪九叩礼,不献爵,不上香。**先师诞日亦如之**。每岁八月二十七日,为先师孔子诞辰。祭酒司业行释菜礼,与月朔释菜同。**新进士入庙亦如之**。每科新进士释褐,先行释菜礼。是日清晨,诸进士至集贤门外下马,入持敬门,诣致斋所。赞引导由东角门入,通赞赞排班。班齐,赞就位,行谒见礼,赞跪叩兴。三跪九叩毕,通赞赞行释菜礼。先师孔子位前、四配位前,以一甲第一名主献。东西哲位,以一甲第二名第三名分献。东西两庑,以二甲第一名三甲第一名分献。其余诸进士俱随班行礼。仪与月朔释菜同。**既事而释褐**。新进士释菜毕,由西角门出,诣致斋所神库前释褐,候祭酒司业朝服升堂。诸进士由太学左门入,至阶下序立。曾入监者升露台四拜,起立台西。未入监者露台下两拜。祭酒司业俱坐受。礼毕,一甲三名由台东门入。执事者设食案于座前。祭酒司业下座,面南立。一甲三名面北立。执事者簪花斟酒。一甲三名向上揖,饮酒三爵,出。祭酒司业送至堂门内。诸进士由堂西门入。本监属官接待,簪花饮酒如前仪。毕,送出堂檐下。

　　建辟雍于监。方殿圆池,四出,广修如一。辟雍建于彝伦堂之前,圆顶方宇重檐,殿楠扇四向各成三间。殿内合为一,宽深皆五丈三尺。外周以廊,深六尺八寸,出檐四尺三寸。池内方基长宽皆十一丈二尺,池圆径十九丈二尺,四达以桥。桥各长四丈,宽二丈二尺。周池以栏。**凡临雍,前期,会各衙门以供备**。彝伦堂前after圣驾经行处所,修葺饰裱,堂后挡墙,池中储水,由工部。辟雍殿内陈设,及彝伦堂预备御膳陈设,由内务府。临雍典礼,及临时奏请钦定仪文,行取衍圣公及各氏五经博士,并至圣裔五人,四配十二哲裔各二人,又元圣周公裔二人,乘传来京,开列进讲官,奏请钦派,由礼部。设宾座铺陈,并进讲官坐甏,由武备院。设经书案讲案,及行礼时排班鸣赞,由鸿胪寺。铺设楼荐,由太常寺。设中和韶乐丹陛大乐,由乐部。鸣钟鼓,由銮仪卫。预备御前进茶及赐茶,由内茶房。预拟四书题四道经题四道呈进,候朱笔圈出,由内阁。交出御论,由南书房。以御论及讲官撰拟之讲章,交翻书房翻出清文转交,由军机处。送交观礼人数名册,由宗人府吏部礼部八旗及各馆。预派官员兵丁拦阻闲人车马,由步军统领衙门。咨取翰林院镇纸盖袱牙籖。缮写御论及讲章清汉字，排列观礼生，临时陈设，由本监。祭酒二人，与于进讲。祭酒满洲一人，汉一人，由钦派列于两班讲经。司业而下，率诸生圜桥而观听焉。东班：率性堂诚心堂业志堂肄业生，及有职人员，在树内甬道东。守部进士、贡监生、左翼宗学东四旗觉罗学左翼幼官学咸安宫官学教习官学生，及候补教习八旗贡监生，在树东。八旗东四旗官学教习官学生，在牌楼南之东。西班：修道堂正义堂广业堂肄业生，及有职人员，在树内甬道西。守部举人、右翼宗学西四旗觉罗学右翼幼官学景山官学教习官学生、算学生，在树西。八旗西四旗官学教习官学生，在牌楼南之西。驾出入则迎送。迎驾，东班在成贤街南，西班在成贤街北。候驾过，东班进集贤东角门，西班进集贤西角门。听讲，礼毕，仍按班列成贤街南北。祗候送驾。乃颁御论于天下。临雍后，本监敬刊御论，颁发在京各衙门官学，及直省学政各儒学。

凡贡生之别六：曰恩贡生，遇恩诏出贡，以廪生资深者，府州县卫学各举一人。又临雍之年，圣贤后裔入监听讲，系廪生增生附生监生者，恩赐贡生。曰拔贡生，逢酉年，各省学政选拔一次。曰副贡生，各省乡试中式副榜。曰岁贡生，名学廪生资深者，挨次出贡。曰优贡生，每三岁，各省学政选学中优行者贡之，其由廪生增生举报者，是为优贡生。曰例贡生。廪增附生及监生援例入贡者。监生之别四：曰恩监生，临雍听讲圣贤后裔，系武生奉祀生后秀者，恩赐监生。又八旗官学生、算学生、汉算学生、算学肄业生，每届三年，钦派大臣考取恩监生一次。曰荫监生，遇恩诏予荫，在京四品以上在外三品以上文职官、在京在外二品以上武职官，皆荫一子入监。又大小各官，因公差委，在大洋大江黄河洞庭洪泽等湖遭风飘没身故者、七品以上官在内洋内河飘没者，军营办事因病身故者，均荫一子入监。曰优监生，优行生由附生或武生举报者，是为优监生。曰例监生。廪增附生及俊秀援例入监者。惟举监不在此列。各省举人入监肄业，又凡举贡监生非正印官职，夭经投供，情殷向学者，暨举贡考取教习未经传到者，均准入监肄业。学生之别二：曰八旗官学生。八旗满洲蒙古汉军及下五旗包衣文职五品武职三品以上者，皆挑取官学生，入八旗官学。其宗学觉罗学、幼官学、咸安宫官学、景山官学，皆不隶于监。曰算学生。满州蒙古汉算学生，于官学生内考取。汉算学生，举人贡生监生廪增附生俊秀并准考取。贡生监生教于堂。贡生监生肄业者，按六堂内外班额缺分拨，举监即于贡监生额缺内通融录补。学生教于学。凡入贡入监非以俊秀者，曰正途。恩拔副岁优贡生。恩荫优监生，由廪增附生援例所得之贡监生，皆为正途。

凡教，有月课，六堂肄业生，于每月望日，或祭酒或司业轮流考试，课以四书文一篇、五言八韵诗一首。南学加课以经古。其八旗官学，另派管学大臣管理。管学大臣，奏派管学官，学各一员。训课翰林官，学各一员。每月会同助教定期，考校经义经书，及清文蒙古文。如八旗子弟清文生疏，令先习汉文，再习清文。有季考。八旗官学生于春秋二季赴监会考。习汉文者，试四书文一篇、五言六韵诗一首，满汉祭酒司业公同阅看。习清文者，试翻译一道，满洲祭酒司业阅看。习蒙古文者，亦试翻译一道，蒙古司业阅看。并试以步射骑射。至各官学，则每季由管学大臣率同管学各官会考。皆第其优劣。有一二三等附三等,及记优记劣之别。岁终则甄别。每岁终,六堂助教查明各肄业生平日功课勤惰,开列名单,呈堂甄别量予去留。南学,由管学官考核学行,分别等第劝惩有差。八旗官学,由官学大臣核计管学官所记优劣,分别赏罚。期满,各视学之成否而咨焉。六堂肄业生积三十六月期满。除举人自有选班外,恩拔副贡生,咨吏部议叙以复设教谕选用。岁优贡生,及廪生之例贡生,咨吏部议叙以复设训导选用其增附生。及俊秀之例贡监生,皆咨回本籍,不予议叙。恩荫监生积二十四月、难荫监生积六月,均咨吏部选用。八旗官学生以十年为限。习汉文者不能取中生员、习翻译者不能取中中书笔帖式库使,皆咨回本旗,另挑差使。察其经明事治者以闻而备用。六堂教法,仿宋儒胡瑗经义治事两斋遗意,设立课程。习经义者课以经文经解,习治事者课以策论。凡肄业举人贡监及南学诸生三年期满,有能经明事治堪膺保荐者,祭酒司业随时保荐。再留三年,期满。奏请钦派大臣试以经解一、策问一,进呈引见以知县擢用。

绳愆厅

监丞,满洲一人,汉一人。

掌颁肄业之规制,肄业生之别:举人恩贡生副贡生岁贡生及廪增附之例贡监生,取旗籍文,或同乡六品以上京官印结入监拔贡生优贡生朝考后由礼部割监。其未经朝考者不收考。荫监生由吏部兵部及本籍行文到监。俊秀之例贡监生取本籍文结入监。恩监生考取后,即准入监。内外官员亲兄弟子侄准取随任印文送监。凡到监之举人恩拔副岁优贡生,取列一二等,均准肄业。例贡监生取列一等,方准肄业。三次不录者,不准再考。取中诸生,因其愿补内班外班之序注于册,分拨六堂,挨次补缺。其内外班悬缺,统于每月二十六日截定,以归次月充补。南学悬缺,随时考取,按名次传补,仍兼补六堂内班。一经传补,即迁入学舍。如无故离学,积二次则记过,三次分别改外扣除。惟籍隶八旗及大宛二县者不补内班,亦不与考南学。其外班舍馆僦寓之所,不得过三十里。内班有愿改外班者听,如丁忧服阕告病销假者为复班,与考班新旧间补。每年考课以二月为始,十二月为止。遇乡试之年,四月停止,十月照旧举行。至恩监生圣贤后裔入监肄业者,不在此例。其肄业生内,止准拔副优贡生考武英殿校录。而稽其勤惰。内班肄业生无故旷堂课一次者改外班,无故旷堂课三次者扣除。旷博士厅及六堂助教学正学录课,一次者记过,二次者停一月膏火,三次者改外班。外班旷二次者记过,三次者停一月衣服银,积久不悛者扣除。南学大课加课告假者、月课二次不交者,均记过。一年内记过三次,停津贴一次,六次停津贴二次,九次即行出学。擅离学舍者,一次申饬,二次记过,三次扣除。有过则书之。监丞置立集愆册。有不守学规者,既经惩治,仍填入集愆册,以凭通考。考职汇送于吏部。贡监生有考职之例。如奉旨举行,各扣满得贡监后之期。恩贡生及廪生之副贡生满六月,岁贡生及增生附生之副贡生满八月,廪生之拔贡生例贡生满十四月,增生附生之拔贡生例贡生满十六月,例贡生四品荫监生满二十四月,例监生满三十六月者,查验册送吏部考职。书教习之勤过。八旗官学教习,按四季清查。如功课皆全者录勤一次,十不及七八者记过一次,十不及五六者记大过一次,均注册。统计录勤一次,抵记过一次。录勤三次,抵大过一次。三年期满,由本监咨管学大臣。管学大臣按其勤惰,酌定等第咨覆。再由监臣覆核出考,带领引见。凡释奠释菜,则辨其执事。释奠释菜,所用分献侍班纠仪陈设各官,及司香帛爵司尊司壶奉福胙接福胙通赞正引庑引各生,均先期由厅派定。如有礼仪错误及无故不到者,官员回堂办理。肄业生官学生,视其过之大小,或扣除,或记过。朔望随班行礼之肄业生,无故不到者,记过。正引通赞各生,仪节无误始终勤勉者奖赏。

博士厅

博士,满洲一人,汉一人。

掌教经义,每月朔望,集诸生讲解经义。先期于五经内撰定讲题,遵《御纂经传》、《钦定义疏》诸书作讲章,宣明经旨,务俾通晓。并令诸生将所习五经,于会讲之期随时挑背。每月复课以经文经解,及策论一次。立肄业生之课程而考其业。课肄业生之法,每月初一日由厅出题,十一日收卷,二十一日呈堂查阅。初三日六堂助教出题,十一日由厅汇齐,呈堂查阅。十八日六堂学正学录出题,二十六日由厅汇齐,呈堂查阅。逾限交卷者不收,以旷课论。上中下三旬,稽察南学三次。六堂诸生各令自立一册,逐日登记所读之书、所习之字,朔望由厅查验呈堂。凡圣制御制之颁发者,皆缮于册而敬储。

典簿厅

典簿,满洲一人,汉一人。

掌章奏文移之事,治其吏役。

凡隶监之算学官学,钤监印以行事。算学文移案卷,由本学助教呈堂点单,钤盖本监堂印。八旗官学应行各衙门事件,由管学大臣处将文稿备齐,送监钤印。入监,皆给以印照。各省俊秀及廪增附生报捐者,户部给予执照,即将该生年貌籍贯三代履历造册送监。俟该生亲赍部照到监,加监照给发。若八旗官学生算学生汉算学生钦天监肄业生考取恩监生者,亦给照。如有错误应更正者、改籍贯姓名三代者、遗失者,皆准另给。有乡试中式及斥革身故者,将原照缴销销毁。贡生监生之录科者,各省贡监生愿赴顺天乡试者,取本籍地方文结。满洲蒙古汉军及内务府包衣各省驻防贡监生,取本旗文结。皆于乡试年二月送监,远省准于四月送监。官员子弟随任者,取具随任印文。游幕者取具游幕所在之地方官印文。俱准送监。各衙门小京官、各官学教习、各馆誊录、武英殿校录、钦天监天文生、吏部候选候补人员,凡贡监生出身者,俱由各该处册送到监。

其恩拔副岁优贡生及廪增附之例贡监生，即无本籍文结，准取同乡六品以上京官印结送监。若俊秀出身者，无地方官文结，不准送监。其本年之例贡监生不及回籍起文者，亦准取具同乡六品以上京官印结送监。于文结到日，管理监事大臣满汉祭酒司业陆续考试，谓之考到，再行录科，册送顺天府乡试。若在监之八旗教习与肄业生，无庸考到。如曾经肄业及期满告假之贡监生，在一年内，准取具亲供及同考五人连名互结，由各助教等移付过厅。在一年以外者，加具同乡六品以上京官印结，亦免其考到。均分别录送。各示以期而录之，录科以四月十五日为始。先本监六堂肄业生、八旗官学教习、武英殿校录，录科一次。考到以五月初一日为始，考到后视其考到之贡监生多寡，陆续示期录科，至七月二十一日为止。其有故及新到之例贡监生未及考到者，于录科将毕之日，示期另录科一次。凡录科取中者，均于乡试十日前册送顺天府，不得逾限。按其文结与其照而察核焉。各省贡监生投逾文结后，赴厅呈验贡监照。自四月初一日始，随到随验，于部监照上盖用验讫戳记。其有文结而无照，或部监照不全者，不准收考。如照中有添注错落接扣挖补不经钤印，及印信模糊年岁不符者，除咨查本籍外，准取具同乡六品以上京官印结收考。俟覆到另照来文核办，验照日并取年貌籍贯履历亲供，以凭造册。满洲蒙古汉军同。

凡礼器、钦颁周范器：牺尊一、雷纹壶一、子爵一、内言卣一、康侯鼎一、盟簋一、雷纹觚一、召仲簠一、牺首罍一、素洗一。亲诣释奠加用礼器：鎏金银爵一、鎏金铜爵一、鎏金铜香炉一、鎏金铜香靠一、香几一、银勺一、锡香盒一、黄缎拜褥一、导驾铜香炉二、白羊角镫二。春秋释奠礼器：龛幔一百八十一、龛里单帐十七、仔龛幔一、龛里帷衣一、缎帘刷三个、木案一、翘头案二十、平头案九十六、案衣一百一十六、尊卓八、接卓二、卓衣八、馔卓十七、卓衣十七、祝版卓二、卓衣二、笾四百六十、豆四百六十、簠一百十五、簋一百十五、登一、铏三十七、爵二百三十七、太牢俎一、少牢俎二十一、筐二十三、尊二十、尊幂二十、锡勺二、果匣三十三、大铜炉一、大铜烛台二、大铜花瓶二、平口铜炉二十二、铜烛台四十四、熏炉二、铁缠八十七、靠三十五、铁烛台二百一十三、香盒三十一、爵垫三十五、馔盘二十二、祝版架二、祝版罩一、胙盘一、看祝版羊角镫一、托砂炉九、托砂烛台二十、锡盆三、锡执壶八、镫籤盘十、托盘二、焚帛炉二、铁盆四、铜丝纱照镫十四、遣官引镫二、路镫五十四、毛血瓷盘三十五、樱毯二十四、致斋所锡烛台二、铁火盆一、木床二、更衣卓二、路镫六、樱毯二、大成门内戟二十四枝。乐器，镈钟二、编钟十六、特磬二、编磬十六、琴六、瑟四、排箫二、箫六、号四、龙头笛六、笙六、埙二、大鼓一、搏附二、祝一、敔一、本笏六、麾一、籥三十六、羽三十六、旌节一。皆稽其数。将祭而陈之，既事则藏于神库。

典籍厅

典籍，汉一人。

掌守书籍碑板之藏。署中所藏书籍：《世祖章皇帝御制资政要览》、《圣祖仁皇帝圣谕十六条》、《御制文集》、《御纂周易折中》、《性理精义》、《朱子全书》、《钦定书经传说汇纂》、《诗经传说汇纂》、《春秋传说汇纂》、《孝经衍义》、《古文渊鉴》、《康熙会典》、《康熙字典》、《佩文韵府》、《韵府拾遗》、《音韵阐微》、《子史精华》、《分类字锦》、《全唐诗》、《御批资治通鉴纲目全书》、《御选唐诗》、《世宗宪皇帝朱批谕旨》、《御制文集》、《日讲春秋解义》、《上谕八旗》、《钦定八旗通志》、《八旗氏族通谱》、《雍正会典》、《高宗纯皇帝御制文集诗集》、《清字盛京赋》、《增订清文鉴》、《皇朝礼器图式》、《钦定三礼义疏》、《四书文》、《国子监志》、《重刻淳化阁帖十卷》、《乾隆会典》、《通志堂经解》、《十种彝器图》。碑文：《世祖章皇帝晓示生员碑》、《圣祖仁皇帝御制至圣先师孔子赞碑》、《四子赞碑》、《训饬士子文碑》、《平定朔漠告成太学碑》、《御书圣经石刻》、《御笔牓书四碑》、《世宗宪皇帝御制平定青海告成太学碑》、《御制仲丁诣祭文庙诗碑》、《谕礼部会试举人合词陈谢碑》、《高宗纯皇帝御制庙易盖黄瓦临雍记事碑》、《训饬士子文碑》、《平定金川告成太学碑》、《平定准噶尔告成太学碑》、《平定四部告成太学碑》、《伊犁勒铭》、《平定两金川告成太学碑》、《重修文庙碑》、《乾隆庚申仲秋甲子仲秋癸酉仲秋丙子仲春己丑仲春癸卯仲春乙巳仲春释奠诗石刻》、《太学古槐诗石刻》、《敕修御书楼碑》、《国学新建辟雍圜水工成碑记》、《三老五更说碑》、《重排石鼓集石鼓所有文成十章制鼓重刻序碑》、《重排石鼓文诗石刻》、《御题张照书韩愈石鼓歌》、《钦定石经一百九十通》、《御制经论经序碑十六通》。其历代石刻，有《石鼓十枚》、《潘迪石鼓文音训一碣》、《定武兰亭序石板》、《颜真卿争坐位稿石板》、《赵孟頫乐毅论石板》、《元加封先师文宣王遵祀阁里碑》、《加封先师父母及圣配夫人颜曾思孟四子碑》、《明洪武学制碑》、《敕谕碑》、《正统新建太学碑》、《庙学全图记》、《敬一箴碑》、《心箴碑》、《四箴碑》、《王同祖丁香花诗石刻》、《李元春丁香花诗和韵石刻》、《老彭观井图石刻》、《古文孝经石刻》、《张业监臣题名记》、《孙应鳌祭酒司业题名记》、《元明进士题名碑》、《国朝题名碑》。板片：《圣祖仁皇帝御制诗文初集至四集板》、《世宗宪皇帝御制文板》、《御纂周易折中板》、《钦定书经传说汇纂板》、《诗经传说汇纂板》、《春秋传说汇纂板》、《御纂性理精义板》、《周易板》、《尚书板》、《毛诗板》、《周礼板》、《仪礼板》、《礼记板》、《左传板》、《公羊传板》、《谷梁传板》、《论语板》、《孟子板》、《孝经板》、《尔雅板》、《史记板》、《前后汉书板》、《三国志板》、《晋书板》、《宋书板》、《南齐书板》、《梁书板》、《陈书板》、《隋书板》、《魏书板》、《北周书板》、《北齐书板》、《南史板》、《北史板》、《新旧唐书板》、《五代史板》、《宋史板》、《辽史板》、《金史板》、《元史板》、《明史板》、《通典板》、《通志板》、《文献通考板》、《子史精华板》、《八旗氏族通谱》清字板、汉字板、《月令辑要板》、《音韵阐微板》、《钦定四子板》、《大学衍义板》、《近思录板》、《八旗通志》清字板、汉字板、《授时通考板》、《大数表板》、《小数表板》、《对数广韵板》。其各书籍碑板外，复尊藏《高宗纯皇帝钦颁表章经学之宝》一、《高宗纯皇帝御笔册》一。其光绪年间《钦颁列圣圣训》、《钦定剿平粤匪方略》、《钦定剿平捻匪方略》，及各省捐解官局书一千七百余种，均另存南学，归副管学官掌守。

六堂

率性堂助教，汉一人；学正，汉一人。修道堂助教，汉一人；学正，汉一人。诚心堂助教，汉一人；学正，汉一人。正义堂助教，汉一人；学正，汉一人。崇志堂助教，汉一人；学录，汉一人。广业堂助教，汉一人；学录，汉一人。

掌分教肄业之士。凡肄业，按其内外班之额而分拨焉，内班肄业生每堂二十五名，六堂共一百五十名。外班肄业生每堂二十名，六堂共一百二十名。每月，六堂以内外出缺若干移付绳愆厅。绳愆厅以每次考试录取应入肄业之贡监生，按等第先后，视各堂出缺多寡，分拨充补。南学肄业生六十名，即分占六堂内班额缺。各率以班长。每堂于内班中，择正途贡生为人端谨者作班长。凡同堂肄业生有改内改外告假销假及丁忧事故等事，均由班长呈报本堂办理。南学则董以学官，正副管南学官各一人，于六堂助教学正学录内选充，常川住学。率以斋长。额设六人，择南学肄业生学行兼优者，呈堂点派。俾稽察诸生，补管学官所不及。皆月课，助教于每月初三日课四书文一、诗一，或赋一。学正学录于每月十八日，所课同。南学由正管学官于大课加课外，每月课试一次，并逐日课以札记，及积分日程。以时讲贯其义。助教于每月初旬，学正学录于望后，五日一次讲书。诸生环听，务期通晓。其各生请业无定时，讲后三日擎签覆讲。有触发贯串者，加以奖励。未能通彻者，仍曲为训解。

八旗

镶黄旗官学。助教，满洲二人，蒙古一人。教习，满洲一人，蒙古二人，汉四人。额外汉二人。正黄旗官学。助教，满洲二人，蒙古一人。教习，满洲一人，蒙古二人，汉四人。额外汉二人。正白旗官学。助教，满洲二人，蒙古一人。教习，满洲一人，蒙古二人，汉四人。额外汉二人。正红旗官学。助教，满洲二人，蒙古一人。教习，满洲一人，蒙古二人，汉四人。额外汉二人。镶白旗官学。助教，满洲二人，蒙古一人。教习，满洲一人，蒙古二人，汉四人。额外汉二人。镶红旗官学。助教，满洲二人，蒙古一人。教习，满洲一人，蒙古二人，汉四人。额外汉二人。正蓝旗官学。助教，满洲二人，蒙古一人。教习，满洲一人，蒙古二人，汉四人。额外汉二人。镶蓝旗官学。助教，满洲二人，蒙古一人。教习，满洲一人，蒙古二人，汉四人。额外汉二人。掌分教学生。凡学生，各定以额。每学设满洲学生六十名，蒙古二十名，汉军二十名。下五旗，每学添设包衣学生满洲六名，蒙古二名，汉军二名，由各旗都统选择聪明子弟十八岁以下者，咨送到监。助教等带领上堂，呈验挑取。满蒙汉文职五品武职三品以上者，亦均准挑取，惟统计不得过二十名。其未即咨送者，准父兄将应挑之幼丁呈明官学，予以存记，由学送监。遇有缺出，一律呈验挑取。满洲蒙古，每名月给银一两五钱，汉军月给银一两。清汉分其业焉。满洲教习，每月教以清语清书，每月三八日出题,试翻译,或清书一道。蒙古教习,每日教以蒙古语、蒙古书,每月三八日出题,试蒙古翻译一道。汉教习,教以经书文艺,每日常课,有授书背书讲书回讲习字默书诸事。其已作文者,每旬三八日出题,试四书文一、五言六韵诗一。未能成篇者,令作半篇。皆月课。每月助教教习会课一次。汉馆学生作文,蒙童背书。满洲蒙古二馆学生,各试翻译。其功课由管学官分别优劣存记。以时令其习射。各官学生,年十三岁以上者,学习步箭。十六岁以上者,学习马箭。各学蒙古教习二人内,以一人专司教演步射骑射,每月会同助教率诸生出城校试一次。春秋二季赴监,集射圃,祭酒司业亲临考试。

档子房

　　无定员,由堂官专派满洲蒙古助教及笔帖式数员管理。
　　掌清字奏折文移。

钱粮处

　　由堂官专派厅官助教各二员管理。
　　掌开领支销之事。每岁领户部银八千四百两。遇闰加领银二百两。又各海关按年共捐解经费银二千四百两。凡膏火、六堂内班肄业生,每月给膏火银一两。外班肄业生,每月给膏火银二钱,应领煤炭银减半支给。奖赏、六堂肄业生大课奖赏:一等一名赏银四两,二三名三两,四五名二两,六名至十名一两,十一名至二等一名八钱。八旗官学春秋季考奖赏,一等一名赏笔十枝、纸两束、墨刻二张。其余列在一等者,每名赏笔十枝、纸一束、墨刻二张。赒助,六堂内外班肄业生有丁忧病故者,按省分远近,量加赒助。云南贵州四川广东广西甘肃福建,丁忧者八两,病故者十二两。陕西湖南江西浙江,丁忧者六两,病故者十两。江苏安徽河南湖北山东山西奉天,丁忧者四两,病故者八两。直隶,丁忧者二两,病故者四两。皆注于册以入奏。年终将一岁用银若干两奏销。

笔帖式

　　满洲四人,蒙古二人,汉军二人。
　　掌翻译。

算学

　　管理大臣,满洲一人。由特简。助教,汉一人。教习,汉二人。

　　掌教算法。额设算学生,满洲十二人,蒙古六人,月给银一两六钱。汉军六人,月给银一两。汉六人,月给银一两五钱。凡线面体三部,各限一年通晓。七政共限二年通晓。每季小试,岁终大试。会钦天监考试,五年期满,管算学大臣会同钦天监考取。凡满洲蒙古汉军充补各旗天文生,汉人若举人引见以博士用,贡监生童亦以天文生补用。其有通习经史者,照官学生例,俟考取恩监生时,仍咨送本监一例考验。文理明通者,即为监生。

（据《钦定大清会典》卷七十六）

白鹿洞书院学规

朱熹：白鹿书院揭示

淳熙七年（1780年）

　　父子有亲。君臣有义。夫妇有别。长幼有序。朋友有信。
　　右五教之目。尧舜使契为司徒，敬敷五教。即此是也。学者学此而已。而其所以学之之序，亦有五焉，其列如左：
　　博学之。审问之。谨思之。明辨之。笃行之。
　　右为学之序。学、问、思、辨四者，所以穷理也。若夫笃行之事，则自修身以至于处事接物，亦各有要，其列如左：
　　言忠信，行笃敬。惩忿窒欲，迁善改过。
　　右修身之要。
　　正其义不谋其利，明其道不计其功。
　　右处事之要。
　　己所不欲，勿施于人。行有不得，反求诸己。
　　右接物之要。
　　熹窃观古昔圣贤所以教人为学之意，莫非使之讲明义理以修其身，然后推以及人。非徒欲其务记览为词章，以钓声名、取利禄而已也。今人之为学者，则既反是矣。然圣贤所以教人之法具存于经，有志之士，固当熟读深思而问辨之，苟知其理之当然，而责其身以必然，则夫规矩禁防之具，岂待他人设之而后有所持循哉！近世于学有规，其待学者为已浅矣；而其为法，又未必古人之意也。故今不复以施于此堂，而特取凡圣贤所以教人为学之大端，条列如右，而揭之楣间。诸君其相与讲明遵守而责之于身焉。则夫思虑云为之际，其所以戒谨而恐惧者，必有严于彼者矣。其有不然，而或出于此言之所弃，则彼所谓规者必将取之，固不得而略也。诸君其亦念之哉！

邵锐:白鹿洞书院禁约

万历六年(1578)

一、上司来视书院,皆以论道讲学为心,以培养士气为志。洞中师生迎送拜揖,毋得辄自屈膝,以负上司期待作养之意,其迎送悉照李提学龄旧规,以枕流桥为止。

一、本洞储书,专以教迪士类。近年江西科场必取洞书应用,及至领回,缺者不敢言缺,失者不敢言失,洞书残落,大半由此。今后江西科场书籍,布政司自备,该府毋得辄取鹿洞书籍送用,以致遗失。

一、院中书籍,考旧志所载,残缺遗亡者十已五六,近经兵乱,全无册籍查据。今后仰府设立一样册籍四本,明开书籍什器,解起本道钤印。印过,一留本道存照,一留本府存照,一发本府学存照,一发付书院库子收管。本洞教授每月朔查取门库损失有无,执结,岁终仍申本道查考。

一、先贤买田积租专以养士。近因生徒不至,将累年储积发修府县两学,甚至他郡亦或请租修学,殊失先贤买田本意。今后仰府储积洞租,专留养士,养士羡余,止许支修鹿洞,其修府县两学,仰府自行措置,毋得辄支洞租,以缺养士之谷,以负先贤之志。

一、征收鹿洞租,不委老人义民,则委丞簿府幕。租谷未催,利心先动,累年拖欠,职此之故。今后洞租在南康府者,行委南康府请勤正官征足;其在南昌府者,行委南昌府请勤正官征足,发至南康收管,南昌仍行缴报。如有违犯,径自提问,庶事体归一。

一、本洞教管承训人育材为事,以养廉守耻为先,若使征收租谷,非惟势所不行,而职亦不专。今后止委府官征收租谷,谷完之日,帖行教官,令其开列师生姓名支给。支给之日,教官眼同面斛,于本道洞租簿上亲书支数,以凭查照。

一、白鹿洞佃户一应税粮茶丝正额,俱各准租完纳,近复编签杂差,是先贤户籍,乃不能蠲免差徭矣。况田在星子止二百余亩,若租谷准差既多,则养士者愈少。今后鹿洞户在星子者,杂差悉与蠲免,其建昌田多者别论。若星子偶有重役,仍就建昌通融补足。

一、洞中别无仓厫储积租谷,若诸生肄业洞中,使其出府领谷,山路往返几数十里,似为不便。仰府立仓洞中,将近洞田租收贮,就洞给散。其建昌、南昌二处租谷,依旧收蓄府仓,俟洞仓所储将尽,该府陆续运补,务令充足,以备支给。

一、大成殿诸门宜牢加关锁,非洒扫、参谒不得擅开,以致秽污亵渎。其关锁未备者，仰门库具呈本洞教授，申请定夺。

高璜：白鹿洞书院经久规模议

康熙二十一年(1682)

一、洞规。宋朱子教条，明胡居仁规训，章潢为学次第，见《洞志》。

一、禁约。明李龄、高贲亨各戒，并见《洞志》。

一、职事。主洞，其名始于宋，明起为白鹿洞主，见《洞志》。合无礼聘海内名儒，崇正学，黜异端，道高德厚，明体达用者主之，无则不妨暂缺。

副讲，仍旧称，见《洞志》。主批阅文字，辨析疑义。合无礼聘本省通五经，笃行谊者为之。

堂长，仍旧称，朱子有《请洞学堂长牒》，见《洞志》。主诱掖、调和洞中学徒，尊巡行，督视课业勤惰。主洞、副讲即择学徒之优者为之，不称则更易。

管干一人，副管干一人，新拟增，专管洞内一切收支出纳、米盐琐碎、修整部署诸务。即于洞中择有才而诚实者为之，不称则更易。

典谒二人，专管接对宾客及四方来学者，察其言貌动静不系匪类，然后通刺副讲，副讲以为可，然后引见主洞处。庶混滥一清，匪人不得托足，学人皆有观摩，且无供给不赀之患。择洞中言貌娴雅者充之，按季更易。

经长五人，即设经义斋之意。

学长七人，即设治事斋之意，礼、乐、射、御、书、数，缺御增历律。

引赞二人，择洞中学徒为之，以备上司谒圣引礼，须声音洪亮，进退疾徐中节。盖四方于此乎观礼，主洞、副讲平时教演礼仪，学长考订得失，务与俗尚不同。

火夫一人，樵采二人，门斗一人，司启闭，洒扫，每夜提铃巡守，轮值。

一、洞中日用事宜。建仓廒，设庖厨，积薪炭，课树艺，设香灯，置簿籍，立课程，每月朔望开讲，初二、十六会文，分别等第给赏。

一、仪注。春秋上丁祭仪如旧仪。

主洞、副讲初至，管干、堂长率诸生迎于独对亭，望舆一躬。主洞、副讲举手即下舆，步至书院，诸生从。先谒圣殿、各祠，赞拜如例。诸生从而拜，管干、堂长、经长、学长为一班最先，次典谒、引赞一班，余生徒以齿序出。至彝伦堂，主洞南面东向，副讲南面西向，诸生北面设两拜，主洞、副讲答拜，相见之礼也。再设两拜，主洞、副讲答以揖，尊师问道之义也。拜毕，主洞、副讲如前向设坐，管干命役人见，一跪四叩首，退。茶役进茶，副管干平进，主洞、副讲平受，不为起。茶毕，诸生以次东西班侍立，听训诲。再进茶如前，毕，诸生退，就舍肄业，主洞、副讲起，管干、堂长送就馆。稍迟，布席。管干请先生就席，坐如前，尊先圣不敢当正位也。管干亲进酒。主洞、副讲平受不为起，再进肉食，亦如之。酒三行，主洞、副讲命管干坐，辞，乃侍坐，役人进酒。讫彻席，管干送就馆，役人进茶。毕，管干详视应用等器备否，乃辞退。次日晨刻，传梆集诸生，主洞、副讲率诸生诣圣贤。主洞、副讲班殿内，管干以下班次如例，列庭中，惟甚雨湿乃许列庑下，设四拜，诸生亦从而拜，赞引如例。拜起，出诣文会堂，引赞唱"登讲席"。席亦如前向，诸生照前班次北向。班齐，引赞唱"三肃揖"。揖毕，以次东西立侍。进茶讫，引赞唱"鸣讲鼓"，随击鼓三，诸生毋敢出声。主洞、副讲各拈讲四书五经中一章以示学者，并申饬规约。其讲时，堂长于讲席后设几一凳一纸笔墨各一，敬书而藏之。讲毕，役人进茶，诸生仍照两班北面谢教。班齐，引赞唱"三肃揖"。揖毕，先生起就馆燕息，诸生退肄业，乃张布新规约于文会堂。朔望师生诣圣殿展拜、开讲，并如例。余日，每朝食时，传梆会诸生，主洞、副讲率诣圣殿三肃揖，出至文会堂，先生南面西向立，诸生依班次北面一揖，先生举手毕，乃会食，各就舍。令节展拜如例，不开讲。

　　上司当事到洞，先驱至，管干击钟集诸生，预设盥洗所。诸生分三班，少壮者迎于名教乐坊，望舆一躬，上司当事为举手。次中年者，迎于枕流桥，亦如之。次职事各生，迎于独对亭书院之中道，亦如之。次主洞、副讲，迎候于书院门外，上司下舆乃一揖。上司虽贵，必答揖一让，乃先行，主洞、副讲、职事、诸生以次从。引赞引请盥洗所，唱"盥洗"。引至圣贤，赞拜如例。毕，上司当事亲致修殿仪于圣座前，再揖，管干收仪登簿，次日呈主洞、副讲查阅。出诣文会堂，主洞、副讲皆抗礼止长揖，上司当事坐南面东向，主洞、副讲坐向西。若请开讲，则反是。坐定，役夫进茶，除管干办理一切不必与班，余依班次北面列庭中。班齐，引赞立庑下唱"诸生见"，上司当事起立。引赞再唱"三肃揖"，诸生向上三揖，上司当事三举手，不平受。揖毕，堂长、经学长以次进，立主洞、副讲后，备使令，答问，余以次东西立庭中，敬听上司当事教诲。役夫进茶毕，仍以班次北面。班齐，引赞唱"诸生谢教"，上司当事起立。又唱"三肃揖"，诸生三揖，上司当事三举手。诸生退，堂长仍侍立，进饭如例，主洞、副讲陪席讫，或留宿，则送就馆，辞退，上司当事送至馆门外。次早，主洞、副讲遣人觇盥洗毕，亲至馆门外，上司当事揖入，宾客坐，主洞、副讲起居，役夫进茶毕，辞退，仍送至馆门外。候上司当事稍休息，或部署讫，乃请至公所进饭，主洞、副讲陪席，堂长等侍立如例。役夫进茶毕，舆隶仆从食讫，起马，诸生各于前迎处候送，礼如初，主洞、副讲送至门外对揖，上舆乃入。

尊官来视鹿洞者，宜预禁从官，不得至洞送迎随侍，以省烦扰，且屋宇甚少，处无所馆也。

贵客至，诸生不班迎、不庭见、不侍立，主洞、副讲迎送接待礼如上司当事，惟请开讲则仍如讲仪。常客至，不赞拜，谒庙、致仪、进酒馔如例，止典谒一人主之，主洞、副讲不迎送，惟通刺请谒乃得见。

本省学徒至，必先赍某人知主洞、副讲及职事生者书札及其乡贯、姓名、出身帖诣典谒，典谒引拜圣殿修仪如例，然后引见堂长、副讲、主洞，给号舍。次日晨刻率诣圣贤，或拜或揖，班于管干、堂长前，犹客也。出诣文会堂，于主洞、副讲设四拜，答受如例。主洞、副讲皆有仪，以存执贽之意，厚薄各听。职事生东班，余生徒西班，新生以齿序列东西对四揖，乃会食就舍。

他省生徒至，必先具姓名、籍贯、出身具呈于星子县，批准方许入洞读书，所以防匪人也。如名誉著闻，为洞中生徒所熟识并赍有戚友书札，灼然可信者，不在此限。余如例。

主洞、副讲辞去，当事允送归。先一日，设讲席如常仪，讲毕，另勖勉诸生，诸生谢教如常仪，是夕设席，礼如初至。次早，先生率众辞圣殿、各祠毕，出至文会堂，诸生设两拜谢教，答揖，再设两拜拜送，答揖，进酒馔，仆从饭讫，登舆，诸生送至迎处。除职事不得送，余愿远送者，听，须于管干、堂长处告假。

学徒辞去，先一日向管干、堂长报主洞、副讲，某人以某事告归，查无经管未明及借出书籍，乃引见，一茶辞退。明早，学徒辞圣殿各祠，会食讫，出至文会堂，于主洞、副讲前拜辞，一拜四叩首，先生扶之，诸生以序东西四揖如初至，典谒送至名教乐地坊。除职事不得送，余愿远送者，听，须于管干、堂长处告假。

凡学徒有疑义，先求开示于经、学长，不能决，再叩堂长，不能决，再叩副讲，不能决，再叩主洞，不许躐等。

班次弟子列，首管干者，慰贤劳也。次堂长者，有所统摄调剂也。次经长者，重经学也。次学长者，崇实学也。彼善于此则为之，后来者不妨居上，鼓励之机也。次典谒，次引赞，重称职也，且可选为也。余以齿序，长幼之义也。

一、合用器具。钟一口，云板一架，梆一架，鼓一架，床若干，桌若干，椅若干，凳若干，厨柜若干，烛台若干，油灯若干，木桶若干，碗、匙、箸若干，面盆若干，沐浴盆若干，火炉若干，衣架若干，便溺器若干，陶冶器若干，以上各件俱以朴坚为主，酌定细数，置完列册，交管干点收。

一、祭器。查合用若干，现存若干，应补造若干，查明陆续补置，仍掌于管干。

一、书籍。原有书籍若干，其洞志书目今现存若干，应补若干，以上合无俟周知府到任查明报到日，造具管收。除现在四柱清册交洞中管干收管，其书有缺失,当事及四方绅衿愿送收藏者听,仍入册,注月日,收于新收项下。在洞生徒借读者,写一票于管干处领出,以便稽考,缴书销票,不许沉搁延捱,致误后来人借阅。损失者勒限赔补。又明巡抚邵公锐洞约内一条,本洞储书不许布政司科场借用,以致遗失等语,恳请勒石永禁。

一、每年支给常例。春秋二祭共银二十两,令洞中师生自行买备祭品致祭,俟洞租有余,再议扩充。其府县教员各有学宫祭祀,不必更与,以滋烦费。主洞旧支送束脩百金,听自供膳。会费用不给,每季除供膳外,拟俸银一十五两,每年共六十两,俟洞租有余,再议扩充。副讲每年除供膳外,拟合支送束脩银三十六两。堂长一人,管干一人,每年拟支给银一十六两。副管干一人,每年八两。典谒二人,引赞二人,经长五人,学长七人,拟每年每名支给银二两,经长权者无,学长缺则无。洞中诸生赏格每月给二两四钱。火夫四名,樵采种植夫二名,门子一名,每年每名拟支工食银三两。在洞师生人役,多寡以百人为率,约日费米一石,计银五钱,薪炭一钱,腐菜盐豉约五钱,先生肉食茶酒约二钱,油烛纸笔杂费约一钱,每日余一钱以备会文酒肉之用,通计每日费银一两五钱,便可粗给,总一年计之,为费五百四十两。

一、经费。查现在之租,似可常给五十人之食。本道勉措二百金檄该府,择买近洞腴田输租入洞,以充公费。此后或有捐输置田入洞者,日增月积,自然渐多。

一、洞租征收。查册内一条,开报星子县册报春秋二祭借羊,祭器及陪祭各官、生员供应,并印刷各衙门志书等款,共支过银一百二十两零六钱八分等语。本道看得洞租原为供给洞中学徒而设,岂容别项支销,前人置田增租以垂永久,后人侵渔破冒以致废坏,可痛可恨。今后洞租止充在洞师生人役膳养以及修整之费,纵有赢余存库以备支给,不许官员擅挪别用,借端侵克春秋师生致祭。洞志,上司及游客取者,官定每部纸价三钱,洞中管干挂号收发,永杜滥取之苦累。征收租谷一项,前据府详,责令府学教官掌管。本道细思,教官止知较量锱铢,罕有从大体起见者,且恐呼应不灵,必致有名无实。今后专责知府征收给发,每年造具收支清册,并取洞中收领月日执给报查,同学租缺俸,并听提学官转报查核,庶邑宰慑于考成,而堂堂郡牧岂甘染指于此三四百金之内乎。更请檄行各县,凡属洞田,永免差役,则佃户踊跃,断无逃亡抛荒之虑矣。

一、洞生借读藏书票式:某于某月日,借洞内藏书某样一部,计几本看阅。缴书销票,损失赔还,不致久淹时日,此照。并不许借出洞外,上司、游客亦不得用势勒取,管干亦不许擅发一本。

(据《中国书院史资料》上、中册,浙江教育出版社1998年版)

桐乡书院章程

道光年间

　　荀子曰：法不能独立，类不能自行。得其人则存，失其人则亡。旨哉言乎！是即孔子人存政举，人亡政息之意，伊古以来莫之有易者也！虽然，国家之事变迁靡定，注错无常，虽哲后贤辅，虑终思极，善其经制规画，一再传后，苟非其人，非才不足以相济，即德不足以相乎。以故治法荡然，日消月灭。若夫乡里懿举，患无成章令宪耳，苟其立焉？后人力持之阅百礼如□夕也！历观各郡州书院章程，类皆定大制，揭大纲，无过为委曲繁重数者。兹独琐屑焉，类市井商贾龌龊之行，田舍翁杜侈防淫之计，拘俗鄙陋以消通人。然而古君子之规务也密为之防，人犹简易矧其不蜜，谁肯固从筑堤防以护水，水即弗溃，防不可以不固也。章程之议，肇始于乡诸生董事诸君，从而便章之计，见谷定出耗，式廓旧基，期诸他日区区者非所限也。其或阴阳隔并旱干水溢，岁入不足以给，则惟当事者变通行之而已。吾乡山川淳固，多产款悫廉俭之人，肩斯任者，又皆重以士林之推，凯复虞其干没，独虑计私则勤，图公则懈，勉持于傲□，葺于终，坚其贞固之操，去其偷儒之意，是所望于司事者也。

　　一、每岁大课春秋两次，小课俟当年酌定。春课定期二月十五日，秋课定期九月十五日。先期半月，值年董事会同常董，禀请邑尊于课期前一日按临书院。然惟新任邑侯遇课，必请亲临。其已经亲临一次遇课，或于前二日请发题纸，封固加印，届日讲堂开拆。

　　一、邑尊将临书院，先期一日，礼房开单请拨舆夫八名、轿头一名、皂役二名、缴夫一名、探听一名、茶房一名、听事二名。舆夫、皂役、缴夫，官至日每名按日给工食钱八十文，自行住宿饭店。其探听、茶房、听事、轿头诸役，均由书院给与饭食。课毕，每名给钱三百文。邑尊随从马夫，每日给钱八十文。其马匹草料，按马每日给钱一百文。如有挑夫，亦按日给工食钱八十文。至邑尊携带家丁，无论一人二人，给八折银四两。礼房办事书办，每课赠八折银二两。虽邑尊不临书院，而呈卷写榜俱系其事，亦给钱四百。

一、开课之日，与课者给茶点二道，董事亲自分散。交卷时每名发席资七折银一钱。董事派人同礼房在头门收卷，交卷者即出，不得复入文场，致生抢冒之弊。未完卷者，不给席资。

一、生童课卷，听候邑尊甄定甲乙，另期发案。礼房必于呈卷日面禀邑尊请先示期，转告董事，出贴书院门首，以便生童共识，临期阅榜领卷。

一、邑尊亲临书院，惟开课本日午席从丰，其余俱用便席。至家丁中席，开课日亦稍从丰，其余毋得过六簋。茶房、探听、听事、轿头诸役饮食毋过四簋。

一、生童大课，四书文一首、试帖诗一首、律赋一首、经解一首，律赋经解不能者听，此因吾乡现在通习律赋、经解者少，俟他年通习者多，于正课次日另作一场，录取者，另作奖赏。

一、生童奖赏，每大课以钱十六千文为限。按照超等生监、上取童生名数之多寡，临时酌定，用红纸写明，附贴榜后，榜发之次日，各生童亲赴书院查阅课卷，领取奖赏。其不在领赏之列者，准于发榜之日查取课卷。

一、超等生监、上取童生，前十名领卷之时，将原卷发还外，另与空卷一本，将原文并原评录汇送交书院，日久汇采刊刻。

一、每年大课之外另设小课，四书文一首、试帖一首外，经解律赋各一，不能者听，其章程亦与大课同。常董及值年董事量费用之优绌，为小课之多寡不能限定。每将小课，先期一月，董事出贴书院门首并各要地张帖。其奖赏照大课减半。乡试之年，即停小课，添设决科一次。

一、每次决科，先期一月，董事出贴四路告知。期前一日生监各赴书院报名，届日清晨同进书院，是日一茶一饭。文诗题董事预请邑尊拟定封固，临日于讲堂开拆。次日将各卷包封送县，以凭甄别甲乙，或请乡先达素有文名者亲至书院评定亦可。录取一名者，奖赏纹银一两，二三名各八钱，四五名各六钱，六七八九十名各四钱，以后无赏。其决科课卷，用弥封，坐号浮票各自揭去。外乡与决科者，不给奖赏。

一、每大小课既毕，董事于榜发给完奖资之后，必将是课所用经费若干，分列数项，开明张帖，晓于大众，以杜侵渔（出榜样式另刊板临时印填）。

课规七则

一、开课之日，黎明时，董事齐集书院门首散卷，随到随入，既入者不准复出。

一、生童文场各别，毋许混淆乱坐。童生不得捏报监名，杂坐生监场中，藉倩捉刀。其以监名应课者，董事必于收卷时稽查，不得任其将卷携出。

一、课卷外面，士子各自填写姓名，并写明居住何地。前一日必先至书院报名，以便计算人数，办备茶点。

一、书院考棹，每棹限坐三人，会课士子，不得强占一棹，仅坐二人或坐一人。

一、开课之日，交卷者约得三十名，即行开门放牌，自后门不封锁，随交随出。已出者不准复入。一切闲人，此时不准擅进书院。

一、士子会课，务具衣冠而入，不得科头短服，有玷斯文。违者，交卷时董事于卷上暗记，虽录取不给奖赏。

一、开课应办食用各物，司事者务先期筹备，本日前后门俱加封锁，将钥匙缴归账房征管，放牌时始行外发。

董事九则

一、书院董事议定多人，内以数人为常董，十六人值年，每年四人，轮流更换。以正月十五日聚议交账，账有分毫不清，接管者不得接受。既经接受，倘有欠缺，接管者照数偿赔。每年交账之日，所有上年出入一切账目，务要逐项录明出榜，使众共知。

一、常董二人四人皆可，毋庸逐岁更换，非有弊端不必轻易，其或经病故、衰老、远出，则缺一人必更举一人，即会同各董事议之。

一、开课之时，各细事委曲繁多，议于常董及值年董事外，更议副董二人，经营勤办，与常董俱不逐年更换。

一、每年春秋大课，禀请邑尊即用常董姓名并值年四人名帖。开课之期，常董与值年董事必须前五日齐集办事，副董尤须前半月即行进书院筹办一切。

一、每小课及乡试年决科之期，常董及值年董事与副董俱照大课先期至书院办理一切。

一、值年年应派董事不得推诿，倘有遇事不到，罚银二两。其实有他故，不愿经理者，董事等公同会议转举一人为之补缺，抑或择举族友代办，但必素有名望且素有相信托心之人，倘有弊端，仍惟应派值年董事是问。

一、董事因公聚议书院，饮食毋得过四簋。一人只许携带仆从一人，且必能为书院任事，方准在内食宿。其舆夫只给便饭一顿，即行外出。每年各董事办事，往来舆费路用，书院议贴八折银二两，每交账时支取，不得零星开销。至于下乡作稞拂租等类，仍在书院支取使费。其情愿自行贴费，不支公款者,准作加捐八折银二两,积久勒碑。常董副董因书院公事,舆费路用由值年董事开发,不另议贴。

一、董事倘有侵渔,察出即行革退。其有私用暂移公项者,虽非侵渔,亦开侵渔之弊,值年同事即写明某人移用公项钱若干,在书院门首张贴,使众闻之,俾其自愧,如遂不复缴出,即行议革,其钱着落值年三人代缴,以免互相蒙蔽。

一、书院出入账簿,议立三本,一本存置书院账房,一本交常董二人收执,一本交值年董事收执。会课及聚议交账之时,各携账本至书院,誊清核对,每年结总。

一、遇恩科之年给助试资,在董事谅费之有无酌议。其派散之法,即以上年正科后,书院大课几次为率。(如课开二次到二课者即全给,课开三次到三课者方全给,他以此推。)

杂款八则

一、书院必有山长,惟桐城各书院俱无,皆因经费不足也。吾乡书院亦费绌,未能专请山长。每年春秋二大课,请邑侯评定甲乙。其小课或请县学老师,或请里中前辈先达,悉听董事酌议。其大课小课外,另月月举行散题之课,专请一师校阅,不必到馆。日后若请山长,必由董事及诸生议聘经明行修老成硕德之士,不由官长荐举。

一、书院每年择一人看守,逐日在内检点器物,洒扫厅堂,每月给工钱五百文,次月方支前月工钱。首事会议,则伺候炊□□。无事之时,即在书院傍客店寄食,或按日给钱,令其自备。

一、书院各佃租稞,归每年董事经理。作租收稞,必须亲自到庄,或信任子弟前往,不得临时推诿。

一、书院钱粮,每年照官亩交折完纳,不必仰邀官长捐完。

一、孔城地方向有公局,为官长下乡往来住歇之所。书院乃培养人才之地,不准地保借作官长公馆。官长非因书院公事,即至孔城,董事不得请临书院。

一、书院器物,逐一分类载明器物总簿。每年董事必要稽查,有损必修,有阙必补,开课之际,董事尤须择一二精明谙练之人稽查收捡,防有失脱,每年董事交卸之际,亦必照簿查明,不可疏忽,外人不准借用。

一、书院原为诸生肄业之所,如有情愿居中肄业者,听从其便,但须自备膏火。若生员考三次超等,童生考三次前十名者,居住书院,每月贴膏火纹银五钱。

一、所议章程，董事必须永远遵行，认真办理，倘有行之久而生弊，及后有势不能行者，董事随时商改，必宜斟酌尽善，公同会议，方允改行，不可以一己之私妄为更易。

补议章程数则

一、每年大课之期，倘值县府院试，则此课直行停止，不必另议改期，将此课存余之赀，或添设小课，或留为蓄积，增置田产。

一、书院经费愈充，则鼓励愈广，逐年董事必须留其有余，以筹积增产。或有宜购之田，现存钱材不足，即借贷补凑，逐年以存余偿还。但必须量事而行，恐妨尾大不掉。

一、书院所收租稻，每于次年春季出卖，以四月半为限，不得太迟。

一、董事非因书院公事，不得在书院开销火食。

一、书院即兴，人才日起，现今经费不优，尚多应办事宜未能举行，倘有乐义捐田、捐金者，随即另刊乐义碑，以传后世。

一、书院见收田租，计丰年所入，除两大课完粮各用外，存余无几，不能多行小课。且地宽道远，断难月月举行，今议每年择请一师，脩金二十两，不必到馆，每月书院请题，于初一专价分送各路聚所，诸士子各就近地取题，限二十五以前送交原处，书院专人于二十六七收取课文，并送次月课题，以次推行，周而复始。惟正月、十二月及两大课之月不行。考列前茅者，奖赏纸笔若干。其屡居前列者，于大课时，另提面试，果出真才，从重奖赏（择请专师或有不便，则遇课请师校阅在董事酌定）。各路聚所，择于清净禅林，约二十里设立一所，每月托住持僧经理此事，终年酬以八折银二两。或于各董事家更宜。

一、经解、诗赋最为士子要务，每月必请师于文题外更发此题，各士子务宜留心讲习，此于文卷外另行甄别甲乙，录取者，另给奖赏。

（据《中国书院史资料》中册，浙江教育出版社 1998 年版）

大学令

1912年10月24日
教育部令第十七号

第一条　大学以教授高深学术，养成硕学闳材，应国家需要为宗旨。
第二条　大学分为文科、理科、法科、商科、医科、农科、工科。
第三条　大学以文、理二科为主，须合于左列各款之一，方得名为大学：
一、文、理二科并设者。
二、文科兼法、商二科者。
三、理科兼医、农、工三科或二科、一科者。
第四条　大学设预科，其学生入学资格，须在中学校毕业，或经试验有同等学力者。
第五条　大学各科学生入学资格，须在预科毕业，或经试验有同等学力者。
第六条　大学为研究学术之蕴奥，设大学院。
第七条　大学院生入院之资格，为各科毕业生，或经试验有同等学力者。
第八条　大学各科之修业年限三年或四年，预科三年，大学院不设年限。
第九条　大学预科生修业期满、试验及格，授以毕业证书，升入本科。
第十条　大学各科学生修业期满，试验及格，授以毕业证书，得称学士。
第十一条　大学院生在院研究，有新发明之学理或重要之著述，经大学评议会及该生所属某科之教授会认为合格者，得遵照学位令授以学位。
第十二条　大学设校长一人，总辖大学全部事务；各科设学长一人，主持一科事务。
第十三条　大学设教授、助教授。
第十四条　大学遇必要时，得延聘讲师。
第十五条　大学各科设讲座，由教授担任之。教授不足时，得使助教授或讲师担任讲座。

第十六条　大学设评议会，以各科学长及各科教授互选若干人为会员。大学校长可随时齐集评议会，自为议长。

第十七条　评议会审议左列诸事项：

一、各学科之设置及废止。

二、讲座之种类。

三、大学内部规则。

四、审查大学院生成绩及请授学位者之合格与否。

五、教育总长及大学校长咨询事件。

凡关于高等教育事项，评议会如有意见，得建议于教育总长。

第十八条　大学各科各设教授会，以教授为会员。学长可随时召集教授会，自为议长。

第十九条　教授会审议左列诸事项：

一、学科课程。

二、学生试验事项。

三、审查大学院生属于该科之成绩。

四、审查提出论文请授学位者之合格与否。

五、教育总长、大学校长咨询事件。

第二十条　大学预科，须附设于大学，不得独立。

第二十一条　私人或私法人亦得设立大学，除本令第六条、第十一条、第十七条第四款、第十九条第三款、第四款外，均适用之。

第二十二条　本令自公布日施行。

（据《中华民国档案资料汇编》第三辑"教育"，江苏古籍出版社1991年版）

修正大学令

1917年9月27日

第一条　大学以教授高深学术,养成硕学闳材,应国家需要为宗旨。
第二条　大学分为文科、理科、法科、商科、医科、农科、工科。
第三条　设二科以上者,得称为大学;其但设一科者,称为某科大学。
第四条　大学设预科,其学生入学资格,须在中学校毕业或经中学毕业同等学力试验,得有及格证书者,但入学时应受选拔试验。
第五条　大学本科学生入学资格,须在预科毕业或经预科毕业同等学力试验及格者。
第六条　大学为研究学术之蕴奥,设大学院。
第七条　大学院生入院之资格,为大学本科毕业生。
第八条　大学本科之修业年限四年,预科二年。
第九条　大学预科生修业期满、试验及格,授以毕业证书。
第十条　大学本科学生修业期满、试验及格,授以毕业证书,称某科学士。
第十一条　大学设校长一人,总辖大学全部事务;各科设学长一人,主持一科事务。其独设一科之大学,不设学长。
第十二条　大学设正教授、教授、助教授。
第十三条　大学遇必要时,得延聘讲师。
第十四条　大学设评议会,以各科学长、正教授及教授互选若干人为会员。大学校长可随时召集评议会,自为议长,遇必要时,得分科议事。
第十五条　评议会审议左列诸事项:
一、各学科之设立、废止。
二、学科课程。
三、大学内部规则。
四、学生试验事项。
五、学生风纪事项。

六、教育总长及校长咨询事件。

前列事项如仅涉及一科或数科者,得由各该科评议员自行议决。

第十六条 大学预科须附设于大学,不得独立。

第十七条 私人或私法人亦得设立大学,除本令第六条、第七条外,均适用之。

第十八条 本令自公布日施行。

(据《中华民国档案资料汇编》第三辑"教育",江苏古籍出版社1991年版)

国立大学校条例

1924 年 2 月 23 日

第一条　国立大学校以教授高深学术，养成硕学闳材，应国家需要为宗旨。

第二条　国立大学校分科为文、理、法、医、农、工、商等科。

第三条　国立大学校得设数科或单设一科。

第四条　国立大学校各科分设各学系。

第五条　国立大学校收受高级中学校毕业生或具有同等资格者。国立大学校录取学生，以其入学试验之成绩定之。

第六条　国立大学校修业年限，四年至六年，其课程得用选科制。

第七条　国立大学校学生修业完毕试验及格者，授以毕业证书，称某科学士。

第八条　国立大学校设大学院，大学校毕业生及具有同等程度者入之。大学院生研究有成绩者，得依照学位规程给予学位。学位规程另订之。

第九条　国立大学校设图书馆、观测所、实习场、试验室等。

第十条　国立大学校得附设各项专修科及学校推广部。

第十一条　国立大学校设校长一人，总辖校务，由教育总长聘任之。

第十二条　国立大学校设正教授、教授，由校长延聘之。国立大学校得延聘讲师。

第十三条　国立大学校得设董事会，审议学校进行计划及预算、决算暨其他重要事项，以左列人员组织之：

（甲）例任董事，校长。

（乙）部派董事，由教育总长就部员中指派者。

（丙）聘任董事，由董事会推选呈请教育总长聘任者。第一届董事由教育总长直接聘任；

国立大学校董事会议决事项。应由校长呈请教育总长核准施行。

第十四条　国立大学校设评议会，评议学校内部组织及各项章程暨其他重要事项,以校长及正教授、教授互选若干人组织之。

第十五条　国立大学校各科、各学系及大学院,各设主任一人,由正教授或教授兼任之。国立大学校遇必要时,得设教务长一人,由正教授或教授兼任之。

第十六条　国立大学校设教务会议,审议学则及关于全校教学、训育事项,由各科各学系及大学院之主任组织之。

第十七条　国立大学校各科、各学系及大学院,各设教授会,规划课程及其进行事宜,各以本科、本学系及大学院之正教授、教授组织之。各科系规划课程时,讲师并应列席。

第十八条　国立大学校图书馆、观测所、实习场、试验室等,各设主任一人,以正教授或教授兼任之。

第十九条　国立大学校得分设事务各课,办理各项事宜。

第二十条　本条例自公布日施行。

附则

第一条　高级中学校未遍设以前,国立大学校得暂设预科,收受旧制中学及初级中学校毕业生。其修业年限在四年制毕业者二年;在三年制毕业者三年。

第二条　私立大学校应参照本条例办理。

第三条　大学令、大学规程自本条例施行日起废止之。

(据《中华民国档案资料汇编》第三辑"教育",江苏古籍出版社1991年版)

大学组织法

1929 年 7 月 26 日

第一条　大学应遵照十八年四月二十六日国民政府公布之中华民国教育宗旨及其实施方针，以研究高深学术，养成专门人才。

第二条　国立大学由教育部审查全国各地情形设立之。

第三条　由省政府设立者为省立大学，由市政府设立者为市立大学，由私人或私法人设立者为私立大学。

第四条　大学分文、理、法、农、工、商、医药、教育、艺术及其他各学院。

第五条　凡具备三学院以上者，始得称大学，不合上项条件者，为独立学院，得分两科。

第六条　大学各学院或独立学院各科，得分若干学系。

第七条　大学各学院及独立学院，得附设专修科。

第八条　大学得设研究院。

第九条　大学设校长一人，综理校务，国立大学校长由国民政府任命之，省立市立大学校长由省市政府分别呈请国民政府任命之，除国民政府特准外，均不得兼任其他官职。

第十条　独立学院设院长一人，综理院务，国立者由教育部聘任之，省立市立者由省市政府请教育部聘任之，不得兼任。

第十一条　大学各学院各设院长一人，综理院务，由校长聘任之，独立学院各科各设科主任一人，办理各科教务，由院长聘任之。

第十二条　大学各学系各设主任一人，办理各该系教务，由院长商请校长聘任之，独立学院各系主任，由院长聘任之。

第十三条　大学各学院教员分教授、副教授、讲师、助教四种，由院长商请校长聘任之。

第十四条　大学得聘兼任教员，但其总数不得超过全体教员三分之一。

第十五条　大学设校务会议，以全体教授、副教授所选出之代表若干人，及校长、各学院院长、各学系主任组织之，校长为主席。前项会议，校长得延聘专家列席,但其人数不得超过全体人数五分之一。

第十六条　校务会议审议左列事项:

一、大学预算。

二、大学学院学系之设立及废止。

三、大学课程。

四、大学内部各种规则。

五、关于学生试验事项。

六、关于学生训育事项。

七、校长交议事项。

第十七条　校务会议得设各种委员会。

第十八条　大学各学院设院务会议,以院长、系主任及事务主任组织之,院长为主席,计划本院学术设备事项,审议本院一切进行事宜。各学系设系教务会议,以系主任及本系教授、副教授、讲师组织之,系主任为主席,计划本系学术设备事项。

第十九条　大学职员及事务员,由校长任用之。

第二十条　大学入学资格,须曾在公立或已立案之私立高级中学或同等学校毕业,经入学试验及格者。

第二十一条　大学修业年限,医学院五年,余均四年。

第二十二条　大学学生修业期满考核成绩及格,由大学发给毕业证书。

第二十三条　本法第三条第二项及第十三条至第二十二条之规定,独立学院准用之。

第二十四条　私立大学或私立独立学院校董会之组织及职权,由教育部定之。

第二十五条　大学或独立学院之规程,由教育部遵照本法另定之。

第二十六条　本法自公布日施行。

(据《国立北京大学一览》,1933 年)

大学法

1948 年 1 月 12 日

第一条　大学依中华民国宪法第一百五十八条之规定,以研究高深学术,养成专门人才为宗旨。

第二条　国立大学由教育部审察全国各地情形设立之。

第三条　大学由省设立者为省立大学,由直辖市设立者为市立大学,由私人设立者为私立大学。

前项大学之设立、变更及停办,须经教育部核准。

第四条　大学分文、理、法、医、农、工、商等学院。

师范学院应由国家单独设立,但国立大学得附设之。

本法施行前已设立之教育学院,得继续办理。

第五条　凡具备三学院以上者,始得称为大学。不合上项条件者,为独立学院,得分二科。

第六条　大学各学院及独立学院分设学系。

第七条　大学或独立学院各学系办理完善、成绩优良者,得设研究所。

第八条　大学置校长一人,综理校务。国立、省立、市立大学校长简任,私立大学校长由董事会聘任,呈报教育部备案。校长除担任本校教课外,不得兼任他职。

私立大学得置副校长一人,辅助校长处理校务。

第九条　独立学院置院长一人,综理院务,国立者由教育部聘任之,省立、市立者由省市政府请教育部聘任之,私立者由董事会聘任,呈报教育部备案。院长除担任本院教课外,不得兼任他职。

第十条　大学各学院各置院长一人,综理院务,由校长聘任之。

第十一条　大学各学系各置主任一人,办理系务,由院长商请校长聘任之。

第十二条　大学教员分教授、副教授、讲师、助教四种,由院长、系主任商请校长聘任之。

第十三条　大学设教务、训导、总务三处,置教务长、训导长、总务长各一人,秉承校长分别主持教务、训导及总务事宜,由校长聘任之,均应由教授兼任。

第十四条　大学各处得分设各组馆,各置主任一人,办理各组馆事务,由各处主管人商请校长任用之。

大学图书馆规模完备者,得置馆长一人,由校长聘任之。

第十五条　大学校长室得置秘书一人或二人,由校长聘任之。

第十六条　大学设会计室,置会计主任一人、佐理员及雇员若干人,依法律之规定,办理岁计会计事宜。

前项人员之任用,私立大学暂不适用。

第十七条　大学得因教学实习及研究之需要,分别附设各种实习或实验机构,其办法由校拟订,呈请教育部核定之。

第十八条　大学各组馆及附设各机构,得各置职员若干人,由校长任用之。

第十九条　大学设校务会议,以校长、教务长、训导长、总务长、各学院院长、各学系主任及教授代表组织之,校长为主席。

教授代表之人数,不得超过前项其他人员之一倍,亦不得少于前项其他人员之总数。

第二十条　校务会议审议左列事项:

一、预算。

二、学院、学系、研究所及附设机构之设立变更与废止。

三、教务、训导及总务上之重要事项。

四、大学内部各种重要章则。

五、校长交议及其他重要事项。

第二十一条　大学设行政会议,以校长、教务长、训导长、总务长及各学院院长组织之,校长为主席,协助校长处理有关校务执行事项。

第二十二条　大学设教务会议,以教务长及各学院院长及各学系主任组织之,教务长为主席,讨论教务上重要事项。

第二十三条　大学各学院设院务会议,以院长及各学系主任及本院教授、副教授代表组织之,院长为主席,讨论本院学术设备及其他有关院务事项。

各学系设系务会议,以系主任及本系教授、副教授、讲师组织之,系主任为主席,讨论本系教学研究及其他有关系务事项。

第二十四条　大学各处分设处务会议,以各处主管人及各组馆主任组织之,各处主管人为主席,讨论各处主管重要事项。

第二十五条 大学得设训育委员会，以校长、教务长、训导长为当然委员，并由校长聘请教授三人至十五人组织之，校长为主席，训导长为秘书，规划有关训导之重要事项。

第二十六条 大学入学资格，应曾在公立或已立案之私立高级中学或同等学校毕业，或具有同等学力经入学试验及格者。

第二十七条 大学修业年限，医学院五年，余均四年，但医学生及师范生须另加实习一年。

第二十八条 大学各学院得附设专修科，招收高级中学或其同等学校毕业生，或具有同等学力者，修业二年，但应呈请教育部核准后设立之。

第二十九条 大学学生修业期满有实习年限者，并经实习完毕，经考核成绩及格，由大学发给毕业证书，除专修科外，分别授予学士学位。

第三十条 本法第三条及第十二条至二十九条之规定，于独立学院准用之。但第十三条规定之三处主管人员在独立学院应称主任。

第三十一条 私立大学及独立学院董事会之组织，由教育部定之。

第三十二条 大学及独立学院规程，由教育部依本法拟订，呈请行政院核定之。

第三十三条 本法自公布日施行。

（据《国立北京大学周刊》第三十七期，1948年2月15日）

高等学校暂行规程

1950 年 7 月 28 日
政务院第 43 次政务会议批准

第一章 总纲

第一条 中华人民共和国高等学校的宗旨为根据中国人民政治协商会议共同纲领第五章的规定，以理论与实际一致的教育方法，培养具有高级文化水平，掌握现代科学和技术的成就，全心全意为人民服务的高级建设人才。

第二条 高等学校的具体任务如下：

（一）根据中国人民政治协商会议共同纲领，进行革命的政治及思想教育，肃清封建的、买办的、法西斯主义的思想，树立正确的观点和方法，发扬为人民服务的思想；

（二）适应国家建设的需要，进行教学工作，培养通晓基本理论并能实际运用的专门人才：如工程师、教师、医师、农业技师、财政经济干部、语文和技术工作者；

（三）运用正确的观点和方法，研究自然科学、社会科学、哲学、文学、艺术，以期有切合实际需要的发明、著作等成就；

（四）普及科学和技术的知识，传播文学和艺术的成果。

第三条 高等学校包括大学及专门学院两类。为适应国家建设的急需得设立专科学校，其规程另定之。

第四条 大学及专门学院的设立与停办，由中央人民政府教育部（以下简称中央教育部）报请中央人民政府政务院（以下简称政务院）决定之。

第五条 大学及专门学院设若干学系，其设立或变更由中央教育部决定之。

第六条　大学如有必要,得设学院,并在学院内设若干学系;学院及学系的设立或变更,由中央教育部决定之。

第七条　大学及专门学院修业年限,依各该系课程的繁简分别规定以三年至五年为原则。

第八条　大学及专门学院为培养及提高师资,加强研究工作,经中央教育部批准,得设研究部或研究所,其规程另定之。

第九条　大学及专门学院为适应国家建设的急需,经中央教育部批准,得附设专修科及训练班。

第二章　入学

第十条　凡年满十七岁、身体健康、在高级中学或同等学校毕业或有同等学力,经入学考试及格者,不分性别、民族、宗教信仰,均得入学。

第十一条　大学及专门学院对于具有相当于高中毕业程度的下列学生:(一)具有相当工作历史的革命干部;(二)工农青年;(三)少数民族学生;(四)华侨学生;应予以入学及学习的特别照顾。其办法另定之。

第三章　课程、考试、毕业

第十二条　大学及专门学院各系课程,应根据国家建设的需要及理论与实际一致的原则制定。课程标准另定之。

第十三条　大学及专门学院应将各课目的教学计划及教学大纲,报请中央教育部备案。

第十四条　大学及专门学院学生须于最后一学年确定专题经系主任核准,由教学研究指导组主任或其指定的教师指导,撰写毕业论文或专题报告。在特殊情形下毕业论文得以他种工作成绩代替之。

第十五条　大学及专门学院考试分为入学考试、平时考试、学期考试及毕业考试。

第十六条　大学及专门学院学生依照规定课程修业期满、成绩及格者,由学校报请中央教育部核准发给毕业证书。

第四章　教学组织

第十七条　大学及专门学院教师,分为教授、副教授、讲师、助教四级。均由校(院)长聘任,报请中央教育部备案。

第十八条　教学研究指导组(以下简称教研组)为教学的基本组织,由一种课目或性质相近的几种课目之全体教师组成之;各教研组设主任一人,由校(院)长就教授中聘任,报请中央教育部备案。其职责如下:

（一）领导本组全体教师,讨论及制定本组课目的教学计划与教学大纲;

（二）领导及检查本组的教学工作和研究工作;

（三）领导与组织本组学生的自习、实验及实习。

第五章　行政组织

第十九条　大学及专门学院采校(院)长负责制;大学设校长一人,专门学院设院长一人,其职责如下:

（一）代表学校;

（二）领导全校(院)一切教学、研究及行政事宜;

（三）领导全校(院)教师、学生、职员、工警的政治学习;

（四）任免教师、职员、工警;

（五）批准校(院)务委员会的决议。

第二十条　大学及专门学院得设副校(院)长一人或二人,协助校(院)长处理校(院)务。校(院)长缺席时代行其职务;副校(院)长得兼教务长。

第二十一条　大学及专门学院,设教务长一人,必要时得设副教务长,对校(院)长负责,由校(院)长就教授中遴选提请中央教育部任命之。其职责如下:

（一）计划、组织、督导、检查全校(院)各系及各教研组的教学工作;

（二）计划、组织、督导、检查全校(院)的科学研究工作;

（三）校(院)长及副校(院)长均缺席时代行其职务。

第二十二条　大学及专门学院设总务长一人,对校(院)长负责,主持全校(院)的行政事务工作。由校(院)长提请中央教育部任命之。

第二十三条　大学及专门学院图书馆,设馆长或主任一人,对教务长负责,主持图书馆一切事宜,由校(院)长聘任,报请中央教育部备案。

第二十四条　大学及专门学院的系,为教学行政的基层组织,各设主任一人,受教务长领导(在设有学院之大学,则受教务长与院长双重领导);由校(院)长就教授中聘任,报请中央教育部备案。其职责如下:

(一)计划并主持本系的教学行政工作;

(二)督导执行本系教学计划;

(三)领导并检查本系学生的自习、实验与实习;

(四)考核本系学生成绩;

(五)总结本系教学经验;

(六)提出有关本系教职员任免的建议。

第二十五条　大学设有学院者各院设院长一人,由校长就教授中聘任,报请中央教育部备案。其职责如下:

(一)计划并主持本院教学行政工作;

(二)督导本院各系执行教学计划;

(三)提出本院各系主任人选的建议。

第二十六条　大学及专门学院在校(院)长领导下设校(院)务委员会。由校(院)长、副校(院)长、教务长、副教务长、总务长、图书馆长(主任)、各院(大学中的学院)院长、各系主任、工会代表四人至六人及学生会代表二人组成之,校(院)长为当然主席。校(院)务委员会的职权如下:

(一)审查各系及各教研组的教学计划、研究计划及工作报告;

(二)通过预算和决算;

(三)通过各种重要制度及规章;

(四)议决有关学生重大奖惩事项;

(五)议决全校(院)重大兴革事项。

校(院)务委员会得设常务委员会及各种专门委员会。

第二十七条　大学及专门学院在教务长领导下举行教务会议,若干系主任的联席会议及若干教研组主任的联席会议;在总务长领导下举行总务会议;在各系主任领导下举行系务会议。大学设有学院者,在院长领导下举行院务会议,代替系主任联席会议。

第六章　社　团

第二十八章　大学及专门学院的工会、学生会等社团应团结全校(院)员工、学生,协助学校完成教学及行政计划,推动全校(院)员工、学生的政治、业务与文化学习,并增进员工、学生的生活福利。

第二十九条 大学及专门学院得成立各种学术团体以促进科学、文化的提高与普及。

第七章　附则

第三十条 现有大学或专门学院因实际困难,不能完全实施本规程中关于行政组织的规定者,得报经大行政区教育部(文教部)审核后,转报中央教育部批准,变通执行。

第三十一条 私立大学及专门学院除遵守本规程外,并须遵守"私立高等学校管理暂行办法"。

第三十二条 本规程由中央教育部报经政务院批准后颁布施行,其修改同。

（据北京师范大学档案）

中华人民共和国教育部直属高等学校暂行工作条例（草案）

1961 年 9 月

第一章　总则

一、高等学校的基本任务，是贯彻执行教育为无产阶级的政治服务、教育与生产劳动相结合的方针，培养为社会主义建设所需要的各种专门人才。

根据毛泽东同志提出的"我们的教育方针，应该使受教育者在德育、智育、体育几方面都得到发展，成为有社会主义觉悟的有文化的劳动者"，高等学校学生的培养目标是：

具有爱国主义和国际主义精神，具有共产主义道德品质，拥护共产党的领导，拥护社会主义，愿为社会主义事业服务、为人民服务；

通过马克思列宁主义、毛泽东著作的学习，和一定的生产劳动、实际工作的锻炼，逐步树立无产阶级的阶级观点、劳动观点、群众观点、辩证唯物主义观点；

掌握本专业所需要的基础理论、专业知识和实际技能，尽可能了解本专业范围内科学的新发展；

具有健全的体魄。

二、高等学校必须以教学为主，努力提高教学质量。

必须正确处理教学工作与生产劳动、科学研究、社会活动之间的关系。生产劳动、科学研究、社会活动的时间应该安排得当，以利教学。

在教学中，必须发挥教师的主导作用。高等学校必须继续努力培养又红又专的教师队伍。

三、在高等学校中，必须加强党的领导，加强党和非党的团结合作。

必须正确执行群众路线。要调动教师的积极性，认真教好学生，调动学生的积极性，认真做到身体好、学习好、工作好，调动职工的积极性，认真做好工作。

必须正确执行党的知识分子政策，团结一切可以团结的教授、副教授、讲师、助教和其他具有专门知识技能的人，调动一切积极因素，为社会主义的高等教育事业服务。

四、高等学校必须贯彻执行百花齐放、百家争鸣的方针，在毛泽东同志"关于正确处理人民内部矛盾的问题"中提出的六项政治标准的前提下，积极发展各种学术问题的自由讨论，以利于提高教学质量，提高学术水平，促进科学文化的进步和繁荣。

在自然科学中，必须提倡不同的学派和不同的学术见解，自由探讨，自由发展。

在哲学、社会科学中，为着发展马克思列宁主义理论，必须批判地继承历史文化遗产，吸收其中一切有价值的东西，必须研究和批判现代资产阶级的各种学说。在人民内部，在马克思列宁主义者内部，探讨各种学术问题，都必须允许不同的见解，自由讨论。

必须积极提倡和热心帮助知识分子的思想改造。但是，在处理具体问题的时候，必须正确划分政治问题、世界观问题、学术问题之间的界线，政治问题又必须严格划分人民内部矛盾和敌我矛盾的界线。不许用对敌斗争的方法来解决人民内部的政治问题、世界观问题和学术问题，也不许用行政命令的方法、少数服从多数的方法来解决世界观问题和学术问题。

五、高等学校应该努力树立理论与实际统一、高度的革命性和严格的科学性统一的学风。

六、在高等学校中，必须贯彻执行勤俭办学的方针，发扬艰苦奋斗的传统，反对铺张浪费。

必须加强总务工作机构，提高工作效率，改进物资供应工作，保证教学工作的顺利进行。

必须关心群众生活，实行劳逸结合，认真办好伙食，保护师生员工的健康。

努力改善校舍、图书资料、实验设备等物质条件，为教学和科学研究服务。

七、教育部直属高等学校，行政上受教育部领导，党的工作受省、市、自治区党委领导。省、市、自治区党委和学校党委对这些学校的领导，应该根据中共中央、国务院的方针、政策和教育部的各项有关规定办事。

高等学校的规模不宜过大。教育部直属高等学校规模的确定和改变，学制的改变和改革，都必须经过教育部批准。

第二章　教学工作

八、为了保证以教学为主，高等学校平均每学年应该有八个月以上的时间用于教学。学生参加生产劳动的时间一般为一个月至一个半月。在教学计划以外，不对学生规定科学研究任务。生产劳动过多、科学研究过多、社会活动过多等妨碍和削弱教学工作的现象，应该纠正。

高等学校每学年应该有两个月至两个半月的假期。在假期中，学校和校外单位不要向师生随便布置工作任务。

九、高等学校的专业设置，应该根据国家的需要、科学的发展和学校的可能条件来决定。专业设置不宜过多，划分不宜过窄。每个学校应该努力办好若干重点专业。专业的设置、变更和取消，必须经过教育部批准。

各专业都要制定教学方案、教学计划，确定培养目标、课程设置，并且对讲课、实验、实习、自习、考查、考试、学年论文或课程设计、毕业论文或毕业设计等教学环节做出合理的安排。既要保证教学质量，又不要使学生负担过重。学校必须按照教育部制订或者批准的教学方案、教学计划组织教学工作。

各门课程要按照教学方案、教学计划的要求，制定教学大纲，选用或者编写教材，少数专门课程和某些新开课程至少要有讲授提纲。教材必须在上课以前供应学生。有计划地进行教材建设工作。鼓励水平较高、经验较多的教师，在若干年内，逐步为各门课程编出优秀的教科书。

专业设置、教学方案、教学计划、教学大纲和教材要力求稳定，不得轻易变动。课程和学科体系的重大改变，必须经过教育部批准。

高等学校应该积极举办函授教育。

十、高等学校各专业都必须加强政治理论课程的教学，指导学生认真学习马克思列宁主义、毛泽东著作，学习国内外形势和党的方针政策，进行共产主义道德品质的教育。

政治理论课程的教学时间，理、工科占总学时的10％左右；文科一般占总学时的20％左右。

十一、在教学中必须正确贯彻理论联系实际的原则。必须克服轻视理论、轻视书本知识的错误观点。同时，要通过生产劳动，以及实验、实习、社会调查、社会活动等，使学生获得必要的直接知识和实际锻炼。

切实加强基础理论和基本知识课程的教学。基础课程的教学，应该首先要求把本门课程的基础理论学好，不要过分强调结合专业和勉强联系当前实际。基础课程要由有经验的教师担任讲授。

切实加强基本技能训练。例如：理、工科的生产实习、实验、运算、绘图和某些必要的工艺训练；师范的教学实习；文科的阅读（包括文言文的阅读）、写作、资料工作、调查工作和使用工具书的训练。各科学生中文写作应该做到文理通顺，并且至少掌握一种外文，具备能够比较熟练地阅读专业书刊的能力。

专业课程的教学应该使学生掌握必需的专业知识和技能，同时尽可能了解本专业范围内最新的科学成就和发展趋向。有些课程的部分内容，可以采取现场教学的方式。

毕业设计在可能的条件下，应该结合生产实际，选择现实的题目，同时也可以做假拟的题目。

十二、为了使学生增进知识，活跃思想，提高识别能力，应该根据课程的特点和需要，在教学大纲中规定介绍各重要学派的观点。必要时，还可以分别开设介绍不同学派的课程。

在文科，要创造条件，在高年级开设介绍资产阶级哲学、经济学等课程。

学校要根据教学的需要和教师的专长，在高年级开设选修课程。

学校要适当地组织各种学术讲座、专题报告、学术讨论会，吸收教师和学生自由参加。

教师可以讲授自己的学术见解，但是应该保证完成教学大纲的要求。备课主要依靠教师个人。在自愿的原则下，可以辅以集体备课。集体备课是为了集思广益，不对教师按照何种学术观点讲课作出规定。

十三、在教学中起主导作用的是教师。课堂讲授是教学的基本形式，教师必须努力提高课堂讲授的水平。其他各种教学环节，都要在教师的指导下进行。

教师要认真地传授自己的知识和经验，负责地教育学生和严格地要求学生，启发学生的主动性和积极性，注意因材施教。

教师要注意听取学生对教学的意见和要求，改进教学工作，做到教学相长。

十四、学习必须依靠个人的刻苦钻研。学生个人之间在学习的基础、才能、努力程度等方面的差别是客观存在的，不能强求一律。不应该采取一些不正确的集体学习的方式，人为地拉平这些差别，阻碍一部分优秀学生学习上的进步。同学之间适当的互相帮助和互相探讨是应该提倡的，但是必须自愿,并且防止流于形式。不能把个人的独立钻研同个人主义混为一谈。

必须保证学生有充分的自习时间,自习时间不能移作别用。

学生成绩的考核,应该以本人的成绩为依据,不能以集体的成绩代替个人的成绩。

在学校中,不要搞学习竞赛运动。

第三章　生产劳动

十五、学生参加生产劳动的主要目的,是养成劳动习惯,向工农群众学习,同工农群众密切结合,克服轻视体力劳动和体力劳动者的观点。同时,通过生产劳动,更好地贯彻理论联系实际的原则。

学生参加生产劳动,主要是参加校内外的工、农业生产和其他体力劳动。各专业的学生,一般都要参加这类劳动。

生产实习属于教学范围,其中的体力劳动不计入所规定的每年一个月到一个半月的生产劳动时间之内。

十六、必须根据各专业的特点,分别确定师生参加生产劳动的内容、方式和时间。

有一些专业,例如工科的大部分专业,生产实习中的体力劳动较多,一般生产劳动可以少参加一些。

个别特殊专业的师生,根据实际情况,可以只参加少量轻微的生产劳动,或者不参加生产劳动。

根据需要,劳动时间可以分散,也可以集中。各种生产劳动要有适当的安排,以便学生得到多方面的锻炼。

教师参加生产劳动,一般平均每年半个月到一个月。男教师年在45岁以上,女教师年在40岁以上的,不参加体力劳动。

十七、生产劳动应该有计划地进行。学校每学年应该根据教学计划同校内外有关方面协商,定出全校师生参加生产劳动的计划,报请省、市、自治区教育厅局批准执行。计划经过批准以后,不再变更。校外任何机关,都不得向学校自行布置劳动任务,随意调用劳动力。学校有权拒绝计划以外的劳动任务或者调用劳动力。如果有特殊情况,需要在计划之外增加劳动任务,必须报请教育部批准,并且计算在师生参加体力劳动的时间之内。

十八、学校可以根据专业的需要和可能条件,举办小型的工厂,或者同校外的工厂、农场建立固定的联系。

学校的工厂有两类。主要的一类是实习和实验性工厂,这一类工厂,主要为教学和科学研究服务,不以经济收益为目的,但是要努力提高管理水平,厉行节约,杜绝浪费。另一类是少数有条件的学校,结合专业所举办的生产性的工厂。举办这类工厂,必须经过教育部和国家计划委员会批准。这类工厂可以生产经国家鉴定合格的定型产品,生产任务应该列入国家或者地方的计划,并且实行独立的经济核算,自负盈亏。

实习和实验性工厂所需要的劳动力,除了本校师生以外,可以配备一定数量的专职职工,指导学生学习生产技能,并且试制某些产品。生产性的工厂,要根据生产任务,配备必要的专职职工,以便维持正常生产,保证产品质量。

学校同校外的工厂、农场建立固定的联系,应该订立合同,双方互相承担一定的义务。

十九、注意劳动保护。体弱和有病的师生可以不参加生产劳动。女教师和女学生不参加重体力劳动;在月经期间,应该停止体力劳动。师生参加工农业劳动,应该根据他们的体质、年龄和性别的特点,适当规定劳动定额,或者不规定劳动定额。师生不参加劳动竞赛。在校外劳动时必须注意妥善安排师生的伙食、住宿和医疗。

二十、在生产劳动中,必须加强组织领导,做好思想教育工作,建立必要的考核制度。

师生参加生产劳动有一部分是社会公益性质的,不取报酬。除此以外,受益单位应该付给适当的劳动报酬。劳动收入由学校支配,主要用于师生公共福利事业和补贴学生参加劳动的衣物消耗。

师生因病、因事少参加了生产劳动的,事后不必再补。

严禁把生产劳动作为惩罚手段。

第四章　研究生培养工作

二十一、高等学校应该重视培养研究生的工作,根据教师条件和科学研究的基础,招收研究生,培养科学研究人才和高等学校师资。

培养研究生,必须选拔优秀人才,严格保证质量,宁缺毋滥。

研究生从当年高等学校的毕业生中,或者从本校的青年教师中选拔,也可以由其他单位选送。研究生应该思想进步、身体健康、大学毕业或者具有同等程度,年龄一般在35岁以下,并且要经过审查和入学考试,合格者方得录取。

学校还可以选拔在校工作2年以上、成绩优良的教师,为在职研究生。

研究生的学习期限,一般为3年,在职研究生一般为5年。研究生在1.5至2年内,在职研究生在3年至4年内,应该通过所学课程的考试。不能如期通过考试、又无特殊理由,应该取消研究生或者在职研究生的资格。在职研究生,通过规定的课程考试后,学校应该让他脱产1年,从事毕业论文的工作。

二十二、研究生都要有指导教师和具体的培养计划。指导教师由学术水平较高的教师担任。教学研究室要领导和检查研究生的培养工作。

研究生在导师指导下,学习专门课程,掌握某一专题范围内科学的最新成果,并且进行科学研究工作。科学研究时间应该占整个学习时间的一半左右。科学研究成果必须写成论文,并且进行答辩。研究生毕业论文的答辩,由国家考试委员会主持。

二十三、少数有条件的高等学校,经教育部批准,可以试办研究院,培养较多数量的研究生。

第五章 科学研究工作

二十四、高等学校应该积极地开展科学研究工作,以促进教学质量和学术水平的提高。

根据国家的统一安排,经过教育部的批准,学校可以适当承担国家的科学研究任务。高等学校的科学研究工作应该同科学研究机关、生产部门建立必要的联系。高等学校也可以接受有关部门的委托,协助解决某些科学技术问题。分配科学研究任务的部门要负责解决研究需要的条件。

二十五、高等学校的科学研究工作,应该根据国家当前和长远的需要,以及学校的具体情况来确定。在科学研究的选题上,社会科学应该兼顾理论、历史、现状三个方面。自然科学应该兼顾基础理论、国民经济中的重大问题、新科学技术三个方面,理论的研究应该放在重要地位。

高等学校应该把教科书和教学参考书的编著,当作一项重要的科学研究工作。

二十六、高等学校的科学研究工作,应该有计划、有重点地进行。教学研究室应该有比较固定的科学研究方向。科学研究计划要力求把国家的需要同教师本人的专长结合起来,鼓励不同学派和不同学术见解的自由探讨。应该支持教师根据本人的特长、志趣和学术见解自由选题,进行研究,并且在工作条件上尽可能给予帮助。

高等学校安排科学研究的任务和进度,应该从实际条件出发,留有余地,重点科学研究项目不要太多。

科学研究成果应该经过严格的审查或者鉴定,重要的应该经过国家指定的单位审查或者鉴定。优秀的成果应该给予奖励。研究成果的公布应该经过规定的批准手续。

科学研究工作,不搞竞赛和突击献礼。

二十七、高等学校开展科学研究的主要力量是教师。教师应该在保证完成教学任务的前提下,积极参加科学研究。对于新担任教学工作的教师和开新课的老教师,主要要求他们把教学工作做好,可以少参加或者不参加科学研究。

教师的科学研究时间,应该根据各校的教学任务和科学研究任务来安排,有的学校可以较多,有的学校可以较少,一般可以占全校教师工作时间的10%到30%。各个教师参加科学研究的时间,应该由系和教学研究室根据实际情况,商同教师本人来决定。如果有特殊需要,经过校长批准,可以抽出少量教师在一定时期集中进行科学研究。

学校应该为一部分学术上造诣较深的教授,配备研究工作的助手。助手不能随便调动。

二十八、高等学校学生参加科学研究的目的,在于获得从事科学研究的训练,培养独立工作能力。高年级学生参加科学研究应该在教师指导下,按照教学计划规定的时间进行,不允许随便停课进行科学研究。对低年级学生不规定科学研究任务。

学业特别优良的学生,在课余进行科学研究工作,应该得到鼓励和帮助。

第六章 教师和学生

二十九、高等学校教师的根本任务,就是认真教好学生,完成教学任务。为此,教师应该努力学习马克思列宁主义、毛泽东著作,自觉地进行思想的自我改造,认真钻研业务,不断提高自己的思想政治水平和业务水平。

必须充分发挥老教师的作用。要团结他们,热情地帮助他们进步,发挥他们的专长,鼓励他们在学术上作出成绩。

必须有计划地培养和提高青年教师。对那些有特殊才能的、做出较大成绩的讲师和助教,采取重点培养的办法,为他们创造各种条件,帮助他们迅速成长。

新老教师应该紧密团结。青年教师要尊敬老教师,虚心地向老教师学习,老教师要把自己的学术专长和教学经验,传授给青年教师。彼此取长补短,共同提高。

三十、切实保证教师的业务工作时间。严格执行中央关于保证知识分子至少有 5/6 的工作日用在业务工作上的决定。教师的政治理论学习,应该根据自愿原则,学习时间不作硬性规定。党团工会的会议和社会活动,在通常情况下,应该控制在 1/6 的工作日以内。必须大力精简会议,改进工作方法,提高工作效率。尽量减少教师的兼职,兼任行政职务的教师也必须保证必要的业务工作时间。

教学以外的业务工作时间和业余时间,除学校统一规定的重大政治活动以外,由教师自己支配,不实行上下班制度。

建立教授、副教授和讲师的轮流休假制度,使他们能够有一段集中的时间从事进修、科学研究或者其他工作。

三十一、教师所从事的事业和所任课程,不得轻易变动。不得随便抽调教师或者给教师布置各种额外的任务,妨碍教学工作。

教师的队伍要力求稳定,教育部直属高等学校教师的调动必须经过教育部批准。

学校应该定期地对教师进行考核。教师的教学职别(教授、副教授、讲师、助教)的确定和提升,要根据他们担任的教学任务、教学质量和学术水平。对其中优秀的,应该不受资历、学历的限制。

三十二、高等学校学生要努力学习,刻苦钻研,学好功课。

学生要努力提高思想政治觉悟和道德品质,积极参加生产劳动锻炼,自觉地培养劳动人民的思想感情。

学生要严格地遵守国家法令、校规和学习纪律。

学生要尊敬师长。

学生要注意锻炼身体,增强体质。

三十三、学生应该积极参加必要的集体活动。同时要保证学生在学习和生活中应有的个人自由。

学生的课余时间,除学校统一规定的重大政治活动以外,一律由学生自己支配。学生必须参加的集体活动,非有特殊情况,不得安排在星期六晚上和星期日。学生的课外学习和文娱、体育等活动,都必须认真贯彻自愿参加的原则,允许自由结合,不要强求一律、事事集体。个人的习惯和爱好,只要不妨害集体利益,不得限制和干涉。

民兵训练的时间不宜过多。

学生的社会活动时间,包括党团员的组织生活,在通常情况下每周不得超过 6 小时。注意减轻学生的社会工作和事务工作,必要的工作可以多几个人分担,不要集中在少数人身上。不要使学生中的党团干部工作负担过重,以免影响他们的学习和健康。

三十四、班是学生学习的基本单位。班成立班委会,由学生选举产生。班委会也是学生会的基层组织。

班委会的主要任务是:向教师和行政反映有关学习的情况和意见,督促同学遵守学习纪律;按照自愿原则,适当组织某些课外活动。

班的组织和活动必须力求简化,以免形成活动过多,负担过重。

三十五、学校对于在道德品质、学习、生产劳动等方面有优秀表现的学生,应该予以奖励和表扬。

对于破坏学校纪律的学生,应该分别情况给予批评教育,或者给予警告、记过、留校察看直至开除学籍的处分。

对于学习成绩低劣,不宜继续在校学习的学生,应该令其退学。

三十六、必须健全对学生学籍的管理制度。非经教育部和国家计划委员会的批准,学校及校外任何部门不得抽调未毕业的学生。

在国家规定的招生计划之外,教育部直属高等学校不再接受任何单位委托代为培训学生。

第七章　物质设备和生活管理

三十七、高等学校必须逐步改善物质设备,加强生活管理工作,为教学和科学研究服务,为师生员工的生活服务。

总务工作应该尽可能集中到学校的总务部门,各系协助办理,以便系和教学研究室能够集中力量搞好教学和科学研究工作。

三十八、高等学校必须根据教学和科学研究的需要,加强图书馆和资料室的建设工作和管理工作。图书资料的管理工作,应该从便利读者出发,不断提高服务质量,逐步加强资料整理、索引编制。加强图书馆之间的联系和协作。采取有效措施,防止图书资料的丢失和损坏。珍贵的图书资料,尤其应该切实加以保护。

三十九、高等学校实验室的建设,应该由学校统一规划,有步骤、有重点地进行。某些重要的实验室,既要满足当前教学和科学研究工作的要求,又要适当照顾今后的发展,争取逐步达到现代科学技术的水平。购置仪器设备,必须对使用效率、本校技术条件等进行切实的审查,反对盲目求全求精,力求把财力、物力用在最需要的地方,避免浪费或者使用不当等现象。

加强实验室的管理工作,建立严格的安全制度。对仪器设备建立科学的保管和使用制度,定期作好物资清查和设备维修工作,并且保持整洁和良好的秩序,使仪器设备经常处于完善可用的状态。仪器设备应该按照精密、贵重、稀缺的程度,由学校、系和教学研究室三级分别掌管,并且建立必要的责任制度和奖惩制度。

应该选派有经验的教师担任实验室主任,并且要选派一些优秀教师去做实验工作,不要轻易调动,使他们逐步成为精通有关实验原理、实验方法和实验技能的专门人才,以便提高实验的科学水平。

四十、高等学校应该根据学校规模和校舍的实际情况,进行规划,有步骤地改善教学与生活用房的状况,加强对现有房屋的管理、保护和维修工作。

四十一、认真办好食堂,加强民主管理。学校可以根据条件,进行蔬菜和副食品的生产。

学校要加强对保健工作的领导,做好疾病的预防和治疗工作,注意清洁卫生,增进师生员工的健康。

四十二、财务工作必须精打细算,厉行节约。一切开支都必须严格遵守财务制度。采购物资必须遵守国家的规定和市场管理。要定期清查账目,杜绝浪费和贪污现象。

四十三、高等学校必须加强对总务工作的领导,选派得力干部,充实总务部门。要加强教学辅助人员和行政职工的思想教育,办好职工业余学校,不断提高他们的政治、文化和业务水平。

在职工中,要树立为教学和科学研究工作服务、为全校师生员工的生活服务的思想,要表扬和奖励他们中的先进人物和服务时间较久、认真工作的老职工。学校要教育师生尊重职工的劳动,克服一切轻视职工、轻视总务工作的错误观点。

第八章　思想政治工作

四十四、高等学校的思想政治工作在学校党委员会的领导下进行。思想政治工作的任务是:

在全校师生员工中宣传马克思列宁主义、毛泽东思想,宣传党的总路线和各项方针政策,不断地提高他们的思想政治觉悟和道德品质;

团结全校师生员工,充分调动他们的积极性,贯彻执行党的教育方针,保证学校的教学工作和其他各项工作任务的完成。

四十五、一切思想政治工作,都必须有利于形成又有集中又有民主,又有纪律又有自由,又有统一意志又有个人心情舒畅、生动活泼的政治局面。

思想政治工作必须遵循毛泽东同志关于正确处理人民内部矛盾的理论,严格区分敌我矛盾和人民内部矛盾。对于人民内部矛盾,又必须区别各种不同性质的问题。凡属人民内部的问题,都必须根据"团结—批评—团结"的原则,采取民主的方法、和风细雨的方法、自我教育的方法来解决。不能采取简单粗暴的、强制压服的方法。在人民内部,不容许用对敌斗争的方法。

四十六、在思想政治工作中,必须正确处理红与专的关系。

红首先是指的政治立场。对于高等学校的师生,红的初步要求,就是拥护共产党的领导,拥护社会主义,愿意为社会主义事业服务。在这个基础上,还应该积极地对他们进行无产阶级的、共产主义的世界观的教育。但是,世界观的改造,是一个长期的、逐步实现的自我改造过程,应该耐心地做工作,不能操之过急,对于不同的人,不能一律要求。

思想政治工作不但要管红,而且要管专。红与专应该是统一的,只专不红,只红不专,都是不对的。高等学校师生的红,不但应该表现在政治思想方面,而且应该表现在他们教学和学习的实际行动中。

只有坚持反对共产党的领导,坚持反对社会主义,才叫做白。把在业务上比较努力,但是在政治上进步较慢,或者政治上处于中间状态的人,指为走"白专道路",是不对的。

四十七、必须加强对青年进行艰苦奋斗建设社会主义的教育。应该反复宣传毛泽东同志所说的:"要使全体青年们懂得,我们的国家现在还是一个很穷的国家,并且不可能在短时间内根本改变这种状态,全靠青年和全体人民在几十年时间内,团结奋斗,用自己的双手创造出一个富强的国家。社会主义制度的建立给我们开辟了一条达到理想境界的道路,而理想境界的实现还要靠我们的辛勤劳动,有些青年人以为到了社会主义社会就应当什么都好了,就可以不费气力享受现成的幸福生活了,这是一种不实际的想法。"

四十八、思想政治工作要经常地进行,细水长流,深入细致,讲求实效,反对形式主义。要在教学、生产劳动和群众生活的各个方面,结合各类人员的实际情况和特点进行工作。

在学校中开展群众性的政治运动,必须根据中央的指示,在省、市、自治区党委领导下进行。

在学校中开展群众性的政治运动,要作妥善的安排,不得妨碍教学计划的完成。

四十九、毕业生应该进行毕业鉴定。鉴定的目的,是肯定学生在校期间的进步,指出他们现存的缺点,明确今后的努力方向。鉴定的内容应该包括政治思想、学习、劳动和健康情况等方面。政治思想方面的鉴定,要着重于根本的政治态度和思想状况，不必涉及生活细节。鉴定必须实事求是，允许本人申述或者保留不同意见，并且记录本人的不同意见。

五十、为了加强思想政治工作，在一、二年级设政治辅导员或者班主任，从专职的党政干部、政治理论课教师和其他青年教师中挑选有一定政治工作经验的人担任。同时，要逐步培养和配备一批专职的政治辅导员。

第九章 领导制度和行政组织

五十一、高等学校的领导制度，是党委领导下的以校长为首的校务委员会负责制。

高等学校的校长，是国家任命的学校行政负责人，对外代表学校，对内主持校务委员会和学校的经常工作。设副校长若干人，协助校长分工领导教学、总务等方面的工作。根据工作的需要，可以设教务长和总务长，分管教学、总务工作。

高等学校设立校务委员会，作为学校行政工作的集体领导组织。学校工作中的重大问题，应该由校长提交校务委员会讨论，作出决定，由校长负责组织执行。

高等学校校务委员会由校长、副校长、党委书记、教务长、总务长、系主任、若干教授和其他必要人员组成。校务委员会的人数不宜过多，党外人士一般应该不少于1/3。人选由校长商同学校党委员会提出名单，报请教育部批准任命。正副校长担任校务委员会的正副主任。

校务委员会在校长的主持下，讨论和决定学校工作中的重大问题：

学校的教学工作、生产劳动、研究生培养、科学研究、物质设备、生活管理和思想政治工作等计划；

各系工作中的某些重大问题；

招生计划、毕业生分配、师资培养、教师职务提升等工作；

制订和修改全校性的规章制度；

审查通过学校的预算、决算；

其他重大事项。

在校务委员会闭会期间，校长可以召集行政会议，讨论和处理学校的日常行政工作。

五十二、系是按照专业性质设置的教学行政组织。

系主任是系的行政负责人。系主任在校长的领导下，主持系务委员会和系的经常工作。根据工作需要，系可设副主任若干人，协助系主任分工领导教学、科学研究、生活管理和生产劳动等方面的工作。

系务委员会是全系教学行政工作的集体领导组织。系内的重大工作问题,应该由系主任提交系务委员会讨论,作出决定,由系主任负责组织执行,并且报告校长和校务委员会。系务委员会由正副系主任、系党总支书记、教学研究室主任及教师若干人组成,由系主任提名,报校务委员会通过,由校长任命。系的正副主任担任系务委员会正副主任。

系务委员会负责执行学校党委员会、校务委员会的决议和校长的指示,并且讨论和决定本系工作中的重大问题:

有关教学、研究生培养、科学研究和生产劳动等工作;

组织和开展学术活动;

有关教学、科学研究、生活的物质条件的保证问题;

学生的升级、留级、退学和奖惩等事项;

其他重要事项。

系务委员会闭会期间,系主任可以召集行政会议,讨论和处理系的日常工作。

五十三、教学研究室是按照一门或者几门课程设置的教学组织。教学研究室主任,在系主任或者教务长领导下,全面负责教学研究室的工作。根据工作需要,可设副主任,协助主任工作。

教学研究室主任的主要职责是:

领导和组织执行教学计划、选编教材、拟定教学大纲、编制教学日历等教学工作、科学研究工作和学术活动;

组织教师的进修工作和研究生的培养工作;

领导所属实验室、资料室的建设和管理工作。

教学研究室工作中的重大问题,应该提交教学研究室会议讨论。

第十章　党的组织和党的工作

五十四、高等学校的党委员会,是中国共产党在高等学校中的基层组织,是学校工作的领导核心,对学校工作实行统一领导。高等学校中,党的领导权力应该集中在学校党委员会一级,不应该分散。

学校党委员会的主要任务是:

领导校务委员会,贯彻执行党的教育方针和其他各项方针政策;

完成上级党委和行政领导机关布置的任务;

做好思想政治工作;

进行党的建设工作；

讨论学校中的人事问题，向上级和校务委员会提出建议；

领导学校的共青团、工会、学生会和其他群众组织，团结全校师生员工。

学校党组织应该善于发挥学校行政组织和行政负责人的作用，不要包办代替。

学校党组织一定要和党外人士密切合作，充分调动他们的积极性，认真听取他们的意见，善于同他们一起商量问题，进行工作。

五十五、系的党总支委员会的主要任务，是做好思想政治工作和党的建设工作；团结和教育全系人员，贯彻执行学校党委员会、校务委员会的决议，保证和监督系务委员会决议的执行和本系各项工作任务的完成。

系的党总支委员会可以就本系的工作问题，向系主任和系务委员会提出建议。

五十六、在教师、职工和学生中应该分别建立党的支部。

教师和职工中的党支部的主要任务，是做好思想政治工作和党的建设工作，教育党员模范地完成自己的工作任务，团结和教育本单位的全体人员，保证各项工作任务的完成。教师中的党员按一个或者几个教学研究室组成支部，党支部要支持和帮助教学研究室主任做好工作。

学生中的党支部的主要任务，是做好思想政治工作和党的建设工作，教育党员以自己的模范行动，影响和带动同学完成学习任务。

五十七、高等学校的党组织必须加强对共青团、工会、学生会和其他群众组织的领导，使它们真正发挥党联系群众的纽带作用。

共青团应该更好地发挥党的助手作用。班级的共青团支部应该教育团员积极完成学习任务，模范地遵守学习纪律和各项规章制度；帮助党组织和行政组织进行思想政治工作；做好团的建设工作；协助班委会开展工作，但是不要包办代替。系的分团委或者团总支委员会，在系的党总支委员会领导下进行工作。学生中的党支部是否领导团支部的工作，可以由学校党委员会根据具体情况来决定。班上的党小组和党员，应该支持团支部和班委会做好工作，但是不能代表党组织领导团支部和班委会的工作。

工会应该在党的领导下，在自己的成员中，加强思想教育，做好生活福利工作。

学生会应该在党的领导下，团结全体同学，努力做到身体好，学习好，工作好。

五十八、高等学校的党组织应该根据党章的规定，在教师、学生和职工中有计划地发展党员，健全党的组织生活。

加强对党员的马克思列宁主义、毛泽东思想的教育，党的方针政策的教育。加强党员的党性锻炼。教育党员密切联系群众,反映群众的意见。

党员应该起模范作用,没有任何特权。

五十九、高等学校中的各级干部,都必须认真执行"党政干部三大纪律、八项注意"。

三大纪律是:(一)如实反映情况。(二)正确执行党的政策。(三)实行民主集中制。

八项注意是:(一)参加劳动。(二)以平等的态度对人。(三)办事公道。(四)不特殊化。(五)工作要同群众商量。(六)没有调查没有发言权。(七)按照实际情况办事。(八)提高政治水平。

高等学校中党的领导干部一定要努力学习,不断提高思想水平、理论水平、政策水平。努力钻研,力求精通业务。认真总结经验,逐步掌握我国社会主义的高等教育工作的规律,提高领导水平。

六十、高等学校中的党组织,必须严格遵守民主集中制,实行集体领导和分工负责相结合的原则。一切重大问题,都必须开会讨论,不能由书记个人决定。各级党组织都要按照职权范围办事。凡不在自己权限内的问题,必须向上级请示报告。上级的方针、政策,必须坚决贯彻执行,有不同的意见,应该向上级反映,但是不得自行其是,以保证党的统一领导和统一行动。

高等学校中的党组织,一定要改进领导作风和领导方法。一定要下决心摆脱许多行政事务工作,腾出手来,抓学校工作中的重大问题,抓思想政治工作、党的建设工作、团结人的工作。一定要深入到教师中去、学生中去、职工中去,调查研究,了解情况,发现问题,同群众一起商量,提出解决问题的主张和办法。只有这样,才能真正加强党的领导。

附:中共中央关于讨论和试行教育部直属高等学校暂行工作条例(草案)的指示

(1961 年 9 月 15 日)

教育部直属高等学校暂行工作条例(草案),已经中央原则批准。这个条例草案,在教育部直属的 26 所高等学校,要在全体师生员工中进行讨论,各校要把意见汇集起来送给教育部;同时,在这些学校中,应该试行这个条例草案,以便积累经验。这个条例草案,也发给各省、市、自治区和中央各部委及其所属的一切全日制高等学校,在全体师生员工中进行讨论,并且请各省、市、自治区和中央各部委把讨论中的意见汇集起来,送给教育部;至于在这些学校中,是否试行,如何试行,由各省、市、自治区和中央各部委自己决定,并且报告中央,中央暂不作统一规定。这个条例草案,经过广泛讨论和试验之后,将再行修改,成为正式文件公布,现在暂不向高等学校以外公布,不在报刊上发表,也不在外籍师生中进行传达和讨论。

全国解放12年来,我国高等教育在数量上的发展和质量上的提高,都有很大的成绩,是旧社会里所梦想不到的。12年来,我国高等教育大致可以分为三个时期。第一个时期,是从国民党和帝国主义手里,把全部高等学校接收过来,这个工作是做得好的。第二个时期,是进行院系调整和教学改革,这个工作总的说来也是做得好的,教学的质量有所提高,但是发生了一些教条主义的生搬硬套的缺点。1957年经过反对资产阶级右派的斗争,我国政治战线、思想战线的社会主义革命取得了决定性的胜利。在这个胜利的基础上,从1958年起,中共中央和国务院进一步决定在教育工作中贯彻执行教育为无产阶级政治服务、教育与生产劳动相结合的方针,这个方针是正确的马克思列宁主义的方针,从此,我国高等教育的发展进入了一个新时期。

从1958年起,三年以来,高等教育工作的成绩是显著的,主要是:(一)在学校中确立了党的领导。(二)贯彻执行党的教育方针,建立了我国社会主义的高等教育的根本制度。(三)师生的政治面貌起了很大的变化,他们对待生产劳动的态度,对待劳动人民的态度,有了显著的改进。(四)教师队伍壮大起来。新教师大批成长,老教师也有进步。(五)一批新专业从无到有地建立起来。科学研究取得不少成果。有些科系的教学水平有了提高。(六)数量上发展很大,为国家培养了大批干部。

但是,我们的工作中同时也发生了不少缺点。主要的缺点是:(一)数量发展过快。(二)同党外知识分子的团结合作,特别是同老教师的团结合作,在很多学校被忽视了。工作中出现了一些简单化的做法,因而影响了一部分教师和学生的积极性。有些学校由于党内民主不够,也影响了一部分党员的积极性。(三)劳动过多,科学研究过多,社会活动过多,对课程的不适当的大合大改,对生活安排、劳逸结合、设备和仪器的管理、学校的总务工作等等注意不够,以及学校工作中的其他缺点,使有些高等学校一部分课程的教学质量降低了,特别是一部分基础课程的教学质量降低了。

高等教育中所取得的成绩,是根本的。我们的教育方针,为实现知识分子与工农群众相结合找到了一条具体的途径。这是一件关系到长远的将来的大事。所以必须充分估计我们的成绩,并且一定要把这些成绩巩固下来。巩固成绩的办法,绝对不是什么改变我们的教育方针,而是改正工作中的缺点。应该认识,十二年来,特别是三年来,经验是非常丰富的。其中有许多成功的经验,也有一部分错误的经验。不论成功的经验或者错误的经验,都是我们宝贵的财富。为了巩固成绩,改正缺点,需要认真总结这些经验,进一步定出高等教育工作中的一套具体办法,使全体干部和师生充分地认识,应该做什么,不应该做什么,应该怎样做,不应该怎样做,以保证党的教育方针的真正贯彻。教育部直属高等学校暂行工作条例(草案)的制定,其意义就在于此。

中央认为,目前在高等学校工作中,应该着重解决以下几个主要问题:(一)高等学校必须以教学为主,努力提高教学质量。生产劳动、科学研究、社会活动的时间,应该安排得当,以利教学。(二)正确执行党的知识分子政策,团结一切可以团结的知识分子,为社会主义高等教育服务。正确执行百花齐放、百家争鸣的方针,提高学术水平。(三)实行党委领导下的以校长为首的校务委员会负责制,充分发挥校长、校务委员会和各级行政组织的作用。(四)做好总务工作,保证教学和生活的物质条件。(五)改进党的领导方法和领导作风,加强思想政治工作。学校中党的领导权力集中在学校党委一级,系的总支委员会对行政工作起保证和监督的作用。条例草案关于这些问题所作各项具体规定大体是恰当的。条例草案中的各项规定,还会有不很完备、不很恰当的地方,在试行和征求各方面的意见以后,还要作进一步修改。

高等学校中党的领导必须继续加强,不应该放松和削弱。党的领导必须保证党的方针、政策的正确贯彻;坚持群众路线,充分调动全体师生员工的积极性;做好团结党外知识分子的工作,并且热情帮助他们进行思想的自我改造。党的领导干部必须努力学习业务,不但要红,而且要专,并且要善于和教学人员,特别是有经验的老教师合作,领导和使用他们来进行工作,为他们创造必要的条件,支持他们把工作做好。中央要求,高等学校的各级党组织和全体党员,更紧密地团结起来,和全体师生员工一道,同心同德,继续高举总路线、大跃进、人民公社三面红旗,克服自然灾害和实际工作中的缺点所造成的暂时困难。坚持教育为无产阶级政治服务、教育与生产劳动相结合的方针,继续鼓足干劲,巩固成绩,克服缺点,使我国的高等教育,更好地为我国的社会主义建设服务。

这个条例草案对全国所有的全日制高等学校来说,是有示范性质的,各省、市、自治区和各部委所属的学校,都应该讨论这个文件。但是,这些学校情况是不相同的。各省、市、自治区,各部委,应该根据对所属全日制高等学校的调查研究,分别情况,首先对重点高等学校,然后对其他高等学校,规定出适合情况的具体办法。

中央这个指示,应该在所有全日制高等学校的全体党员中进行讨论,并且在全体师生员工中宣读,根据指示的精神对条例草案进行讨论,提出修改意见。在党内党外讨论这个条例草案的时候,必须使师生员工畅所欲言,以达到集思广益,弄清思想,团结一致,群策群力,把教学和其他工作做好的目的。

(据《中华人民共和国重要教育文献:1949—1997年》,海南出版社1998年版)

中华人民共和国高等教育法

1998 年 8 月 29 日
第九届全国人民代表大会常务委员会第四次会议通过

第一章　总则

第一条　为了发展高等教育事业,实施科教兴国战略,促进社会主义物质文明和精神文明建设,根据宪法和教育法,制定本法。

第二条　在中华人民共和国境内从事高等教育活动,适用本法。

本法所称高等教育,是指在完成高级中等教育基础上实施的教育。

第三条　国家坚持以马克思列宁主义、毛泽东思想、邓小平理论为指导,遵循宪法确定的基本原则,发展社会主义的高等教育事业。

第四条　高等教育必须贯彻国家的教育方针,为社会主义现代化建设服务,与生产劳动相结合,使受教育者成为德、智、体等方面全面发展的社会主义事业的建设者和接班人。

第五条　高等教育的任务是培养具有创新精神和实践能力的高级专门人才,发展科学技术文化,促进社会主义现代化建设。

第六条　国家根据经济建设和社会发展的需要,制定高等教育发展规划,举办高等学校,并采取多种形式积极发展高等教育事业。

国家鼓励企业事业组织、社会团体及其他社会组织和公民等社会力量依法举办高等学校,参与和支持高等教育事业的改革和发展。

第七条　国家按照社会主义现代化建设和发展社会主义市场经济的需要,根据不同类型、不同层次高等学校的实际,推进高等教育体制改革和高等教育教学改革,优化高等教育结构和资源配置,提高高等教育的质量和效益。

第八条　国家根据少数民族的特点和需要,帮助和支持少数民族地区发展高等教育事业,为少数民族培养高级专门人才。

第九条 公民依法享有接受高等教育的权利。

国家采取措施,帮助少数民族学生和经济困难的学生接受高等教育。

高等学校必须招收符合国家规定的录取标准的残疾学生入学,不得因其残疾拒绝招收。

第十条 国家依法保障高等学校中的科学研究、文学艺术创作和其他文化活动的自由。

在高等学校中从事科学研究、文学艺术创作和其他文化活动,当遵守法律。

第十一条 高等学校应当面向社会,依法自主办学,实行民主管理。

第十二条 国家鼓励高等学校之间、高等学校与科学研究机构以及企业事业组织之间开展协作,实行优势互补,提高教育资源的使用效益。

国家鼓励和支持高等教育事业的国际交流与合作。

第十三条 国务院统一领导和管理全国高等教育事业。省、自治区、直辖市人民政府统筹协调本行政区域内的高等教育事业,管理主要为地方培养人才和国务院授权管理的高等学校。

第十四条 国务院教育行政部门主管全国高等教育工作,管理由国务院确定的主要为全国培养人才的高等学校。国务院其他有关部门在国务院规定的职责范围内,负责有关的高等教育工作。

第二章 高等教育基本制度

第十五条 高等教育包括学历教育和非学历教育。

高等教育采用全日制和非全日制教育形式。

国家支持采用广播、电视、函授及其他远程教育方式实施高等教育。

第十六条 高等学历教育分为专科教育、本科教育和研究生教育。

高等学历教育应当符合下列学业标准:

(一)专科教育应当使学生掌握本专业必备的基础理论、专门知识,具有从事本专业实际工作的基本技能和初步能力;

(二)本科教育应当使学生比较系统地掌握本学科、专业必需的基础理论、基本知识,掌握本专业必要的基本技能、方法和相关知识,具有从事本专业实际工作和研究工作的初步能力;

(三)硕士研究生教育应当使学生掌握本学科坚实的基础理论、系统的专业知识,掌握相应的技能、方法和相关知识,具有从事本专业实际工作和科学研究工作的能力。博士研究生教育应当使学生掌握本学科坚实宽广的基础理论、系统深入的专业知识、相应的技能和方法,具有独立从事本学科创造性科学研究工作和实际工作的能力。

　　第十七条　专科教育的基本修业年限为二至三年,本科教育的基本修业年限为四至五年,硕士研究生教育的基本修业年限为二至三年,博士研究生教育的基本修业年限为三至四年。非全日制高等学历教育的修业年限应当适当延长。高等学校根据实际需要,报主管的教育行政部门批准,可以对本学校的修业年限作出调整。

　　第十八条　高等教育由高等学校和其他高等教育机构实施。

　　大学、独立设置的学院主要实施本科及本科以上教育。高等专科学校实施专科教育。经国务院教育行政部门批准,科学研究机构可以承担研究生教育的任务。

　　其他高等教育机构实施非学历高等教育。

　　第十九条　高级中等教育毕业或者具有同等学力的,经考试合格,由实施相应学历教育的高等学校录取,取得专科生或者本科生入学资格。

　　本科毕业或者具有同等学力的,经考试合格,由实施相应学历教育的高等学校或者经批准承担研究生教育任务的科学研究机构录取,取得硕士研究生入学资格。

　　硕士研究生或者具有同等学力的,经考试合格,由实施相应学历教育的高等学校或者经批准承担研究生教育任务的科学研究机构录取,取得博士研究生入学资格。

　　允许特定学科和专业的本科毕业生直接取得博士研究生入学资格,具体办法由国务院教育行政部门规定。

　　第二十条　接受高等学历教育的学生,由所在高等学校或者经批准承担研究生教育任务的科学研究机构根据其修业年限、学业成绩等,按照国家有关规定,发给相应的学历证书或者其他学业证书。

　　接受非学历高等教育的学生,由所在高等学校或者其他高等教育机构发给相应的结业证书。结业证书应当载明修业年限和学业内容。

　　第二十一条　国家实行高等教育自学考试制度,经考试合格的,发给相应的学历证书或者其他学业证书。

　　第二十二条　国家实行学位制度。学位分为学士、硕士和博士。

　　公民通过接受高等教育或者自学,其学业水平达到国家规定的学位标准,可以向学位授予单位申请授予相应的学位。

　　第二十三条　高等学校和其他高等教育机构应当根据社会需要和自身办学条件,承担实施继续教育的工作。

第三章　高等学校的设立

第二十四条　设立高等学校,应当符合国家高等教育发展规划,符合国家利益和社会公共利益,不得以营利为目的。

第二十五条　设立高等学校,应当具备教育法规定的基本条件。

大学或者独立设置的学院还应当具有较强的教学、科学研究力量,较高的教学、科学研究水平和相应规模,能够实施本科及本科以上教育。大学还必须设有三个以上国家规定的学科门类为主要学科。设立高等学校的具体标准由国务院制定。

设立其他高等教育机构的具体标准,由国务院授权的有关部门或者省、自治区、直辖市人民政府根据国务院规定的原则制定。

第二十六条　设立高等学校,应当根据其层次、类型、所设学科类别、规模、教学和科学研究水平,使用相应的名称。

第二十七条　申请设立高等学校的,应当向审批机关提交下列材料:

（一）申办报告；

（二）可行性论证材料；

（三）章程；

（四）审批机关依照本法规定要求提供的其他材料。

第二十八条　高等学校的章程应当规定以下事项:

（一）学校名称、校址；

（二）办学宗旨；

（三）办学规模；

（四）学科门类的设置；

（五）教育形式；

（六）内部管理体制；

（七）经费来源、财产和财务制度；

（八）举办者与学校之间的权利、义务；

（九）章程修改程序；

（十）其他必须由章程规定的事项。

第二十九条　设立高等学校由国务院教育行政部门审批,其中设立实施专科教育的高等学校,经国务院授权,也可以由省、自治区、直辖市人民政府审批。对不符合规定条件审批设立的高等学校和其他高等教育机构,国务院教育行政部门有权予以撤销。

审批高等学校的设立,应当聘请由专家组成的评议机构评议。

高等学校和其他高等教育机构分立、合并、终止,变更名称、类别和其他重要事项,由原审批机关审批;章程的修改,应当报原审批机关核准。

第四章 高等学校的组织和活动

第三十条 高等学校自批准设立之日起取得法人资格。高等学校的校长为高等学校的法定代表人。

高等学校在民事活动中依法享有民事权利,承担民事责任。

第三十一条 高等学校应当以培养人才为中心,开展教学、科学研究和社会服务,保证教育教学质量达到国家规定的标准。

第三十二条 高等学校根据社会需求、办学条件和国家核定的办学规模,制定招生方案,自主调节系科招生比例。

第三十三条 高等学校依法自主设置和调整学科、专业。

第三十四条 高等学校根据教学需要,自主制订教学计划、选编教材、组织实施教学活动。

第三十五条 高等学校根据自身条件,自主开展科学研究、技术开发和社会服务。

国家鼓励高等学校同企业事业组织、社会团体及其他社会组织在科学研究、技术开发和推广等方面进行多种形式的合作。

国家支持具备条件的高等学校成为国家科学研究基地。

第三十六条 高等学校按照国家有关规定,自主开展与境外高等学校之间的科学技术文化交流与合作。

第三十七条 高等学校根据实际需要和精简、效能的原则,自主确定教学、科学研究、行政职能部门等内部组织机构的设置和人员配备;按照国家有关规定,评聘教师和其他专业技术人员的职务,调整津贴及工资分配。

第三十八条 高等学校对举办者提供的财产、国家财政性资助、受捐赠财产依法自主管理和使用。高等学校不得将用于教学和科学研究活动的财产挪作他用。

第三十九条 国家举办的高等学校实行中国共产党高等学校基层委员会领导下的校长负责制。中国共产党高等学校基层委员会按照中国共产党章程和有关规定,统一领导学校工作,支持校长独立负责地行使职权,其领导职责主要是:执行中国共产党的路线、方针、政策,坚持社会主义办学方向,领导学校的思想政治工作和德育工作,讨论决定学校内部组织机构的设置和内部组织机构负责人的人选,讨论决定学校的改革、发展和基本管理制度等重大事项,保证以培养人才为中心的各项任务的完成。

社会力量举办的高等学校的内部管理体制按照国家有关社会力量办学的规定确定。

第四十条　高等学校的校长,由符合教育法规定的任职条件的公民担任。

高等学校的校长、副校长按照国家有关规定任免。

第四十一条　高等学校的校长全面负责本学校的教学、科学研究和其他行政管理工作,行使下列职权:

(一)拟订发展规划,制定具体规章制度和年度工作计划并组织实施;

(二)组织教学活动、科学研究和思想品德教育;

(三)拟订内部组织机构的设置方案,推荐副校长人选,任免内部组织机构的负责人;

(四)聘任与解聘教师以及内部其他工作人员,对学生进行学籍管理并实施奖励或者处分;

(五)拟订和执行年度经费预算方案,保护和管理校产,维护学校的合法权益;

(六)章程规定的其他职权。

高等学校和校长办公会议或者校务会议,处理前款规定的有关事项。

第四十二条　高等学校设立学术委员会,审议学科、专业的设置,教学、科学研究计划方案,评定教学、科学研究成果等有关学术事项。

第四十三条　高等学校通过以教师为主体的教职工代表大会等组织形式,依法保障教职工参与民主管理和监督,维护教职工合法权益。

第四十四条　高等学校的办学水平、教育质量,接受教育行政部门的监督和由其组织的评估。

第五章　高等学校教师和其他教育工作者

第四十五条　高等学校的教师及其他教育工作者享有法律规定的权利,履行法律规定的义务,忠诚于人民的教育事业。

第四十六条　高等学校实行教师资格制度。中国公民凡遵守宪法和法律,热爱教育事业,具有良好的思想品德,具备研究生或者大学本科毕业学历,有相应的教育教学能力,经认定合格,可以取得高等学校教师资格。不具备研究生或者大学本科毕业学历的公民,学有所长,通过国家教师资格考试,经认定合格,也可以取得高等学校教师资格。

第四十七条 高等学校实行教师职务制度。高等学校教师职务根据学校所承担的教学、科学研究等任务的需要设置,教师职务设助教、讲师、副教授、教授。

高等学校的教师取得前款规定的职务应当具备下列基本条件:

(一)取得高等学校教师资格;

(二)系统地掌握本学科的基础理论;

(三)具备相应职务的教育教学能力和科学研究能力;

(四)承担相应职务的课程和规定课时的教学任务。

教授、副教授除应当具备以上基本任职条件外,还应当对本学科具有系统而坚实的基础理论和比较丰富的教学、科学研究经验,教学成绩显著,论文或者著作达到较高水平或者有突出的教学、科学研究成果。

高等学校教师职务的具体任职条件由国务院规定。

第四十八条 高等学校实行教师聘任制。教师经评定具备任职条件的,由高等学校按照教师职务的职责、条件和任期聘任。

高等学校的教师的聘任,应当遵循双方平等自愿的原则,由高等学校校长与受聘教师签订聘任合同。

第四十九条 高等学校的管理人员,实行教育职员制度。高等学校的教学辅助人员及其他专业技术人员,实行专业技术职务聘任制度。

第五十条 国家保护高等学校教师及其他教育工作者的合法权益,采取措施改善高等学校教师及其他教育工作者的工作条件和生活条件。

第五十一条 高等学校应当为教师参加培训、开展科学研究和进行学术交流提供便利条件。

高等学校应当对教师、管理人员和教学辅助人员及其他专业技术人员的思想政治表现、职业道德、业务水平和工作实绩进行考核,考核结果作为聘任或者解聘、晋升、奖励或者处分的依据。

第五十二条 高等学校的教师、管理人员和教学辅助人员及其他专业技术人员,应当以教学和培养人才为中心做好本职工作。

第六章 高等学校的学生

第五十三条 高等学校的学生应当遵守法律、法规,遵守学生行为规范和学校的各项管理制度,尊敬师长,刻苦学习,增强体质,树立爱国主义、集体主义和社会主义思想,努力学习马克思列宁主义、毛泽东思想、邓小平理论,具有良好的思想品德,掌握较高的科学文化知识和专业技能。

高等学校学生的合法权益,受法律保护。

第五十四条 高等学校的学生应当按照国家规定缴纳学费。

家庭经济困难的学生,可以申请补助或者减免学费。

第五十五条 国家设立奖学金,并鼓励高等学校、企业事业组织、社会团体以及其他社会组织和个人按照国家有关规定设立各种形式的奖学金,对品学兼优的学生、国家规定的专业的学生以及到国家规定的地区工作的学生给予奖励。

国家设立高等学校学生勤工助学基金和贷学金,并鼓励高等学校、企业事业组织、社会团体以及其他社会组织和个人设立各种形式的助学金,对家庭经济困难的学生提供帮助。

获得贷学金及助学金的学生,应当履行相应的义务。

第五十六条 高等学校的学生在课余时间可以参加社会服务和勤工助学活动,但不得影响学业任务的完成。

高等学校应当对学生的社会服务和勤工助学活动给予鼓励和支持,并进行引导和管理。

第五十七条 高等学校的学生,可以在校内组织学生团体。学生团体在法律、法规规定的范围内活动,服从学校的领导和管理。

第五十八条 高等学校的学生思想品德合格,在规定的修业年限内学完规定的课程,成绩合格或者修满相应的学分,准予毕业。

第五十九条 高等学校应当为毕业生、结业生提供就业指导和服务。

国家鼓励高等学校毕业生到边远、艰苦地区工作。

第七章 高等教育投入和条件保障

第六十条 国家建立以财政拨款为主、其他多种渠道筹措高等教育经费为辅的体制,使高等教育事业的发展同经济、社会发展的水平相适应。

国务院和省、自治区、直辖市人民政府依照教育法第五十五条的规定,保证国家兴办的高等教育的经费逐步增长。

国家鼓励企业事业组织、社会团体及其他社会组织和个人向高等教育投入。

第六十一条 高等学校的举办者应当保证稳定的办学经费来源,不得抽回其投入的办学资金。

第六十二条 国务院教育行政部门会同国务院其他有关部门根据在校

学生年人均教育成本,规定高等学校年经费开支标准和筹措的基本原则;省、自治区、直辖市人民政府教育行政部门会同有关部门制订本行政区域内高等学校年经费开支标准和筹措办法,作为举办者和高等学校筹措办学经费的基本依据。

第六十三条　国家对高等学校进口图书资料、教学科研设备以及校办产业实行优惠政策。高等学校所办产业或者转让知识产权以及其他科学技术成果获得的收益,用于高等学校办学。

第六十四条　高等学校收取的学费应当按照国家有关规定管理和使用,其他任何组织和个人不得挪用。

第六十五条　高等学校应当依法建立、健全财务管理制度,合理使用、严格管理教育经费,提高教育投资效益。

高等学校的财务活动应当依法接受监督。

第八章　附则

第六十六条　对高等教育活动中违反教育法规定的,依照教育法的有关规定给予处罚。

第六十七条　中国境外个人符合国家规定的条件并办理有关手续后,可以进入中国境内高等学校学习、研究、进行学术交流或者任教,其合法权益受国家保护。

第六十八条　本法所称高等学校是指大学、独立设置的学院和高等专科学校,其中包括高等职业学校和成人高等学校。

本法所称其他高等教育机构是指除高等学校和经批准承担研究生教育任务的科学研究机构以外的从事高等教育活动的组织。

本法有关高等学校的规定适用于其他高等教育机构和经批准承担研究生教育任务的科学研究机构,但是对高等学位专门适用的规定除外。

第六十九条　本法自1999年1月1日起施行。

(据《教育法律法规规章汇编》,教育科学出版社2004年版)

中国科学院章程

2005 年 12 月 28 日
中国科学院院务会议通过

第一章 总则

第一条 为确立中国科学院制度基础,科学办院,民主办院,依法办院,根据中华人民共和国有关法律、法规和国务院有关规定,制定本章程。

第二条 中国科学院遵守中华人民共和国宪法和国家其他法律法规,合法地开展活动。

第三条 中国科学院由学部和院属机构组成,是国家自然科学最高学术机构,在科学技术方面的最高咨询机构,自然科学与高技术综合研究发展中心。

第四条 中国科学院的宗旨是:成为具有国际先进水平的科学研究基地,培养造就高级科技人才的基地,促进我国高技术产业发展的基地,成为国家科学思想库,成为具有"一流的成果、一流的效益、一流的管理、一流的人才"的国家科研机构。

第五条 中国科学院的办院方针是:面向国家战略需求,面向世界科学前沿,加强原始科学创新,加强关键技术创新与系统集成,攀登世界科技高峰,为我国经济建设、国家安全和社会可持续发展不断做出基础性、战略性、前瞻性的重大创新贡献。

第六条 中国科学院的主要职责是:

(一)主要从事基础研究、战略高技术研究和经济社会可持续发展相关研究,重点解决我国现代化建设中的基础性、战略性、前瞻性重大科技问题,发挥在中国特色国家创新体系中的骨干引领与示范带动作用,提高我国自主创新能力,为促进我国经济社会全面协调可持续发展提供科学基础和技术源泉,积极推进科技成果转化,促进我国高技术产业发展。

(二)坚持以科研为中心,科研与教育并举,出成果与出人才并重,紧密结合科研工作,培养高级科技创新创业人才。

(三)为国家宏观决策提供咨询建议,对重大科技问题发表学术见解与评议。在全社会弘扬科学精神,倡导科学方法,传播科技知识,注重科学伦理,繁荣科学文化。

(四)广泛开展国内外科技合作与交流,成为具有重要国际影响的综合性科研机构和对全国科学家开放的国家研究基地。

(五)履行国务院直属事业单位的职责,承办国务院交办的其他工作。

第七条 中国科学院追求科学真理,尊重学术自由;鼓励竞争合作,提倡自主创新;坚持严谨治学,信守科学道德;崇尚爱国奉献,坚持创新为民。

第二章 领导体制

第八条 中国科学院设院长一人,副院长若干人,由国务院任免。中国科学院设秘书长一人,副秘书长若干人,由中国科学院任免。

第九条 中国科学院实行院长负责制。中国科学院院长是中国科学院法定代表人,是中国科学院学部主席团(以下简称主席团)执行主席,主持领导全院工作,并对国务院负责。副院长协助院长工作,并对院长负责。

中国科学院院长根据工作需要,授权其他院领导分管(协管)有关工作,或组织专门领导小组(委员会)管理有关工作。

第十条 中国科学院实行院务会议、院士大会、学部主席团会议和院长办公会议制度。

第十一条 院务会议由院长、副院长、其他院领导、秘书长、副秘书长、学部主席团领导和院机关各部门负责人组成。院务会议由院长召集和主持,院长因特殊原因不能与会时,由院长指定的副院长或者其他院领导召集和主持,实行充分讨论基础上的院长决策制。院务会议一般每年夏季和冬季各召开一次,经院长提议或三分之二以上院务会议成员联合提议,得召开临时院务会议。其职责包括:

(一)研究分析国家战略需求和世界科学技术发展态势。

(二)讨论决定中国科学院发展战略、发展规划与计划、重大改革发展举措等事项。

(三)确定中国科学院阶段工作重点。

(四)解释中国科学院章程,审议中国科学院章程修正案。

（五）审议通过中国科学院重要管理规章。

（六）审议应当由院务会议决定的其他事项。

第十二条 中国科学院院士大会是中国科学院学部的最高组织形式。院士大会每两年召开一次，其职能包括：

（一）审议常设领导机构的工作报告。

（二）选举产生常设领导机构组成人员。

（三）修订中国科学院院士章程。

（四）决定科学部的设置或调整。

（五）选举外籍院士。

（六）开展学术活动。

（七）提出重大建议。

第十三条 中国科学院学部主席团是院士大会闭会期间的常设领导机构，由中国科学院院长、负责学部工作的副院长、各科学部主任、各专门委员会主任和经院士大会选举产生的若干成员组成。主席团设执行委员会。主席团会议每年召开两次，其职能包括：

（一）决定召开并主持院士大会。

（二）审议并决定提交院士大会的各项议案。

（三）聘请主席团顾问。

（四）批准各科学部常务委员会和各专门委员会组成人员。

（五）聘任执行委员会秘书长。

（六）决定各科学部增选院士名额。

（七）审议各科学部增选院士的选举结果。

（八）确定外籍院士正式候选人。

（九）审查和批准撤销院士称号的决定。

（十）决定设立专门委员会。

（十一）院士大会授予的其他职能。

第十四条 院长办公会议由院长、副院长、其他院领导、秘书长、副秘书长和办公厅主任组成，院部机关有关部门负责人列席会议。院长办公会议由院长召集和主持，院长因特殊原因不能与会时，由院长指定的副院长或者其他院领导召集和主持。院长办公会议实行院长决策制，一般每月召开一次。经院务会议决定或院长提议，可临时召开院长办公会议。其职责包括：

（一）部署重大发展和改革举措。

（二）审议决定机构设置与调整、科技项目立项与管理、资源配置和评价奖励等重要事项。

（三）确定对外合作的原则与战略，讨论决定重大对外合作事项。

（四）审议通过年度预算方案和财务决算草案。
（五）审议通过院重要文件。
（六）审议其他重要事项。

第三章　中国科学院学部

第十五条　中国科学院学部由全体中国科学院院士组成。中国科学院院士是国家设立的科学技术方面的最高学术称号，为终身荣誉。中国科学院院士由各科学部选举，经学部主席团审议批准产生。

第十六条　中国科学院院士的义务与权利：
（一）积极促进科学技术的研究、发展和应用，努力创新，作出成绩。
（二）提倡科学道德，维护科学精神，发扬优良学风，普及科学知识，起表率作用。
（三）积极培养人才，推动科学技术队伍建设。
（四）对国家科学技术重大问题的决策提出建议。
（五）参加院士会议，承担中国科学院学部组织的咨询、评议任务。
（六）积极推动科学技术领域的国际交流与合作。
（七）对院士候选人和外籍院士候选人有推荐权。
（八）有选举权和被选举权。

第十七条　年满八十周岁的院士为资深院士，享有第十六条中第一至第六项的义务和权利，自由参加院士会议。

第十八条　对中国科学技术事业作出重要贡献，在国际上具有很高学术地位的外国籍学者、专家，可被推荐并当选为中国科学院外籍院士。外籍院士可对中国科学技术发展和中国科学院学部工作提出建议，可应邀出席中国科学院学部组织的有关会议和学术活动。外籍院士不享有对院士候选人和外籍院士候选人的推荐权，不享有选举权和被选举权。外籍院士在取得中华人民共和国国籍后，可直接转为院士或资深院士。

第十九条　中国科学院学部按学科领域分设若干科学部。院士按其所从事研究的学科领域，分别参加一个科学部。各科学部分别选举若干院士组成常务委员会，负责本科学部的工作。常务委员会推选科学部主任一人、副主任若干人。各科学部主任、副主任和常务委员由主席团批准任职。

第二十条　科学部的主要职能是：
（一）接受国家委托或根据院士建议，组织院士对国家经济建设与社会发展中的重大科学技术问题、科学技术发展规划、学科发展战略和重大科学技术决策提供咨询,推动科学技术政策和措施的制定与实施。

(二)接受委托,组织院士对重要研究领域、研究计划和研究机构的学术问题进行评议和指导。

(三)组织院士选举。

(四)开展学术活动,同国内外学术团体进行交流与合作,促进科学技术的发展与普及。

(五)审议常务委员会的工作报告和各项职能、任务的完成情况。

第二十一条 主席团执行委员会执行院士大会和主席团的决议,领导学部工作。执行委员会由学部主席团执行主席、分管学部工作的中国科学院副院长、各科学部主任和专门委员会主任组成。学部主席团执行主席主持执行委员会会议。执行委员会设秘书长一人,负责学部的日常工作。

第二十二条 主席团下设若干专门委员会。各专门委员会委员由各科学部常委会选举产生,主任、副主任由专门委员会选举产生,由主席团批准任职。

第二十三条 中国科学院设立负责学部与院士工作的职能部门,该部门也是主席团的办事机构,承办主席团及其执行委员会、各专门委员会和科学部常务委员会交办的具体工作。

第四章 组织管理

第二十四条 中国科学院依照国家有关规定,经有关部门批准,设立事业法人的研究与发展机构、教育机构、支撑机构及其他机构。设立院部机关,在院长领导下履行全院组织管理职能。

第二十五条 中国科学院设立的事业法人研究与发展机构(以下简称研究所)为国家科研机构,具有科技创新自主权与管理自主权,是面向全国开放的公共研究平台。其主要职责是:

(一)进行基础性、战略性和前瞻性的科技创新活动,不断提高我国在相关科学技术领域的科技创新能力,不断产出重大科技成果,发挥骨干、引领作用。

(二)结合高水平科技活动,培养并向社会输送高级科技人才。

(三)积极争取并高质量完成国家、地方和企业委托的各类科技项目,加强知识传播和技术转移,促进高技术产业化。

(四)履行事业法人相应的职责并承担相应的法律责任。

第二十六条 研究所实行所长负责制。研究所所长是研究所的法定代

表人,由中国科学院任免,对中国科学院院长负责。研究所所长任期一般为4年,连续任职一般不超过2个任期。其主要职责是:

(一)按照院发展战略和总体部署,面向国家战略需求和世界科技发展前沿,决定本所发展战略和科技创新、教育与事业发展规划,并组织实施。

(二)执行院管理制度,建立体现"职责明确、开放有序、评价科学、管理规范"原则的研究所法人治理结构,实施有效管理。

(三)履行法定代表人相应的职责并承担相应的法律责任。

第二十七条 中国科学院领导和支持中国科学技术大学办成质量优异、特色鲜明、规模适度、结构合理的研究型大学。建立以中国科学技术大学和中国科学院研究生院为核心、以研究所为基础、以研究生培养为主体、与科技创新紧密结合的教育体系。

第二十八条 院部机关设立若干部门,实行部门首长负责制。部门首长由中国科学院任免,对中国科学院院长负责,任期一般为4年,连续任职一般不超过2个任期。院部机关的主要职责是:

(一)组织研究国家重大战略需求和世界科学技术发展态势,制定全院发展战略和发展规划并组织实施。

(二)组织实施跨所的重大综合性科技创新项目。

(三)管理院属机构领导干部。

(四)研究符合科技创新规律和社会主义市场经济体制要求的政策和制度体系。

(五)对院属机构进行评价考核、资源调配和政策引导。

(六)对中国科学院占用的国有资产进行管理和监督,对全院财务活动进行管理和监督。

(七)规划和组织开展重大国际和国内合作与交流。

(八)履行作为国务院直属事业单位应承担的日常管理职能。

第二十九条 中国科学院根据需要,依照国家有关规定,经有关部门批准后,在院属机构较为集中的地区设立分院。分院是院部机关的派出机构,为事业法人。其主要职能是,协助院进行所在地区研究所领导班子建设,在授权范围内代表中国科学院与地方开展合作,为所在地区研究所提供服务,承办院交办的有关事务。

第三十条 中国科学院设立国有资产经营有限责任公司,授权其统一管理院所两级占用的经营性国有资产,统一负责对院属全资、控股、参股企业有关经营性国有资产依法行使出资人权利,并承担相应的保值增值责任。

第五章　科技管理

第三十一条　中国科学院坚持面向国家战略需求，面向世界科技前沿，持续开展战略研究，不断凝练科技创新目标，研究制定发展战略和科技创新与各项事业发展规划，制定并实施科技创新和布局调整计划。

第三十二条　中国科学院设立和组织科技创新项目，解决我国经济建设、国家安全和社会可持续发展的重大战略性科技问题，部署前瞻性的重要科学技术方向，支持科学技术领域前沿探索。

第三十三条　中国科学院依法进行知识产权管理，保护知识产权，坚持与社会生产要素相结合，促进成果转化和规模产业化，提高我国自主创新能力和国际竞争力。

第三十四条　中国科学院坚持质量优先、分类评价、科学规范、公开公正的科技评价原则，对研究所定期进行综合质量评估，对重大科技创新活动效益、机构、人员、政策执行等进行评估。

第三十五条　中国科学院对做出重大科技创新成就的科技团队和个人实行奖励，并积极推荐国家科技奖和其他奖项。

第三十六条　中国科学院积极发展与世界各国和地区科研机构、教育机构、国际学术组织和企业形式多样的合作与交流。

第三十七条　中国科学院积极与国内科研机构、教育机构、企业、地方政府及政府部门开展广泛合作，通过构建战略伙伴关系、共同承担科研项目、联合培养人才、共建研发机构、创办企业等多种形式，实现优势互补，资源共享，共同发展。

第六章　人力资源开发与管理

第三十八条　中国科学院坚持以人为本，按照德才兼备原则，不断优化队伍结构，不断向社会输送高级科技创新创业人才。

第三十九条　中国科学院实行岗位聘任、项目聘用与流动人员相结合的用人制度，面向国内外公开招聘科技人才并择优录用，实行合同管理。

第四十条　中国科学院依据国家收入分配制度，实行科学规范、绩效优先、公平公正、适应我院发展要求、与我国分配水平相适应的薪酬制度。

第四十一条　中国科学院依法保障职工的合法权益。

第四十二条　中国科学院鼓励科技人员带着成果与社会生产要素相结合,发展高新技术产业;推荐科技和管理人员到地方政府、企业和高校任职;建立健全博士后、访问学者、客座研究员的管理制度。

第七章　资产与财务管理

第四十三条　中国科学院依据国家财政制度,建立有利于科技创新和成果转化、有利于吸引和激励创新人才、有利于改善创新基础设施和环境、有利于集成资源和提高资源使用效率的资源配置、财务与资产管理制度体系。

第四十四条　中国科学院坚持按创新发展需求、创新绩效和不同性质科技创新规律配置资源。从预算、执行和决算三个环节,实现全院各类资源的高效配置,提高资源使用效率和效益。

第四十五条　中国科学院依据国家预算管理制度,实行以国家财政拨款为基础、有效集成外部资源的收入预算制度,院所两级全部收入均应纳入预算控制范围。收入来源主要包括国家财政拨款、承担国家和地方及企业各类科研项目经费、知识技术转移与经营性国有资产收益、国际合作项目经费、社会捐赠以及其他经费。实行合法、透明、规范、科学且具有强约束力的支出预算制度。

第四十六条　中国科学院实行院所两级财务管理,使各项经济活动有法可依,有章可循,为科技创新及各项事业发展提供经济保障。法定代表人对本机构会计工作和会计资料的真实性、完整性负责。

第四十七条　中国科学院对占用的国有资产,按照资产属性,实行分类管理。对占用的非经营性国有资产实行院所两级分级监管,保证非经营性资产的安全完整。对占用的经营性国有资产实行事企分开,产权监管,分级营运,实现保值增值。

第四十八条　中国科学院依法接受审计机关审计监督和税务稽查。中国科学院对院属机构财务制度建设、财务管理状况、资金使用效益、经济运行效率和法定代表人任期经济责任等方面实行内部审计监督。

第八章　附则

第四十九条　中国科学院中文简称为中科院,英文名称为 Chinese Academy of Sciences,缩写 CAS。中国科学院院部机关设在中华人民共和国首都北京。中国科学院印章为圆形,中心置中华人民共和国国徽,外周标"中国科学院"名称,自左向右环行,由国务院制发。中国科学院院徽为圆形,由中国科学院中英文名称、物质结构和齿轮图案组成。

第五十条 本章程如有与国家法律法规相抵触之处,按国家有关法律法规执行并按程序及时修改。中国科学院制定的各项规定和管理制度与本章程相抵触的,以本章程为准,并根据本章程修订。

第五十一条 本章程经院务会议审议通过后生效,并报国务院备案。本章程解释权和修改权属院务会议。

(据 http://www.cas.cn/jzzky/jbjs/200909/t20090921_2514141.shtml,最后访问于 2011 年 2 月 20 日。)

后记

为起草北京大学章程,先期进行了大学章程的遍访、搜集、辑录、翻译和研究工作。从第一卷开始,数卷《大学章程》的出版,源于这几年来持续不断的工作成果。

2007年4月,在我校书记、校长的关心和各位领导的支持下,北京大学启动了章程调研工作,开始陆续搜集内地、港澳台地区、国外大学的章程,作为研究和起草工作的参考。2007年10月31日,北京大学章程起草委员会正式成立,书记、校长任主任,下设章程起草工作组,张国有任组长。工作组中设秘书组,侧重负责大学章程资料的搜集工作和文字整理工作。秘书组成立后,再次梳理了北京大学历史上的章程、组织大纲,以及作为其立法依据的大学法令,全面检索了内地、港澳台兄弟院校过去与现在的章程,并进行分析、对比、评价及系统研究。接着又组织相关力量,将检索、搜集工作扩展到国外知名大学。在这个基础上,2009年1月20日,起草工作组正式启动了国外大学章程编译工作和"大学章程建设与治理改革"专题研究工作,并确定将中国大学章程列为《大学章程》丛书的第一卷,在落实版权事宜后,选择有代表意义的中国大学章程汇编成册。3月16日确定了选编的篇目。2009年8月,秘书组在余奕珠、杨娟同学的协助下基本完成了第一卷的辑编工作,随后将近一年的时间,副主编李强、冯支越及执行副主编胡少诚、陈丹邀请相关人士多次商讨第一卷内容的组合及体例问题。最后,和时任副校长的张国有主编共同敲定了第一卷现在的体例,同时也确定了其他各卷的卷次和篇目。

在版权和出版方面,2009年9月15日,张国有副校长召集时任校长助理的国际合作部李岩松部长、出版社王明舟社长、负责版权事务的王妍老师及秘书组同仁等,商讨《大学章程》版权及出版事宜。

2009年10月16日,秘书组就《大学章程》篇目选择和序言撰写等问题专程请教了教育部政策法规司孙霄兵司长。孙司长对章程起草和编辑工作表示赞许和支持,并希望认真研究,抓住要点,做出新意。王大泉副处长赠予了法制办编辑的相关资料,对完善本卷内容给予了切实的帮助。同年12

月,就体制、机制问题,秘书组专门致函各领域的专家,甘培忠、武亚军等教授来函提出了许多富有启发性的意见及建议。

第一卷的章程收录及版权工作得到了很多大学的积极支持和热情帮助。2008年7月,秘书组成员赴吉林调研,吉林大学和吉林师范大学专门惠赠了该校章程的正式文本。2010年初,秘书组委托学校港澳台办公室与港澳台地区大学商讨授权出版事宜。在与香港诸大学沟通中,获悉有些大学条例的所属权归特区政府。为此,我们委托在香港中文大学访学的孙明博士了解情况,他专门查阅并复印了有关大学章程的《香港特别行政区宪报》,及时回复了相关讯息。2010年7—8月间,执行副主编陈丹逐一与收入本卷章程的所属大学以及香港特别行政区律政司联系,告知拟辑录的各校章程,得到积极的回应与支持。香港大学回函表示:"非常乐意让内地更多机构团体及个人加深对香港大学的了解";澳门大学校长赵伟教授对收录澳门大学章程专门复函北大致谢;台湾政治大学回复:"盼此《大学章程》具体展现两岸四地大学章程发展历程"。北京师范大学来电指出,该校"章程目前还处于研究阶段,建议不予以收录出版";台湾成功大学在邮件中表示,该校"章程尚未列为公开文件,暂无法提供"。我们充分尊重各校意愿,慎重决定收录与否。

执行副主编胡少诚为找到完整的国子监章程,还请教了对这一问题有专门研究的北大校友霍红伟博士,并在杨超同学的协助下,从《大明会典》和《大清会典》中检索到与近代大学章程颇有渊源的国子监监规。北京师范大学档案馆的工作人员也为此卷复印了广为研究者提及却并不常见的20世纪50年代初该校组织规程。

本书的出版得到北京大学出版社王明舟社长、张黎明总编辑、刘乐坚副书记等各位社领导的高度重视,多次协调各方力量,教育出版中心周雁翎主任和同仁们也一起想方设法保证书稿的质量和出版进度。

《大学章程》的装帧设计是件颇费心思的事情,北京大学出版社林胜利美编为此倾注了许多心力,精心构思,精心设计。

闵维方书记、周其凤校长对北大章程的起草、大学治理的研究和《大学章程》多卷本丛书的出版非常重视。北京大学前党委书记王学珍教授、前常务副校长王义遒教授、北大统战部前部长卢咸池教授等,对北大历史及中国高等教育发展等方面的相关问题提出了很好的建议。前常务副校长迟惠生教授对《北京大学章程》的起草、《大学章程》的出版都给予了特别的关注,仔细审阅了相关文件的构思及内容,提出了很多宝贵的修改意见。章程起草委员会的各位领导及委员、北大相关职能部门的领导及同仁,还有相关院系的老师,对《大学章程》的编辑给予了多方面的关注和支持。《大学章程》执行副主编胡少诚在卷序的资料整理方面做了大量的工作。

在此,谨向所有为《大学章程》的奠基及第一卷出版奉献智慧和给予帮助的各位领导、各位编辑、专家和同事表示诚挚的谢意。不当之处,希望广大读者批评指正,以便再版时完善。

编　者

2011 年 7 月 3 日